ACCESO GRATIS *a la Lectura en la Nube*

Para visualizar el libro electrónico en la nube de lectura envíe junto a su nombre y apellidos una fotografía del código de barras situado en la contraportada del libro y otra del ticket de compra a la dirección:

ebooktirant@tirant.com

En un máximo de 72 horas laborables le enviaremos el código de acceso con sus instrucciones.

EL DELITO DE DESOBEDIENCIA POR ENRIQUECIMIENTO INJUSTIFICADO DE AUTORIDADES

Estudio de la figura y de sus límites constitucionales

EL DELITO DE DESOBEDIENCIA POR ENRIQUECIMIENTO INJUSTIFICADO DE AUTORIDADES

Estudio de la figura y de sus límites constitucionales

Anna Raga i Vives

tirant lo blanch
Valencia, 2025

En caso de erratas y actualizaciones, la Editorial Tirant lo Blanch publicará la pertinente corrección en la página web www.tirant.com.

La presente obra ha sido sometida a la revisión de pares ciegos según el protocolo de publicación de la editorial a efectos de ofrecer el rigor y calidad correspondiente tanto en su contenido como en su forma, aplicándose los criterios específicos aprobados por la Comisión Nacional E 016 (BOE num. 286, de 26 de noviembre de 2016).

© TIRANT LO BLANCH
EDITA: TIRANT LO BLANCH
C/ Artes Gráficas, 14 - 46010 - Valencia
TELFS.: 96/361 00 48 - 50 - FAX: 96/369 41 51
Email: tlb@tirant.com
www.tirant.com
Librería virtual: www.tirant.es
DEPÓSITO LEGAL: V-4702-2024
ISBN: 978-84-1095-468-7
MAQUETA: Innovatext

Si tiene alguna queja o sugerencia, envíenos un mail a: *atencioncliente@tirant.com*. En caso de no ser atendida su sugerencia, por favor, lea en *www.tirant.net/index.php/empresa/politicas-de-empresa* nuestro procedimiento de quejas.

Responsabilidad Social Corporativa: http://www.tirant.net/Docs/RSCTirant.pdf

A mi madre y a mi abuela

Índice

Capítulo II

LOS MODELOS DE TRATAMIENTO DEL ENRIQUECIMIENTO ILÍCITO EN EL DERECHO COMPARADO

Capítulo III

ESTUDIO PRELIMINAR DE LOS LÍMITES CONSTITUCIONALES DE LA FIGURA DE DESOBEDIENCIA DEL ARTÍCULO 438 BIS DEL CÓDIGO PENAL

Capítulo V

CONSECUENCIAS JURÍDICAS, RELACIONES CONCURSALES Y PROBLEMÁTICA DEL PRINCIPIO DE *NE BIS IN IDEM*

Abreviaturas

ACP:	Anterior Código Penal
AGE:	Administración General del Estado
ALTSV:	Real Decreto Legislativo 339/1990, de 2 de marzo, por el que se aprueba el texto articulado de la Ley sobre Tráfico, Circulación de Vehículos a Motor y Seguridad Vial
ATC:	Auto del Tribunal Constitucional
ATS:	Auto del Tribunal Supremo
AVAF:	Agencia Valenciana Antifraude
CE:	Constitución Española
CEDH:	Convenio Europeo de Derechos Humanos
CF:	Constitución Francesa
CGPJ:	Consejo General del Poder Judicial
CI:	Constitución Italiana
CICC:	Convención Interamericana contra la Corrupción
CL:	Constitución Lituana
CNUCC:	Convención de Naciones Unidas Contra la Corrupción
CP:	Código Penal
CRO:	Civil Recovery Order
CRP:	Constitución de la República Portuguesa
CTA:	Corporate Transparency Act
CUAPCC:	Convención de la Unión Africana para Prevenir y Combatir la Corrupción
DDHC:	Declaración de Derechos del Hombre y del Ciudadano de 1789
DM:	Decisión Marco
EEE:	Espacio Económico Europeo
EM:	Exposición de Motivos
FGE:	Fiscalía General del Estado
GAFI:	Grupo de Acción Financiera Internacional
IP:	Impuesto sobre el Patrimonio

IPC:	Índice de Percepción de la Corrupción
IRPF:	Impuesto sobre la Renta de las Personas Físicas
IS:	Impuesto de Sociedades
LAPLAC:	Programa de Asistencia Legal en América Latina y el Caribe
LECrim:	Ley de Enjuiciamiento Criminal
LGP:	Ley General Presupuestaria
LGT:	Ley General Tributaria
LPAC:	Ley 39/2015, de 1 de octubre, del Procedimiento Administrativo Común de las Administraciones Públicas
MESICIC:	Mecanismo de Seguimiento de la Implementación de a Convención Interamericana contra la Corrupción
OCDE:	Organización para la Cooperación y el Desarrollo Económicos
OCI:	Oficina de Conflictos de Intereses
OEA:	Organización de Estados Africanos
ONU:	Organización de Naciones Unidas
ONUCDD:	Oficina de las Naciones Unidas contra la Droga y el Delito
PoCA:	Proceeds of Crime Act 2002
STC:	Sentencia del Tribunal Constitucional
STEDH:	Sentencia del Tribunal Europeo de Derechos Humanos
STJUE:	Sentencia del Tribunal de Justicia de la Unión Europea
STS:	Sentencia del Tribunal Supremo
TC:	Tribunal Constitucional
TEDH:	Tribunal Europeo de Derechos Humanos
TFUE:	Tratado de Funcionamiento de la Unión Europea
TIE:	Transparencia Internacional España
TJUE:	Tribunal de Justicia de la Unión Europea
UE:	Unión Europea
UA:	Unión Africana
UWO:	Orden de Riqueza Inexplicable

Prólogo

La obra que tenemos la satisfacción de prologar constituye esencialmente la Tesis Doctoral, con mención internacional, de ANNA RAGA I VIVES, que defendió el día 18 de julio de 2024 en la Escuela de Doctorado de la Universitat Jaume I de Castellón. Obtuvo por unanimidad la máxima calificación de sobresaliente *cum laude* por un tribunal presidido por el Dr. Juan Carlos Carbonell Mateu, e integrado por la Dra. Mercedes Pérez Manzano, el Dr. Luigi Foffani, el Dr. Luis Greco y la Dra. Ana Pérez Cepeda.

La realización de este trabajo se ha desarrollado fundamentalmente en el seno del Departamento de Derecho Público de la citada Universitat Jaume I, donde ha venido desempeñándose como Profesora Ayudante de Derecho penal durante los cursos 2022-2023 y 2023-2024. Pero su doctorado se realizó también bajo la tutoría del profesor Alessandro Melchionda en la *Facoltá di Giurisprudenza* de la *Universitá degli Studi di Trento* (Italia), a lo largo de tres meses en 2023. E igualmente completó su desarrollo en otra estancia de dos meses de 2024 bajo la supervisión del profesor Dr. Luis Greco en la *Juristiche Fakultät* de la *Humboldt-Universität* de Belín (Alemania). A ambos queridos colegas y amigos nuestro más sincero agradecimiento por su disposición, acogida y conocimientos ofrecidos a nuestra discípula.

Escribir un Prólogo presupone siempre que una obra está acabada. En ese ceso, como acabamos de advertir, la obra es una tesis doctoral. Por ello, la satisfacción es doble. Y, a esta doble satisfacción académica se suma el afecto personal adquirido durante años de trabajo compartido en tan numerosos como ricos encuentros a tres bandas. Así fue como nos encontramos ante una joven incansable e insaciable de aprender leyendo, pensando y debatiendo. Así fuimos descubriendo una investigadora de raza, con una curiosidad ilimitada, de rigor estricto, siempre tras la excelencia, con una dedicación extrema y desde una fina inteligencia innata.

Justamente aquí no podemos obviar nuestra alegría añadida por su origen, ya que a su familia nos unen lazos profundos desde hace décadas y un hondo agradecimiento, de forma muy significativa, a nuestro maestro. De suerte que disfrutamos este feliz momento con todos ellos, también en memoria de los que no están. E igualmente compartimos el orgullo al admirar como aquella niña se ha convertido hoy, y por méritos propios, en una penalista con un gran porvenir.

Y precisamente la presente obra constituye una primera forma de honrar la memoria familiar. Porque aborda el análisis de una figura delictiva completamente novedosa en el derecho español y prácticamente en el comparado. Así que, junto a otras virtudes, tampoco le falta la valentía intelectual.

La Convención de las Naciones Unidas contra la Corrupción (CNUCC) aprobada el 31 de octubre de 2003 define en su art. 20 el enriquecimiento ilícito como un "incremento significativo del patrimonio de un funcionario público respecto de sus ingresos legítimos que no pueda ser razonablemente justificado por él". Una figura penal redactada en esos términos hubiera planteado, sin duda, problemas de difícil solución desde la perspectiva del derecho a no autoincriminarse y hubiera supuesto, muy singularmente, una quiebra sustancial de la presunción de inocencia, piedra angular del Estado de Derecho sin la cual es imposible sostener el edificio de garantías sobre el que reposa la legitimidad del *ius puniendi* estatal. Consciente de ello, el legislador español dio al art. 438 bis CP una redacción bien distinta, que, como ya se señalaba en el Preámbulo de la LO 14/2022, de 22 de diciembre, adoptaba el modelo de la "desobediencia" previamente acogido en Portugal como alternativa frente a la tipificación de la figura del enriquecimiento ilícito de la CNUCC, huyendo así de su caracterización como un delito de sospecha. Pese a ello, la mayoría de la doctrina que se ha ocupado del precepto continúa interpretando el mismo prescindiendo de su tenor literal, distorsionado con ello su comprensión y dificultando su adecuación a la Constitución española. Anna Raga i Vives hace justo lo contrario y con ello ofrece una lectura de la norma fiel al texto de la ley y conforme con las exigencias constitucionales.

En el trabajo se insiste en subrayar que la redacción dada por el Código penal español se limita a exigir a la autoridad que brinde una explicación en tanto que tiene un previo deber de hacerlo; un deber que, por sí mismo, ni tiene carácter inequívocamente incriminatorio, ni su cumplimiento supone la vulneración de un supuesto derecho a guardar silencio capaz de dar cobijo al incumplimiento de cualquier obligación legal, al margen la naturaleza de la misma, lo cual en un Estado de Derecho resultaría inadmisible. En la misma línea, la autora solventa con gran acierto las objeciones de quienes se empeñan en configurar el art. 438 bis como un mecanismo torticero que facilita la persecución penal de autoridades con respecto a las cuales el aparato sancionador tiene indicios racionales de la comisión de otros delitos. Frente a lo anterior, acierta la Dra. Raga cuando desecha este tipo de interpretaciones y defiende la imposibilidad de realizar el requerimiento de justificación patrimonial en los casos en que existan indicios de la comisión de un delito, cuyo beneficio coincida o pueda coincidir con el presupuesto de la desobediencia. Esas y otras son las soluciones útiles que la autora aporta a fin de que el precepto sirva al objetivo de luchar contra la corrupción tutelando el buen funcionamiento del engranaje administrativo y garantizando la transparencia, rectitud e integridad patrimonial de quienes ejercen funciones públicas cuyos derechos constitucionales, como los de cualquier justiciable, no pueden sufrir merma alguna. En otro caso, ningún objetivo, por funcional que pudiera ser a la sociedad o al Estado, podría elevarse legítimamente a la consideración de bien jurídico. Ese es, entre otros, uno de los máximos réditos que se derivan de la adopción de la concepción procedimental defendida por nuestro común maestro el Dr. Vives Antón.

En suma, la Dra. Raga aborda el objeto de estudio desde la perspectiva más adecuada: la que concibe las normas penales no solo como un mero imperativo sino también como determinaciones de la razón que, en tanto tales, incorporan una pretensión de validez que obliga a confrontarlas con los derechos fundamentales y las garantías constitucionales, en tanto que solo dentro de sus límites resulta legítima la pretensión punitiva. A nuestro juicio, la autora debe sentirse orgullosa por haber conseguido ofrecer lo que tal vez es la primera lectura constitucional del art. 438 bis, precepto que, de ese modo, puede convertirse legítimamente en un útil instrumento de lucha contra la corrupción, un fenómeno, sobra decirlo, que afecta a los fundamentos mismos del sistema democrático, tan debilitado y tan necesitado de una defensa eficaz.

En manos del lector queda, en última instancia, enjuiciar el contenido y calidad del trabajo, a cuya autora- y ese es un mérito innegable- adorna una gran honestidad académica y una vocación universitaria como las de antaño, lo cual, en los tiempos que corren, son cualidades de inigualable valor.

Finalmente, pero no en último lugar, escribimos estas líneas todavía bajo la conmoción de la tragedia que ha asolado una gran parte de Valencia el pasado 29 de octubre. Sirva este Prólogo también como testimonio de nuestra tristeza, dolor y solidaridad con todas sus víctimas y el llamamiento para que su pronto alivio y restitución se hagan realidad.

En Castellón y Valencia, a 6 de noviembre de 2024.

M.ª Luisa Cuerda Arnau
José L. González Cussac

Agradecimientos

El presente libro tiene su origen en la tesis doctoral que presenté el día 18 de julio en la Universitat Jaume I de Castelló[1]. Quiero comenzar expresando mi más profundo agradecimiento al Tribunal, compuesto por el Dr. Juan Carlos Carbonell Mateu, la Dra. Ana Isabel Pérez Cepeda, el Dr. Luís Greco, la Dra. Mercedes Pérez Manzano y el Dr. Luigi Foffani. Sus valiosas observaciones y comentarios no solo dieron pie a la reflexión, sino que encuentran su reflejo en muchas de las páginas de este libro.

Con profundo respeto y cariño, debo darles las gracias a mis queridos directores de tesis, la Dra. Cuerda Arnau y el Dr. González Cussac. Expresar lo que su apoyo y guía han significado para mí me es imposible. Basta decir que la decisión de emprender este viaje a su lado ha sido, sin duda, una de las más acertadas de mi vida.

Quisiera agradecer también a todos los compañeros de la UJI y de la UV su constante apoyo. Muy particularmente, a los de Castellón: a los Dres. Fernández Hernández, Periago Morant y Morelle Hungría. Sin ellos, este camino hubiera sido mucho más difícil de transitar.

Durante la elaboración de esta tesis realicé dos estancias de investigación. La primera, en la Università degli Studi di Trento, bajo la supervisión del Dr. Alessandro Melchionda, cuya orientación fue esencial para el desarrollo de este trabajo y, finalmente, para la obtención del título de doctora con mención internacio-

1 El trabajo se enmarca en el Proyecto de Investigación "Ganancias ilícitas y sistema de justicia penal: una perspectiva global" (PID2022-138796NA-I00), concedido por el Ministerio de Ciencia e Innovación del Gobierno de España. Investigador Principal: José León Alapont.

nal[2]. La segunda estancia, en la Humboldt-Universität zu Berlin, bajo la dirección del Dr. Luis Greco, me brindó una valiosa perspectiva comparada que contribuyó a la culminación de este proyecto[3]. A ambos les agradezco profundamente su generosa acogida.

No puedo dejar de mencionar a mi familia, quienes, como siempre he dicho, son las columnas de mi templo. Mi gratitud es infinita hacia mi madre, mi abuela, mi hermano y mi tío, y hacia aquellos que ya no están físicamente, pero que siempre confiaron en mí. Son la luz de mis ojos.

Mi profundo agradecimiento a Carol, quien es mucho más que una amiga: es parte de mi familia. A ella le debo el impulso y la motivación para enfrentar cada uno de los retos que me propongo en la vida.

Y a Dani, que llegó al final de este camino y lo iluminó con su presencia: gracias por todo.

---

2 En el marco de las ayudas para la realización de estancias de investigación internacionales para tesis que optan a la Mención Internacional de la Escuela de Doctorado de la Universidad Jaume I con matrícula formalizada en el curso académico 2022/2023.

3 Becas para la realización de estancias temporales en otros centros de investigación, Acción 2 del Programa de movilidad del personal investigador del Plan de Promoción de la Investigación 2023, aprobada en la reunión núm. 1/2023 de 26 de enero.

Introducción

A pesar de la cobertura que el delito del art. 438 bis CP ha recibido en la reciente literatura jurídico-penal española, aún se observa que falta una interpretación que profundice en su conformidad con los principios jurídico-constitucionales. En parte, esta deficiencia proviene de una exégesis predominante que entiende la figura como un delito de sospecha, una perspectiva influenciada por el art. 20 CNUCC, que promovió la tipificación del llamado delito de "enriquecimiento ilícito" ("el incremento significativo del patrimonio de un funcionario público respecto de sus ingresos legítimos que no pueda ser razonablemente justificado por él"). Esta lectura, al enfocarse en la directriz global, distorsiona el tenor literal del precepto y dificulta su adecuación a la CE.

En este texto, sin embargo, se trata de ofrecer una interpretación del art. 438 bis CP que sea constitucionalmente admisible, tomando en cuenta que su justificación está intrínsecamente vinculada con la idea de publicidad. En ese sentido, el delito no se justifica como *mero instrumento para facilitar la persecución penal*, aunque esta pueda ser, en la práctica, una de sus consecuencias.

El trabajo parte de la siguiente premisa: entre las distintas alternativas exegéticas del precepto, de acuerdo con el principio de vigencia y de conservación de las normas, se deben priorizar aquellas interpretaciones que posibiliten su aplicación efectiva. Ese es el punto de partida que adopta la investigación: se trata de dar una interpretación que permita la aplicación del precepto, pero siempre conforme a los vocablos de la ley y con miras a garantizar el respeto por los derechos fundamentales. Por contextualizar el debate, el precepto en cuestión establece lo siguiente:

> "La autoridad que, durante el desempeño de su función o cargo y hasta cinco años después de haber cesado en ellos, hubiera ob-

> tenido un incremento patrimonial o una cancelación de obligaciones o deudas por un valor superior a 250.000 euros respecto a sus ingresos acreditados, y se negara abiertamente a dar el debido cumplimiento a los requerimientos de los órganos competentes destinados a comprobar su justificación, será castigada con las penas de prisión de seis meses a tres años, multa del tanto al triplo del beneficio obtenido, e inhabilitación especial para empleo o cargo público y para el ejercicio del derecho de sufragio pasivo por tiempo de dos a siete años".

El esfuerzo por interpretar el delito en concordancia con su significado literal y con la CE no solo busca colmar el vacío existente, sino también fomentar la comprensión y la aplicación práctica del artículo. Para lograr este objetivo, el trabajo trata de alinear el delito de desobediencia del art. 438 bis CP con las garantías constitucionales.

La investigación se estructura en cinco capítulos. En el capítulo I, se revisan los instrumentos internacionales que han impulsado la creación del delito de "enriquecimiento ilícito", con especial atención a la CNUCC. Aunque el propósito principal de la investigación no es analizar la inclusión de una figura como esta, dicho estudio constituye el punto de partida esencial para comprender la normativa española.

En el capítulo II, se proporciona el marco comparativo con las legislaciones extranjeras. Concretamente, con la de Argentina, Colombia, Francia, Italia, Portugal, Lituania y Reino Unido. Este conjunto de países ilustra la diversidad de enfoques legales que se le han dado al enriquecimiento injustificado a nivel global y también sirve de preludio para el estudio de la legislación española.

En el capítulo III, se distingue la figura del "enriquecimiento ilícito" del delito de desobediencia por enriquecimiento injustificado de autoridades del art. 438 bis CP. Para alcanzar este fin, se examinan las propuestas de reforma del CP y las controversias constitucionales que planteaba la figura promovida por la ONU. Se analizan las críticas doctrinales que se le opusieron a la figura del art. 20 CNUCC y se efectúa, de forma inédita, un estudio de carácter constitucional sobre la cuestión. De cierta forma, y pese a que el objetivo de este trabajo no es analizar la inclusión de una figura de "enriquecimiento ilícito", se considera que las objeciones de carácter constitucional que se vertieron sobre ella eran, las más de las veces, acertadas, aunque frecuentemente carecían de una base jurídico-constitucional que las respaldase. Una vez estudiado lo anterior, y establecida la diferencia entre ambas figuras, se aborda la nueva regulación española desde la perspectiva constitucional; se analizan los límites que plantea el *requerimiento de justificación patrimonial* que exige el precepto. Este examen constitucional sirve de sostén para la interpretación subsiguiente del delito del art. 438 bis CP.

En el capítulo IV se analiza el tipo de acción. Se especifica cuál es *el bien jurídico protegido* (antijuridicidad material o pretensión de ofensividad) y las implicaciones que derivan de tal protección. Asociado a lo anterior, se examina la *tipicidad* (pretensión conceptual de relevancia). Ello incluye una revisión de los elementos que definen la conducta delictiva (la obtención de un incremento patrimonial o la cancelación de una deuda u obligación con una cuantía determinada, la negativa abierta, etc.), así como de las condiciones que pueden desencadenar su aplicación. También se estudian los sujetos del hecho típico, particularmente el sujeto activo del delito. Se justifica la razón por la cual se estima necesario, en un Estado de Derecho, que la desobediencia se fundamente en un previo y específico deber legal. Ello implica una revisión de los sujetos sometidos a esta concreta obligación de declaración de patrimonio. Posteriormente, se analiza el concepto de autoridad a efectos penales, pues no todas están sujetas a un previo deber de declaración de bienes. En este contexto, se determina, también, si es procedente que el art. 438 bis CP haya limitado su ámbito de aplicación a las autoridades, con exclusión del concepto más amplio de funcionario público.

Asimismo, se estudia la polémica cuestión del órgano legalmente competente para realizar el requerimiento. Su delimitación es esencial porque, de no hacerlo, se podría estar amparando una suerte de *vía de hecho* para reclamar obediencia. Muy particularmente, se incide en la controvertida cuestión de si es procedente atribuirles tal facultad a los órganos judiciales y, especialmente, a los penales. Se advierte, además, si de tenerla encomendada, existen restricciones constitucionales derivadas de tal atribución.

A lo largo del trabajo, y a pesar de haber abordado "en abstracto" los límites constitucionales de la figura de desobediencia en el capítulo III, se aplican dichos límites de forma concreta. Este enfoque ahonda en el entendimiento de los elementos del tipo penal bajo el filtro de los derechos y garantías constitucionales.

El capítulo V se dedica a analizar las consecuencias jurídicas del delito, incluyendo un análisis de la aplicabilidad de la consecuencia accesoria del decomiso. Esto último deviene importante porque, en realidad, la *ratio legis* de esta figura tiene como objetivo neutralizar el enriquecimiento ilícito. También se aborda la relación de la figura del art. 438 bis CP con otros delitos. No obstante, se dedica, con carácter previo, un epígrafe completo para aquellos supuestos en los que, en principio, podría pensarse que se está ante un caso de concurrencia delictiva pero que, sin embargo, no es así. En los casos especialmente problemáticos, la cuestión se planteará a través de la resolución de supuestos concretos (caso 1, caso 2…) Ello se justifica en que no existe una regla única e invariable aplicable a todos los supuestos. Por último, se profundiza en la problemática del principio *ne bis in idem,* esclareciendo los límites a la imposición de sanciones concurrentes, particularmente en el ámbito del Derecho Administrativo Sancionador.

En definitiva, este trabajo tiene como objetivo incardinar una figura penal compleja y recientemente implementada en el marco de los derechos fundamentales, arrojando luz sobre sus límites y aplicabilidad y ciñéndola a la voluntad explícita de la ley, que la configura como un delito de *desobediencia por enriquecimiento injustificado de autoridades.*

Capítulo I

La figura del enriquecimiento ilícito en la normativa internacional

1. PLANTEAMIENTO GENERAL

En el ámbito internacional, destacan tres convenciones que promueven la creación del delito de "enriquecimiento ilícito", una figura destinada a superar los obstáculos probatorios inherentes a la demostración del delito originario que ha generado determinados bienes injustificados. Esta figura se define, con carácter general, como el *incremento significativo y no justificado del patrimonio de un funcionario público.*

Por orden cronológico, el primer instrumento internacional es la Convención Interamericana contra la Corrupción (CICC), aprobada en el marco de la Organización de Estados Americanos (OEA) en marzo de 1996, y que entró en vigor en 1997. Le sigue la Convención de la Unión Africana para Prevenir y Combatir la Corrupción (CUAPCC), adoptada en julio de 2003 y en vigor desde 2006. Finalmente, la Convención de las Naciones Unidas contra la Corrupción (CNUCC) fue aprobada el 31 de octubre de 2003, entrando en vigor en 2005 y para España el 19 de julio de 2006.

De los tres instrumentos internacionales mencionados, se deducen las siguientes características comunes en la figura del "enriquecimiento ilícito": la conducta consiste en obtener un incremento patrimonial significativo e injustificado; excepto en la CUAPCC, la figura se aplica exclusivamente a los servidores públicos; el objeto material es la masa patrimonial resultante del enriquecimiento y solo se contempla el castigo en su modalidad dolosa[4]. La obligatoriedad de penalizar la conducta, en todos los casos, está condicionada a que el precepto respete la Constitución y los principios constitucionales de los Estados Parte.

A continuación, se ofrece una aproximación a los tres instrumentos internacionales, con especial énfasis en la CNUCC porque es la única de las convenciones que vincula a España. Se señalará, además, que la UE, aunque ha ratificado la CNUCC, no ha emitido recomendación ni obligación específica sobre la tipificación del delito de enriquecimiento ilícito. No obstante, su política regional muestra un firme compromiso contra la corrupción. Se examinará, en este contexto, la Comunicación de la Comisión al Parlamento Europeo y al Consejo, de 20 de noviembre de 2008, titulada "Productos de la delincuencia organizada. Garantizar que «el delito no resulte provechoso»", que propone la creación del delito de "posesión de bienes injustificados", una figura cercana a la del enriquecimiento ilícito. También se revisará la Propuesta de Directiva de lucha contra la corrupción que promueve la creación de un delito de "enriquecimiento por corrupción".

2. CONVENCIÓN DE NACIONES UNIDAS CONTRA LA CORRUPCIÓN

2.1. Introducción

La CNUCC es el único instrumento internacional de carácter universal que promueve el desarrollo de mecanismos anticorrupción, facilita la cooperación entre Estados y desarrolla y armoniza las políticas destinadas a prevenir, detectar y penalizar la corrupción[5]. En las líneas que siguen se analizarán los rasgos fundamen-

---

4 Así, FABIÁN CAPARRÓS, E. A., "Apuntes críticos sobre la posible tipificación del delito de enriquecimiento ilícito en España" en RODRÍGUEZ-GARCÍA, N., CARRIZO GONZÁLEZ-CASTELL, A., RODRÍGUEZ LÓPEZ, F. (eds.), *Corrupción: compliance, represión y recuperación de activos*, Tirant lo Blanch, Valencia, 2019, pág. 598.

5 Sobre la CNUCC, vid. PÉREZ CEPEDA, A. I., "Corrupción y Administración Pública" en SINTURA VARELA, F., RODRÍGUEZ, N. (eds.), *El*

tales de la figura del "enriquecimiento ilícito", recogida en el art. 20, y su implementación en los Estados Parte.

2.2. El delito de enriquecimiento ilícito en la Convención de Naciones Unidas contra la Corrupción

2.2.1. Estudio de la figura

El art. 20 CNUCC define el enriquecimiento ilícito como: "[e]l incremento significativo del patrimonio de un funcionario público respecto de sus ingresos legítimos que no pueda ser razonablemente justificado por él".

Este precepto responde a la dificultad de superar los obstáculos probatorios respecto del delito antecedente del que proviene el incremento patrimonial. Así lo expresa Guía Legislativa para la Aplicación del Convenio: "(...) se intentan superar las dificultades que tienen los fiscales a la hora de demostrar que un funcionario público ha solicitado o aceptado sobornos en los casos en

---

Estado de Derecho colombiano frente a la corrupción: retos y oportunidades a partir del estatuto anticorrupción de 2011, Universidad del Rosario, Bogotá, 2013, págs. 387 y ss. y LA MISMA, "Instrumentos internacionales del Derecho Penal Económico" en SERRANO-PIEDECASAS, J. R., DEMETRIO CRESPO, E. (dirs.), *Cuestiones actuales de Derecho Penal Económico*, Colex, Madrid, 2008, pág. 384; ARGANDOÑA, A., "La Convención de las Naciones Unidas contra la corrupción y su impacto sobre las empresas internacionales", *IESE Business School*, nº 656, 2006, págs. 4 y ss.; BABU, R., "The United Nations Convention against corruption: a critical overview", 2006. Disponible en: http://dx.doi.org/10.2139/ssrn.891898 (última visita: 04/04/2024). También, WEBB, P., "The United Nations Convention Against Corruption ", *Journal of International Economic Law*, nº 8(1), 2005, págs. 204 y ss.; FOFFANI, L., "La nuova dimensione internazionale ed economica della lotta alla corruzione: dal settore pubblico al settore privato" en RUSSO, T., ORIOLO, A. (eds.), *La lotta alla corruzione nella legalità reticolare*, FrancoAngeli, Milán, 2020, pág. 54 y ROSE, C., KUBICIEL, M., LANDWEHR, O. (eds.), *The United Nations Convention against corruption: a commentary*, Oxford University Press, 2020, *passim*.

que su enriquecimiento es tan desproporcionado respecto de sus ingresos legítimos que puede establecerse *prima facie* que se ha cometido un acto de corrupción"[6].

Los elementos que se derivan del art. 20 CNUCC, y que se analizarán en lo que sigue, son: el incremento significativo del patrimonio del funcionario respecto de sus ingresos legítimos, la imposibilidad de justificar la procedencia lícita de los ingresos y la intencionalidad en cometer la conducta[7]. En todo caso, la tipificación del delito queda sujeta a la compatibilidad del precepto con los principios fundamentales de cada país.

2.2.1.1. *Incremento significativo del patrimonio de un funcionario respecto de sus ingresos legítimos*

El núcleo de la conducta consiste en el *incremento significativo e injustificado de patrimonio del funcionario.* La figura, sin embargo, obvia referirse al acto que ha generado esa desproporción patrimonial.

Una de las cuestiones que más controversia generó fue la de si era procedente que la propia CNUCC estableciese un límite cuantitativo para apreciar el delito[8]. Sin embargo, el Grupo oficioso entendió que era suficiente con mantener la voz "significativo"[9].

---

6 ONU, "Guía Legislativa para la aplicación de la Convención de Naciones Unidas contra la Corrupción", 2012, punto 296.

7 Sobre los distintos elementos, vid. NÚÑEZ CASTAÑO, E., *El delito de enriquecimiento injustificado. Consideraciones en torno al silencio,* Tirant lo Blanch, Valencia, 2024, pág. 35 y JAÉN VALLEJO, M., PERRINO PÉREZ, A. L., *La recuperación de activos frente a la corrupción (la Oficina de Recuperación y Gestión de Activos),* Dykinson, Madrid, 2016, pág. 101.

8 Durante la tramitación de la CNUCC, el delegado pakistaní sugirió que se estableciese un límite para apreciar el aumento del patrimonio en comparación con los ingresos legítimos o lícitos del funcionario.

9 Sobre los debates, vid. DEL CARPIO DELGADO, J., "El delito de enriquecimiento ilícito: análisis de la normativa internacional", *Revista General de Derecho Penal,* nº 23, 2015, págs. 46 y ss.

Respecto al periodo en el cual debe producirse el aumento de patrimonio o sobre si es necesario que el incremento tenga vinculación con la función pública, nada dispone la CNUCC. Durante el debate se suprimió la frase "durante el ejercicio de sus funciones", dado que se estimó que era posible que un funcionario obtuviera ingresos ilegítimos que no proviniesen del ejercicio de estas. No obstante, algunos Estados han optado por exigir que el sujeto haya incrementado su haber por las labores que desempeña[10]; otros, establecen que debe haberse producido durante el tiempo en que se ejerce la función pública. Hay quienes extienden el periodo temporal más allá del ejercicio del cargo[11].

2.2.1.2. No justificación del patrimonio

La falta de explicación o justificación patrimonial es uno de los aspectos que más controversia ha generado porque, desde un primer acercamiento, junto con el incremento patrimonial, es aquello que permite afirmar que la figura incorpora una *presunción* o *sospecha*: si media un incremento patrimonial que no se justifica, este se presume *ilícito*. Esa es la razón por la que algunos Estados no han previsto en sus ordenamientos referencia alguna a la falta de justificación o han dispuesto expresamente que la carga de la prueba la ostenta la acusación[12].

2.2.1.3. Aspecto subjetivo

La CNUCC aboga expresamente por la *intencionalidad* —"cuando se cometa intencionalmente, el enriquecimiento ilícito"— y así lo determinan la mayoría de las legislaciones internas[13].

---

10 Art. 279 CP Ecuador y 401 CP Perú.

11 Arts. 268 (2) CP Argentina y 412 CP Colombia.

12 Art. 241 bis CP Chile y así se pronunció la Sentencia del Tribunal Constitucional de la República de Chile, rol. 12.797-2022, de 12 de enero de 2023.

13 Sobre el particular, vid. ROJAS PICHLER, P. A, "El delito de enriquecimiento ilícito y su proyección en los convenios internacionales sobre corrupción", *Revista Penal México*, nº 7, 2015, pág. 230.

2.2.1.4. *Cláusula de salvaguarda*

En la tramitación de la CNUCC determinadas delegaciones propusieron que el delito de enriquecimiento ilícito no tuviera carácter vinculante; otros, sin embargo, optaban por ubicar el precepto en el capítulo reservado a las penalizaciones con efecto obligatorio. Pakistán planteó una solución intermedia: que la penalización del enriquecimiento fuese facultativa, para evitar conflictos con el Derecho interno de cada Estado. Se optó, finalmente, por una vía "híbrida" entre las disposiciones obligatorias y las facultativas: los Estados Parte no tienen la obligación de criminalizar esta conducta, pero sí han de examinar la compatibilidad de la figura con su Derecho o, como dice el precepto, "considerar la posibilidad" de penalizar el enriquecimiento ilícito. Así lo establece también la Guía Legislativa para la aplicación de la CNUCC[14].

En lo referente a la aplicación de la Convención, el art. 30 párr. noveno CNUCC establece que esta disposición no obliga a una transposición literal del texto al Derecho nacional, sino de acuerdo con los principios fundamentales de cada Estado. Por su parte, el art. 65 CNUCC señala que para la adopción de los contenidos de la CNUCC cada Estado adecuará sus disposiciones a las exigencias de su Derecho interno[15].

En todo caso, y en cumplimiento de lo dispuesto en el art. 63 CNUCC, los Estados Parte *deben* proporcionar información acerca de sus "programas, planes y prácticas, así como sobre las medidas legislativas" para aplicar la Convención y, en caso de que lo dispuesto en el art. 20 CNUCC no sea compatible con su ordenamiento jurídico, deberán motivarlo[16].

---

14 ONU, "Guía Legislativa para la… cit. punto 270.

15 En el mismo sentido, vid. *ibidem*, punto 18.

16 Sobre el particular, vid. ROJAS PICHLER, P. A, "El delito de enriquecimiento… cit. pág. 229.

2.2.2. Implementación

La CNUCC establece, en su art. 63, la "Conferencia de los Estados Parte" como órgano de control de la aplicación del instrumento y para lograr la cooperación entre Estados[17]. En la actualidad, a nivel mundial, ciento sesenta y ocho Estados han ratificado la CNUCC o se han adherido a ella, pero no todos han tipificado el delito de enriquecimiento ilícito. Las reticencias en orden a acogerlo se deben, generalmente, a las limitaciones que derivan del derecho a la presunción de inocencia[18]. También a las particularidades de las legislaciones internas, donde existen mecanismos igualmente eficaces, y a problemas de superposición de leyes[19]. No obstante, en otras regiones, el delito de enriquecimiento ilícito goza de un amplio reconocimiento (América Latina y el Caribe[20], África[21] o Asia[22])[23].

---

17 En la tercera reunión celebrada en Doha en el año 2009, la Conferencia de Estados Parte aprobó la Resolución 3/1 "Mecanismo de Examen". Conferencia de Estados Parte de la Convención, celebrada en Doha, del 9 al 13 de noviembre de 2009. Sobre la situación española, vid. "Informe sobre el examen del país del Reino de España", Examen por Bélgica y Lituania sobre la aplicación de parte de España del Capítulo III, "Penalización y aplicación de la ley" y del Capítulo IV, "Cooperación internacional", de la Convención de las Naciones Unidas contra la Corrupción (ciclo de examen 2010-2015).

18 Sobre este particular, vid. BLANCO CORDERO, I., "El delito de enriquecimiento ilícito desde la perspectiva europea", *Revue électronique de l'AIDP*, 2013, s/n.

19 RODRÍGUEZ GARCIA, N., GABRIEL ORSI, O., "El delito de enriquecimiento ilícito en América Latina: tendencias y perspectivas", *Cuadernos de Política Criminal*, nº 116, 2015, págs. 211 y 212.

20 Entre otros: Argentina, Colombia, Perú, Ecuador, Costa Rica, Chile o Bolivia.

21 Entre otros: Botsuana, Angola o Sierra Leona.

22 Entre otros: China, Malasia o la India.

23 Para un estudio de los países que han tipificado el delito, vid. MUZILA, L., MORALES, M., MATHIAS, M., BERGER, T., "On the Take. Criminalizing Illicit Enrichment to Fighting Corruption", *International Bank for Reconstruction and Development/The World Bank*, 2012, págs. 7 y ss.

En el contexto de la UE, salvo contadas excepciones que acogen el delito de enriquecimiento ilícito[24] o lo hacen con matices[25], no ha tenido una favorable acogida. Entre otros, Alemania[26], Austria[27] y Suecia[28] lo consideran incompatible con sus Constituciones porque contradice el derecho a la presunción de inocencia. En general, la mayoría de los países UE alegan problemas de constitucionalidad (entre ellos, en su día, España[29]) o lo incorporaron en sus ordenamientos jurídicos, pero fueron rechazados posteriormente por sus jurisdicciones constitucionales. Este fue el caso de Italia[30] o, en dos ocasiones, de Portugal[31]. Otros Estados, sin embargo, consideran que sus ordenamientos jurídicos cubren estas situaciones con recursos penales ya existentes[32], con la consecuencia accesoria del decomiso[33] o con instrumentos administrativos[34]. Entre los pocos Estados que

---

[24] Por ejemplo, art. 189 párr. 1 CP Lituano y en Chipre, Ley de Adquisición Ilícita de Beneficios Patrimoniales por parte de Funcionarios del Estado y Funcionarios Públicos nº 51(I) de 2004.

[25] Por ejemplo, arts. 321.6 CP francés y 324 CP luxemburgués.

[26] Alemania: Grupo de Examen de la Aplicación de la Convención de las Naciones Unidas contra la corrupción, 31 de agosto a 2 de septiembre de 2020.

[27] Austria: Grupo de Examen de la Aplicación de la Convención de las Naciones Unidas contra la corrupción, 2 a 6 de agosto de 2014.

[28] Suecia: Grupo de Examen de la Aplicación de la Convención de las Naciones Unidas contra la corrupción, de 13 a 15 de octubre de 2014.

[29] España: Grupo de Examen de la Aplicación de la Convención de las Naciones Unidas contra la corrupción, 7 a 9 de septiembre de 2011.

[30] Sobre el caso de Italia, vid. *infra*, cap. II, 5.2.

[31] Sobre el caso de Portugal, vid. *infra*, cap. II, 6.2 y 6.3.

[32] Entre otros, Dinamarca: Grupo de Examen de la Aplicación de la Convención de las Naciones Unidas contra la corrupción, 14 a 16 de noviembre de 2016.

[33] Entre otros, Eslovaquia: Grupo de Examen de la Aplicación de la Convención de las Naciones Unidas contra la corrupción, 27 a 31 de mayo de 2013.

[34] Entre otros, Finlandia: Grupo de Examen de la Aplicación de la Convención de las Naciones Unidas contra la corrupción, 7 a 9 de septiembre de 2011; Grecia: Grupo de Examen de la Aplicación de la

han acogido una figura afín —que no idéntica— a la del art. 20 CNUCC se encuentran Francia, Luxemburgo, Portugal, Lituania, Chipre y España.

Resta por señalar que, ante las reticencias por tipificar la figura del "enriquecimiento ilícito" en los términos que propuso la CNUCC, la ONUCDD reconoció que los deberes de declaración de patrimonio a los que están obligados los que prestan servicios públicos podían ser lo suficientemente útiles para abordar las conductas de enriquecimiento ilícito, sobre todo si se dispone un régimen sancionador eficaz frente a las declaraciones inveraces[35].

El planteamiento de la ONUCDD fue, de una u otra forma, acogido por algunos Estados. Esa senda es la que parece haber seguido Portugal que, tras dos declaraciones de inconstitucionalidad del delito de enriquecimiento ilícito, regula en una ley especial el delito de *desobediencia cualificada y ocultación intencional de patrimonio*, que se basa en las declaraciones de bienes de los titulares de cargos políticos y altos cargos[36]. También parece que la legislación penal española ha continuado por ese mismo camino[37].

Convención de las Naciones Unidas contra la corrupción, 20 a 24 de junio de 2016.

35 ONUCDD, "Estado de aplicación de la Convención de las Naciones Unidas contra la Corrupción", Naciones Unidas, Nueva York, 2015. Más recientemente, ONUCDD, "Estado de aplicación de la Convención de las Naciones Unidas contra la Corrupción", 2ª ed., Naciones Unidas, Viena, 2017.

36 Lei mº 4/2022, de 6 de janeiro, Procede ao alargamento das obrigações declarativas dos titulares de cargos políticos e de altos cargos públicos, alterando a Lei n.º 52/2019, de 31 de julho.

37 *Infra*, caps. III y IV.

3. CONVENCIÓN INTERAMERICANA CONTRA LA CORRUPCIÓN

3.1. Introducción

En la Primera Cumbre de las Américas (Miami, 1994) se planteó un plan de lucha contra la corrupción[38]. Estos trabajos permitieron que, en marzo de 1996, en el marco de la OEA, se aprobara la CICC, que es el primer instrumento internacional frente a la corrupción en el mundo y que contempla en su articulado la figura del enriquecimiento ilícito[39].

La CICC surge para dar respuesta a la corrupción, fenómeno que ha rodeado permanentemente a los Estados Parte de la OEA, especialmente en América Latina, donde ha estado —y está— afectando intensamente a las democracias[40]. El instrumento es

---

38 Primera Cumbre de las Américas, Miami, 9 al 11 de diciembre de 1994. En esta se dijo: "[l]a democracia efectiva requiere que la corrupción sea combatida de manera integral, toda vez que constituye un factor de desintegración social y de distorsión del sistema económico que socava la legitimidad de las instituciones políticas". No obstante, esta idea había sido incluida en 1992 en la agenda de Comité Jurídico Interamericano por iniciativa de uno de sus miembros. Sobre el particular, vid. MANFRONI, C. A., *La Convención Interamericana contra la Corrupción*, Abeledo-Perrot, 2ª ed., Buenos Aires, 1998, págs. 17-21.

39 Al respecto vid. ROJAS PICHLER, P. A, "El delito de enriquecimiento... cit. pág. 222. Para un análisis de la influencia de la CICC en la percepción de la corrupción, vid. ALTAMIRANO, G. D., "The impact of the Inter-American Convention Against Corruption", *University of Miami Law Review*, nº 38, 2007, págs. 488 y ss. y MIKKELSEN-LÖTH, J. F., *Enriquecimiento ilícito. El desafío para la ciencia jurídico-penal en la sociedad actual de enfrentar a la corrupción en la Administración Pública*, La Ley, Buenos Aires, 2001, págs. 37 y ss.

40 Como destaca la doctrina, durante las discusiones para elaboración de la CICC, se señaló que para los países latinoamericanos esta figura era particularmente útil por cuanto no contaban con recursos eficaces para la detección del delito en el momento en el que ocurre. En este sentido, vid. COLOMBO, M. L., IPOHORSKI LENKIEWICZ, J. M., "Evolución legislativa reciente y análisis de la figura penal en el Derecho com-

una muestra de la creciente corriente político-criminal basada en la necesidad de privar al delincuente del producto del delito y sancionar penalmente su tenencia[41].

El instrumento internacional tiene como objetivo que los Estados Parte adopten medidas en orden a prevenir, detectar, sancionar y erradicar la corrupción. Asimismo, promueve y facilita la cooperación entre Estados[42]. La CICC, además de contemplar medidas de carácter penal y de asistencia internacional, recoge otras dirigidas a la consecución del correcto ejercicio de la función pública: normas de conducta y sistemas de declaraciones patrimoniales y de contratación de bienes y servicios, etc.[43].

Para el control de su implementación, la Asamblea General de la OEA adoptó el Mecanismo de Seguimiento (MESICIC)[44]. Este órgano tiene como propósito promover la ejecución de la CICC, controlar el cumplimiento de los compromisos adquiridos y facilitar la cooperación entre Estados.

---

parado" en BRUZZONE, G. A., GULLCO, H. (coords.), *Teoría y práctica del delito de enriquecimiento ilícito de funcionario público (art. 268 [2], C.P.)*, Ad-Hoc, Buenos Aires, 2005, pág. 113.

41 VIDALES RODRÍGUEZ, C., *El delito de enriquecimiento ilícito: su tratamiento en el marco normativo internacional y en la legislación comparada. Especial referencia a la legislación penal colombiana*, Centro para la Administración de Justicia, Miami, 2008, pág. 20.

42 Sobre los objetivos de la CICC, vid. SUTTON, R. H., "Controlling Corruption Trough Collective Means: Advocating the Inter-American Convention Against Corruption", *Fordham Internation Law Journal*, vol. 20, 1996, pág. 1453.

43 Sobre las medidas preventivas, vid. ROJAS PICHLER, P. A, "El delito de enriquecimiento... cit. pág. 223.

44 Resolución de la Asamblea General 1784 (XXXI-O/01), Mecanismo de seguimiento de la implementación de la Convención Interamericana contra la Corrupción. Aprobada en la tercera sesión plenaria, celebrada el 5 de junio de 2001. Disponible en: http://www.oas.org/es/sla/dlc/mesicic/docs/doc_buenos_aires_sp.pdf (última visita: 04/04/2024).

3.2. El delito de enriquecimiento ilícito en la Convención Interamericana contra la Corrupción

3.2.1. Estudio de la figura

La figura del enriquecimiento ilícito en la CICC surge a propuesta del representante de Argentina y con el respaldo de Perú, Venezuela, México y Colombia[45].

El art. IX define la figura como el incremento patrimonial del servidor público, que guarde desproporción con su patrimonio, y que no pueda ser justificado por él. También, en este caso, queda sujeta a una cláusula de salvaguarda: con el límite de la Constitución y los principios fundamentales de los ordenamientos de los Estados Parte. Esta última previsión surge ante las reticencias de algunos Estados por regular el delito, por considerarlo inconstitucional[46].

A diferencia del art. 20 CNUCC, que establece que los Estados Parte "considerarán la posibilidad de adoptar", la CICC dispone que los Estados "adoptarán" las medidas necesarias para tipificar el delito de enriquecimiento ilícito. La norma es, pues, de obligado cumplimiento, pero esta "obligación internacional", de nuevo, contiene la limitación de que los principios de cada Estado lo permitan.

3.2.1.1. Incremento patrimonial de un funcionario con significativo exceso respecto de sus ingresos legítimos

Como en el instrumento de la CNUCC, la CICC se refiere a aquel funcionario que se enriquezca de forma desproporcionada

---

45 Ampliamente, vid. ROJAS PICHLER, P. A, "El delito de enriquecimiento... cit. pág. 223; MANFRONI, C. A., *La Convención Interamericana contra...* cit. pág. 138 y HERNÁNDEZ BASUALTO, H., "El delito de enriquecimiento ilícito de funcionarios en el Derecho Penal chileno", *Revista de Derecho de la Pontificia Universidad Católica de Valparaíso,* nº XXVII, 2006, págs. 188 y ss.

46 MANFRONI, C. A., *La Convención Interamericana contra...* cit. pág. 141.

respecto de sus ingresos legítimos. No se exige que el incremento provenga de actividades delictivas, sino solamente que medie un enriquecimiento injustificado. Como afirma MANFRONI "poco importa si el patrimonio no justificado procedió de acto contra la administración pública o de las mil variables posibles de imaginar. La comunidad sanciona la falta de transparencia de sus administradores"[47].

En este sentido, para probar el enriquecimiento patrimonial, tienen especial interés las medidas preventivas que acoge la propia Convención, como la "declaración de los ingresos"[48], puesto que, como en términos generales la corrupción es difícil de probar, permite a los investigadores atestiguar que no existe una relación real con el patrimonio declarado del funcionario. Esta disposición cumple, básicamente, dos funciones: es un mecanismo de publicidad y transparencia y también sirve para prevenir y combatir la corrupción pública. En este último sentido, Perú integra en su tipo penal, como indicio, la declaración jurada de rentas para hallar el enriquecimiento injustificado[49].

Para evitar reiteraciones innecesarias, como particularidad, la doctrina criticó en su día que la CICC no hiciese referencia al enriquecimiento "negativo", a la cancelación de deudas contraídas[50]. En ese sentido, algunos Estados, como Argentina[51] o Costa Rica[52],

---

47 *Ibidem*, pág. 143.

48 Art. III.4 CICC.

49 Art. 401 párr. tercero CP Perú.

50 ROJAS PICHLER, P. A, "El delito de enriquecimiento… cit. pág. 227 y MANFRONI, C. A., *La Convención Interamericana contra…* cit. pág. 145.

51 Art. 268 (2) párr. segundo CP Argentina: "Se entenderá que hubo enriquecimiento no sólo cuando el patrimonio se hubiese incrementado con dinero, cosas o bienes, sino también cuando se hubiesen cancelado deudas o extinguido obligaciones que lo afectaban".

52 Art. 45 de la Ley contra la Corrupción y el Enriquecimiento Ilícito en la Función Pública, nº 8422 de la Asamblea Legislativa de la República de Costa Rica: "(…) acreciente su patrimonio, adquiera bienes, goce derechos, cancele deudas o extinga obligaciones que afecten su patrimonio

se refieren expresamente a ello. Asimismo, ciertas legislaciones prevén el incremento patrimonial de terceras personas respecto de las cuales se "conduzca" como dueño. Con ello, se trata de evitar que el funcionario se enriquezca utilizando a personeros[53].

En el marco de la CICC, no procede sancionar al funcionario que aumente mínimamente su patrimonio. Es por ello que se emplea la expresión "con significativo exceso". No obstante, la Convención no establece ningún parámetro para determinar cuando la desproporción es "excesiva" y deja al albur de los Estados esta labor de concreción. Algunos han optado por utilizar términos similares como "apreciable"[54] o "relevante"[55]; otros, especifican la cuantía a partir de la cual se considera el ilícito penal[56] y hay quienes han optado por tipificar el delito sin establecer la cuantía mínima que debe alcanzar[57]. Existe una posición híbrida, la panameña, que configura el tipo básico sin establecer una cuantía mínima y, para el tipo cualificado, sí la exige[58].

Según la doctrina, ninguna de las alternativas está exenta de objeciones. No advertir una cuantía puede implicar que, ante cualquier incremento, por mínimo que sea, cabe la sanción penal. La segunda de las objeciones va referida al empleo de cláusulas

---

o el de personas jurídicas, en cuyo capital social tenga participación ya sea directamente o por medio de otras personas jurídicas".

53 Por ejemplo, art. 224 CP Federal de México.

54 Art. 268 (2) CP Argentina.

55 Art. 241 bis Chile.

56 Art. 279 CP Ecuador: "superior a cuatrocientos salarios básicos unificados del trabajador en general".

57 Art. 412 CP Colombia y art. 224 CP Federal de México.

58 Art. 345 CP Panamá: "El servidor público que, personalmente o por interpuesta persona, incremente indebidamente su patrimonio respecto a los ingresos legítimos obtenidos durante el ejercicio de su cargo y hasta cinco años después de haber cesado en el cargo, y cuya procedencia lícita no pueda justificar será sancionado con prisión de dos a cinco años.
La pena será de cuatro a diez años de prisión si lo injustificadamente obtenido supera la suma de cien mil balboas (B/.100,000.00)"

imprecisas como "apreciable", "desproporcionado" o "notable", que son términos pendientes de valoración y, según indica parte de la doctrina, poco respetuosos con las exigencias del principio de legalidad[59]. Se entiende, además, que el empleo de este tipo de cláusulas abiertas deja un amplio margen a la apreciación del juez y pueden suponer una vulneración del derecho a la igualdad en la aplicación de la ley[60].

3.2.1.2. No justificación de los bienes por parte del funcionario

La CICC no solamente exige que el incremento patrimonial no guarde proporción con los ingresos legítimos del funcionario, sino que la desproporción no pueda ser razonablemente justificada. Este último requisito, el de la no justificación, ha sido criticado por su indeterminación[61]. Además de las objeciones de carácter constitucional ya apuntadas *supra*[62], algún sector, en su respectiva regulación, considera que un inciso como este atestigua que se trata de un delito omisivo: la no justificación constituye el núcleo del injusto[63]. Para otros, se trata de una condición objetiva de punibilidad[64]. También hay quien ha mantenido que no se puede sostener que el mero silencio del funcionario, por sí mismo, implique la realización del tipo, sino que se trata de una

---

59 VIDALES RODRÍGUEZ, C., *El delito de enriquecimiento...* cit. págs. 56 y 57.

60 *Ibidem*, pág. 57.

61 Más ampliamente, ROJAS PICHLER, P. A, "El delito de enriquecimiento... cit. pág. 226.

62 *Supra*, 2.2.1.2. La síntesis de todas ellas puede verse en QUINTANAR DÍEZ, M., BARBA ÁLVAREZ, R., "En torno a la inconstitucionalidad del delito de enriquecimiento ilícito en el Código Penal de los Estados Unidos Mexicanos y en el Código Penal para el Estado libre y soberano de Jalisco", *Cuadernos de Política Criminal*, nº 78, 2002, págs. 695 y 696.

63 Acerca del debate, vid. ROJAS PICHLER, P. A, "El delito de enriquecimiento... cit. pág. 226 y VIDALES RODRÍGUEZ, C., *El delito de enriquecimiento...* cit. págs. 57 y ss.

64 Sobre este particular, vid. VIDALES RODRÍGUEZ, C., *El delito de enriquecimiento...* cit. pág. 57.

condición de procedibilidad o de una manifestación del ejercicio del derecho de defensa[65].

3.2.1.3. Durante el ejercicio de sus funciones

A diferencia de la CNUCC, la CICC condiciona la conducta a un determinado periodo: al ejercicio de la función pública. La mayor parte de ordenamientos acogen esta limitación, en tanto que la *ratio legis* responde a que el funcionario no se enriquezca ilegítimamente por el ejercicio de sus funciones[66]. Empero, el problema se plantea con aquellos "afloramientos" patrimoniales que se produzcan con posterioridad al ejercicio del cargo, pero a consecuencia de este. Para salvar este inconveniente, Argentina o Colombia, abarcan un espacio temporal tras el cese del cargo[67].

3.2.1.4. Cláusula de salvaguarda

Como la CNUCC, la CICC condiciona la implementación de la figura a su compatibilidad con la Constitución y principios fundamentales de los Estados Parte. No obstante, añade que aquellos que no hayan tipificado el enriquecimiento ilícito, en la medida en que sus leyes lo permitan, brindarán la asistencia y cooperación previstas en la Convención.

3.2.2. Implementación

El delito de enriquecimiento ilícito fue introducido en algunos países de Latinoamérica incluso antes de la aprobación del instrumento internacional de la CICC[68], aunque con reticencias por

---

65 Sobre las posturas al respecto, vid. ROJAS PICHLER, P. A, "El delito de enriquecimiento... cit. pág. 223 y VIDALES RODRÍGUEZ, C., *El delito de enriquecimiento...* cit. pág. 58.

66 VIDALES RODRÍGUEZ, C., *El delito de enriquecimiento...* cit. pág. 60.

67 Sobre ambas regulaciones vid. *infra*, cap. II, 2 y 3.

68 Para una exposición del contexto comparado, vid. HERNÁNDEZ BASUALTO, H., "El delito de enriquecimiento... cit. págs. 186 y ss.

parte de la doctrina[69]. La creciente corrupción en esos países y la falta de estructuras para combatirla contribuyeron a la creación de este delito[70]. De hecho, el país que interesó su inclusión, Argentina, lo tipificó en 1964 (aunque hubo propuestas legislativas anteriores). Sin embargo, otros países parte de la CICC, como Canadá o EE. UU., consideran que la sanción penal compromete sus constituciones en tanto que contraría el derecho a la presunción de inocencia[71]. A pesar de ello, la Administración de Biden ha reconocido la corrupción como una "amenaza frente a la seguridad nacional"[72] y, como medida estratégica contra la financiación ilícita, han establecido medidas para mejorar la capacidad en la detección e investigación de delitos financieros[73]. Tampoco ha previsto este delito Brasil que acude al Derecho Administrativo

---

69 Por todos, vid. DE LA FUENTE, J. E., "El delito de enriquecimiento ilícito. La discusión sobre su inconstitucionalidad", *Revista de Derecho Penal, Rubinzal-Culzoni,* nº 1, 2004, s/n; SANCINETTI, M. A., *El delito de enriquecimiento ilícito de funcionario público —art. 268,2, CP.—. Un tipo penal violatorio del Estado de Derecho,* Ad-Hoc, Buenos Aires, 1994 pág. 121 y ss. y EL MISMO, "El delito de enriquecimiento ilícito de funcionario público. Sobre la inconstitucionalidad del art. 268 (2) del Código Penal argentino" en MAIDER, J. B. J., BINDER, A. M. (comps.), *El Derecho Penal hoy. Homenaje al prof. David Baigún,* Editores del Puerto, Buenos Aires, 1995, pág. 291 y VIDAL ALBARRACÍN, G., VIDAL ALBARRACÍN, H. G., "Crisis del enriquecimiento ilícito de los funcionarios públicos. Un fallo revitalizador", *La Ley,* Buenos Aires, nº 781, 2000, s/n.

70 Ampliamente, vid. FABIÁN CAPARRÓS, E. A., "Apuntes críticos sobre la… cit. págs. 600 y ss.

71 Pueden verse las declaraciones de ambos Estados en: https://www.oas.org/es/sla/ddi/tratados_multilaterales_interamericanos_B-58_contra_Corrupcion_firmas.asp#EstadosUnidos (última visita: 04/04/2024).

72 The White House, "Memorandum on Establishing the Fight Against Corruption as a Core United States National Security Interest", 2021. Disponible en: https://www.whitehouse.gov/briefing-room/presidential-actions/2021/06/03/memorandum-on-establishing-the-fight-against-corruption-as-a-core-united-states-national-security-interest/ (última visita: 04/04/2024).

73 Como forma para implementar el Corporate Transparency Act (CTA).

Sancionador para hacer frente a estas conductas[74], ni la República Cooperativa de Guyana[75] o San Vicente y las Granadinas[76].

Los datos del Índice de Percepción de la Corrupción (IPC) demuestran que los Estados *highly corrupt* (altamente corrompidos), son los que, generalmente, han acogido la figura del enriquecimiento ilícito. En sentido contrario, los países con mejores estándares de transparencia o donde la percepción de la corrupción es menor, en el plano positivo, o bien no contemplan el delito o bien lo hacen de forma prudente[77]. En la siguiente tabla se muestra esta tendencia:

---

74 Sobre el particular, vid. "Respuestas al cuestionario de seguimiento de la implementación de la Convención Interamericana contra la Corrupción". Disponible en: http://www.oas.org/juridico/spanish/bra_res4.pdf (última visita: 04/04/2024). No obstante, se ha discutido si debía criminalizarse. En este sentido, vid. GRECO, L., "Reflexões provisórias sobre o crime de enriquecimento ilícito", *IBCCRIM — Instituto Brasileiro de Ciências Criminais*, nº 277, 2015. Disponible en: https://arquivo.ibccrim.org.br/boletim_artigo/5670-Reflexoes-provisorias-sobre-o-crime-de-enriquecimento-ilicito (última visita: 04/04/2024). También, vid. SCALCON, R., GIULIANI, E., "Reflexión sobre la criminalización del enriquecimiento ilícito en Brasil: un análisis de la legitimidad constitucional y dogmático penal del proyecto de ley 4850/2016", *Nuevo Foro Penal*, vol. 14, nº 90, 2018, *passim* y COUTO DE BRITO, A., MORAES, J., "Sistemas penales comparados. Brasil", *Revista Penal*, nº 53, 2024, págs. 265 y ss.

75 Informe Final: República Cooperativa de Guyana. Informe aprobado por el Comité (OEA), 25 de marzo de 2011.

76 Informe Final: San Vicente y las Granadinas. Informe aprobado por el Comité (OEA), 25 de marzo de 2011.

77 Sobre este particular, vid. RODRÍGUEZ GARCIA, N., GABRIEL ORSI, O., "El delito de enriquecimiento… cit. págs. 211 y ss.

Transparencia Internacional: IPC 2023

Se puede hablar, dentro de los países que acogen el delito de enriquecimiento ilícito, de distintas tendencias.

Una primera, representada por Argentina[78], que castiga la no justificación del incremento desproporcionado por parte del fun-

[78] En Argentina, en el año 2020, hubo 8 condenas por enriquecimiento ilícito de funcionarios frente a las 6.268 condenas por otros delitos con-

cionario. Esto implica, según parte de la doctrina, que se trata de un delito omisivo[79]: el injusto radica en la *no justificación* del aumento patrimonial[80]. No obstante, y vaya por delante que esa cuestión no es pacífica[81], hay quien sostiene que se trata de una

---

tra la Administración Pública (vid. "Informe Estadístico de la República Argentina. Sentencias Condenatorias", *Ministerio de Justicia y Derechos Humanos*, 2020. Disponible en: https://www.argentina.gob.ar/sites/default/files/2019/08/informe-anualsentenciascondenatorias2020.pdf); en el año 2019, 4 condenas [última visita: 04/04/2024]. *Ibidem*, 2019. Disponible en: https://www.argentina.gob.ar/sites/default/files/2019/08/informe_sentencias_condenatorias_2019.pdf [última visita: 04/04/2024]).

79 En este sentido, vid. NÚÑEZ, R., *Manual de Derecho Penal. Parte Especial*, 3ª ed., actualizada por Victor Félix Reinaldi, Lerner, Córdoba, 2008, pág. 469; CABALLERO, J. S., "El enriquecimiento ilícito de los funcionarios (Después de la reforma constitucional de 1994)", *La Ley*, 1997, s/n. ANGELINI, por su parte, sostiene que: "[e]s una especie del delito de omisión propio que exige, por un lado, un marcado enriquecimiento patrimonial temporalmente paralelo a la toma del puesto oficial, como circunstancia del tipo, previa y condicionante de la obligación de hacer, que es la justificación de su procedencia al ser debidamente requerido" (vid. ANGELINI, L. M., "Comentario sobre el delito de enriquecimiento ilícito". Disponible en: http://www.terragnijurista.com.ar/doctrina/comentarioilicito.htm [última visita: 04/04/2024]).

80 Sostienen esta postura, CREUS, C., *Delitos contra la Administración pública: comentario de los artículos 237 a 282 del Código Penal,* Astrea, Buenos Aires, 1981, pág. 417; CHIAPPINI, J., "El delito de no justificación de enriquecimiento (artículo 268 (2) del Código Penal)", *La Ley*, nº 851, 1986, s/n. Sobre el debate, vid. BLANCO CORDERO, I "El delito de enriquecimiento… cit. s/n/ y ENNIS, J. L., "Alternativas interpretativas, dogmática y decisión política en torno al delito de enriquecimiento ilícito de funcionarios públicos", *Revista Anales de la Facultad de Ciencias Jurídicas y Sociales*, nº 47, 2017, pág. 618 y ss.

81 Sobre la discusión, vid. CHIARA DÍAZ, C., "Enriquecimiento ilícito de funcionarios y empleados" en *Código Penal Comentado,* Pensamiento Penal, Buenos Aires, 2013, págs. 18 y ss. Disponible en: http://www.pensamientopenal.com.ar/cpcomentado/37774-art-268-enriquecimiento-ilicito-funcionarios-y-empleados (última visita: 04/04/2024).

conducta activa: *enriquecerse ilícitamente* es la conducta[82] y la no justificación es una condición objetiva de punibilidad o —según otros— una condición de procedibilidad. Tampoco han faltado quienes consideran que es una figura compleja: *enriquecerse* de modo apreciable y *no justificar* el incremento[83]. Finalmente, pese a la viva discusión doctrinal en Argentina, según expresó la Cámara Nacional de Casación Penal en el *caso Alsogaray*, la cláusula del debido requerimiento y de la no justificación solo pueden entenderse como requisitos establecidos en resguardo del derecho de defensa. Lo que se castiga es *enriquecerse* durante a función pública de manera apreciable y sin razón que permita acreditar una fuente legítima[84].

Una segunda tendencia, representada por Colombia, se centra en el patrimonio injustificado, sin hacer referencia al silencio o a la no justificación por parte del funcionario[85]. Esta es la corriente mayoritaria, donde lo fundamental para apreciar el delito es que

---

82 Sostiene esta postura DE LA FUENTE, J. E., "El delito de enriquecimiento... cit., s/n. Según este autor si el 268.2 CP argentino fuera un delito de "mera infracción de un deber", el funcionario debería "responder igual", aun cuando un tercero demostrara la legalidad del enriquecimiento, lo que resultaría una "solución absurda" dado que no habría afectación al bien jurídico protegido. En parecidos términos, vid. SANCINETTI, M. A., *El delito de enriquecimiento...* cit. págs. 105 y ss. También sostiene que se trata de un delito de acción FONTÁN BALESTRA, C., *Derecho Penal. Parte especial*, 13ª ed., Abeledo-Perrot, Buenos Aires, 1991, pág. 902.

83 Sobre el enconado debate en la jurisprudencia argentina, vid. SOSA, O., PORTOCARRERO, E., "El delito de enriquecimiento ilícito de funcionario público (art. 268 [2], C.P.), en la jurisprudencia" en BRUZZONE, G. A., GULLCO, H. (coords.), *Teoría y práctica del delito de enriquecimiento ilícito de funcionario público (art. 268 [2], C.P.)*, Ad-Hoc, Buenos Aires, 2005, pág. 33 y ss. y CREUS, C., *Delitos contra la Administración...* cit. págs. 417 y ss.

84 Sentencia de la Cámara Nacional de Casación Penal Argentina, 9 de junio de 2005 y de la Corte Suprema de Justicia de la Nación "Alsogaray, Ma. Julia", de 22 de diciembre de 2008.

85 Art. 412 CP Colombiano.

haya un incremento patrimonial que no encuentre justificación en los ingresos legítimos del funcionario[86]. Según la Corte Suprema de Justicia de Colombiana, la exigencia de justificar el incremento *refuerza* el ejercicio del derecho de defensa[87].

Por otro lado, y como tercera corriente, algunas legislaciones interesan un *vínculo del enriquecimiento con la función pública.* Se inclinan por entender que el enriquecimiento ilícito se comete cuando el funcionario *abusa* de la función para enriquecerse[88]; otros, sin exigir ese abuso, le agregan al ejercicio de la función pública un periodo de interés más amplio[89].

En cuarto lugar, otros Estados, como Perú, consideran como *indicio* para la apreciación del incremento patrimonial injustificado, la previa declaración jurada de bienes o rentas que haya hecho el funcionario[90].

---

86 RODRÍGUEZ GARCIA, N., GABRIEL ORSI, O., "El delito de enriquecimiento… cit. pág. 234.

87 Sentencia de la Corte Suprema de Justicia de Colombia, SEP52-2020, de 3 de junio de 2020.

88 Entre otros, México o Perú.

89 Art. 412 CP Colombia y art. 268 (2) CP Argentina.

90 En Perú, para medir el incremento se toma en cuenta la "declaración jurada" que, según la ley pertinente, deba realizar el funcionario. Sobre el particular, vid. MONTOYA VIVANCO, Y., "El delito de enriquecimiento ilícito como delito especial de posesión" en EL MISMO (ed.), *Estudio Estudios críticos sobre delitos de corrupción de funcionarios en Perú*, Instituto de Democracia y Derechos Humanos de la Pontificia Universidad Católica del Perú, Lima, 2012, pág. 65. Si no se establece este deber se dice que la desproporción se mide a partir de la declaración del impuesto sobre la renta y los signos exteriores de riqueza (ABANTO VÁSQUEZ, M., *Los delitos contra la Administración Pública en el Código Penal peruano*, Palestra, Lima, 2001, pág. 479; PRADO SALDARRIAGA, V., *Derecho Penal. Parte especial: los delitos*, Fondo Editorial, Lima, 2017, pág. 129 y CARO CORIA, D., "El delito de enriquecimiento ilícito" en SAN MARTÍN CASTRO, C.E., CARO CORIA, D., REAÑO PESCHIERA, J. L., *Los delitos de tráfico de influencias, enriquecimiento ilícito y asociación para delinquir. Aspectos sustantivos y procesales*, Jurista Editores, Lima, 2002, págs. 208).

También destacan aquellas legislaciones que tipifican el *enriquecimiento ilícito entre particulares*: el incremento injustificado no vinculado con la función pública. Entre los Estados que lo acogen se encuentran Colombia[91] y Bolivia[92]. En el caso de Colombia, el incremento patrimonial injustificado ha de derivar de "una u otra forma de actividades delictivas". Bolivia, por su parte, limita el delito siempre que afecte al Estado: "[delito de] Enriquecimiento ilícito de Particulares con Afectación al Estado"[93].

Por otra parte, la importancia que se le da a erradicar este fenómeno es tal que algunas constituciones hacen explícita mención al enriquecimiento ilícito[94]. Además, se utilizan otras vías —patrimoniales y de naturaleza civil— para hacer frente a los incrementos no justificados de patrimonio. Colombia regula la acción de extinción de dominio; Venezuela la acción civil de orden público y Perú la pérdida de dominio. Igualmente, en muchos países se acoge la figura del decomiso como mecanismo accesorio a la condena[95].

4. CONVENCIÓN DE LA UNIÓN AFRICANA PARA PREVENIR Y COMBATIR LA CORRUPCIÓN

4.1. Introducción

La CUAPCC fue adoptada en la Cumbre de la Unión Africana celebrada en Maputo, el 11 de julio de 2003. Tiene como propósito promover y fortalecer el desarrollo de mecanismos para

---

91 Art. 327 CP Colombiano.

92 Ley 004, de 31 de marzo de 2010, de lucha contra la corrupción, enriquecimiento ilícito e investigación de fortunas "Marcelo Quiroga Santa Cruz": "Enriquecimiento ilícito de Particulares con Afectación al Estado".

93 Sobre la figura, vid. AÑEZ NÚÑEZ, C., "El enriquecimiento ilícito de servidores públicos y de particulares en la legislación boliviana", *Revista Científica Facultativa Criterio Académico,* nº 3, 2017, págs. 127-164.

94 Art. 41 Constitución de Perú, art. 34 Constitución de Colombia o 109 Constitución Política de los Estados Mexicanos.

95 RODRÍGUEZ GARCIA, N., GABRIEL ORSI, O., "El delito de enriquecimiento... cit. pág. 241.

prevenir, detectar, sancionar y erradicar la corrupción; coordinar y armonizar las políticas legislativas entre Estados; establecer las condiciones necesarias para lograr la transparencia en el ejercicio de la función pública y promover y facilitar la cooperación entre Estados.

La CUAPCC tiene un contenido similar al de la CICC y la CNUCC. Está compuesta por medidas de naturaleza preventiva, de carácter penal, de asistencia entre Estados y cooperación mutua[96]. También acoge un mecanismo para implementar el Convenio[97].

En los siguientes párrafos se abordarán los elementos esenciales relacionados con la figura del "enriquecimiento ilícito" contenida en la CUAPCC. No obstante, debido a su limitada importancia para el propósito de este trabajo, se omitirá realizar un análisis detallado de la implementación de la Convención.

4.2. El delito de enriquecimiento ilícito en la Convención de la Unión Africana para prevenir y combatir la Corrupción

La CUAPCC define el "enriquecimiento ilícito" como el incremento significativo del patrimonio de un funcionario público (o de cualquier otra persona) que no pueda ser razonablemente justificado por él. Su art. 1, que contiene las definiciones a efectos de la Convención, lo conceptualiza como: "el incremento significativo de los activos de un funcionario público o de cualquier otra persona que no puede ser razonablemente justificado de acuerdo con sus ingresos"[98].

---

96 Ha habido voces discrepantes que entienden que la CICC debería ofrecer remedios a las víctimas de corrupción, y no centrarse única y exclusivamente en la criminalización de conductas (OLANIYAN, K., "The African Union Convention on Preventing and Combating Corruption: A critical appraisal", *African Human Rights Law Journal*, vol. 4, nº 1, 2004, pág. 75).

97 Art. 22 CUAPCC.

98 Traducción a partir del art. 1 CUAPCC. En inglés, según la traducción oficial de la UA: "[illicit enrichment] means the significant increase in

Por su parte, el art. 8, dedicado al enriquecimiento ilícito, establece que los Estados, sujetos a las previsiones de su Derecho interno, adoptarán las medidas necesarias para introducir esta figura en sus ordenamientos. El instrumento internacional contiene, una vez más, una cláusula de salvaguarda que fue incluida por las objeciones apuntadas por los grupos críticos de la CUAPCC, que entendían que la figura podía implicar una vulneración del derecho a la presunción de inocencia[99].

Con el fin de evitar reiteraciones innecesarias, la novedad que incorpora la CUAPCC respecto de las demás Convenciones es que la figura del enriquecimiento ilícito tiene un ámbito de aplicación más amplio: no contempla solamente el delito de enriquecimiento ilícito de funcionarios públicos, sino también el de cualquier otra persona[100].

De los cincuenta y cinco Estados miembros de la UA, cuarenta y cuatro han ratificado la CUAPCC y cuarenta y nueve la han firmado. En el continente africano, el delito de enriquecimiento ilícito, como se adelantó líneas atrás, ha tenido una favorable acogida[101].

5. UNIÓN EUROPEA

5.1. Introducción

El 15 de septiembre de 2005, en representación de la Comunidad Europea, se suscribió la CNUCC y el texto fue aprobado el 25 de septiembre de 2008[102]. Con todo, en la UE, no se ha estable-

---

the assets of a public official or any other person which he or she cannot reasonably explain in relation to his or her income".

99 ROJAS PICHLER, P. A, "El delito de enriquecimiento... cit. pág. 231.

100 *Ibidem*, pág. 232.

101 *Supra*, 2.2.2.

102 Decisión del Consejo, de 25 de septiembre de 2008, sobre la celebración, en nombre de la Comunidad Europea, de la Convención de Naciones Unidas contra la Corrupción.

cido disposición alguna que imponga a los Estados la obligación de tipificar como delito el enriquecimiento ilícito, a pesar de que la lucha contra la corrupción ocupa una posición central de su agenda[103].

A continuación, se analizará la Comunicación de la Comisión al Parlamento Europeo y al Consejo, de fecha 20 de noviembre de 2008, que recomienda implementar una figura similar a la establecida en el art. 20 CNUCC. Posteriormente, se examinará la Propuesta de Directiva del Parlamento Europeo y del Consejo sobre la lucha contra la corrupción, que destaca por la voluntad de crear la figura del "enriquecimiento por corrupción".

5.2. Comunicación de la Comisión al Parlamento Europeo y al Consejo: "Productos de la delincuencia organizada. Garantizar que «el delito no resulte provechoso»"

En la Comunicación de la Comisión al Parlamento Europeo y al Consejo, de 20 de noviembre de 2008, que lleva por título "Productos de la delincuencia organizada. Garantizar que «el delito

---

[103] Entre otros, vid. Comunicación 308 de 2011 sobre la lucha contra la corrupción en la Unión Europea; Directiva (UE) 2017/1371 de utilización del Derecho Penal para proteger los intereses financieros de la Unión Europea; Decisión 2008/852/JAI relativa a una red de puntos de contacto en contra de la corrupción, que tiene como objetivo ser un foro de intercambio de información y para facilitar el establecimiento de contactos entre miembros; Convenio contra la corrupción con la implicación de funcionarios y Reglamento (UE) 2017/1939 de establecimiento de una cooperación reforzada para la creación de la Fiscalía Europea. En la autoevaluación que presentó la Comisión Europea, esta informó que, con relación al art. 20 CNUCC, había adoptado la legislación pertinente (vid. European Comission, Comission staff working document, Review of the implementation by the European Union of articles 15 — 42 of Chapter III. "Criminalization and law enforcement" and articles 44 — 50 of Chapter IV. "International cooperation" of the United Nations Convention against Corruption for the first review cycle, 2022).

no resulte provechoso»", se plantea, por un lado, ahondar en los mecanismos de decomiso y, por otro, la posibilidad de crear un delito *de posesión injustificada de bienes*, cuyo contenido recuerda al del enriquecimiento ilícito[104].

La Comisión en esta Comunicación pone de manifiesto la trascendencia de recuperar los productos provenientes del delito y de fomentar la cooperación entre Estados UE y terceros Estados. Evidencia que existen numerosas DM relacionadas con el decomiso pero que no está siendo satisfactoria su implementación.

Por un lado, en lo relativo al decomiso sin condena penal, con cita a la 3ª Recomendación del GAFI[105], la Comisión apunta que se podrían implementar en las legislaciones de los Estados los siguientes supuestos:

1. Cuando exista sospecha de que los bienes son producto de delitos graves y el sujeto mantenga habitualmente relaciones con personas que se dediquen a cometer a actividades delictivas.

---

104 Sobre el particular, vid. RODRÍGUEZ GARCIA, N., GABRIEL ORSI, O., "El delito de enriquecimiento... cit. pág. 212; AGUADO-CORREA, T., "Criminalidad organizada en tiempos de pandemia en la UE: tolerancia cero con el dinero ilícito" en MONTEIRO GUEDES VALENTE, M. (coord.), *Criminalidade organizada transnacional. Corpus delicti- IV*, Almedina, Coimbra, 2022, pág. 162 y BLANCO CORDERO, I., "Armonización-aproximación de las legislaciones en la Unión Europea en materia de licha contra los productos del delito: comiso, organismos de recuperación de activos y enriquecimiento ilícito" en ARANGÜENA FANEGO, C. (dir.), *Espacio Europeo de libertad, seguridad y justicia: últimos avances en cooperación judicial penal*, Lex Nova, Valladolid, 2010, pág. 365.

105 Recomendación nº 3 GAFI: "Los países deben considerar la adopción de medidas que permitan que tales productos o instrumentos sean decomisados sin que se requiera de una condena penal (decomiso sin condena), o que exijan que el imputado demuestre el origen lícito de los bienes en cuestión que están sujetos a decomiso, en la medida en que este requisito sea compatible con los principios de sus legislaciones nacionales".

2. Cuando la persona sospechosa de haber cometido actividades delictivas haya fallecido, se encuentre fugada o no pueda ser procesada por cualquier otro motivo[106].

3. En los casos en que las autoridades aduaneras incauten dinero en efectivo, cuando no sean declaradas al entrar o salir del territorio UE, se les podrá para confiscar sumas de hasta 10.000 euros. Para decomisar dichas sumas se precisaría de un delito, por ejemplo, de una evasión fiscal, y una resolución judicial.

Por otro lado, el documento plantea la creación del delito de *posesión de bienes injustificados*, con el propósito de dar respuesta a los activos derivados de actividades ilícitas en situaciones en las que el valor de los bienes sea desproporcionadamente elevado en comparación con los ingresos declarados por su titular y cuando, además, el sujeto mantenga vínculos frecuentes con individuos que se dediquen a la comisión de actividades delictivas. Se trata de una figura próxima, aunque no coincidente, con la del enriquecimiento ilícito[107]. Asimismo, la Comisión destaca en el documento que el tipo penal que acoge el CP Francés, de posesión de bienes injustificados, que es en sustancia idéntico al que propone, es un ejemplo de regulación y, según expresa, "está resultando muy eficaz"[108], pero sin especificar más al respecto.

El tipo penal francés del art. 321.6 CP francés castiga, como se analizará en el capítulo II[109], la falta de justificación de recursos que no se correspondan con el nivel de vida o no poder justificar el origen de un bien, a la vez que se mantienen rela-

---

106 En España se añade por el art. único.63 de la LO 1/2015, de 30 de marzo, Tol 4.788.288.

107 En el mimo sentido, vid. BLANCO CORDERO, I "El delito de enriquecimiento... cit. s/n.

108 Comunicación de la Comisión al Parlamento Europeo y al Consejo, de 20 de noviembre de 2008, "Productos de la delincuencia organizada. Garantizar que «el delito no resulte provechoso», nota 15.

109 *Infra*, cap. II, 4.2.

ciones habituales con personas que se dedican a la comisión de delitos.

5.3. Propuesta de Directiva del Parlamento Europeo y del Consejo sobre la lucha contra la Corrupción

En el discurso sobre el estado de la Unión de 2022[110], se hizo hincapié en la necesidad de fortalecer las normas aplicables a delitos como el de "enriquecimiento ilícito"[111]. Por otro lado, recientemente, se ha aprobado una propuesta de Directiva del Parlamento Europeo y del Consejo con el objetivo de combatir la corrupción.

La propuesta parte de la legislación existente en la UE, en particular la Directiva (UE) 2018/1673 del Parlamento Europeo y del Consejo, promulgada el 23 de octubre de 2018[112]. En esta se establecen las normas básicas para la tipificación del blanqueo de capitales. Sin embargo, la citada Directiva de 2018 —según señala la propuesta— no exige a los Estados miembros tipificar como delito el "enriquecimiento por corrupción", es decir, la adquisición, posesión o utilización de bienes derivados de la corrupción cuando el funcionario hubiera participado en el delito que generó dichos bienes (lo que se conoce como "autoblanqueo"). De

---

110 Discurso sobre el estado de la Unión de 2022 pronunciado por la presidenta Von der Leyen. Disponible en: https://ec.europa.eu/commission/presscorner/detail/es/SPEECH_22_5493 (última visita: 04/04/2024).

111 Sobre la situación en España, vid. Comunicación de la Comisión al Parlamento Europeo, al Consejo, al Comité Económico y Social y al Comité de las Regiones, "Informe sobre el Estado de Derecho en 2023. Capítulo sobre la situación del Estado de Derecho en España", de 7 de mayo de 2023.

112 Propuesta de Directiva del Parlamento Europeo y del Consejo sobre la lucha contra la corrupción, por la que se sustituyen la Decisión Marco 2003/568/JAI del Consejo y el Convenio relativo a la lucha contra los actos de corrupción en los que estén implicados funcionarios de las Comunidades Europeas o de los Estados miembros de la Unión Europea, y por la que se modifica la Directiva (UE) 2017/1371 del Parlamento Europeo y del Consejo.

adoptarse, la acusación, en este caso, solo tendría que probar el vínculo entre los bienes y la corrupción[113].

Pese a la denominación que la Propuesta le da a la figura que pretende añadir (enriquecimiento por delitos de corrupción) poco comparte con la que, en su día, propuso la ONU[114]. Es cierto que el delito de blanqueo de capitales ha sido objeto de una indudable ampliación que ha provocado que entre este y la figura del enriquecimiento ilícito en el sentido del art. 20 CNUCC haya similitudes. No obstante, la prueba del origen delictivo en el delito de blanqueo es ineludible.

En la jurisprudencia española, a pesar de que se manejen criterios indiciarios coincidentes con el presupuesto del enriquecimiento ilícito (incremento patrimonial injustificado), el blanqueo de capitales exige la prueba *más allá de toda duda razonable* de esa actividad delictiva subyacente: no bastan meras probabilidades o suposiciones. Un enriquecimiento no justificado no es prueba suficiente para determinar el delito previo u origen y ello porque el uso de la prueba indiciaria exige el mismo grado de *certeza* que se ha alcanzar con la prueba directa. Ante la mínima vacilación, la presunción de inocencia determina la absolución. Así lo expresa de forma magistral la STS 864/2016, de 16 de noviembre (Tol 5.894.500).

---

113 El art. 13 de la propuesta de Directiva dice lo siguiente: "[l]os Estados miembros adoptarán las medidas necesarias para garantizar que la adquisición, la posesión y la utilización intencionadas, por un funcionario, de bienes que dicho funcionario sepa que provienen de la comisión de cualquiera de las infracciones penales contempladas en los artículos 7 a 12 y 14 sean punibles como infracción penal, con independencia de que dicho funcionario haya participado o no en la comisión de dicha infracción". Concretamente se refiere a los siguientes delitos: cohecho en el sector público (art. 7), soborno en el sector privado (art. 8), malversación y apropiación indebida (art. 9), tráfico de influencias (art. 10), abuso en el ejercicio de funciones (art. 11) y obstrucción a la justicia (art. 12).

114 En el mismo sentido, vid. GONZÁLEZ URIEL, D., "La controvertida incorporación del mal llamado delito de enriquecimiento ilícito en el artículo 438 bis del código penal", *Revista Aranzadi Doctrinal*, nº 7, 2023, s/n.

Capítulo II

Los modelos de tratamiento del enriquecimiento ilícito en el Derecho comparado

1. PLANTEAMIENTO GENERAL

Según se observa en el Derecho comparado, las conductas de enriquecimiento ilícito reciben un distinto tratamiento. Se distinguen los siguientes sistemas: los que podrían llamarse "ortodoxos", porque siguen casi sin matices el esquema del delito fijado por la CNUCC; aquellos que adoptan figuras parecidas —aunque no idénticas— a la del art. 20 CNUCC; los que optan por la vía administrativa para abordar estas conductas y los que priorizan la estrategia de la recuperación de activos.

Este capítulo se centrará en ciertas regulaciones que, por su originalidad y/o influencia, resultan relevantes para los fines del trabajo. Concretamente, la de Argentina, Colombia, Francia, Italia, Portugal, Lituania y Reino Unido.

En primer lugar, se estudiará el tipo penal argentino de enriquecimiento ilícito. La elección de esta regulación se justifica en que, además de que Argentina fue uno de los países pioneros en acoger esta figura, el precepto ha generado un intenso debate, no solo en lo tocante a su propia legitimidad constitucional, sino también en lo referente a la comprensión del objeto de castigo.

En segundo lugar, se analizará la legislación de la República de Colombia, que acoge una de las versiones más "puras" del delito de enriquecimiento ilícito. La figura está plenamente asentada y la Corte la ha declarado conforme con su Constitución. Su enfoque es atractivo porque regula tanto el delito de enriquecimiento ilícito de funcionarios como el delito de enriquecimiento ilícito entre particulares. Además, incluye un mecanismo sin parangón en Europa: la extinción de dominio de bienes provenientes de actividades ilícitas, que es independiente de cualquier declaración de responsabilidad penal.

En tercer lugar, se examinará el delito de posesión injustificada de bienes del art. 321.6 CP francés. Esta regulación, aunque es similar a la clásica del enriquecimiento ilícito, no coincide exactamente con ella. Según la Comisión Europea, se presenta como un ejemplo de regulación alternativa con fundamento similar[115].

También se abordará la situación en Italia y Portugal, países que adoptaron figuras afines al enriquecimiento ilícito y cuyos respectivos Tribunales de Garantías las declararon inconstitucionales. El análisis de estas regulaciones no solo es relevante por la similitud de sus sistemas con el español, sino también porque evidencia la resistencia de los países de la UE para estructurar el delito en los términos que proponía la ONU. El caso portugués es particularmente interesante ya que, en el año 2022, encontró una vía alternativa, similar a la adoptada después por España, para abordar las conductas de "enriquecimiento ilícito".

Además, se analizará la figura introducida en el año 2010 en el CP lituano, de enriquecimiento injusto o injustificado, que prescinde de toda presunción de ilicitud y que ha recibido el aval de su Tribunal de Garantías. Este Tribunal ha diferenciado claramente lo que implica calificar el enriquecimiento como "ilícito" o como "injustificado", y ha subrayado como esta última calificación no afecta al derecho a la presunción de inocencia.

En último lugar, se estudiarán las Unexplained Wealth Orders (órdenes de riqueza inexplicable), una herramienta implementada en el Reino Unido que está destinada a la recuperación de activos ilícitos, cuyo planteamiento es del todo original. A través de estas órdenes se requiere a una persona para que dé explica-

---

115 *Supra*, cap. I, 5.2.

ciones sobre el origen de su patrimonio. Si se niega a contestar o responde de forma falsa o mendaz pueden desencadenarse consecuencias penales contra él.

2. ARGENTINA: EL DELITO DE ENRIQUECIMIENTO ILÍCITO

2.1. Introducción

En Argentina, el delito de enriquecimiento ilícito ha generado un profundo debate que trasciende de la cuestión sobre su legitimidad constitucional, incidiendo también en cuál es el objeto de castigo. El núcleo de la controversia se sitúa en torno al art. 268 (2) CP, que castiga a quienes hayan sido requeridos y no justifiquen un incremento significativo de patrimonio ocurrido durante el desempeño del cargo público o en los dos años siguientes a su finalización.

El delito de enriquecimiento ilícito ha dado pie a una intensa discusión doctrinal: se cuestiona si el delito se caracteriza por un acto *comisivo*, donde la falta de justificación actúa como una condición objetiva de punibilidad o procedibilidad; un acto *omisivo*, donde lo decisivo es la omisión de justificar el enriquecimiento, o si se trata de una figura *compleja* integrada por la conducta de enriquecerse y por la omisión posterior. A pesar de las diversas posturas doctrinales, la jurisprudencia ha resuelto entender que la conducta radica en enriquecerse injustificadamente y que la cláusula del debido requerimiento y de la no justificación deben entenderse como salvaguardas del derecho de defensa.

2.2. El delito de enriquecimiento ilícito del artículo 268 (2) Código Penal argentino

Como se dijo, en Argentina, país pionero en la regulación del delito de enriquecimiento ilícito, ha habido un enconado debate que va más allá de la cuestión sobre la legitimidad constitucional de la figura[116], incidiendo también en cuál es el objeto de castigo[117].

Antes de analizar el tipo penal y las dudas de constitucionalidad que este suscita, conviene destacar que, en su día, el proyecto de 1960 propugnado por Sebastián SOLER quiso encauzar el delito como una figura de *infracción de una obligación* asumida por el funcionario[118]. SOLER resolvió proponer un delito sin presunciones y subrayando la *existencia positiva de deberes*[119] y ello porque la figura de sospecha no era —según su parecer— compatible con

---

116 Por todos, vid. DE LA FUENTE, J. E., "El delito de enriquecimiento… cit. s/n y VIDAL ALBARRACÍN, G., VIDAL ALBARRACÍN, H. G., "Crisis del enriquecimiento… cit. s/n. SANCINETTI, por su parte, ha señalado que el precepto es criticable porque no respeta el principio de legalidad ni el Derecho Penal de acto, viola el principio de presunción de inocencia y desconoce el principio *nemo tenetur se ipsum prodere* (vid. SANCINETTI, M. A., "El delito de enriquecimiento ilícito de funcionario público. Sobre la inconstitucionalidad del art. 268 (2) del Código Penal argentino" en MAIDER, J. B. J., BINDER, A. M. (comps.), *El Derecho Penal hoy. Homenaje al prof. David Baigún*, Editores del Puerto, Buenos Aires, 1995, págs. 289 y ss.). En parecido sentido, vid. KIERSCENBAUM, F., "El delito de enriquecimiento ilícito en el Anteproyecto de Código Penal de la Nación", *En letra*, nº 3, 2015, págs. 69 y ss.

117 Por todos, vid. DE LUCA, J. A., LÓPEZ CASARIEGO, J. E., "Enriquecimiento patrimonial de funcionarios, su no justificación y problemas constitucionales", *Revista de Derecho Penal, Delitos contra la Administración Pública*, Rubinzal-Culzoni, Santa Fe, Buenos Aires, 2005, pág. 117 y NIÑO, L. F., "Sistemas penales comparados. Argentina", *Revista Penal*, nº 53, 2024, pág. 263.

118 SOLER, S., *Derecho Penal Argentino*, Tomo V, 6ª reimpresión total, Tipográfica editora, Buenos Aires, 1973, págs. 205 y ss. De la misma opinión participa CREUS, C., *Delitos contra la Administración…* cit. pág. 423.

119 En parecido sentido se pronunciaba BIELSA, R., *La función pública. Caracteres jurídicos y políticos. La moralidad administrativa*, Roque Depalma editor, Buenos Aires, 1960, págs. 213 y ss. No obstante había quien, afirmando que el delito se debía fundamentar sobre un previo deber, consideraba admisible incorporar una presunción e invertir la carga de la prueba como "recurso imprescindible para esta clase de hechos, dada su naturaleza y características" (vid. LEVENE, R., "El delito de en-

los principios y garantías básicos del Derecho Penal. El autor, a este respecto, decía: "esa fundamentación no es simpática en derecho penal; pero toda vez que es innegable la existencia de esa dificultad, parece prudente ver si sobre la base de otros delitos menos dudosos es posible alcanzar un resultado prácticamente satisfactorio"[120].

No obstante, dicho Proyecto no salió adelante y, cuando se introdujo el delito en 1964, con una dicción semejante[121], persistió el debate en torno a su entendimiento y las dudas sobre su legitimidad constitucional[122]. Actualmente el art. 268 (2) CP argentino dispone:

> "Será reprimido con prisión de dos (2) a seis (6) años, multa de dos (2) a cinco (5) veces del valor del enriquecimiento, e inhabilitación absoluta perpetua, al que al ser debidamente requerido, no justificare la procedencia de un incremento patrimonial apreciable suyo o de persona interpuesta para disimularlo, ocurrido con posterioridad a la asunción de un cargo o empleo público y hasta dos (2) años después de haber cesado en su desempeño
>
> Se entenderá que hubo enriquecimiento no sólo cuando el patrimonio se hubiese incrementado con dinero, cosas o bienes, sino también cuando se hubiesen cancelado deudas o extinguido obligaciones que lo afectaban.

---

riquecimiento ilícito de los funcionarios públicos", *La Ley*, nº 112, 1963, pág. 1099).

120 SOLER, S., *Derecho Penal Argentino*... cit. págs. 205 y ss. Sobre el proyecto SOLER, vid. RODRÍGUEZ DEVESA, J. M., "El anteproyecto de Código penal argentino de 1960 de Sebastián Soler", *Anuario de Derecho Penal y Ciencias Penales,* Fasc/Mes. 3, 1960, pág. 383.

121 El Proyecto de NÚÑEZ se fundamentó, en lo esencial, en el Proyecto de SOLER de 1960 (vid. NÚÑEZ, R., "Dictamen como director del Instituto de Derecho Penal de la Universidad de Córdoba a la consulta formulada por el Ministerio del Interior sobre el Proyecto de Ley del Poder Ejecutivo", *Diario de Sesiones de la Cámara de Diputados de la Nación,* de 2 de septiembre de 1964). Sobre el particular, vid. URE, E. J., ORGEIRA, J. M., *Una nueva reforma penal,* Lerner, Buenos Aires, 1965, pág. 48.

122 SANCINETTI, M. A., "El delito de enriquecimiento... cit. págs. 296 y ss.

La persona interpuesta para disimular el enriquecimiento será reprimida con la misma pena que el autor del hecho".

La doctrina entiende que el desafío planteado por este delito viene originado por la presunción que encierra el precepto: el aumento del patrimonio obtenido durante el desempeño del cargo es considerado *ilícito* y, por ende, la carga de la prueba recae sobre el servidor público, que es quien debe demostrar la legalidad del incremento patrimonial[123]. Se trata, según estiman algunos autores, de una figura de sospecha[124]. No obstante, también hay quien ha sostenido que la figura es plenamente constitucional porque el art. 268 (2) CP argentino no establece presunción alguna, sino que impone un deber y lo que sanciona es su incumplimiento. Ello no viola el derecho a no autoincriminarse porque la disyuntiva entre admitir ser autor de un delito o ser considerado autor por no justificar no surge de la ley, sino de la propia conducta de cualquier modo ilícita del sujeto[125].

La redacción del precepto también ha suscitado un amplio debate sobre la naturaleza del delito: si viene presidido por un acto *comisivo*, donde la no justificación actúa como una condición objetiva de punibilidad o como una condición de procedibilidad[126];

---

123 FONTÁN BALESTRA, C., *Derecho Penal. Parte especial*... cit. pág. 900.

124 Entre otros, vid. GONZÁLEZ, R. L., "El delito de enriquecimiento ilícito de funcionario y empleado público como delito de sospecha. Problemas constitucionales", *Revista de la Facultad de Derecho y Ciencias Sociales y Políticas*, Universidad Nacional del Nordeste, vol. 10, nº 19, 2016, pág. 74.

125 En este sentido, vid. CREUS, C., *Delitos contra la Administración*... cit. pág. 420 y CASTRO, J. C., "El enriquecimiento de los funcionarios públicos". Disponible en: https://www.terragnijurista.com.ar/doctrina/ilicito.htm (última visita: 04/04/2024).

126 DE LA FUENTE, J. E., "El delito de enriquecimiento... cit. Sostiene este autor que si el art. 268.2 fuera un delito de *mera infracción de un deber*, el funcionario debería "responder igual", aún cuando un tercero demostrara la legalidad del enriquecimiento, lo que resultaría ser una "solución absurda" dado que no habría afectación al bien jurídico protegido. En parecido sentido, vid. SANCINETTI, M. A., *El delito de enriquecimiento*... cit. págs. 105 y ss. También sostiene que se trata de un

omisivo, donde lo decisivo es no justificar el enriquecimiento[127]; o integrado por la conducta de "enriquecerse" y por la omisión posterior[128]. Pese a la viva discusión doctrinal[129], según expresó la Cámara Nacional de Casación Penal en el paradigmático *caso Alsogaray*, la cláusula del debido requerimiento y de la no justificación solo pueden entenderse como requisitos establecidos en resguardo del derecho de defensa. Lo que se castiga es *enriquecerse* durante la función pública de manera apreciable y sin razón que permita acreditar una fuente legítima[130]. En esta línea

---

delito de "acción", FONTÁN BALESTRA, C., *Derecho Penal. Parte especial...* cit. pág. 902.

127 ANGELINI entiende que: "[e]s una especie del delito de omisión propio que exige, por un lado, un marcado enriquecimiento patrimonial temporalmente paralelo a la toma del puesto oficial, como circunstancia del tipo, previa y condicionante de la obligación de hacer, que es la justificación de su procedencia al ser debidamente requerido", vid. ANGELINI, L. M., "Comentario sobre el delito... cit. Disponible en: http://www.terragnijurista.com.ar/doctrina/comentarioilicito.htm (última visita: 04/04/2024). También, vid. CREUS, C., *Delitos contra la Administración...* cit. págs. 417 y ss. y CABALLERO, J. S., "El enriquecimiento ilícito de... cit. s/n.

128 En este sentido, señala NÚÑEZ: "el delito, que es de omisión, existe si una autoridad competente para investigar en el caso concreto la comisión de un delito o la conducta del sospechado como funcionario o empleado, le requiere a éste que justifique la procedencia del enriquecimiento y el requerido no prueba, o la existencia del enriquecimiento o que su origen, legítimo o ilegítimo, está desvinculado del ejercicio del cargo o empleo" (vid. NÚÑEZ, R., *Manual de Derecho Penal...* cit. pág. 469).

129 Por todos, vid. GABENARA, V., "El delito de enriquecimiento ilícito de funcionario público en Argentina: su regulación a partir del nuevo régimen de responsabilidad penal de la persona jurídica por hechos de corrupción y cohecho transnacional", *Revista General de Derecho Penal*, nº 29, 2018, pág. 3 y CHIARA DÍAZ, C., "Enriquecimiento ilícito de funcionarios... cit. págs. 18 y ss. Disponible en: http://www.pensamientopenal.com.ar/cpcomentado/37774-art-268-enriquecimiento-ilicito-funcionarios-y-empleados (última visita: 04/04/2024).

130 Sentencia de la Cámara Nacional de Casación Penal Argentina, 9 de junio de 2005 y de la Corte Suprema de Justicia de la Nación "Also-

DE LA FUENTE entiende que, si fuese, como algunos sostienen, una figura de *mera infracción de un deber* ello tropezaría con el inconveniente del castigo expreso de la persona interpuesta para "disimular" el enriquecimiento (art. 268 (2) párr. 3 CP argentino). Si lo que interesa es la *infracción del deber*, y esta previsión, para el citado autor, carece de sentido y fundamento "[porque] el castigo del "hombre de paja" se explica, como la propia ley lo aclara, en la colaboración que prestó para "disimular" el incremento patrimonial, es decir, en actos previos al requerimiento de justificación, de modo que, la responsabilidad de este partícipe se explica con mayor coherencia entendiendo que lo que la ley reprime es el enriquecimiento ilegal y no la mera infracción a un deber formal"[131]. A esta última posición se agrega DONNA, que señala que si quien debe justificar es el autor, no se entiende cómo puede participar en la omisión el que actúa como "personero" del funcionario[132].

Entrando en el análisis del tipo, como explica CREUS, el enriquecimiento implica "un incremento patrimonial que puede consistir tanto en un aumento del activo como en una disminución del pasivo"[133]. En todo caso, es requisito esencial que el incremento en el patrimonio del funcionario sea "apreciable"[134].

---

garay, Ma. Julia", de 22 de diciembre de 2008. Sobre la sentencia, vid. GONZÁLEZ, R. L., "El delito de enriquecimiento... cit. págs. 72 y ss. Y posteriormente este mismo criterio lo reitera la Sentencia de la Cámara Federal de Casación Penal "López, José Francisco y otros s/ enriquecimiento ilícito". Sobre la sentencia, vid. NIÑO, L. F., "Sistemas penales comparados. Argentina... cit. pág. 263.

131 DE LA FUENTE, J. E., "El delito de enriquecimiento... cit. 2004, s/n.

132 DONNA, E. A., *Derecho Penal. Parte Especial*, Tomo III, Rubinzal-Culzoni editores, Buenos Aires, 2000, pág. 404.

133 CREUS, C., *Delitos contra la* Administración... cit. pág. 420.

134 La inclusión del término "apreciable" tiene su origen en la redacción proporcionada por NUÑEZ en el anteproyecto presentado al Poder Ejecutivo desde el Instituto de Derecho Penal de la Universidad Nacional de Córdoba (vid. NÚÑEZ, R., "Dictamen como director del... cit.).

La disposición disciplina, en su párrafo 3º, una sanción para el testaferro, a quien la ley se refiere como "persona interpuesta". Se refiere al tercero, representante del agente principal, que figura como titular de unos bienes que, en realidad, pertenecen al individuo requerido. Debido a la especificidad de esta situación, como señala CHIAPPINI, no es aplicable ninguna exención de pena por analogía con la prevista para el delito de encubrimiento, como se establece en el art. 278 CP argentino[135].

En cuanto a los concursos con otras figuras, si se sostiene que la acción típica se basa en la no justificación, parece viable afirmar un concurso de delitos, por ejemplo, entre la concusión y el del art. 268 (2) CP, sin infracción del principio del *ne bis in idem*. Sin embargo, según entiende la doctrina, esta interpretación es cuestionable porque si la ley presume que el patrimonio ha sido adquirido de manera *ilícita*, y posteriormente se demuestra que así fue, el doble juzgamiento podría adolecer del defecto mencionado[136].

3. COLOMBIA: EL DELITO DE ENRIQUECIMIENTO ILÍCITO

3.1. Introducción

Colombia le otorga distintas consecuencias al enriquecimiento ilícito[137]. La propia Constitución Colombiana, en su art. 34, declara la extinción de dominio de aquellos bienes que provengan del

---

135 CHIAPPINI, J., "El delito de no… cit. s/n.

136 *Ibidem.*

137 RODRÍGUEZ GARCÍA, N., GABRIEL ORSI, O., "El delito de enriquecimiento… cit. pág. 211 y ss. En este mismo sentido, vid. MURCIA RAMOS, B., *El enriquecimiento ilícito y la extinción de dominio*, Ibáñez, Bogotá, 2012, pág. 126. Para un análisis sobre la armonización de la legislación penal colombiana a los estándares internacionales, vid. SERRANO, K., "La respuesta del Estado colombiano a la corrupción desde el Derecho Penal", *Revista Misión Jurídica*, nº 17, 2019, págs. 268 y ss.

enriquecimiento ilícito. Por su parte, la Ley de extinción de dominio regula una acción *patrimonial*, independiente de la penal, frente a actividades ilícitas o que deterioran gravemente la moral social. Esta consiste en la declaración de titularidad en favor del Estado de los bienes a los que se refiere la Ley sin contraprestación ni compensación para el afectado[138]. Por su parte, el CP colombiano castiga el enriquecimiento ilícito de funcionarios, en el Título XV "Delitos contra la Administración Pública", y el de particulares, que se ubica sistemáticamente en el Título X "Delitos contra el orden económico social", Capítulo V "Del lavado de activos"[139].

3.2. Los delitos de enriquecimiento ilícito: artículos 412 y 327 Código Penal colombiano

3.2.1. El delito de enriquecimiento ilícito de funcionarios

El delito de *enriquecimiento ilícito de funcionarios*, que se introdujo en 1980, y está ahora recogido en el art. 412 CP, castiga a aquel servidor público, o a quien haya ejercido funciones públicas, que obtenga, para sí o para otro, y durante su vinculación con la Administración o en los cinco años siguientes, un incremento patrimonial injustificado[140]. Dice así el precepto:

> "El servidor público, o quien haya desempeñado funciones públicas, que durante su vinculación con la administración o dentro de los cinco (5) años posteriores a su desvinculación, obtenga, para sí o para otro, incremento patrimonial injustificado, incurrirá,

---

138 Art. 15 Ley 1708 de 2014, por medio de la cual se expide el Código de Extinción de Dominio.

139 Sobre los delitos de enriquecimiento ilícito, vid. RAMÍREZ BARBOSA, P. A., "Sistemas penales comparados. Colombia", *Revista Penal*, nº 53, 2024, pág. 272.

140 Sobre el particular, vid. CANCINO MORENO, A. J., TOSCANO DE SÁNCHEZ, M., *El delito de enriquecimiento ilícito*, Librería del Profesional, Bogotá, 1986, cap. II y VIDALES RODRÍGUEZ, C., *El delito de enriquecimiento...* cit. págs. 45 y ss.

> siempre que la conducta no constituya otro delito, en prisión de nueve (9) a quince (15) años, multa equivalente al doble del valor del enriquecimiento sin que supere el equivalente a cincuenta mil (50.000) salarios mínimos legales mensuales vigentes, e inhabilitación para el ejercicio de derechos y funciones públicas de noventa y seis (96) a ciento ochenta (180) meses".

El sujeto activo del delito es el servidor público o quien haya ejercido funciones públicas. El art. 20 CP Colombiano aclara que ostentan la condición de servidores públicos los miembros de las corporaciones de carácter público, los trabajadores del Estado y de sus entidades descentralizadas. También son servidores públicos los miembros de la fuerza pública, los particulares que ejerzan funciones públicas, los funcionarios y trabajadores del Banco de la República, los integrantes de la Comisión Nacional Ciudadana para la Lucha contra la Corrupción y las personas que administren los recursos a los que se refiere el art. 338 de la Constitución Política.

El bien jurídico tutelado es el correcto funcionamiento de la Administración Pública[141] y la conducta consiste en *obtener un incremento patrimonial injustificado*[142]. El art. 412 no hace referencia del enriquecimiento con abuso del ejercicio del cargo, sino simplemente a que el incremento se produzca durante un determinado periodo. El tipo abarca, también, la conducta del exservidor que incremente injustificadamente su patrimonio. Extiende su aplicación a los cinco años posteriores a la vinculación del cargo y ello tiene como fin evitar pactos cuya efectividad sea posterior al cargo[143].

---

141 Fiscales Unidos por la Transparencia y la Integridad, Fiscalía General de la Nación y Oficina de las Naciones Unidas contra la Droga y el Delito, Tipologías de corrupción en Colombia, Tomo IV, Bogotá, 2018.

142 ZARAZO OVIEDO, L. A., *El enriquecimiento ilícito: aspectos jurídico-procesales*, Ediciones Jurídicas Gustavo Ibáñez, Bogotá, 1998, págs. 51-53 y BÁRCENAS ESPITA, E., *El enriquecimiento ilícito*, Web System E.U, Bogotá, 2003, pág. 22.

143 No obstante, según señala la doctrina, no se trata de una solución plenamente satisfactoria porque se podría dejar pasar ese plazo para sor-

El CP colombiano no establece una cuantía mínima para apreciar el delito, ni agrava la punición cuando el incremento supere una determinada cantidad. Tampoco califica ese incremento, como sí hacen otras legislaciones[144]. Con todo, la doctrina se inclina por considerar que el incremento debe ser apreciable, no solo en calidad sino en la cantidad[145].

La expresión "no justificado", que será posteriormente estudiada al analizar la constitucionalidad del precepto, implica que el Estado debe probar el carácter injustificado del ingreso, lo contrario resultaría contrario a la Constitución Política, por invertir inadmisiblemente la carga de la prueba[146].

Así, pues, el incremento constituye una circunstancia objetiva, que debe ser probada por la acusación[147]. El hecho de que se sancione el aumento del patrimonio del servidor público evidencia, de cierta forma, la incapacidad del Estado para penalizar al sujeto por el delito que no se logró detectar[148]. De ahí que se considere como un delito subsidiario o residual[149]. Así lo dispone expresamente el art. 412 CP, "siempre que la conducta no constituya otro

---

tear la aplicación del precepto (vid. VIDALES RODRÍGUEZ, C., *El delito de enriquecimiento...* cit. pág. 60).

144 Como, por ejemplo, art. 268 (2) CP Argentina: "enriquecimiento patrimonial apreciable".

145 ESCOBAR LÓPEZ, por el contrario, considera si el enriquecimiento es nimio, pero ilícito, procede el castigo (vid. ESCOBAR LÓPEZ, E., *Delitos contra la Administración Pública,* 2ª ed., Librería Jurídica Sánchez R. Ltda, Medellín, 2017, pág. 474).

146 MURCIA RAMOS, B., *El enriquecimiento ilícito y...* cit. pág. 117.

147 Así se ha pronunciado la Corte Suprema de Colombia en la Sentencia C-319, jun. 18/96.

148 En este sentido, vid. DÍAZ-RESTREPO, J. C., "El enriquecimiento ilícito de servidores públicos", *Temas Socio-Jurídicos,* nº 56, 2009, pág. 98.

149 CANCINO, A. J., "Del enriquecimiento ilícito" en BARRETO ARDILA, H. y otros, *Lecciones de Derecho Penal. Parte especial,* 2ª ed., Universidad Externado de Colombia, 2011. En el mismo sentido, vid. ZARAZO OVIEDO, L. A., *El enriquecimiento ilícito:* aspectos... cit. pág. 61.

delito"[150]. En todo caso, si de las pruebas aportadas al proceso se puede deducir con certeza que el incremento fue fruto, por ejemplo, de un peculado, al servidor público se le condenará por ese delito y queda excluido de su aplicación el enriquecimiento ilícito[151].

La pena de prisión es notablemente superior a la del resto de países. Su límite máximo es de 15 años de privación de libertad y el mínimo de 9[152]. Por su parte, la pena de inhabilitación es de 96 a 180 meses y la de multa de dos veces del monto enriquecido. El art. 33 del Estatuto Anticorrupción prevé una agravación específica cuando la conducta la realice un funcionario de los organismos de control del Estado[153].

El delito de enriquecimiento ilícito puede ser, a su vez, el delito fuente u origen del "lavado de activos". Así lo dispone expresamente el art. 323 CP Colombiano: "El que adquiera, resguarde, invierta, transporte, transforme, almacene, conserve, custodie o administre bienes que tengan su origen mediato o inmediato en actividades de tráfico de migrantes, trata de personas, extorsión, enriquecimiento ilícito (...)"[154].

3.2.2. El delito de enriquecimiento ilícito entre particulares

El delito de *enriquecimiento ilícito entre particulares* se encuentra regulado en el art. 327 CP. Dice así:

> "El que de manera directa o por interpuesta persona obtenga, para sí o para otro, incremento patrimonial no justificado, derivado en una u otra forma de actividades delictivas incurrirá, por esa sola

150 También lo ha confirmado la Corte, vid. Corte Suprema de Colombia en la Sentencia C-319, jun. 18/96.

151 En este sentido, vid. MURCIA RAMOS, B., *El enriquecimiento ilícito y...* cit. págs. 121 y 122 y GÓMEZ MÉNDEZ, A., *Delitos contra la Administración Pública,* Universidad Externado de Colombia, Bogotá, 2001, pág. 256.

152 Colombia es el país de América Latina que mayor pena de prisión le otorga a esta conducta, tanto en su límite máximo como mínimo.

153 Ley 1474 de 2011.

154 Subrayado añadido.

conducta, en prisión de noventa y seis (96) a ciento ochenta (180) meses y multa correspondiente al doble del valor del incremento ilícito logrado, sin que supere el equivalente a cincuenta mil (50.000) salarios mínimos legales mensuales vigentes".

Este precepto surgió en los años ochenta, cuando Colombia vivía una situación especialmente convulsa, consecuencia del crimen organizado, el narcotráfico y las actividades de grupos paramilitares[155]. A consecuencia de ello el presidente de la República, en pleno estado de anormalidad constitucional (se había declarado el estado de sitio), decretó una serie de medidas entre las que se encontraba el delito de enriquecimiento ilícito entre particulares. Este Decreto, en principio, solo tenía la vocación de permanecer vigente durante esa situación anómala: "mientras subsista turbado el orden público y en Estado de Sitio todo el territorio nacional"[156]; sin embargo, tras el periodo de transición, se convirtió en legislación consolidada[157].

Como recuerda la Corte Constitucional en su Sentencia C-319 de 1996, el precepto tiene como finalidad reprimir a aquellos particulares que detenten un patrimonio obtenido ilícitamente. Según indica la Corte en su resolución: "el Estado, evidentemente, no puede consentir que la propiedad tenga un origen distinto al justo título y por ello sanciona a quienes incrementan su patrimonio ilícitamente, en defensa de la propiedad lícitamente adquirida".

El delito de enriquecimiento ilícito entre particulares, a diferencia del de servidores públicos, es un delito autónomo que se

---

155 MURCIA RAMOS, B., *El enriquecimiento ilícito y…* cit. pág. 78.

156 En uso de las facultades que le confería la Constitución colombiana, el presidente de la República expidió el Decreto nº 1895, en cuyo artículo primero dispuso "Mientras subsista turbado el orden público y en Estado de Sitio todo el territorio nacional, el que de manera directa o por interpuesta persona obtenga para sí o para otro incremento patrimonial no justificado, derivado, en una u otra forma, de actividades delictivas, incurrirá por ese solo hecho, en prisión de cinco (5) a diez (10) años y multa equivalente al valor del incremento".

157 VIDALES RODRÍGUEZ, C., *El delito de enriquecimiento…* cit. pág. 79.

enmarca como una modalidad específica de lavado de activos. El sujeto activo, en este caso, puede ser cualquier persona, no se exige una especial cualificación.

Otra reseñable diferencia con el delito de enriquecimiento ilícito de funcionarios radica en el origen de los recursos. En la modalidad entre particulares debe provenir de actividades delictivas[158]. Al requerir una infracción antecedente o presupuesto, es necesario demostrar que la persona conocía la procedencia ilícita de los bienes[159]. La acusación es la que ha de demostrar todo lo relacionado con la comisión del delito y, al implicar uno previo o antecedente, tiene que probar que la infracción base también existió[160]. No obstante, el delito no requiere la existencia de una sentencia condenatoria por las actividades delictivas subyacentes[161].

En definitiva, la Corte Suprema de Justicia, en su Sentencia de fecha 16 de julio de 2014, ha señalado que la descripción establecida en el art. 327 implica los siguientes elementos: obtención de un incremento patrimonial; el incremento patrimonial debe carecer de justificación y derivar de actividades ilícitas y, por último, el agente debe saber que ha aumentado su patrimonio o el de un tercero y que ese beneficio se origina en actividades delictivas[162].

---

158 Sentencia de la Corte Suprema de Justicia, Sala de Casación Penal, nº 22.179, de 9 de marzo de 2006, Ltm 27.539.544. Sobre este particular, vid. RAMÍREZ BARBOSA, P. A., "Sistemas penales comparados. Colombia… cit. pág. 273.

159 PÉREZ PIÑÓN, A. O., "Los principios del Derecho Penal y el Derecho Penal Económico" en NIETO MARTÍN, A., MEJÍA PATIÑO, O. A. (eds.), *Estudios de Derecho Penal Económico,* Ibagué, Universidad de Ibagué, Colombia, 2009, pág. 91 y ACOSTA ZÁRATE, L. A., MEDINA RICO, R. H., SALAZAR MEDINA, W., *Manual de responsabilidad del servidor público,* Tirant lo Blanch, Bogotá, 2020, pág. 122.

160 PÉREZ PIÑÓN, A. O., "Los principios del Derecho… cit. pág. 93.

161 Sentencia de la Corte Suprema de Justicia nº 16694, de 27 de noviembre del año 2000, Ltm 27.773.066.

162 Sentencia de la Corte Suprema de Justicia nº 41800, de 16 de julio 2014, Ltm 11.754.226.

3.3. Declaración de exequibilidad

La Corte Constitucional Colombiana declaró la constitucionalidad del delito de enriquecimiento ilícito, pronunciándose sobre sus dos versiones (de particulares y de funcionarios)[163].

En cuanto al delito de enriquecimiento ilícito de servidores, destacó su origen en la propia Constitución de la República, que refleja el interés que le asiste al Estado no solo en la legítima adquisición de la propiedad, sino también en el propio saneamiento de la Administración pública.

La expresión "no justificado" según la Corte, no muda la naturaleza del delito y tampoco invierte la carga de prueba. El Estado está obligado, en cualquier caso, a demostrar que el enriquecimiento es real e injustificado. Una vez verificada la diferencia patrimonial real y su no justificación, opera el fenómeno de la "adecuación típica", lo que permite el desarrollo del proceso en sus etapas sumarial y de juicio. La falta de justificación es un elemento clave para iniciar la investigación, pero la explicación que brinde el sindicado no implica más que el ejercicio del derecho de defensa. En otras palabras, la justificación que dé el acusado constituirá una explicación de sus actos frente a las imputaciones debidamente formuladas por el Estado.

Además, en el caso del delito de enriquecimiento ilícito de servidores, la Corte aclaró que nadie está obligado a ejercer la función pública y que, al aceptarla, se asumen cargas y responsabilidades; los funcionarios se colocan en una situación permanente de exigibilidad. Señala expresamente la Corte: "es una obligación constitucional de toda persona que ostenta esa especial condición, pues el artículo 122 de la Carta señala expresamente, refiriéndose a los servidores públicos, que, "antes de tomar posesión del cargo, al retirarse del mismo o cuando autoridad competente

---

163 Sentencia C-319/96 de la Corte Constitucional de la República de Colombia, Ltm 1.953.762.

se lo solicite deberá declarar, bajo juramento, el monto de sus bienes y rentas"[164].

En definitiva, a pesar de que la Corte utiliza un argumentario variado, justifica su decisión en base a que el precepto no invierte la carga de la prueba, sino que el Estado debe probar que el enriquecimiento no proviene de una causa legítima. En todo caso, la cláusula de la no justificación, según entienden, refuerza el derecho de defensa.

Lo dicho, según la Corte, se puede trasladar al delito enriquecimiento ilícito entre particulares. No se ha de olvidar que los particulares tienen la obligación de demostrar al Estado anualmente sus ingresos, mediante la declaración de renta, y también la procedencia de estos, para que este grave correctamente su patrimonio. Además, según señala la Corte, las declaraciones sirven para que el Estado ejerza control sobre la licitud patrimonial.

Como en el delito de enriquecimiento de servidores, la carga de la prueba la sigue manteniendo el Estado. Ahora bien, en el delito de enriquecimiento ilícito entre particulares se ha de probar, además de esa falta de justificación, la actividad delictiva que funda el enriquecimiento. A la luz de los medios de prueba y las circunstancias concretas, se determinará la ilicitud de la actividad previa y el grado de compromiso que tuviese el sujeto activo con la conducta.

3.4. Excurso: la extinción de dominio

En el contexto latinoamericano está cobrando una gran importancia la elaboración de leyes de extinción de dominio[165]. Tanto es así que se ha creado una "Ley Modelo sobre Extinción de

---

164 *Ibidem.*

165 Sobre el particular, vid. NAVAS GARCÉS, A., *Ley de extinción de dominio. Referencia a sus aspectos básicos,* Tirant lo Blanch, Ciudad de México, 2019, págs. 13 y ss.

Dominio", a través de la iniciativa del Programa de Asistencia Legal en América Latina y el Caribe (LAPLAC). Su objetivo es servir como ejemplo para aquellos países que quieran elaborar una Ley de extinción de dominio autónoma, incluso cuando no se haya iniciado un procedimiento penal[166].

La Ley de extinción de dominio que prevé la legislación colombiana[167] implica un modo de adquirir la propiedad por parte del Estado, de aquellos patrimonios que derivan de actividades ilícitas o que deterioran gravemente la moral social[168].

Colombia acoge, por un lado, el comiso penal regulado en el art. 100 de su CP y complementado por el 82 del Código de Procedimiento Penal —sin perjuicio de la existencia de comisos especiales—, que implica la pérdida de "efectos" y de "instrumentos" del hecho punible, y la acción constitucional, por otro. El comiso se sitúa dentro del Título dedicado a la *responsabilidad civil derivada de la conducta punible.*

Tanto el concepto de *actividad ilícita* como el de *moral social* han sido definidos por la Corte. Al analizar el término *actividad ilícita* no ha encontrado reparo en admitir que se trata de cualquier conducta que esté tipificada en la ley como delito[169]. Res-

---

166 Sobre los objetivos de la Ley Modelo, vid. BLANCO CORDERO, I., "Recuperación de activos de la corrupción mediante el decomiso sin condena (comiso civil o extinción de dominio)" en FABIÁN CAPARRÓS, E. A., ONTIVEROS ALONSO, M., RODRÍGUEZ GARCÍA, N., (eds.), *El Derecho Penal y la Política Criminal Frente a la Corrupción,* México, Cuadernos Contra la Corrupción, 2012, págs. 370 y 371.

167 Ley 1708 de 2014, por medio de la cual se expide el Código de Extinción de Dominio. También puede verse, en relación con la anterior Ley 793/2002, el apdo. "IV.3. Colombia" del capítulo de JORGE, G., "El decomiso del producto del delito", *Recuperación de activos de la corrupción,* Editores del Puerto, Buenos Aires, 2008, págs. 96 y ss.

168 Art. 15 Ley 1708 de 2014, por medio de la cual se expide el Código de Extinción de Dominio.

169 Art. 3 y 7 Ley 1708 de 2014, por medio de la cual se expide el Código de Extinción de Dominio.

pecto del término de *moral social*, ha entendido que dicho concepto no puede ser tachado de ambiguo o vago, en tanto que la moral social se identifica con la moral pública: "la que prevalece en cada pueblo en su propia circunstancia" (un término utilizado y desarrollado por la jurisprudencia colombiana)[170]. En todo caso, la extinción de dominio tiene como límite el derecho a la propiedad obtenida de buena fe y exenta de culpa, lo cual se presume[171].

La acción de extinción de dominio es una acción *constitucional*, consagrada por el poder constituyente, que declara la pérdida de la propiedad de bienes adquiridos mediante enriquecimiento ilícito; es *pública*, la ejerce el Estado y a su a favor; es *judicial* y está sujeta al procedimiento especial que la Ley establece; es *autónoma* y *directa*, independiente de cualquier declaración penal, motivada por los intereses superiores del Estado y está supeditada únicamente a la demostración positiva de alguno de los causales que se prevén; es esencialmente *patrimonial*[172], implica la pérdida de derechos por la titularidad ilegítima de los bienes[173] y procede contra particulares y servidores públicos. El principio de que "los actos ilícitos no generan derechos" es el que inspira la Ley[174].

---

170 Sentencia C-958/14, de la Corte Constitucional de la República de Colombia, Ltm 1.957.599.

171 Sobre los límites de la extinción de dominio en la legislación colombiana, vid. JIMÉNEZ TAPIA, R. S., URBINA MENDOZA, E. J., *El comiso autónomo y la extinción de dominio en la lucha contra la corrupción*, 2ª ed., Olejnik, Santiago, 2021, págs. 146 y 147.

172 Hay países que establecen expresamente que la absolución del afectado no prejuzga la extinción de dominio, v.g. Ley Nacional de Extinción de Dominio 2019 (México).

173 Sentencia C-958/14, de la Corte Constitucional de la República de Colombia, Ltm 1.957.599.

174 Sobre la definición y características de la acción de extinción de dominio, vid. MARTÍNEZ SÁNCHEZ, W. A. (coord.), *Extinción del derecho de dominio en Colombia. Especial referencia al nuevo Código*, Oficina de las Naciones Unidas contra la Droga y el Delito, Bogotá, 2015, págs. 20 y ss.

La extinción de dominio no es una pena. Se trata, tal y como ha señalado la Corte expresamente[175], de una institución *independiente* de cualquier otra declaración de responsabilidad[176]. De hecho, el art. 18 de la Ley establece que no procederá siquiera la prejudicialidad penal sobre el proceso de extinción de dominio.

La acción es imprescriptible y se declara con independencia de que los presupuestos para su procedencia sean posteriores a la entrada en vigor de la ley. Así, y a pesar de que el principio general del Derecho Penal es el de la *irretroactividad*, en el Código de Extinción de Dominio parece regir el criterio contrario. Esta decisión ha sido objeto de severas críticas por parte de la doctrina colombiana. Según VELÁSQUEZ VELÁSQUEZ en ningún caso debía caber ese efecto retroactivo: "a no ser que se quiera arrasar con el principio de legalidad, como lo hace —de manera increíble el artículo 21 de la Ley 1708 de 2014"[177]. Pese a que pueda ser desacertado dotarle de ese efecto, parece que la justificación legislativa reside en la naturaleza —seguramente cuestionable— no penal de la institución. La acción —se dice— no forma parte del poder punitivo del Estado, lo que justifica que no le sean aplicables los principios que lo informan[178].

La Corte Constitucional ha justificado esta disposición en el art. 34 de la Constitución, que establece una prohibición absoluta de otorgar protección legal a la adquisición de bienes a través del enriquecimiento ilícito, ya sea en el pasado o en el presente, cuando ello perjudica al Tesoro Público o afecta la moral social. Según la Corte, esta disposición requiere que las autoridades estatales

---

175 Sentencia C-539/97, de la Corte Constitucional de la República de Colombia, Ltm 1.954.878.

176 En el mismo sentido, vid. MURCIA RAMOS, B., *El enriquecimiento ilícito y...* cit. pág. 138.

177 VELÁSQUEZ VELÁSQUEZ, F., *Fundamentos de Derecho Penal. Parte General*, 5ª ed. y 3ª ed. en Tirant lo Blanch, Bogotá, 2022, pág. 848.

178 CUERO SOLÍS, J. F., "El decomiso de bienes de tercero en España y Colombia", *Cuadernos de Derecho Penal*, nº 17, 2017, págs. 144 y ss.

persigan activamente las ganancias ilícitas, incluso si se obtuvieron antes de la entrada en vigor de la Constitución de 1991. La Constitución de 1886 también reconocía que los comportamientos ilícitos no generaban derechos, lo que implica que cualquier adquisición basada en tales actos carece de protección legal. Por lo tanto, la Corte concluye que: "no solamente es constitucional que se contemple la viabilidad de extinguir el dominio de bienes adquiridos en tales condiciones en épocas anteriores a la vigencia de la actual Constitución, sino que ésta resulta violada por cualquier determinación legal que delimite en el tiempo, pasado o futuro, la acción correspondiente"[179].

La Ley recoge una serie de causales para que se declare extinguido el dominio[180]. Estos son: que los bienes sean producto directo o indirecto de una actividad ilícita; que correspondan al objeto material de la actividad ilícita; que procedan de la transformación del producto, instrumentos u objeto material de actividades ilícitas; que provengan de un incremento patrimonial no justificado, cuando existan elementos que permitan considerar razonablemente que emanan de actividades ilícitas; que hayan sido utilizados como medio o instrumento para la ejecución de actividades ilícitas; que estén destinados a la ejecución de actividades ilícitas; que constituyan ingresos, rentas, frutos, ganancias y otros beneficios derivados de los anteriores bienes; los de procedencia lícita, utilizados para ocultar bienes de ilícita procedencia; los de procedencia lícita, mezclados con bienes de ilícita procedencia; los de origen lícito cuyo valor sea equivalente a cualquiera de los bienes descritos anteriormente y los de origen lícito, cuyo valor corresponda o sea equivalente al de bienes que sean producto directo o indirecto de una actividad ilícita, cuando no sea posible su localización.

---

179 Sentencia de la Corte Constitucional C-374/97, de 13 de agosto de 1997, Ltm 10.099.381. Sobre el particular, vid. MARTÍNEZ SÁNCHEZ, W. A. (coord.), *Extinción del derecho de...* cit. págs. 10 y ss.

180 Art. 16 Ley 1708 de 2014, por medio de la cual se expide el Código de Extinción de Dominio.

Respecto del régimen probatorio, opera la *carga dinámica de la prueba*. Esta se utiliza cuando un hecho no puede ser probado por quien lo alega, sino por quien tiene medios para hacerlo[181]. Ello se justifica en que la medida en cuestión no tiene naturaleza penal, tampoco sancionadora, sino netamente "reparadora"[182].

Son "sujetos procesales" la Fiscalía General de la Nación y aquellos que aleguen ser titulares de derechos sobre alguno de los bienes objeto de la acción de extinción de dominio ("afectados"). La competencia para coordinar y dirigir el proceso la ostenta la Fiscalía General de la Nación, y, para el enjuiciamiento, la Sala de Casación Penal de la Corte, las Salas de extinción de dominio de los Tribunales Superiores de Distrito y los Jueces del Circuito especializados en extinción de dominio[183].

Una de las cuestiones más llamativas de esta acción es su *independencia* de la responsabilidad penal. La mayoría de los supuestos de extinción de dominio, aunque no sea necesario, se suelen asentar sobre una condena previa y se extienden, a través del proceso autónomo, a cualesquiera bienes que no estén justificados. Sin embargo, también existen casos en los que cabe

---

181 El juez, en esos casos, puede invocar a la parte que dispone de los instrumentos necesarios para que asuma la carga de probar ese hecho (vid. DÍAZ-RESTREPO, J. C., "La carga dinámica de la prueba como modalidad de carga probatoria aplicada en el ordenamiento colombiano. Vulneración a la igualdad constitucional", *Entramado*, vol. 12, nº 1, 2016, pág. 210).

182 Las resoluciones de los Juzgados especializados de extinción de dominio muestran que, si bien en la mayoría de los casos, la medida se asienta sobre una condena, cabe la extinción respecto de los bienes de los que no se demuestre, de forma clara y precisa, cómo se adquirieron (vid. Juzgado Tercero Penal del Circuito Especializado de Extinción de Dominio de Bogotá DC (2019-092-3), 22 de abril de 2022, Ltm2793560. Disponible en: https://www.ramajudicial.gov.co/documents/36158152/105433978/2019-092-3+-Sentencia+Ordinaria+ED.pdf/242d7e86-aef2-40f1-b61b-84e5de1b5c33 (última visita: 04/04/2024).

183 Art. 34 y 33 Ley 1708 de 2014, por medio de la cual se expide el Código de Extinción de Dominio.

acordar la extinción de dominio sin condena, lo que atestigua ese carácter *independiente* del proceso penal. En lo que sigue se traerán a colación algunas resoluciones judiciales que evidencian esa independencia.

El Juzgado Tercero Penal del Circuito Especializado de Extinción de Dominio de Bogotá, en un supuesto en el que se descubrió en el doble fondo del equipaje de un pasajero —sin antecedentes penales— doscientos treinta mil dólares americanos, procedió a la extinción de dominio de tal cantidad[184].

El Juzgado advirtió que, si bien no es suficiente el ocultamiento de divisas para arrojar una conclusión sobre el origen ilícito de un bien, se determina sobre la base de que el acusado no pudo dar una explicación razonable. El Juzgado recuerda que en la extinción de dominio opera la *carga dinámica de la prueba*, es decir, el afectado debe probar los hechos que fundamentan la improcedencia de la extinción de dominio.

La defensa, según expone la sentencia, se limitó a afirmar la ilegalidad de la incautación y la falta de responsabilidad penal del afectado. Sin embargo, según el parecer del órgano judicial, ello no permite vislumbrar el origen *lícito* de los bienes. Al no existir actividad económica suficiente que justifique esa cantidad ni una explicación alternativa razonable, procede la extinción de dominio. El Juzgado, en definitiva, reitera el criterio de que la acción extintiva es independiente de la penal. Con cita textual a la sentencia: "NO se juzga la responsabilidad penal del afectado, sino la legitimidad de la propiedad, así pues, conforme a lo evidenciado, no existe ninguna justificación para que este haya tenido en su poder USD$ 230.000 en efectivo"[185].

---

184 Juzgado Tercero Penal del Circuito Especializado de Extinción de Dominio de Bogotá DC (2018-020-3), de 6 de octubre de 2021, Ltm26749606. Disponible en: https://www.ramajudicial.gov.co/documents/36158152/44491975/sentencia+2018-020-3-+EXTINGUE-+USD+230.000.pdf/359358b1-6f05-4307-9015-22bb0bc097c5 (última visita: 04/04/2024).

185 *Ibidem.*

En otro supuesto, dos sujetos fueron sorprendidos transportando 130 millones de pesos en efectivo en el doble fondo de un automóvil[186]. Uno de ellos había sido condenado previamente por narcotráfico y lavado de activos, mientras que el segundo carecía de antecedentes penales. Ambos manifestaron que eran copropietarios del dinero hallado y que iba a ser destinado para la compra de una empresa.

En este caso, el Tribunal tiene en cuenta que, pese haber sido citado el primero de ellos en tiempo y forma, este no intervino en la fase judicial para hacer frente a la pretensión extintiva de dominio lo que denota su "asentimiento en tal procedimiento". El segundo de los sujetos, frente al que, de nuevo, no existía prueba que lo involucrase en la comisión de ningún delito, el Tribunal no encontró obstáculo en despachar contra él la extinción de dominio. Según el Tribunal era posible "inferir" que los bienes tenían una procedencia ilícita. El Juzgado, en este caso, indica que se observan incrementos injustificados, que se explican a partir de las relaciones entre ambos y ello permite colegir que el último sujeto, al no poder explicar razonablemente de dónde prevenían esos bienes, se iba a beneficiar de ese patrimonio ilícito.

De todo lo anterior se deduce que en Colombia se recurre, por distintas vías, a la recuperación de activos provenientes del "delito", con un estándar probatorio sustancialmente menor al que se exige en el proceso penal. Cuando se opta por la vía "civil", se toma partido, indudablemente, por fortalecer la respuesta frente a la exhibición de riquezas inexplicables[187].

---

186 Juzgado Tercero Penal del Circuito Especializado de Extinción de Dominio de Bogotá DC (REF: 11013120001-2021-00051-01), 26 de julio de 2022, Ltm27935605. Disponible en: https://www.ramajudicial.gov.co/documents/36158142/73860024/2021-051-1+Dineros+Incautados+en+Balboa+Cauca.pdf/fc38542d-b36c-4a16-8c07-a275bd5fabcd (última visita: 04/04/2024).

187 FARALDO CABANA, P., "Algunas propuestas dirigidas a mejorar la recuperación de activos procedentes del crimen organizado", *Revista Penal México*, nº 5, 2013, pág. 44 y BLANCO CORDERO, I., "Comiso

4. FRANCIA: EL DELITO DE POSESIÓN INJUSTIFICADA DE RECURSOS

4.1. Introducción

En las siguientes líneas se examinará el delito de posesión injustificada de recursos, regulado en el art. 321.6 CP francés[188]. Esta figura es similar a la del enriquecimiento ilícito, aunque no coincide exactamente con ella[189]. Se abordarán también las objeciones de constitucionalidad que se han planteado frente a este precepto, mediante las llamadas "cuestiones prioritarias de constitucionalidad". Aunque hasta la fecha el Consejo Constitucional no se ha pronunciado sobre ninguna de ellas, se analizarán porque sintetizan las dudas de constitucionalidad que plantea el precepto.

4.2. El delito de posesión de bienes injustificados del artículo 321.6 Código Penal francés

El CP francés regula el delito de posesión de bienes injustificados en el art. 321.6, en la Sección titulada *de los delitos asimilados a*

---

ampliado y presunción de inocencia" en PUENTE ABA, L. M. (dir.), *Criminalidad organizada, terrorismo e inmigración. Retos contemporáneos de la política criminal,* Comares, Granada, 2008, pág. 106.

188 Este delito también se encuentra regulado, en parecido sentido, en Luxemburgo (Loi du 1er août 2018 portant modification du Code penal). No obstante, el Consejo de Estado cuestionó la necesidad de esta nueva disposición (vid. Conseil D'État, Projet de loi portant réforme du Code pénale, nº CE: 52.595, nº dossier parl.: 7220).

189 Groupe d'examen de l'application Poursuite de la reprise de la deuxième session Marrakech (Maroc), 25 octobre 2011: "De même, en ce qui concerne l'enrichissement illicite, étant donné que les articles 321-1 et 321-6 du Code pénal relatifs au recel et à la non-justification de ressources ainsi que l'article 168 du Code général des impôts poursuivent le même objectif, la France n'a pas créé un délit supplémentaire" y "Francia al Informe sobre la lucha contra la corrupción en la UE", Bruselas, 3 de febrero de 2014.

la ocultación o próximos a ella[190]. Esta figura no se dirige a combatir la corrupción política[191] sino que, según la Circular de la Dirección de Asuntos Criminales, la finalidad de este precepto es la de hacer frente a la *economía sumergida*[192]. Este tipo tiene un alcance general y no limita su aplicación a quienes ejerzan funciones públicas.

El delito de posesión injustificada de bienes goza una cierta tradición en el ordenamiento jurídico de este país[193]. En 1960 el CP francés consideraba proxeneta al que tuviese relaciones habituales con personas dedicadas a la prostitución y que no pudieran justificar sus recursos. En 1992 el legislador francés extendió la aplicación del delito de posesión injustificada de bienes a aquellos que tuviesen vinculación con el tráfico de seres humanos, extorsión y asociación ilícita. En 1996 se amplió a los supuestos en los que el sujeto tuviese relación con quienes se dedicaran al tráfico de drogas y al blanqueo de capitales. En la actualidad, el CP Francés contempla el delito de no justificación de recursos en los casos en los que el sujeto se relacione habitualmente con personas que se dediquen a la comisión de delitos que superen los cinco años de prisión. Fue introducido mediante la Ley "Perben II" y modificado por la Ley nº 2006-64 de 2006.

El precepto en cuestión establece lo siguiente:

> "Le fait de ne pas pouvoir justifier de ressources correspondant à son train de vie ou de ne pas pouvoir justifier de l'origine d'un bien détenu, tout en étant en relations habituelles avec une ou plusieurs

---

190 Sobre la estructura y ubicación sistemática de la figura, vid. STASIAK, F., *Droit penal des affaires*, 2ª ed., LGDJ, París, 2009, pág. 139.

191 Para ello se han promulgado leyes como la Ley de 9 de diciembre de 2016, conocida como Ley Sapin 2, que constituye la base sobre la que se sigue intensificando la lucha contra la corrupción.

192 Circulaire relative à la loi n° 2006-64 du 23 janvier 2006 relative à la lutte contre le terrorisme et portant dispositions diverses relatives à la sécurité et aux contrôles frontaliers, publiée au journal officiel du 24 janvier 2006.

193 VERÓN, M., "Non-justification de ressources — Délit de conséquence, mais délit autonome", *Droit Pénal*, nº 5, 2013, com. 71.

> personnes qui soit se livrent à la commission de crimes ou de délits punis d'au moins cinq ans d'emprisonnement et procurant à celles-ci un profit direct ou indirect, soit sont les victimes d'une de ces infractions, est puni d'une peine de trois ans d'emprisonnement et de 75 000 euros d'amende".

Castiga, con penas de hasta tres años de privación de libertad, la no justificación de recursos que no se correspondan con el nivel de vida del sujeto o el no poder justificar el origen de un bien, a la vez que se mantienen relaciones habituales con personas que se dedican a la comisión de delitos con penas de al menos cinco años de prisión y que les reporte un beneficio directo o indirecto, o que sean víctimas de esas infracciones.

En este caso, el hecho de no poder justificar la licitud de los bienes, en las circunstancias descritas, se tipifica como un delito *autónomo*[194]. Como expone BALLOT, a diferencia de la figura del enriquecimiento ilícito, la presunción sobre el origen ilícito no recae únicamente sobre el hecho de que la persona no pueda justificar la fuente de su riqueza, sino que también se añaden esos *vínculos con personas dedicadas a la comisión de delitos*[195].

La acusación es quien ostenta la carga de la prueba y, pese a que no tiene que demostrar que la riqueza deriva de un delito independiente, ha de probar ese incremento y las relaciones habituales o vínculos con personas dedicadas a la comisión de delitos[196]. Ahora bien, la acusación no tiene que establecer conexión alguna entre los bienes injustificados y el producto del delito de la persona con quien mantiene esos contactos[197]. El precepto *induce*

---

194 BALLOT, T., "Réflexions sur les sanctions patrimoniales à la lumière du recouvrement des avoirs issus de la corruption transnationale", *Revue de science criminelle et de droit pénal comparé*, nº 2, 2013, pág. 22.

195 *Ibidem*, pág. 34.

196 DORNBIERER, A., *Enriquecimiento ilícito. Guía sobre las leyes que abordan los activos de procedencia inexplicable*, Basel Institute on Governance, Basilea, 2022, pág. 86.

197 Circulaire relative à la loi nº 2006-64 du 23 janvier 2006 relative à la lutte contre le terrorisme et portant dispositions diverses relatives à la

o *presume* el vínculo de causalidad entre el enriquecimiento de uno y las actividades delictivas de otros. Por lo demás, el acusado no ha de tener conocimiento de los delitos concretos y efectivamente cometidos por la persona con la que mantenga relaciones habituales[198].

En la doctrina francesa se ha discutido sobre la legitimidad constitucional del precepto, ya que algunos sostienen que contraviene el derecho a la presunción de inocencia. Otros, sin embargo, entienden que el delito se basa en circunstancias que hacen creíble la culpabilidad del agente. Según estos últimos, el nexo de causalidad siempre podrá ser discutido y ello no vulnera la presunción de inocencia ni invierte la carga de la prueba[199].

4.3. Cuestiones prioritarias de constitucionalidad

El art. 321.6 CP francés ha sido impugnado ante la Corte de Casación en numerosas ocasiones, a través del cauce de la *cuestión prioritaria de constitucionalidad*[200], con el fin de que fuesen remitidas al Consejo Constitucional. Sin embargo, ninguna de ellas ha sido sometida finalmente al escrutinio del Tribunal de Garantías.

En lo que sigue se analizará una de las tantas cuestiones prioritarias de constitucionalidad que se han planteado. Se estima que es la que, de forma más clara y sistemática, evidencia los grandes interrogantes que rodean a la figura objeto de estudio.

---

sécurité et aux contrôles frontaliers, publiée au journal officiel du 24 janvier 2006.

198 Cour de cassation n° 15-85.751, 3 novembre 2016.

199 Sobre la discusión, vid. DREYER, E., *Droit pénal spécial*, 3ª ed., Ellipses, París, 2016, págs. 588 y ss.

200 La cuestión prioritaria de constitucionalidad es un derecho que sirve para alegar que una disposición vulnera los derechos y libertades garantizados por la Constitución. Si se cumplen las condiciones de admisibilidad, corresponde al Consejo Constitucional pronunciarse.

Esta cuestión se interpuso contra la decisión de un Tribunal de Apelación Francés que condenó a la recurrente, por falta de justificación de recursos del 321.6 CP francés, a catorce meses de prisión y a la medida del decomiso[201]. La recurrente, en su cuestión prioritaria, planteó si el 321.6 CP francés era compatible con los derechos y libertades garantizados por la Constitución Francesa (CF).

En primer lugar, invocó el *principio de necesidad de los delitos y las penas* recogido en el art. 8 de la Declaración de Derechos del Hombre y del Ciudadano de 1789 (DDHC). Según la recurrente, la ley penal califica como delito una norma de procedimiento destinada a aligerar la carga de la prueba que ostenta el Ministerio Público y ello porque la infracción se basa en la imposibilidad de demostrar el delito antecedente. La figura no exige que el beneficio obtenido directa o indirectamente por el autor de la infracción original (recuérdese que el delito exige una relación con personas que se dedican a cometer actividades delictivas) haya enriquecido también a la persona que se relaciona habitualmente con él. De la misma forma que la prueba sobre el delito concreto y el beneficio obtenido es innecesaria, argumenta que tampoco lo es el castigo en caso de la no justificación.

Por otro lado, según estima, el art. 321.6 CP francés reprime la simple *falta de prueba* asimilándola a la manipulación de bienes robados. El 321.6 CP francés permite privar de libertad a una persona bajo el pretexto de que tiene "relaciones habituales" con un delincuente, cualquiera que sea el crimen o el delito cometido por este, siempre que se le haya impuesto una pena de prisión de al menos cinco años. Por ende, se establece una pena que no es necesaria ni proporcionada.

La recurrente invoca los *principios de necesidad y proporcionalidad de los delitos y las penas* y el *principio de precisión e inteligibilidad de la ley penal*, garantizado en el art. 8 DDHC.

---

201 Cour de cassation, Chambre criminelle, 28 janvier 2020, 19-84.400.

El tipo penal se basa, a su juicio, en una noción que es imprecisa e indefinida, las "relaciones habituales", que no le garantiza al justiciable una aplicación previsible del delito. En caso de que se considere que, para ser "habitual", las relaciones solo tienen que haber tenido lugar dos veces, la criminalización no sería necesaria ni proporcionada.

El art. 321.6 CP francés permite, según su parecer, condenar a una persona sobre la base de sus relaciones habituales, sin prueba de que el sujeto conociera los delitos originales del tercero. Esto implica que se puede condenar a una persona sin asegurarse de que se le ha informado claramente de las consecuencias de sus hechos, lo que implica que, si la persona no sabe qué ilícitos penales ha cometido el tercero con el que mantiene una "relación habitual", incurrirá en un delito que será, por tanto, imprevisible.

Invoca también el principio de *presunción de inocencia*, consagrado en el art. 11 DDHC.

El 321.6 CP francés no exige que el autor del delito original haya sido condenado, sino que se dedique a cometer delitos con penas superiores a cinco años. Reprime a otro sujeto sobre la base de una *presunción de encubrimiento* basada en sus relaciones habituales con delincuentes. Por lo tanto, el artículo en cuestión viola, según la recurrente, la presunción de inocencia en dos aspectos.

Esgrime también la vulneración de los derechos establecidos en los arts. 6 y 16 DDHC, así como las exigencias del *derecho a un juicio justo* y en particular el *principio de contradicción y la igualdad de armas.*

El precepto en cuestión, a juicio de la recurrente, reduce la materialidad del delito a la incapacidad de su autor para desvirtuar una presunción, lo que sitúa al acusado en una clara posición de desventaja cuando se le exige al Ministerio Fiscal —que es quien dispone de todo el arsenal estatal para la búsqueda de pruebas— no la prueba de la ocultación, sino la de la ocultación en forma de presunciones. Dicha desigualdad se agrava si se parte de la premisa de que uno de los medios de los que dispone el acusado consiste en demostrar que la persona con la que mantiene relaciones habituales no cometió los delitos originales. El precepto obliga a la defensa a demostrar su inocencia e invierte inadmisiblemente la carga de la prueba, al requerirle al sujeto que demuestre la no culpabilidad de un tercero que ni siquiera es parte en el proceso.

También invoca la vulneración del *derecho a la vida privada* y *el derecho a la vida familiar*, consagrados en el art. 2 DDHC y en el apdo. 10 del Preámbulo de la CF, y el *principio de Fraternidad* que deriva del art. 2 CF.

El art. 321.6 CP francés permite privar de libertad a una persona por falta de prueba, sobre la base de que mantiene "relaciones habituales" con un delincuente, cualquiera que sea el delito o la infracción cometida por este (con el límite de los cinco años de prisión). Según la recurrente, no es necesario que el juez penal compruebe que estas relaciones habituales exceden de las relaciones mantenidas habitualmente entre los miembros de una familia, y, por tanto, el art. 321.6 CP francés prohíbe —según su parecer— a los hermanos de un delincuente asociarse con él en el marco de las relaciones normales de familia, que constituyen, sin embargo, la expresión más pura de la idea "Fraternidad" en la que se basa la República Francesa.

La recurrente aduce otros motivos que, por su relación con el anteriormente expuesto y por su menor trascendencia, se refieren en nota a pie de página[202].

---

[202] Cuestiona también la constitucionalidad del precepto por vulnerar el *principio de personalidad de la responsabilidad penal y de las penas*, tal y como determinan los arts. 8 y 9 DDHC, y el *principio de Fraternidad* (art. 2 de la CF). El art. 321.6 CP, al no distinguir si las "relaciones habituales" con un delincuente son o no relaciones normales "entre hermanos" —dice expresamente la recurrente—, obliga a los demás miembros de una familia a demostrar su inocencia por el mero hecho de que uno de ellos sea un delincuente y, por tanto, el art. 321.6 CP francés, al sustentar la materialidad de la infracción en el comportamiento delictivo de un individuo cuya asociación está, sin embargo, constitucionalmente garantizada, confirma una responsabilidad penal colectiva al permitir

Una vez expuestos los argumentos de la recurrente, para comprender la decisión de la Corte de Casación (que decidió no someter dicho asunto al Consejo Constitucional), se hará una somera referencia a las condiciones que debe cumplir una cuestión prioritaria de constitucionalidad para ser admitida:

1. La ley ha de ser aplicable al litigio.
2. No debe mediar una declaración de conformidad previa por parte del Consejo Constitucional.
3. La cuestión ha de ser novedosa o "grave".

A la luz de los mencionados requisitos, la Corte de Casación se limitó a señalar que la disposición impugnada era aplicable al procedimiento pero que nada añadía a la interpretación de una disposición constitucional sobre la que el Consejo no hubiera tenido ocasión de pronunciarse. La cuestión no era grave ya que los términos utilizados en el citado artículo definen de forma clara y precisa el delito impugnado. Por otro lado, añade que el texto no establece ninguna presunción de responsabilidad penal, sino que crea un delito específico cuya prueba corresponde a la acusación. No se vulneran ninguno de los principios constitucionales invocados. La Corte, hasta el momento, ha rechazado en toda ocasión remitirle estos asuntos al Consejo Constitucional[203].

---

castigar una suerte de "delito de hermano sucio". Por último, invoca el *principio de igualdad de los ciudadanos ante el sistema de justicia penal*, tal como resulta del art. 1 CF y del art. 6 de la DDHC. El art. 321.6 CP francés permite tratar a las personas de forma diferente en función de si tienen o no "un familiar que haya cometido un delito", es decir, por un factor irrelevante. Esto significa que, *de iure*, el art. 321.6 CP francés rompe injustificadamente con la igualdad republicana de trato de los ciudadanos ante la ley penal e instituye un determinismo represivo que raya el *racismo social*.

203 Entre otras, Cour de cassation, Chambre criminelle, 26 septembre 2012, 12-90.051. Más recientemente: Cour de cassation, Chambre criminelle, 28 juin 2022, 22.82.655.

5. ITALIA: LA INCONSTITUCIONALIDAD DE FIGURAS PENALES AFINES A LA DEL ENRIQUECIMIENTO ILÍCITO

5.1. Introducción

El legislador italiano, en 1992, introdujo un delito similar al del art. 20 CNUCC, aunque con un cometido distinto. No obstante, fue declarado inconstitucional dos años más tarde, en 1994. En estas líneas se expondrán los rasgos generales del delito y se analizarán los motivos en los que se fundó la declaración de inconstitucionalidad. Asimismo, se estudiará otra figura —que también fue objeto de censura constitucional— que, aunque sus objetivos nada tenían que ver con los del enriquecimiento ilícito en los términos de la ONU, sí presentaba un perfil parcialmente coincidente. Por último, se referirán los mecanismos de que dispone el ordenamiento jurídico italiano para hacer frente al enriquecimiento ilícito.

5.2. El delito de posesión injustificada de bienes de persona investigada o imputada y su declaración de inconstitucionalidad

En 1992, Italia incorporó en su ordenamiento jurídico el delito de "posesión injustificada de valores por persona investigada o imputada" y fue declarado inconstitucional, por unanimidad, dos años más tarde. El delito no pretendía abordar el problema de la corrupción política, sino el de la *mafia y sus actividades ilícitas*[204].

---

[204] Sobre el particular, vid. MUCCIARELI, F., "Art. 12 quinquies", *La legislazione penale,* anno XIII, 1993, págs. 158 y ss.; PALLADINO, P., "Brevi osservazioni sul delitto di possesso ingiustificato di valori", *Rivista Trimestrale di Diritto Penale dell'economia,* anno VI, 1993, págs. 343 y ss. Asimismo, en España, vid. BLANCO CORDERO, I., "De nuevo sobre el delito de enriquecimiento ilícito" en GÓMEZ MARTÍN, V., BOLEA BARDON, C., GALLEGO S., J. I., HORTAL IBARRA, J. C., JOSHI JUBERT, U. (dirs.), *Un modelo integral de Derecho Penal. Libro homenaje a la profesora Mirentxu Corcoy Bidasolo,* Boletín Oficial del Estado, Madrid,

Empero, pese a que la estructura del delito difería de la figura del art. 20 CNUCC, sí que guardaban cierta similitud.

La figura en cuestión reprimía al *investigado* o *imputado* por determinados delitos (fundamentalmente relacionados con el crimen organizado y el tráfico de drogas) que tuviese o fuese titular de unos bienes desproporcionados en relación con sus rentas declaradas o con su actividad económica, y cuya procedencia legítima no se pudiese demostrar. Decía así:

> "2. Fuori dei casi previsti dal comma 1 e dagli articoli 648, 648-bis e 648-ter del codice penale, coloro nei cui confronti sono svolte indagini per uno dei delitti previsti dai predetti articoli o dei delitti in materia di contrabbando, o per delitti commessi avvalendosi delle condizioni previste dall'articolo 416-bis del codice penale ovvero al fine di agevolare l'attivita' delle associazioni previste dallo stesso articolo, nonche' per i delitti di cui agli articoli 416-bis, 629, 630, 644 e 644-bis del codice penale e agli articoli 73 e 74 del testo unico delle leggi in materia di disciplina degli stupefacenti e sostanze psicotrope, prevenzione, cura e riabilitazione dei relativi stati di tossicodipendenza, approvato con decreto del Presidente della Repubblica 9 ottobre 1990, n. 309 ovvero nei cui confronti si procede per l'applicazione di una misura di prevenzione personale, i quali, anche per interposta persona fisica o giuridica, risultano essere titolari o avere la disponibilita' a qualsiasi titolo di denaro, beni o altre utilita' di valore sproporzionato al proprio reddito dichiarato ai fini delle imposte sul reddito, o alla propria attivita' economica, e dei quali non possano giustificare la leggittima provenienza, sono puniti con la reclusione da due a quattro anni e il denaro, beni o altre utilita' sono confiscati"[205].

2022, pág. 1019 y BLANCO CORDERO, I., "El debate en España sobre la necesidad de castigar penalmente el enriquecimiento ilícito de empleados públicos", *Revista electrónica de Ciencia penal y Criminología*, nº 19, 2017, págs. 7 y ss.

205 Art. 12-quinquies, secondo comma, del decreto-legge 8 giugno 1992, n. 306 (Modifiche urgenti al nuovo codice di procedura penale e provvedimenti di contrasto alla criminalita' mafiosa), convertito, con modificazioni, dalla legge 7 agosto 1992, n. 356, come modificato dall'art. 1 del decreto-legge 17 settembre 1993, n. 369 (Disposizioni urgenti in tema di possesso ingiustificato di valori e di delitti contro la pubblica

La razón de política criminal que llevó al legislador a dictar una disposición de estas características fue la de atajar el fenómeno de la delincuencia organizada, que había alcanzado una dureza incuestionable. Como expresa MUCCIARELLI, la formulación de delito a través de presunciones no hacía más que mostrar la insuficiencia del sistema judicial para afrontar esta clase de delincuencia, dotándose de una figura penal destinada no a castigar la conducta ilícita sino *una situación que la presupone*[206]. Se configuraba, como señalaba la doctrina, como un ejemplo claro de los clásicos "delitos de sospecha"[207].

Dicho régimen legal, no obstante, fue recurrido ante la Corte Constitucional italiana[208]. Los recurrentes fundaron su queja en la vulneración del art. 27.2 de la Constitución Italiana (CI), porque el precepto se estructuraba sobre la base de una sospecha. El artículo en cuestión exigía una condición —de imputado o investigado— que tenía carácter provisional y que era incapaz de asig-

---

amministrazione), convertito, con modificazioni, dalla legge 15 novembre 1993, nº 461.

206 MUCCIARELI, F., "Art. 12 quinquies... cit. pág. 161. También críticamente, vid. CALISTI, R., *Il sospetto di reati. Profili costituzionali e prospettive attuali,* Giuffré, 2003, págs. 163 y ss.

207 DI ROSA, G., "Trasferimento fraudulento e possesso ingiustificato di valori. La fretta del legislatore e l'art. 12 quinquies della legge n. 356/92 al vaglio di costituzionalità", *Rivista trimestrale di Diritto penale dell'economia,* nº 3, 1993, págs. 782 y ss.

208 Sentenza Corte Costituzionale nº 48 1994. Para un análisis sobre la sentencia de la Corte, vid. FORNASARI, G., "Strategie sanzionatorie e lotta allá riminalita organizzata in Germania e in Italia", *Rivista Trimestrale di Diritto penale dell'economia,* anno VII, nº 4, 1994, págs. 756 y ss.; INSOLERA, G., "Prevenzione e repressione del riciclaggio e dell'acumulo di patrimonio illeciti", *Legislazione penale,* nº 1, 1998, págs. 166 y ss. y CALISTI, R., *Il sospetto di reati...* cit. págs. 190 y ss. También, CARILLO DEL TESO, A. E., "La expansión del delito de enriquecimiento ilícito: entre el éxito en América Latina y el fracaso en Europa" en ALCÁNTARA, M., GARCÍA MONTERO, M., SÁNCHEZ LÓPEZ, F. (coords.), *Estudios sociales. Memoria del 56º Congreso Internacional de Americanistas,* Universidad de Salamanca, Salamanca, 2018, pág. 699.

nar aquellas connotaciones de disvalor intrínseco que la norma ha de postular necesariamente.

Junto a la vulneración del derecho a la presunción de inocencia se superponían otras objeciones de constitucionalidad. En primer lugar, la circunstancia incriminatoria no se ajustaba —según los recurrentes— a los principios de igualdad y razonabilidad. Esa "fluidez" de la condición que se le exigía del sujeto (quienes estuvieran sometidos a un proceso penal por ciertos delitos) implicaba una desigualdad de trato injustificada entre personas investigadas por el delito en cuestión y las que lo estaban por otros delitos. También respecto de aquellas que no se enfrentaban a un proceso penal pese a tener un patrimonio desproporcionado.

En segundo lugar, al hacer depender el presupuesto *subjetivo* —de investigado o imputado— en una condición futura, el sujeto no estaba en condiciones de evitar la ocurrencia del elemento objetivo del delito. Al contrario, se penalizaba la adquisición de bienes, pese a que se produjese en un momento en que la ley no le exigía al sujeto la adopción de precauciones particulares porque no estaba comprendido en la categoría de sospechoso (art. 25 CI).

En tercer lugar, el precepto dejaba al margen cualquier vinculación inmediata con una actividad delictiva constatada, por lo que podía quedar conculcado, según los recurrentes, su derecho a la propiedad (en el art. 42 párr. segundo CI).

En último lugar, a juicio de los recurrentes, la obligación de justificar el origen lícito de los bienes suponía una inversión de la carga de la prueba inadmisible desde la óptica constitucional. Comparando, de nuevo, la peculiar condición que calificaba al sujeto activo y la conducta que describía, se le exigía abandonar toda conducta procesal pasiva que el ordenamiento le garantizaba a través del derecho al silencio (art. 24 párr. 2 CI).

La Corte, una vez expuestas las dudas de constitucionalidad, planteó la cuestión desde la violación del art. 27 párr. segundo CI, porque la comprobación de esta vulneración tenía carácter preliminar según el orden lógico de las censuras aducidas.

El Tribunal inició su fundamentación advirtiendo que con la modificación de la Ley 575 de 1965, un mismo presupuesto podía fundar un delito y una medida de prevención[209]. A la citada afinidad se le añadía que el ámbito de los sujetos también era parcialmente coincidente. La superposición de normas apuntada cerraba, pues, una confusa urdimbre normativa.

Según la Corte, el delito, que castigaba al *imputado* o *investigado* en un proceso penal, era ilegítimo desde el punto de vista del art. 27 CI porque el hecho penalmente relevante debía ser *autónomo,* independiente de que su autor hubiera sido o no investigado. No debía, por imperativo del derecho a la presunción de inocencia, haber distingos entre quienes estaban procesados y quienes no lo estaban. Según el Tribunal, tales condiciones, cuanto menos inestables, por la provisionalidad inherente a la condición de investigado en un proceso, nada aportaban en términos de disvalor; al contrario, anticipaban efectos que la Constitución reserva únicamente a la sentencia firme de condena.

De esta forma, el sospechoso o imputado —aunque debía presumirse inocente— era, solo por ello, sometido a castigo. La Corte señaló que una simple *notitia criminis,* aunque infundada y con una conclusión anticipada de sobreseimiento, era suficiente para determinar la cualidad que hacía punible esa conducta. El problema radicaba en la asimilación de condiciones (condenado e imputado) que el legislador constituyente había intentado separar claramente[210].

---

209 Existía una estrecha analogía entre el delito en cuestión y las medidas de prevención previstas en el art. 2 ter de la Ley nº 575 de 21 de mayo de 1965, con su reforma por el art. 3 de la Ley nº 256 de 24 de julio de 1992. En este mismo sentido ya se pronunció MUCCIARELI, F., "Art. 12 quinquies... cit. pág. 162.

210 En este sentido ya se pronunció DI ROSA, G., "Prime applicazioni dell'art. 12 quinquies legge n. 356/92: questione di legittimità costituzionale (Trib. Venezia, II sez. Pen. 17.6.1993 c.c., D.G", *Rivista trimestrale di Diritto Penale dell'economia,* CEDAM, anno VI, nº 3, 1993, págs. 781 y ss.

La Abogacía del Estado, que interesaba la inadmisión del recurso, entendía que la Corte ya se había pronunciado sobre el particular en el pronunciamiento sobre la constitucionalidad de los delitos de "posesión injustificada de bienes" (arts. 707 y 708 CP italiano). Estos exigían la condición de *condenado* por determinados delitos y, por otro lado, la falta de justificación de la procedencia de los bienes. No obstante, en el presente supuesto, según el Tribunal, el precepto objeto de censura, además de prescindir de la condena, imponía una justificación *cualificada* que consistía en determinar la legitimidad de la procedencia de los bienes o utilidades. Como el sujeto tenía que demostrar el origen lícito de los bienes, la misma admisión de que aquellos provenían del delito por el cual se le estaba investigando, posibilitaba, en algunos casos, considerar el hecho punible en dos sentidos: por la conducta ilícita dirigida a adquirir los bienes y, también, por su simple posesión. Todo ello sin obviar las inevitables repercusiones que podría tener sobre el derecho de defensa: cualquiera que fuese la opción defensiva del acusado, esta tendría consecuencias en relación con la comprobación del delito subyacente (delito que se encontraba, por definición, todavía *sub iudice*).

Por todo lo anterior, la Corte decidió declarar constitucionalmente ilegítimo el precepto, quedando absorbidas las demás consideraciones de ilegitimidad[211].

Como señaló la doctrina[212], y sostuvo la propia Corte Constitucional[213], se promulgó, al poco tiempo, un Decreto-ley con el

---

211 No obstante, según CALISTI, no menos llamativo era el contraste entre el tipo penal y el art. 24 CI. Según el autor, una presunción de culpabilidad contra el acusado representa claramente la vulneración más patente y grave del derecho de defensa, en su variante de prohibición de autoinculpación (vid. CALISTI, R., *Il sospetto di reati…* cit. pág. 200).

212 Sobre el particular, vid. MAUGERI, A. M., "Un ulteriore sforzo della suprema corte per promuovere uno statuto di garanzie nell'aplicazione di forme di confisca allargata: art. 240 bis C.P., irretroattivita e divieto di addurre l'evasione fiscalle nell'accertamento della sproporzione", *Sistema penale,* Fasc. 4, 2020, págs. 204 y ss.

213 Sentenza Corte Costituzionale nº 33, 2018. Dice literalmente: "Per quanto più specificamente attiene alla misura prevista dall'art. 12-se-

objetivo de cubrir la laguna derivada de este fallo de inconstitucionalidad. Introdujo una hipótesis particular de confiscación y, con ella, se le exigía al condenado, como antes al acusado, que justificase el origen de los bienes desproporcionados en relación con sus ingresos legítimos[214].

5.3. El delito de posesión injustificada de valores de persona condenada y su declaración de inconstitucionalidad

El derogado art. 708 CP italiano castigaba, con penas de prisión de tres meses a un año, el *delito de posesión injustificada de valores*. Concretamente, al *condenado* por determinados delitos que poseyese dinero u objetos de valor y no justificase su origen. Decía así:

> "Chiunque, trovandosi nelle condizioni personali indicate nell'articolo precedente, e' colto in possesso di denaro o di oggetti di valore, o di altre cose non confacenti al suo stato, e dei quali non giustifichi la provenienza, e' punito con l'arresto da tre mesi a un anno".

La norma no constituía una novedad, puesto que ya se habían utilizado esquemas punitivos similares en la legislación preunita-

---

xies del d.l. n. 306 del 1992, essa è nata storicamente come "sostituto" del delitto di «possesso ingiustificato di valori», già previsto dall'art. 12-quinquies, comma 2, del medesimo decreto-legge. Tale disposizione puniva la persona sottoposta a procedimento penale per il delitto di associazione mafiosa o per altre ipotesi delittuose ritenute tipiche delle organizzazioni criminali — compresa la ricettazione — o nei cui confronti fosse in corso di applicazione o si procedesse per l'applicazione di una misura di prevenzione personale, la quale, anche per interposta persona, avesse la disponibilità di denaro, beni o altre utilità di valore sproporzionato al proprio reddito o alla propria attività economica e dei quali non potesse giustificare la legittima provenienza. Era altresì prevista la confisca dei beni, del denaro o di altre utilità".

214 Sobre el particular y críticamente, cuestionando la medida desde la óptica constitucional, vid. FORNASARI, G., "L'ultima reforma di manifestazione della cultura del sospetto: il nuevo art. 12-sexies della legge n. 356 del 1992", *Critica del Diritto*, nº 3, 1994, págs. 11 y ss.

ria, para quienes fueran sorprendidos en posesión de objetos de valor, incluso "rurales", según una disposición que se encuentra en la codificación del Estado Pontificio. Inspiradas en el modelo francés, casi todas las codificaciones posteriores adoptaron el estatuto incriminatorio. El Código Albertino lo acogió, pero amplió la lista de sujetos activos al de las "personas sospechosas", para incluir, en los arts. 460 y 462, a los ociosos, vagabundos, mendigos, extranjeros clandestinos, condenados por delitos o faltas, y singularmente por hurto, robo, extorsión y estafa. Fue regulado en el art. 449 del Código del Reino de Cerdeña de 1859 (posteriormente extendido al Reino de Italia) y en el art. 492 del Código Zanardelli titulado "Del possesso ingiustificato di oggetti e valori[215]. Con la regulación en el Código Rocco de 1930, el 708 fue recurrido ante la Corte Constitucional[216].

Con el recurso, el Tribunal valoró, en términos de razonabilidad, la pertinencia de que una misma conducta de *tenencia injustificada* se circunscribiese únicamente a determinadas personas. Al valorar la razonabilidad de tal incriminación, partió de que el motivo de la discriminación era de los expresamente proscritos por el art. 3 CI. A saber: las condiciones personales y sociales. No era razonable, según el Tribunal, discriminar a una categoría de sujetos formada por personas condenadas por delitos de diversa índole o a quienes fueran sorprendidos en posesión de dinero u objetos de valor u otras cosas no apropiadas a su condición. Se trataba, además, de una referencia indeterminada y que ya no era adecuada para perseguir los fenómenos de enriquecimiento ilícito.

---

215 Para una descripción de los antecedentes legislativos, vid. Sentenza Corte Costituzionale nº 370, 1996.

216 Sentenza Corte Costituzionale nº 370, 1996. Un estudio de la sentencia puede verse en MAUGERI, A. M., "I reati di sospetto dopo la pronuncia della Corte Costituzionale n. 370 del 1996: alcuni spunti di riflessione sul principio di ragionevolezza, di proporzione e di tassatività", *Rivista Italiana di Diritto e Procedura Penale*, 1999, págs. 944 y ss.

Tal como expuso el Tribunal, la disposición incriminatoria sostenía una hipótesis absolutamente marginal e irrazonable, al referirse exclusivamente a los condenados por determinados delitos basados en motivos de lucro y por contravenciones relativas a la prevención de delitos contra la propiedad. Argumentaba que, ante la existencia de preocupantes fenómenos de enriquecimiento personal obtenido por medios ilícitos y la complejidad de los mecanismos de un mercado que ahora es internacional, el art. 708 constituía una hipótesis irrazonable en su referencia exclusiva a los sujetos mencionados. En este pronunciamiento, el Tribunal consideró que la discriminación impuesta no estaba justificada por el fin perseguido, habiéndose convertido el precepto en inadecuado para discurrir por la vía penal.

Asimismo, al valorar la *condición social* del sujeto, se pretendía infligir una pena por hechos que se escapaban de la constatación de la acción penal del delito contra la propiedad. Se utilizaba la previa condena para sancionar a través de la criticable técnica de la *referibilidad del hecho*[217].

Por lo que se refiere al principio de taxatividad, el Tribunal observó, en primer lugar, que la referencia al "estado" del sujeto era indeterminado, debido a la generalidad de la disposición legal recurrida. El legislador no había proporcionado ningún parámetro para su evaluación, creando el riesgo de una aplicación arbitraria de la norma por el juez. En consecuencia, el precepto se estimó inconstitucional por vulnerar los arts. 3 y 25 CI.

---

[217] Añade el Tribunal que la opción del legislador de introducir en el ordenamiento jurídico, con el Decreto Ley nº 306 de 8 de junio de 1992, convertido en la Ley nº 356 de 7 de agosto de 1992, el delito de posesión injustificada de bienes por persona investigada o imputada fue censurado porque el hecho penalmente relevante debía ser autónomo, independiente de la condición del sujeto. Esa disposición acabó excediendo lo constitucionalmente admisible, pues amplió la categoría de "sospechosos" a aquellos que presentasen determinados indicios, vulnerando, así, el principio de presunción de inocencia del art. 27.2 CI.

5.4. Cumplimiento del artículo 20 de la Convención de Naciones Unidas contra la Corrupción

Tras la CNUCC, y en cumplimiento de lo dispuesto en su art. 20, Italia consideró la posibilidad de tipificar el delito de enriquecimiento ilícito. Finalmente, no criminalizó esta conducta por considerarla incompatible con los principios fundamentales de su sistema[218]. Y ello cobra pleno sentido, sobre todo si se toman en cuenta los argumentos que adujo la Corte en el año 1994. Es cierto que la Corte fundamentó su censura, esencialmente, en la provisionalidad de la condición de imputado por un determinado delito, pero fijó, igualmente, un canon infranqueable desde la perspectiva del derecho a la presunción de inocencia y el derecho de defensa.

La legislación italiana, no obstante, contiene reglas específicas de prevención y transparencia, que imponen obligaciones de divulgación patrimonial a los funcionarios electos y altos funcionarios públicos y estipulan sanciones por su no divulgación y, además respecto de la generalidad de delitos que contempla su ley penal, acoge diversos sistemas de decomiso. Como en España, en Italia no se puede hablar de decomiso en singular, sino que coexisten diversas clases[219].

El debate sobre la naturaleza jurídica del decomiso ha sido recurrente en los últimos años, como consecuencia de ciertas tendencias legislativas expansivas. El desarrollo se ha producido, sintéticamente, en la ampliación de los casos de decomiso obligatorio; en el desarrollo de la gama de bienes decomisables y en la eliminación o atenuación de la exigencia de un vínculo etiológico directo entre los bienes decomisables y el delito específico cometido[220].

---

218 CAC/COSP/IRG/2013/CRP.15. Implemention Review Group, Resumed fourth sesión, Panama City, 26-27 November 2013. Executive summary: Italy. Sobre el particular, vid. RAFFONE, F., "Sistemas penales comparados. Italia", *Revista Penal*, nº 53, 2024, págs. 289 y ss.

219 FIANDACA, G., MUSCO, E., *Diritto penale. Parte Generale*, 8ª ed., Zanichelli Editore, Bologna, 2023, págs. 898 y ss.

220 Para una exposición sobre las clases de decomiso que pueden relacionarse con la corrupción, vid. MONGILLO, V., "El decomiso de las ga-

Como consecuencia de estos cambios legislativos, la institución del decomiso engloba en la actualidad, bajo la misma etiqueta terminológica, hipótesis normativas heterogéneas, que obedecen a fines político-criminales no siempre coincidentes y hacen que esta institución presente una fisionomía polivalente. En todo caso, se ha acentuado cada vez más su valor preventivo y aflictivo, en términos de *sanción accesoria* y, sobre todo, ligada a las infracciones penales comprendidas en el ámbito de la delincuencia económica u organizada[221].

Concretamente, y en lo que a efectos de la figura del enriquecimiento ilícito pueda interesar, además de la penalización de conductas que pueden guardar cierta relación, el legislador italiano incorpora el decomiso ampliado en su legislación, regulado en el art. 240 bis de su CP ("decomiso en casos especiales"), respecto de una gama cada vez más amplia de delitos[222].

El decomiso ampliado exige una sentencia condenatoria o la aplicación de la pena previo acuerdo de conformidad por alguno de los delitos indicados por la ley; desproporción entre el valor de los bienes y efectos y los ingresos legítimos, incluso a través de persona interpuesta, e imposibilidad por parte del sujeto de acreditar el origen lícito de los bienes.

Como afirman FIADANCA y MUSCO, si se observa con detenimiento la disposición que regula el decomiso ampliado, el novedoso mecanismo de confiscación se caracteriza por dos

---

nancias de la corrupción en Italia. En busca de las garantías perdidas", *Criminal Justice Network, Forum Internazionale sulla Giustizia Penale*, 2018. Disponible en: https://www.criminaljusticenetwork.eu/es/post/el-decomiso-de-las-ganancias-de-la-corrupcion-en-italia-en-busca-de-las-garantias-perdidas (última visita: 04/04/2024). También, vid. MAUGERI, A. M., "The criminal sanctions against the illicit proceeds of criminal organizations", *New Journal of European Criminal Law*, nº 3, 2012, págs. 258 y ss.

221 FIANDACA, G., MUSCO, E., *Diritto penale. Parte Generale…* cit. pág. 899.

222 RAFFONE, F., "Sistemas penales comparados. Italia… cit. págs. 291 y ss.

grandes innovaciones. Por un lado, la considerable amplitud del contenido de la medida ablativa: se refiere a *todos* los bienes desproporcionados, a los ingresos o a la actividad económica desarrollada por el condenado con independencia de que estén vinculados a alguno de los concretos delitos. Por otro lado, se caracteriza por atribuirle al destinatario la carga de la prueba de justificar la proveniencia de sus bienes, algo criticado por la doctrina a la luz del principio constitucional de presunción de inocencia[223]. Como señala MELCHIONDA, con la introducción del decomiso ampliado esta institución pasó de ser una "medida de seguridad" (dependiente de la peligrosidad de la cosa) a ser una verdadera "pena contra un tipo específico de delincuentes"[224].

Pese a que en el ordenamiento italiano el delito de enriquecimiento ilícito no ha sido acogido, como dice MAUGERI, el decomiso ampliado y el decomiso preventivo, se encuentran entre los mecanismos sancionadores que permiten hacer frente a la posesión injustificada de valores[225]. En palabras de la autora, es preferible el decomiso preventivo que la introducción de una suerte de "delito de posesión injustificada de valores" aunque, y como se expondrá en lo que sigue, esta herramienta no queda exenta de críticas[226].

El decomiso preventivo —como expresa MONGILLO— es la forma más "radical" de sortear el obstáculo de la sentencia condenatoria como condición necesaria para acordar la confiscación

---

223 FIANDACA, G., MUSCO, E., *Diritto penale. Parte Generale*... cit. pág. 901.

224 MELCHIONDA, A., "Evolución y características actuales del Derecho Penal Económico", *Revista Penal*, nº 50, 2022, pág. 196.

225 MAUGERI, A. M., "Un ulteriore sforzo della...cit. págs. 2045 y ss. En el mismo sentido, vid. MAUGERI, A. M., "*La confisca di prevenzione come sanzione del possesso ingiustificato di valori, tra fattispecie* ad hoc e unexplained wealth orders" en PALIERO, C. E., VIGANÒ, F., BASILE, F., GATTA, G. L. (eds.), *La pena, ancora: fra attualità e tradizione, Studi in onore di Emilio Dolcini*, Giuffrè Editore, Milano, 2018, págs. 919 y ss.

226 MAUGERI, A. M., "*La confisca di prevenzione*... cit. pág. 953.

de las ganancias ilícitas[227]. Se aplica hoy a través de un proceso *ad hoc* regulado en el art. 24 del Código antimafia y medidas de prevención. Las autoridades italianas han comenzado a aplicar el decomiso preventivo a personas que, en consideración a datos empíricos, viven de las ganancias de la corrupción o de delitos fiscales. Una reciente reforma legislativa ha ampliado el catálogo de los casos de *peligrosidad específica* a los sospechosos de delitos contra la Administración Pública, pero siempre que los delitos se cometan en el marco de una asociación delictiva en el sentido del art. 416 CP italiano[228].

El ámbito de aplicación del decomiso preventivo es, naturalmente, extenso, porque se trata de una medida en la que se evaporan las garantías penales clásicas. No requiere una sentencia de condena, no rige la garantía de irretroactividad *in peius*, el procedimiento puede comenzar y continuar en ausencia del sujeto, se puede extender en caso de muerte, etc.

En definitiva, pese a que el ordenamiento jurídico italiano no acoge el delito de enriquecimiento ilícito porque, según la jurisprudencia de la Corte, es incompatible con las garantías constitucionales, sí dispone de otras herramientas que permiten hacerle frente al enriquecimiento ilícito.

---

227 Se introdujo en Italia con la Ley Rognoni- La Torre (vid. Ley de 13 de septiembre de 1982, nº 664). Sobre el particular, MONGILLO, V., "El decomiso de las… cit.

228 *Ibidem.* También puede verse MAUGERI, A. M., "Le tipologie sanzionatorie: la prevenzione patrimoniale", *Rivista Italiana di Diritto e Procedura Penale*, nº 2, 2017, págs. 576 y ss.

6. PORTUGAL: DOS DECLARACIONES DE INCONSTITUCIONALIDAD Y EL DELITO DE DESOBEDIENCIA CUALIFICADA Y OCULTACIÓN INTENCIONAL DE PATRIMONIO

6.1. Introducción

El debate en torno a la tipificación del delito de enriquecimiento ilícito tiene una cierta tradición en Portugal[229]. En dos ocasiones, el Parlamento de este país se ha mostrado dispuesto a introducir el delito propuesto por el art. 20 CNUCC, en su variante de delito de enriquecimiento *ilícito* o *injusto,* y su TC lo ha declarado inconstitucional. Sin embargo, en el año 2022, el legislador portugués incorporó, con el fin de salvar las dudas de constitucionalidad que había presentado la figura hasta el momento, un delito con una fórmula radicalmente distinta: *el delito de desobediencia cualificada y ocultación intencional de patrimonio.*

En lo que sigue se ofrecerán las características de las dos primeras regulaciones del delito de enriquecimiento ilícito y el análisis de las sentencias que llevaron al Alto Tribunal portugués a declarar su inconstitucionalidad. Por último, se hará referencia al tipo penal que recientemente ha introducido Portugal y sus características esenciales.

---

229 Sobre el particular, vid. DA COSTA ANDRADE, M., "Enriquecimento ilícito: entre Cila e Caríbdis", *Público,* 2011. Disponible en: https://www.publico.pt/2011/10/28/jornal/enriquecimento-ilicito-entre-cila-e-caribdis-23302436 (última visita: 04/04/2024). Sobre los problemas de constitucionalidad que planteaba la figura, vid. DÂMASO SIMÕES, E., "Principais legislativos para a prevenção e repressão da corrupção — o sistema português face à Convenção de Mérida", *Revista Do Ministério Público,* nº 101, 2005, págs. 79 y ss.; DE LACERDA DA COSTA PINTO, F., "Sistemas penales comparados. Portugal", *Revista Penal,* nº 53, 2024, págs. 310 y ss. y QUINTAS PÉREZ, M., "El delito de enriquecimiento ilícito en Portugal. Desobediencia cualificada y ocultación intencional", *Revista Penal México,* nº 54, 2024, págs. 198 y ss.

6.2. El delito de enriquecimiento ilícito y su declaración de inconstitucionalidad

El Decreto 37/XII de la Asamblea de la República, de 10 de febrero de 2012, disponía el castigo de quien, por si o por persona interpuesta, singular o colectiva, adquiriese, poseyese o detentase activos, sin origen lícito determinado, siempre que fuese incompatible con sus rendimientos y bienes legítimos. Decía así:

> "Quem por si ou por interposta pessoa, singular ou coletiva, adquirir, possuir ou detiver património, sem origem lícita determinada, incompatível com os seus rendimentos e bens legítimos é punido com pena de prisão até três anos, se pena mais grave não lhe couber por força de outra disposição legal".

La pena podía llegar hasta los tres años de prisión, salvo que correspondiese aplicar una más grave en virtud de otra disposición legal. Si el valor de la desproporción era inferior a cien salarios mínimos mensuales, la conducta no era sancionable; si superaba los trescientos cincuenta salarios mínimos mensuales, el agente sería castigado con una pena superior, de uno a cinco años de prisión.

También era reprimido el funcionario que, durante el ejercicio de sus funciones y en los tres años siguientes a su cese, por sí o por persona interpuesta, singular o colectiva, adquiriese, poseyese o detentase activos, sin origen lícito determinado, cuando fuesen incompatibles con sus rendimientos y bienes legítimos. Señalaba:

> "O funcionário que, durante o período do exercício de funções públicas ou nos três anos seguintes à cessação dessas funções, por si ou por interposta pessoa, singular ou coletiva, adquirir, possuir ou detiver património, sem origem lícita determinada, incompatível com os seus rendimentos e bens legítimos é punido com pena de prisão de um a cinco anos, se pena mais grave não lhe couber por força de outra disposição legal".

En este caso, la pena de prisión era de uno a cinco años, salvo que correspondiese aplicar una pena más grave en virtud de otra disposición legal. Si la desproporción era inferior a cien salarios mínimos mensuales, la conducta no era sancionable; si superaba los trescientos cincuenta salarios mínimos mensuales, el funcionario sería castigado con una pena de uno a ocho años de prisión[230].

Dicho régimen legal, no obstante, fue recurrido ante el TC, que fiscalizó preventivamente lo que todavía era un *Proyecto*. Lo declaró incompatible con el texto constitucional en base a tres motivos fundamentales: por inexistencia de bien jurídico claramente definido, por indeterminación de la concreta acción u omisión prohibida y por vulneración del derecho a la presunción de inocencia[231].

El demandante alegó la vulneración del art. 18 de la Constitución Portuguesa (CRP), que determina que la ley solo puede restringir derechos, libertades y garantías en los casos previstos en la CRP y tales restricciones se limitan a lo necesario para salvaguardar otros derechos e intereses protegidos constitucionalmente.

El TC luso, al abordar esta primera cuestión, advirtió que, conforme a reiterada doctrina constitucional, el Derecho Penal tiene como objetivo la *protección de bienes jurídicos dotados de dignidad penal* y se limita a la defensa de las perturbaciones más graves del orden social y a la protección de las condiciones esenciales para la vida comunitaria. Existe bien jurídico digno de protección cuando la conducta que la infringe merece, por su nocividad, un juicio

---

230 Sobre la regulación, vid. DE LACERDA DA COSTA PINTO, F., "Sistemas penales comparados. Portugal… cit. pág. 311.

231 Acórdão do Tribunal Constitucional n.º 179/2012. Sobre el particular, vid. DE FARIA COSTA, J., "Crítica à tipificacão do crime de enriquecimento ilícito: plaidoyer por um dereito penal não iliberal e ético-socialmente fundado", *Revista de Legislação e de Jurisprudência*, ano 141, 2012, pág. 251; SUSANO, H., "Da criminalização do enriquecimento ilícito dentro dos limites da CRP", *Julgar on line*, 2013. Disponible en: https://julgar.pt/wp-content/uploads/2014/07/DA-CRIMINALIZAÇÃO-DO-ENRIQUECIMENTO-ILÍCITO.pdf (última visita: 04/04/2024) y DA SILVA MOURA, B. J., "Enriquecimento ilícito: o problema da previsão legal de um novo tipo de crime", *Universidade Lusíada*, Lisboa, 2023, págs. 58 y ss.

cualificado de intolerabilidad social. Por tanto, cualquier norma incriminatoria en la que no haya un "bien jurídico penal" es nula. Una vez expuesta su doctrina, el Tribunal entró a valorar si las disposiciones recurridas cumplían con el objetivo de protección de bienes jurídicos.

Tras estudiar el contenido de las disposiciones, que establecían que el tipo era *subsidiario*, el Tribunal entendió que si la finalidad del precepto era castigar infracciones penales no esclarecidas procesalmente no existía un bien jurídico protegido definido. A juicio del Tribunal ello acarreaba, necesariamente, la inconstitucionalidad de la norma[232].

El Tribunal entró a analizar también si la construcción del tipo cumplía con el mandato de determinación típica que exige el art. 29 CRP: "nadie puede ser condenado sino en virtud de ley anterior que declare punible una acción u omisión". Y no lo hacía porque el tipo no identificaba la concreta acción u omisión prohibida.

Según razona el Tribunal, las normas penales no pueden consagrar *presunciones de culpabilidad*, y ello porque el legislador debe garantizar que no se reduzca, de forma directa o indirecta, la presunción de inocencia. La formulación del tipo implica que la incongruencia entre activos e ingresos deriva en el enriquecimiento *ilícito*, sin demostración positiva de cualquier causa lícita. Toda vez que la lista de causas legítimas es abierta y potencialmente inagotable, siempre se podría entender que la demostración de su ausencia afectaría irremediablemente a la operabilidad del tipo.

Frente a la sentencia, se formularon tres votos particulares. El magistrado FERNANDES CADILHA en su voto particular consi-

---

[232] En el mismo sentido, vid. CAEIRO, P., "Sentido e função do instituto da perda de vantagens relacionadas com o crime no confronto com outros meios de prevenção da criminalidade reditícia (em especial, os procedimentos de confisco in rem e a criminalização do enriquecimento "ilícito")", *Revista brasileira de ciências criminais*, nº 100, 2013, pág. 302.

deró que este delito, que protegía *la transparencia de las fuentes de ingresos,* tenía distintas manifestaciones concretas en el ordenamiento jurídico portugués. A su modo de ver, la incriminación no resultaba de la presunción de que el autor hubiese obtenido ilegalmente una cantidad de riqueza desproporcionada sino de la *falta de determinación de su origen lícito.* Empero, lo que el magistrado objetó es que el tipo, tal y como quedaba construido, imponía al demandado la iniciativa de hacer alegaciones y aportar pruebas con relación a elementos constitutivos del delito. El acusado, so pena de ser considerado responsable, debía demostrar que los activos tenían origen lícito, lo que invertía inadmisiblemente la carga de la prueba de la acusación al acusado.

El segundo voto particular lo suscribió el magistrado Vítor GOMES. Distenía del razonamiento de la mayoría porque consideraba que, en este caso, sí existía un bien jurídico digno de tutela penal. La ocultación del origen patrimonial, a su modo de ver, podía poner en peligro *la confianza del Estado ante la comunidad.* El delito no perseguía castigar la conducta anterior que había generado el enriquecimiento, sino la falta de transparencia de ese enriquecimiento. Ese deber pesaba sobre aquellos que tenían un *especial deber de transparencia.*

Por último, el magistrado MOURA RAMOS, en contra de la decisión de la mayoría en lo referente a la inexistencia de bien jurídico definido, entendía que el bien jurídico era el mismo que fundamentaba las otras incriminaciones (las de referencia). Se trataba, así, de un bien jurídico *compuesto.*

Desde una posición sustancialmente distinta, aunque refrendando los anteriores argumentos del Tribunal en contra de la tipificación del delito de enriquecimiento ilícito, hubo quien, en la doctrina, abordó la crítica a la primera regulación portuguesa (que, valga decir, también penalizaba el delito de enriquecimiento ilícito de particulares) desde la propia composición del tipo y, en segundo lugar, atendiendo a criterios de coherencia jurídica.

El tipo penal, según señala DE FARIA COSTA[233] partiendo de la crítica a los delitos de posesión, se basaba en la mera existencia de un *status incomodus.* Según la lógica del delito, el autor debía ser castigado no por practicar una *determinada y particular conducta de enriquecimiento ilícito,* sino por encontrarse en una situación en la que el Ministerio Fiscal no podía reunir los elementos necesarios suficientes para probar la ilicitud del incremento patrimonial obtenido. Se trataba, a su juicio, de un sólido clamor de responsabilidad por hecho ajeno (en este caso, por la falta de aptitud institucional del Ministerio Público). Así, según su parecer, la regulación aventuraba una innegable violación del principio *de responsabilidad por el hecho.*

En segundo lugar, para el citado autor, el tipo en cuestión presentaba un grave escollo en términos de *coherencia del orden jurídico.* El Derecho civil, con la figura del *enriquecimiento sin causa,* subordina la "sanción" (deber de restitución) a la identificación de la víctima (a quien resulte empobrecido); el Derecho Penal, en cambio, condicionaría, inadmisiblemente, la sanción jurídica aplicable a la mera comprobación de patrimonio *sin origen lícito determinado.* Ello implicaba, a su juicio, una palmaria incoherencia del *corpus* jurídico.

Esta última crítica, de incoherencia del conjunto del ordenamiento, era asumible si se atendía a la regulación portuguesa porque, en efecto, el delito podía alcanzar a cualquier persona. Empero, si este se hubiera circunscrito únicamente a aquellos que tienen especiales deberes (v.g. altos cargos), quizá esta comparación no hubiera sido tan acertada. Aunque ello no implicaba en absoluto la pertinencia de la norma, no era equiparable a la institución del enriquecimiento injusto civil, porque aquí se trataría de castigar a quien se hubiera enriquecido injustificadamente, pero teniendo un específico deber de rendición de cuentas. De hecho, hubo quien, desde el ámbito de la judicatura, consideró que la tipificación del delito de enriquecimiento ilícito hubiera debido ser aceptada, partiendo del deber jurídico de declarar los actos gene-

---

233 DE FARIA COSTA, J., "Crítica à tipificacão... cit. págs. 256 y ss.

radores de riqueza. Así, según algunos autores, sería el Ministerio Fiscal quien tendría la carga de probar que se había producido el enriquecimiento y que no se ajustaba a la declaración exigida[234].

En definitiva, tras la declaración de inconstitucionalidad no hubo pleno acuerdo, pues no dejaron de haber voces que reclamaban la penalización del enriquecimiento ilícito por ser una medida proporcional, necesaria y adecuada.

6.3. El delito de enriquecimiento injusto y su declaración de inconstitucionalidad

Tras la primera declaración de inconstitucionalidad, el Parlamento portugués aprobó el delito de enriquecimiento *injusto*[235]. Se refería, esta vez, al enriquecimiento *injustificado* —que no ilícito— y, aunque el precepto presentaba aspectos comunes con la regulación anterior, con el fin salvar los inconvenientes de constitucionalidad ya advertidos, recogía expresamente cuál era el bien jurídico protegido. Este era el Estado democrático de Derecho, la confianza en las instituciones y en el mercado, la transparencia, la probidad, la idoneidad sobre la procedencia de fuentes lícitas de ingreso, la equidad y la libre competencia en igualdad de oportunidades. Igualmente, se eliminó la referencia del elemento de la ausencia de origen lícito determinado y el delito dejó de ser expresamente subsidiario.

Según la EM, el Decreto nº 367/XII tenía como fin superar las dudas de constitucionalidad que había suscitado la figura del enriquecimiento ilícito en 2012. Para ello, identificaba el bien jurídico protegido, caracterizaba con mayor precisión la conducta censurada y garantizaba que la prueba de los elementos del delito la ostentase la acusación[236].

---

234 SUSANO, H., "Da criminalização do enriquecimento... cit.

235 Decreto nº 369/XIII de la Asamblea de la República Portuguesa.

236 Sobre la regulación, vid. DE LACERDA DA COSTA PINTO, F., "Sistemas penales comparados. Portugal… cit. pág. 311.

El art. 335-A, el precepto que se pretendía adicionar al Código Penal, señalaba lo siguiente:

> "1- Quem por si ou por interposta pessoa, singular ou coletiva, adquirir, possuir ou detiver património incompatível com os seus rendimentos e bens declarados ou que devam ser declarados é punido com pena de prisão até 3 anos".

Por su parte, el art. 27-A, el precepto que se intentaba adicionar a la Ley sobre responsabilidad de los titulares de cargos políticos (la 34/87), decía lo siguiente:

> "1- O titular de cargo político ou de alto cargo público que durante o período do exercício de funções públicas ou nos três anos seguintes à cessação dessas funções, por si ou por interposta pessoa, singular ou coletiva adquirir, possuir ou detiver património incompatível com os seus rendimentos e bens declarados ou que devam ser declarados é punido com pena de prisão até 5 anos".

El TC Portugués dictó, no obstante, una sentencia en la que declaró inconstitucional el delito enriquecimiento *injustificado*[237].

El Alto Tribunal señaló, en línea con su sentencia de 2012, que no bastaba con que en cada nueva incriminación la intención fuera la de preservar un *valor social*, sino que era necesario que el fin deseado no pudiera lograrse por ningún otro medio de política legislativa. Asimismo, la exigencia de *determinación* implica que las leyes han de concretar cuál es la acción u omisión que se castiga (art. 29 apdo. 1). También se ha de respetar el principio de presunción de inocencia (art. 32 párr. 2). Estas afirmaciones condicionan la legitimidad constitucional de las nuevas incriminaciones y, en ningún caso, se puede prescindir de ellas, como, según el Tribunal, hizo el legislador.

A juicio del Tribunal, la *indeterminación* permanecía en la construcción típica: la fórmula utilizada no cumplía con las exigencias

---

237 Acórdão do Tribunal Constitucional nº 377/2015. Sobre el particular, vid. DA SILVA MOURA, B. J., "Enriquecimento ilícito: o problema... cit. págs. 81 y ss.

del principio de *lex certa.* Sancionaba la *mera variación patrimonial* (una incongruencia entre el patrimonio y el patrimonio sujeto a declaración), pero no identificaba la concreta acción u omisión prohibida. Al contrario, criminalizaba un *estado de las cosas.* Al ser la norma incapaz de determinar con claridad cuál era el objeto de censura, esta devenía inconstitucional.

El tipo se satisfacía con la reunión de dos elementos: el poseer o haber adquirido un determinado patrimonio y que este fuera incompatible con lo declarado. Sobre el agente recaía la carga probatoria, el ofrecer una justificación de la variación patrimonial. Junto a ello, el hecho de que el tipo incorporase una presunción implicaba que la carga de la prueba la ostentaba el autor. Por tanto, *desde la misma formulación del delito,* ya se había violado el principio de presunción de inocencia, entendida en su dimensión sustantiva, como una obligación frente al propio legislador penal (art. 32.2 CRP).

Por otro lado, según el Tribunal, resultaba imposible determinar cuál era el *bien jurídico digno de tutela penal* y, toda vez que había quedado comprometida la propia formulación de la incriminación, también lo estaba, en consecuencia, la posibilidad de establecer qué era lo protegido.

Además, cuando la incompatibilidad patrimonial surgía en un ciudadano *común* era difícil afirmar que la conducta pudiera ser ofensiva para los "intereses fundamentales del Estado", para la "confianza en las instituciones y el mercado" o para valores como la "transparencia" y la "probidad". Al ciudadano común, que también era agente típico del delito previsto en el art. 335-A, no se le otorgaban poderes especiales de decisión que afectasen a la vida en sociedad. Por esta razón —y a diferencia de lo que ocurría con los titulares de cargos políticos y altos cargos públicos— no estaban sujetos a ningún deber de revelar permanentemente las vicisitudes por las que atravesaban los bienes que adquirían o poseían.

A pesar de que los cargos públicos tienen un especial deber de transparencia, y así lo reconoció el Tribunal, las mismas consideraciones antes señaladas eran trasladables a este caso, toda vez que la estructura de ambos delitos era idéntica. En resumen, también aquí, se podían extrapolar los argumentos antes expuestos respecto de la exigencia de determinación, sobre el bien jurídico protegido y sobre el derecho a la presunción de inocencia.

En esta ocasión se presentaron cuatro votos particulares, todos concurrentes. El primero de ellos, de la magistrada AMARAL (con adhesión del magistrado MACHETE) incidía en que el delito de altos cargos y cargos políticos estaba justificado, pero nada añadía sobre las infracciones previstas para la no presentación de declaraciones o declaraciones falsas y ello lesionaba el art. 18.2 CRP.

Por su parte, el magistrado LINO RODRÍGUES compartía la decisión y el razonamiento de la mayoría, pero se apartaba de él en tanto que consideraba que la construcción típica permitía concluir que, a través de él, se tutelaba un bien jurídico digno de protección penal.

El magistrado VAZ VENTURA entendía que el delito vulneraba los principios de exclusiva protección de bienes jurídicos, legalidad y presunción de inocencia. Los términos en que había sido redactado el precepto impedían establecer el nexo inescindible entre el bien jurídico y la conducta prohibida, dejando sin respuesta, además, la cuestión de qué de nuevo podía extraerse de la norma penal incriminatoria. Era, por tanto, el incremento patrimonial sin origen conocido aquello que se castigaba, y no la divergencia entre lo declarado y la realidad o incluso la omisión de declaración, sin que pudiera identificarse un *bien jurídico* que lo legitimase.

Por último, el magistrado FERNANDES CADILHA consideraba que la supresión de la cláusula “sin origen lícito determinado” que aparecía en la ley anterior no impedía apreciar la *presunción de ilicitud* resultante de la divergencia entre el patrimonio y los ingresos declarados. En este sentido, el acusado siempre tendría que tomar la iniciativa en la alegación y prueba de los hechos que revelaban la discrepancia para determinar el origen lícito del patrimonio o, al menos, debía suscitar en el Tribunal un estado de duda sobre el carácter injustificado del enriquecimiento.

Esta regulación fue criticada también por la doctrina portuguesa, que entendía que la regulación se enmarcaba en la corriente del *populismo punitivo*[238]. Asimismo, consideraban que otros delitos, dada su amplitud, eran parangonables al del enriquecimiento injusto. Como afirma DE FARIA COSTA: "no es posible identificar ningún bien jurídico auténtico digno y necesitado de la especial protección que solo el derecho penal es capaz de ofrecer (...) Al fin y al cabo [en el delito de blanqueo de capitales], se presume que constituye beneficio de la actividad delictiva la diferencia entre el valor del patrimonio del acusado y aquel que es congruente con sus ingresos legítimos"[239].

No obstante, no faltaron autores que señalaron que ninguna de las dos formulaciones permitía ni inferir una responsabilidad inmediata por hechos meramente presuntos. Tampoco las figuras exigían ninguna contribución del acusado para probar los hechos constitutivos del tipo delictivo, ya que la acusación tenía la carga de probar la falta de determinación del origen no legítimo de los bienes. Ninguna de las dos regulaciones contrariaba, a juicio de algunos, el principio *nemo tenetur se ipsum accusare*[240].

---

238 ANTUNES, M. J., "Novos desafios da juridição constitucional em matéria penal" en ROBERTO D'AVILA, F.R., LEONHARDT DOS SANTOS, D. (coords.), *Direito Penal e Política Criminal*, EDIPUCRS Editoria Universitárdia da PUCRS, Porto Alegre, 2015, págs. 68-74.

239 DE FARIA COSTA, J., "El blanqueo de capitales en Portugal, en ABEL SOUTO, M., LORENZO SALGADO, J. M., SÁNCHEZ STEWART, N. (coords.), *VIII Congreso Internacional sobre Prevención y represión del blanqueo de dinero*, Tirant lo Blanch, Valencia, 2022, pág. 545.

240 SEABRA DE BRITO, B., "Enriquecimento ilícito/injustificado: breves notas sobre a construcão de um tipo incriminador", *Criminalia*, CEDIS, 2016, pág. 6.

6.4. Cumplimiento de la Convención de Naciones Unidas contra la Corrupción: el delito de desobediencia cualificada y ocultación intencional de patrimonio

En Portugal, como ha quedado reflejado a lo largo del texto, se acogen regímenes de declaraciones de bienes y, desde el año 2022, la figura penal de la desobediencia cualificada y ocultación intencionada de bienes. La normativa portuguesa también dispone de un sistema de decomiso extenso que permite confiscar aquellos bienes que sean injustificados[241]. Ahora bien, no faltaron autores que señalaron que, dadas las dificultades para incorporar un tipo de enriquecimiento ilícito o injusto en el ordenamiento jurídico portugués, era necesario seguir explorando nuevas vías de privación de activos[242].

Tras las dos declaraciones de inconstitucionalidad, se volvió a reanudar el debate sobre la tipificación del delito de enriquecimiento ilícito[243]. Los principales motivos que alentaron la continuación del debate fueron los de que el país no podía avanzar en un sistema con formas absolutamente opacas y que la configuración del delito era una forma de "dignificar" el sistema jurídico portugués[244].

---

241 TORRÃO, F., "Confisco e gestão do lucro injustificado por corrupção pública em Portugal", *Estudios Penales y Criminológicos*, vol. XXXVIII (extr.), 2018, págs. 431 y ss.

242 SILVA DIAS, M. C., "Enriquecimento ilícito/injustificado", *Julgar*, nº 28, 2016, págs. 281-313. Disponible en: https://julgar.pt/enriquecimento-ilicitoinjustificado/ (última visita: 04/04/2024).

243 CAEIRO, P., "O enriquecimento ilícito ou injustificado, a ocultação de riqueza e a orelha de Van Gogh", *Católica Law Review*, vol. V, nº 3, 2021, págs. 73-105. Entre otras iniciativas, vid. Proyecto de Ley 798/XIV/2 presentado por el Grupo Parlamentario Comunista Portugués, de 14 de abril de 2021; Proyecto de ley nº 807/XIV/2 presentado por el Grupo Parlamentario Chega, de 20 de abril de 2021 y Proyecto de Ley 843/XIV/2 presentado por el Grupo Parlamentario Pan, de 19 de mayo de 2021.

244 Así se pronuncia la Exposición de Motivos del Proyecto de ley nº 807/XIV/2 de modificación del Código Penal presentado por el Grupo Parlamentario Chega.

En este sentido, en el ámbito de la magistratura, se llevaron a cabo propuestas que se alejaban de las figuras del enriquecimiento ilícito o enriquecimiento injustificado para penetrar en la importancia de las declaraciones de bienes y, consiguientemente, en la desobediencia como forma para combatir el enriquecimiento injustificado[245]. Las propuestas distinguían cuál era el bien jurídico cuya protección se pretendía, que era la transparencia en el ejercicio de las altas funciones públicas[246].

Finalmente, en el año 2022, se incorporó en el ordenamiento jurídico portugués el delito de desobediencia cualificada y ocultación intencional de patrimonio, modificando la Ley 52/2019, de 31 de julio, del régimen de ejercicio de funciones por titulares de cargos políticos y altos cargos públicos[247], añadiendo un nuevo art. 18-A[248].

---

245 GONÇALVES FERREIRA, J. A., *Comentário ao Regime do Exercício de Funções por Titulares de Cargos Políticos e Altos Cargos Públicos*, Almedina, Coimbra, 2023, págs. 159 y ss. Cabe decir que en la doctrina portuguesa también se refirió la posibilidad de configurar el delito de esta forma (vid. MARQUES DA SILVA, G., "Sobre a incriminacão do enriquecimento ilícito (não justificado ou não declarado)" en PINTO DE ALBURQUERQUE, P. (coord.), *Homenagem de Viseu a Jorge Figueredo Dias*, Coimba Editora, Coimbra, 2011, págs. 47-63). En el mismo sentido puede verse, Transparência Internacional Portugal, "Por uma solução ponderada, proporcional e de bom senso contra o enriquecimento ilícito", 23 de abril de 2021. Disponible en: https://transparencia.pt/por-uma-solucao-ponderada-proporcional-e-de-bom-senso-contra-o-enriquecimento-ilicito/ (última visita: 04/04/2024).

246 Propuesta por parte de la asociación que representa a los jueces portugueses (ASJP), abril 2021. Disponible en: https://asjp.pt/downloads/propostas_pareceres_estudos/ocultacao_de_riqueza_adquirida_no_periodo_de_exercicio_de_altas_funcoes_publicas.pdf (última visita: 04/04/2024).

247 Lei mº 4/2022, de 6 de janeiro, Procede ao alargamento das obrigações declarativas dos titulares de cargos políticos e de altos cargos públicos, alterando a Lei n.º 52/2019, de 31 de julho.

248 Sobre la regulación, vid. SOARES, M., "Outra maneira de olhar para o enriquecimento ilícito", *Público*, Portugal, 2022. Disponible en: https://www.publico.pt/2020/10/21/opiniao/noticia/maneira-olhar-enriquecimen-

El precepto reprime únicamente a los cargos políticos y altos cargos públicos —sujetos obligados por la Ley especial— que, tras el oportuno requerimiento, no presenten las declaraciones previstas en la Ley (de rendimientos, patrimonio, intereses, incompatibilidades, etc.), como delito de *desobediencia cualificada* con penas de hasta tres años de prisión. El numeral segundo del art. 18-A castiga a quien, una vez haya cesado en el cargo o hasta los tres años posteriores, tras el oportuno requerimiento, no presente declaración; al que no presente intencionadamente declaración (cuando se verifique una alteración patrimonial superior a cincuenta salarios mínimos mensuales) y, por último, a quien omita en las declaraciones —con intención de ocultar— incrementos patrimoniales (en este último caso, será castigado con pena de prisión de uno a cinco años). Cuando las conductas descritas no vayan acompañadas de ninguna "falta de declaración" ante la autoridad fiscal, se sancionará con una multa de hasta trescientos sesenta días. En todo caso, los incrementos patrimoniales no justificados, cuyo valor supere cincuenta salarios mínimos mensuales, a efectos del "IRS"[249], se gravan con una tasa especial del 80%[250].

---

to-ilicito-1936054 (última visita: 04/04/2024) y DE LACERDA DA COSTA PINTO, F., "Sistemas penales comparados. Portugal… cit. pág. 312.

249 "IRS": Imposto sobre o Rendimento das Pessoas Singulares.

250 El art. 18-A señala lo siguiente:
"Desobediência qualificada e ocultação intencional de património
1 — Sem prejuízo do disposto no artigo anterior, a não apresentação da declaração prevista no artigo 13.º, após notificação, é punida como crime de desobediência qualificada, com pena de prisão até três anos.
2 — Quem:
a) Não apresentar a declaração devida nos termos dos n.os 3 e 4 do artigo 14.º, após notificação;
b) Não apresentar intencionalmente a declaração devida nos termos da alínea a) do n.º 2 do artigo 14.º;
c) Omitir das declarações apresentadas, com a intenção de ocultar:
i) Os elementos patrimoniais constantes das alíneas a) a d) do n.º 2 do artigo 13.º; ou
ii) O aumento dos rendimentos, do ativo patrimonial ou da redução do passivo, bem como os factos que os originaram, nos termos do n.º 6 do artigo 14.º;

El análisis y la fiscalización de las declaraciones presentadas corresponde a una entidad a identificar en una ley distinta que define sus características, organización y reglas de funcionamiento.

A efectos de la Ley, son cargos políticos: el presidente de la República; el presidente de la Asamblea de la República; el primer ministro; los miembros de la Asamblea de la República; los miembros del Gobierno; el representante de la República en las Regiones Autónomas; los miembros de los órganos de autogobierno de las Regiones Autónomas; los miembros del Parlamento Europeo; los miembros de los órganos ejecutivos del gobierno local; los miembros de los órganos ejecutivos de las áreas metropolitanas y entidades intermunicipales. A los efectos de las obligaciones declarativas previstas en la ley, tienen la consideración de titulares de cargos políticos: miembros de los órganos ejecutivos de los partidos políticos a nivel nacional y regional; candidatos a la presidencia de la República; miembros del Consejo de Estado y el presidente del Consejo Económico y Social (art. 2).

Son considerados altos cargos públicos: los directivos públicos y los miembros del órgano de dirección de una sociedad anónima, que ejerzan funciones ejecutivas; los miembros del órgano de dirección de una empresa participada por el Estado, cuando sean nombrados por este; miembros de órganos de dirección de empresas que integran los sectores empresariales regionales o locales; miembros de órganos de dirección de institutos públicos; miembros del consejo de administración de una entidad adminis-

---

é punido com pena de prisão de um a cinco anos, se consequências punitivas mais graves não tiverem lugar.
3 — Quando os factos descritos nos n.os 1 e 2 não forem acompanhados de qualquer incumprimento declarativo junto da autoridade tributária durante o período de exercício de funções ou até ao termo do prazo de três anos previsto no n.º 4 do artigo 14.º, a conduta é punida com pena de multa até 360 dias.
4 — Os acréscimos patrimoniais não justificados apurados ao abrigo do regime fiscal tributário, de valor superior a 50 salários mínimos mensais, são tributados, para efeitos de IRS, à taxa especial de 80 /prct…".

trativa independiente; titulares de cargos de alta dirección de 1° y 2° nivel y equivalentes, y altos cargos de ayuntamientos y servicios municipales. A los efectos de las obligaciones de información previstas en la ley, se equipararán a los titulares de altos cargos públicos: los jefes de gabinete de los miembros de los gobiernos de la República y de los gobiernos regionales; representantes o asesores mandatados por el Estado y los gobiernos regionales en procesos de concesión o enajenación de bienes públicos (art. 3).

Están sujetos a las obligaciones de información prescritas por la Ley: los magistrados del Tribunal Constitucional; jueces del Tribunal de Cuentas; fiscal general; defensor del pueblo; miembros del Consejo Superior de la Magistratura; miembros del Consejo Superior de los Tribunales Administrativos y Fiscales y miembros del Consejo Superior del Ministerio Fiscal (art. 4).

De conformidad con sus respectivos estatutos, los magistrados y los fiscales también estarán sujetos a las obligaciones de información previstas en la ley. Las declaraciones serán sometidas, respectivamente, al Consejo Superior de la Magistratura, al Consejo Superior de los Tribunales Administrativos y Fiscales y al Consejo Superior del Ministerio Público, que serán competentes para el análisis, fiscalización y aplicación del respectivo régimen sancionador, en los términos dispuestos en los respectivos estatutos (art. 5).

De esta mancra, se adopta una vía similar a la que propuso el magistrado VAZ VENTURA en su voto particular a la sentencia del año de 2015[251]. El mencionado magistrado sostenía que no se podía reprimir el aumento del patrimonio sin origen conocido, pero sí cabía contemplar el castigo de la divergencia entre lo declarado y la realidad (o incluso la omisión de la declaración).

En relación con la presente legislación, hasta la fecha, el TC portugués no ha formulado objeción alguna. En caso de que se pronuncie en el futuro, es posible anticipar que los razonamientos que arguyó en 2012 y 2015 no serán aducidos (o al menos no

---

[251] *Supra*, 6.3.

de la misma forma), dado que el nuevo precepto prescinde de cualquier connotación de sospecha y se fundamenta en un sólido marco legal de transparencia patrimonial.

7. LITUANIA: EL DELITO DE ENRIQUECIMIENTO INJUSTO

7.1. Introducción

El art. 189 (1) CP lituano tipifica el delito de enriquecimiento *injusto,* regulación que, en apariencia, no contraría el derecho a la presunción de inocencia, en tanto que no incluye una presunción de ilicitud sobre el origen d e los bienes. Siendo ello así, no parece que el precepto imponga a la defensa la carga de demostrar el origen legítimo o no ilícito de los fondos, sino que la responsabilidad para determinar la falta de justificación del origen de los bienes recae exclusivamente en la acusación. Así se ha pronunciado, de hecho, el TC de Lituania.

En las siguientes páginas se estudiará el art. 189 (1) CP lituano y la sentencia del TC que declaró constitucional el citado precepto. Se resaltará, especialmente, la argumentación del Tribunal en lo que concierne a la no afección del precepto al derecho a la presunción de inocencia, porque, según estima, el delito requiere que la acusación demuestre todos los elementos *más allá de toda duda razonable.* Ello permitirá establecer las consecuencias que se derivan de la calificación del enriquecimiento como "injustificado" en lugar de "ilícito".

7.2. El delito de enriquecimiento injusto del artículo 189 (1) Código Penal lituano

En diciembre del año 2010, Lituania introdujo el delito de enriquecimiento *injusto*[252]. Esta disposición se enmarca en el Capítu-

---

[252] Country Review Report of Lithuania. Review by the Russian Federation and Egypt of the implementation by Lithuania of articles 15 — 42 of

lo XXVIII "delitos contra la propiedad, derechos de propiedad e intereses de la propiedad" y se configura como un delito común, a diferencia de la tradicional figura de la CNUCC.

Concretamente, el art. 189 (1) CP lituano castiga a quien se enriquece, en una cantidad superior a quinientos MSL ("nivel mínimo de vida"), "(...) sabiendo que los bienes no han sido adquiridos con ingresos legítimos, o debiendo saber y siendo probable que conozca tal origen" con penas de multa, custodia o prisión de hasta cuatro años. El apdo. 2 añade que la persona que se apodere de los bienes referidos quedará exenta de responsabilidad penal cuando lo notifique a las autoridades policiales con anterioridad al aviso de sospecha de delito, siempre que colabore activamente en la determinación del origen de los bienes. Asimismo, el precepto extiende la responsabilidad a las personas jurídicas[253].

La primera cuestión que interesa destacar es que Lituania, con su regulación, no incorpora presunción alguna: no califica de "ilícito" el enriquecimiento sino de "injusto". El precepto no parte de que el enriquecimiento por injustificado proviene de una actividad delictiva, sino que requiere, al menos aparentemente, una evaluación más específica: si el enriquecimiento es o no *justo* (si está justificado). En términos prácticos, la acusación debe demos-

---

Chapter III. "Criminalization and law enforcement" and articles 44 — 50 of Chapter IV. "International cooperation" of the United Nations Convention against Corruption for the review cycle 2010-2015.

253 189 (1) CP Lituano: "1. A person who holds by the right of ownership the property whose value exceeds 500 MSLs, while being aware or having to be and likely to be aware that such property could not have been acquired with legitimate income shall be punished by a fine or by arrest or by a custodial sentence for a term of up to four years
2. A person who takes over the property referred to in paragraph 1 of this Article from third parties shall be released from criminal liability for unjust enrichment where he gives a notice thereof to law enforcement institutions before the service of a notice of suspicion and actively cooperates in determining the origin of the property.
3. A legal entity shall also be held liable for the acts provided for in this Article".

trar que el enriquecimiento es injusto, en lugar de que el acusado demuestre la legitimidad de sus activos para desvirtuar la presunción de ilicitud. Además, si se atiende al tenor literal del precepto, a diferencia del art. 20 CNUCC, el legislador renuncia a la cláusula de que el sujeto acredite el origen *legítimo* de los fondos[254].

Por lo que se refiere a la vertiente subjetiva, el tipo exige que el autor actúe sabiendo o debiendo saber que esa propiedad no había podido ser adquirida de forma legítima.

7.3. Declaración de constitucionalidad

La disposición del art. 189 (1) CP lituano fue objeto de recurso ante el Alto Tribunal lituano, el cual emitió un pronunciamiento avalando la constitucionalidad del precepto. Lo consideró adecuado al principio de proporcionalidad, al derecho a la propiedad y al derecho a la presunción de inocencia.

En cuanto al principio de proporcionalidad, el TC lituano entendió que el legislador, al implementar el delito, reconoció la gravedad de la conducta del enriquecimiento injustificado. No obstante, para abordar la problemática, dispuso medidas de diversa índole con el fin de alinear su enfoque legislativo con el principio de proporcionalidad. Entre esas medidas incluyó la imposición de sanciones alternativas, como la prisión o la multa, con un límite máximo inferior al establecido para los delitos considerados menos graves. En virtud de ello, el Tribunal concluyó que el principio de proporcionalidad no podía estimarse vulnerado.

Los recurrentes plantearon además la vulneración del art. 23 de la Constitución Lituana (CL), que establece el derecho a la propiedad. En su análisis, el TC lituano destacó que dicho derecho no era absoluto y que, como tal, podía quedar sujeto a restricciones. Estas limitaciones se establecían, en el caso, para proteger los valores constitucionales y lograr los objetivos establecidos por la ley.

---

254 BIKELIS, S., "Prosecution for illicit enrichment: the Lithuanian perspective", *Journal of Money Laundering Control*, nº 2, 2017, págs. 203-214.

El grueso de la sentencia se enfoca, empero, en la supuesta vulneración del derecho a la presunción de inocencia contenido en el art. 31 CL. Para abordar esta cuestión, el TC lituano partió de su doctrina en esta materia, que exige a la acusación probar los elementos del delito *más allá de toda duda razonable*. Como destaca el Tribunal, la presunción de inocencia es una de las garantías básicas en un Estado democrático; la inocencia se presume hasta que se demuestre la culpabilidad.

En relación con el tipo del art. 189 (1) CP, argumentó que no recaía sobre el acusado la obligación de justificar el motivo de su enriquecimiento o el origen de su patrimonio. Por el contrario, era responsabilidad de la acusación examinar y demostrar cuál era el patrimonio del investigado, las circunstancias en las que fue adquirido, las actividades económicas llevadas a cabo y los detalles relacionados con su herencia, incluso respecto de su familia.

La acusación, en ese contexto, debe probar que dicho incremento supera los umbrales cuantitativos que exige el artículo y el Tribunal debe *evaluar la evidencia*, para sostener el enjuiciamiento, de que los bienes no pudieron ser adquiridos por medios legítimos. Por lo tanto, la imposibilidad del sujeto para explicar razonablemente su propiedad en relación con sus ingresos legítimos no es suficiente para desvirtuar la presunción de inocencia.

En ejercicio de su derecho de defensa, el acusado tiene derecho a prestar declaración y a rebatir las sospechas. Pero no está, en ningún caso, obligado a probar —en forma de presunciones— que no ha cometido el delito de enriquecimiento injusto. En todo caso, si opta por guardar silencio, su situación procesal no variará por ese motivo. En definitiva, según estimó el Tribunal, la norma establecida en el art. 189 (1) CP lituano no desplazaba la carga de la prueba a la persona investigada[255].

---

[255] Constitucional Court of the Republic of Lithuania, Case nº 14/2015-1/2016-2/2016-14/2016-15/2016.

8. REINO UNIDO: LAS UNEXPLAINED WEALTH ORDERS

8.1. Introducción

Reino Unido evaluó la posibilidad de incluir el delito de enriquecimiento ilícito en su legislación, pero finalmente decidió no incorporarlo, argumentando que tal medida contravenía los principios fundamentales de su sistema[256]. En cambio, ha optado por implementar otras herramientas, como las "Unexplained Wealth Orders" (UWO) u órdenes de riqueza inexplicable, un mecanismo de investigación que le permite al Estado intervenir en los patrimonios no justificados[257].

8.2. Una alternativa al delito de enriquecimiento ilícito: las órdenes de riqueza inexplicable

En la Criminal Justice Act de 1988, el decomiso del producto de bienes delictivos se basaba únicamente en la condena. Una vez probado el delito, se tenía que demostrar, según el estándar de prueba civil (*balance of probabilities*) que los bienes se obtuvieron mediante una conducta ilícita. La Proceeds of Crime Act 2002 (PoCA), por su parte, introdujo una herramienta adicional: las *órdenes civiles de recuperación* (Civil Recovery Orders: "CRO"). Las CRO permitían a las fuerzas de seguridad confiscar bienes de origen delictivo sin tener que demostrar la existencia de un delito subyacente. Únicamente se tenía que demostrar que, según el criterio de prueba civil, se había producido una conducta ilícita y que los bienes se habían obtenido a través de ella.

---

256 Reino Unido: Grupo de Examen de la Aplicación de la Convención de las Naciones Unidas contra la corrupción, 27 a 31 de mayo 2013. Sobre el particular, vid. THOMAS-JAMES, D., "Unexplained Wealth Orders in the Criminal Finances Bill: a suitable measure to tackle unaccountable wealth in the UK?", *Journal of Financial Crime*, vol. 24, nº 2, 2017, pág. 179.

257 BRUN, J-P., HAUCH, J., JULIEN, R., OWENS, J., HUR Y., "Unexplained Wealth Orders. Toward a New Frontier in Asset Recovery", *The World Bank*, Washington DC, 2023, pág. 24.

Con todo, el modelo de Reino Unido presentaba algunas deficiencias para congelar y recuperar las propiedades que presuntamente procedían de la corrupción[258]. La falta de recursos de algunos Estados, su capacidad o límites para la cooperación y la excepcionalidad que presentaban las figuras existentes, junto a la globalización del delito, de la economía y de los movimientos de capital[259], propiciaron que se explorasen nuevas opciones legales[260]. No hay que olvidar el contexto en el que se encontraba Reino Unido, que llegó a ser calificada por la prensa británica como "la capital del lavado de dinero"[261]. Hecho este último considerado por la Treasury como una amenaza para la seguridad nacional[262]. Por ello, en 2017, con el Criminal Finances Act, se dio un paso más allá respecto de la anterior regulación, modificando la Ley del año 2002, se introdujeron las UWO[263]. Estas órdenes tenían como objetivo proceder frente a los provechos de la corrupción y combatir la delincuencia organizada[264].

---

258 SHALCHI, A., "Unexplained Wealth Orders", *House of Commons Library*, 2022, pág. 9.

259 Sobre las razones que llevaron a crear esta nueva figura, vid. BLANCO CORDERO, I., "Estrategias modernas de lucha contra las ganancias de origen delictivo especial referencia a las unexplained wealth orders del Reino Unido" en BERDUGO GÓMEZ DE LA TORRE, I., RODRÍGUEZ GARCÍA, N. (eds.), *Decomiso y recuperación de activos. Crime doesn't pay*, Tirant lo Blanch, Valencia, 2020, págs. 581 y ss.

260 HM Treasury, "Action Plan for anti-money laundering and counter-terrorist finance", 2016, pág. 21. Disponible en: https://assets.publishing.service.gov.uk/government/uploads/system/uploads/attachment_data/file/517992/6-2118-Action_Plan_for_Anti-Money_Laundering__web_.pdf (última visita: 04/04/2024).

261 THE GUARDIAN, "Foreign criminals use London housing market to launder billions of pounds", 2015. Disponible en: https://www.theguardian.com/uk-news/2015/jul/25/london-housing-market-launder-offshore-tax-havens (última visita: 04/04/2024).

262 Home Office and HM Treasury, *UK national risk assessment of money laundering and terrorist financing*, octubre 2015, pág. 3.

263 PoCA 2002, 362 A y ss.

264 SPROAT, P., "Unexplained Wealth Orders: an explanation, Assesment and set of predictions", *Journal of Criminal Law*, vol. 82, 2018, pág. 243

Las UWO son herramientas de investigación (*investigation tool*) que obligan a determinadas personas, siempre que concurran ciertas condiciones, a justificar el origen de sus bienes. En otras palabras, a través de la UWO se requiere a determinada persona para que explique cómo ha obtenido cierto patrimonio[265]. Ahora bien, no es un mecanismo de privación de bienes, sino un instrumento de investigación que puede dar lugar a un proceso de decomiso civil[266]. Como se verá más adelante, se puede impulsar sin una condena y aunque no haya conexión entre los bienes y la actividad delictiva de que se trate. Estas órdenes también se regulan en Australia e Irlanda[267].

Como las UWO tienen como objetivo *facilitar* la confiscación de los bienes derivados de las actividades delictivas, no requieren el inicio de ningún procedimiento civil o penal contra la persona[268].

---

y MAYNE T., HEATERSHAW, J., "Criminality Notwithstanding. The use of unexplained wealth orders in anti-corruption cases", *Anti-Corruption Evidence Research Programme*, UK, 2022, pág. 4. Disponible en: https://ace.globalintegrity.org/wp-content/uploads/2022/03/CriminalityNotwithstanding.pdf (última visita: 04/04/2024). También, RAGA I VIVES, A., "Las Unexplained Wealth Orders como mecanismo de investigación para hacer frente a la corrupción" en MARTENS DE WILMARS, F., DE PAREDES GALLARDO, C. (coords.), *Los objetivos de desarrollo sostenible (ODS): cuestiones geopolíticas y consideraciones jurídicas*, Tirant lo Blanch, Valencia, 2024, págs. 99-105.

265 BLANCO CORDERO, I., "Estrategias modernas de lucha... cit. págs. 561 y ss. y EL MISMO, "Estrategia penal contra las ganancias de la corrupción: blanqueo de capitales, delito fiscal y enriquecimiento ilícito" en JIMÉNEZ GARCÍA, F., ROPERO CARRASCO, J. (coords.), *Blanqueo de capitales y corrupción. Interacciones para su erradicación desde el Derecho internacional y los sistemas nacionales*, Aranzadi, Pamplona, 2017, pág. 47.

266 BLANCO CORDERO, I., "Estrategias modernas de lucha... cit. pág. 567 y 568.

267 Sobre la experiencia en Irlanda y Australia, vid. REURTS, N., "Unexplained Wealth Laws: The Overseas Experience", *The White Crime Centre*, 2017, págs. 14 y ss.

268 SHALCHI, A., "Economic Crime (Transparency and Enforcement) Act 2022", *House of Commons Library*, 2022, pág. 16 y DORNBIERER, A., *Enriquecimiento ilícito. Guía...* cit. pág. 86.

Son un mecanismo *civil*[269] a través del cual se les exige a ciertas personas una explicación sobre la procedencia de sus bienes.

El procedimiento lo inicia la autoridad correspondiente (Agencia Nacional del Crimen, Administración de Hacienda y Aduanas, Autoridad de Conducta Financiera, la Oficina de Fraudes Graves, el Ministerio Fiscal), que presenta una solicitud de emisión de la orden al Tribunal Superior (*High Court*), especificando la persona y los bienes a los que se refiere[270]. Si el Tribunal considera que se cumplen los requisitos exigidos por la Ley, *puede* emitir la orden[271]. Asimismo, como medida cautelar, se prevé el "congelamiento" del patrimonio del demandante para evitar que disponga de él[272].

Los demandados únicamente podrán ser personas que estén "expuestas al medio político" (*politically exposed persons*) y aquellos relacionados con él. Se excluyen los del Reino Unido y los de otros Estados del EEE[273]. También procede frente a quienes existan motivos razonables para sospechar que están o han estado implicados en un delito *grave* (independientemente del lugar en el que se cometió), o frente a personas relacionadas con el demandado que hayan estado o estén implicadas en un delito[274].

Con la solicitud del Tribunal Superior, la persona que tenga un patrimonio injustificado superior a 50.000 libras (*respondent*), debe explicar el origen del mismo. Según la PoCA, las declaraciones

---

[269] Circular 003/2018, Unexplained Wealth Orders, 2018.

[270] PoCA, 362 A (2) y 369 A (2).

[271] La Ley no utiliza los términos "must" o "shall" sino "may", lo que implica que el Tribunal goza de discrecionalidad para emitir la orden (vid. FISHER, J. S., CLIFFORD, A., *The Criminal Finances Act 2017,* Routledge, London, 2020, cap. IV).

[272] PoCA, sections 362 J y 396 J.

[273] Criminal Finances Act 2017, "Explanatory Notes, Unexplained Wealth Orders". Disponible en: https://www.legislation.gov.uk/ukpga/2017/22/notes/division/3/index.htm, (última visita 04/04/2024).

[274] PoCA, 362 B (4). Sobre este particular, vid. MAYNE T., HEATERSHAW, J., "Criminality Notwhstanding. The use… cit.

prestadas en respuesta de la UWO no pueden ser utilizadas en el proceso penal, pero las consecuencias jurídicas que tiene el actuar del demandado son diversas según la declaración que realice[275].

En caso de declaración, la autoridad resolverá las medidas a adoptar. Puede decidir que no necesita tomar ninguna medida adicional porque los bienes se encuentran justificados o, por el contrario, puede considerar que los bienes son recuperables y, entonces, derivar la investigación por la vía del decomiso civil. En principio, las declaraciones prestadas no podrán ser utilizadas como prueba contra la persona en un procedimiento penal. Sin embargo, no prestar declaración o prestar una declaración engañosa sí puede dar lugar a responsabilidad penal. En caso de que el demandado decida no prestar declaración, puede ser procesado por un delito de desobediencia y, si la presta, pero esta es falsa o mendaz, puede dar lugar a la comisión de un delito por faltar a la verdad (de hasta dos años de prisión) [276]. Si el Tribunal decide no tomar medidas, sigue teniendo en el futuro la potestad para iniciar nuevamente procedimientos frente a los mismos bienes.

La doctrina entendía que el Reino Unido había cumplido con los objetivos de la CNUCC[277] porque el espíritu de la Convención quedaba claramente reflejado en las UWO e incluso iba más allá porque su aplicación era más amplia[278]. Sin embargo, hoy en día, esta afirmación puede quedar en entredicho por la prácticamente nula aplicación de estas órdenes. Y ello encuentra su explicación, entre otras razones, en el hecho de que las inmunidades de Derecho Internacional restringen su utilización[279]. Como predecía

---

275 PoCA, 362 F (1).

276 PoCA, 362 E.

277 FISHER, J. S., CLIFFORD, A., *The Criminal Finances* Act… cit. cap. 4.

278 THOMAS-JAMES, D., "Does UK need to create a criminal offence of illicit enrichment — or is the Unexplained Wealth Order provision of the Criminal Finances Bill 2016 a welcome compromise?", *The White Crime Centre,* 2017, pág. 21.

279 BLANCO CORDERO, I., "Estrategias modernas de lucha… cit. págs. 581 y ss.

SPROAT en 2018, las UWO tenían la voluntad de mejorar la capacidad de las autoridades para abordar el problema de la corrupción, pero presentan problemas de legalidad y la falta de recursos restringen notablemente su uso[280].

Asimismo, la doctrina alerta de que las UWO pueden plantear problemas con el derecho a la presunción de inocencia y con el derecho a no declarar contra sí mismo y a no confesarse culpable. Si bien es cierto que los tribunales penales no pueden utilizar las declaraciones prestadas en el procedimiento, resulta llamativo que si el sujeto se niega a declarar en la investigación o lo hace de forma falsa o mendaz podrá cometer un delito[281].

Por último, cabe señalar que ha entrado en vigor el Economic Crime Act 2022. Este instrumento obliga a las entidades extranjeras a establecer un registro de sus bienes en el Reino Unido. Obliga a las empresas a declarar el *beneficiario real* de la propiedad y la falta de registro adecuado o proporcionar información falsa constituye un delito e impide a las empresas comprar, vender o hipotecar nuevas propiedades en el futuro. Esta disposición ha afectado a la regulación de las UWO, de forma que se ha ampliado el número de personas que pueden ser sujetos de la orden (v.g. directores de compañías) e igualmente se limitan los costes, las autoridades solo deberán indemnizar al *respondent* cuando hayan actuado de forma irrazonable o inapropiada.

---

280 SPROAT, P., "Unexplained Wealth Orders… cit. pág. 243.

281 BRUN, J-P., HAUCH, J., JULIEN, R., OWENS, J., HUR Y., "Unexplained Wealth Orders. Toward… cit. págs. 92 y ss.

Capítulo III

Estudio preliminar de los límites constitucionales de la figura de desobediencia del artículo 438 bis del Código Penal

1. PLANTEAMIENTO GENERAL

La LO 14/2022, de 22 de diciembre introdujo el art. 438 bis CP, el delito de desobediencia por enriquecimiento injustificado de autoridades[282]. Dice así el precepto:

> "La autoridad que, durante el desempeño de su función o cargo y hasta cinco años después de haber cesado en ellos, hubiera obtenido un incremento patrimonial o una cancelación de obligaciones o deudas por un valor superior a 250.000 euros respecto a sus ingresos acreditados, y se negara abiertamente a dar el debido cumplimiento a los requerimientos de los órganos competentes destinados a comprobar su justificación, será castigada con las penas de prisión de seis meses a tres años, multa del tanto al triplo del beneficio obtenido, e inhabilitación especial para empleo o cargo público y para el ejercicio del derecho de sufragio pasivo por tiempo de dos a siete años".

La incorporación de este artículo se plantea, como señala el Preámbulo de la Ley de reforma, como una alternativa frente a la tipificación de la figura del enriquecimiento ilícito, la cual, atendiendo la redacción propuesta por la ONU, no resultaba compa-

[282] LO 14/2022, de 22 de diciembre, de transposición de directivas europeas y otras disposiciones para la adaptación de la legislación penal al ordenamiento de la Unión Europea, y reforma de los delitos contra la integridad moral, desórdenes públicos y contrabando de armas de doble uso (Tol 9.328.596).

tible con los principios constitucionales en materia de presunción de inocencia. Tras numerosos intentos legislativos para incluirla, se logró finalmente su regulación, pero adoptando el modelo de la "desobediencia" previamente acogido en Portugal[283].

El capítulo se dividirá en dos partes. En primer lugar, se abordarán las diferencias entre la figura del "enriquecimiento ilícito" y la del delito de desobediencia por enriquecimiento injustificado de autoridades (art. 438 bis CP). Para ello, se analizarán las propuestas de reforma del CP y las dudas de constitucionalidad que planteaba la figura del enriquecimiento ilícito. Ello dará luz para advertir las razones que llevaron al legislador a configurar el tipo penal tal como se encuentra actualmente en el CP. En segundo lugar, se detallarán las dudas de constitucionalidad que puede plantear la nueva figura del art. 438 bis CP, por su posible fricción con el derecho a no declarar contra sí mismo y a no confesarse culpable, ya que el tipo prevé que la autoridad *debe justificar* el origen de su patrimonio, so pena de incurrir en un delito de desobediencia[284]. Este análisis sentará las bases para abordar con mayor fluidez el tipo de acción, tema al cual se destina el capítulo siguiente.

2. DEL ENRIQUECIMIENTO ILÍCITO AL DELITO DE DESOBEDIENCIA POR ENRIQUECIMIENTO INJUSTIFICADO DE AUTORIDADES

2.1. Peticiones de reforma del Código Penal

En sede parlamentaria hubo numerosas propuestas para penalizar el enriquecimiento ilícito y este objetivo fue refrendado por la judicatura, la fiscalía y distintas organizaciones.

---

283 Sobre la reforma, vid. VALVERDE-CANO, A. B., "Corrupción (penalmente relevante) y Administración Local", *Anuario de Derecho Municipal*, nº 16, 2023, págs. 513-541.

284 En el capítulo IV y V se aplicarán estos límites constitucionales de forma concreta.

En el año 2013, el Grupo Parlamentario Socialista presentó una Proposición de LO con el fin de incluir un nuevo art. 444 bis CP, en el Capítulo dedicado a *las negociaciones y actividades prohibidas a los funcionarios públicos y de los abusos en el ejercicio de su función.* Señalaba:

> "La autoridad o funcionario público que, sin razón jurídica que lo sustente, experimente un incremento de sus bienes o patrimonio durante el ejercicio de su cargo o responsabilidad y no pueda acreditar su procedencia, será castigado con la pena de prisión de seis meses a un año y multa del tanto al triplo del valor dicho incremento. Si se acreditara que del mismo resultara un perjuicio para la administración pública o para un tercero, se impondrán las penas superiores en grado, e inhabilitación para empleo o cargo público, profesión u oficio y derecho de sufragio pasivo de cuatro a diez años"[285].

La novedad de esta propuesta, con respecto a la primigenia concepción del enriquecimiento ilícito en los términos que planteaba la ONU, radicaba en que incorporaba una *figura agravada* cuando del incremento se dedujese un perjuicio para la Administración Pública o para un tercero. En cuanto al sujeto activo del delito, limitaba su ámbito de aplicación a las autoridades o funcionarios públicos.

Por su parte, el Grupo Parlamentario IU, ICV-EUiA: La izquierda Plural, presentó una Proposición de LO para la lucha contra la corrupción que proponía la inclusión de un nuevo art. 405 CP, en el Capítulo dedicado a la *prevaricación de funcionarios y otros comportamientos injustos.* Decía:

> "La autoridad o funcionario público que a sabiendas percibiera en beneficio propio, por sí o por persona interpuesta, ingresos en metálico o en especie, distintos de los propios de su cargo o de las actividades públicas o privadas declaradas compatibles, que pudieran representar un incremento significativo de su patrimonio serán condenados a la pena de prisión de dos a seis años y multa

---

[285] 122/000112 Proposición de Ley Orgánica de reforma del Código Penal. Presentada por el Grupo Parlamentario Socialista.

> del tanto al triplo del beneficio ilícito obtenido y suspensión de empleo o cargo público de seis meses a tres años" [286].

Asimismo, en el trámite de la reforma operada por la LO 1/2015, de 30 de marzo (Tol 4.788.288), se propuso incluir el delito de enriquecimiento ilícito. El Grupo Socialista presentó una enmienda de adición para responder a "una demanda para permitir una mejor persecución de los delitos de corrupción" que pretendía incorporar un nuevo art. 444 bis CP con un contenido semejante al de su propuesta del año 2013[287].

El Grupo Parlamentario Catalán (Convergència i Unió), en este mismo trámite parlamentario, interesó añadir, como un nuevo art. 439 bis CP, el enriquecimiento ilícito de autoridades y funcionarios públicos. La propuesta era similar a la del Grupo Socialista, pero difería en las consecuencias jurídicas: la pena de prisión era de cuatro a seis años, la multa se mantendría incólume y la pena de inhabilitación especial para el empleo o cargo público tendría una duración de cuatro a seis años[288].

La enmienda del Grupo Parlamentario UPyD se configuró en términos diferentes. Proponía la adición de un nuevo art. 445 ter CP que decía:

> "Los altos cargos a los que se refiere la Ley reguladora del ejercicio del alto cargo de la Administración General del Estado, así como todos los Cargos Públicos electos directamente o por designación que, al ser debidamente requeridos a tal efecto por la Oficina de Conflictos de Intereses regulada en la Ley reguladora del ejercicio del alto cargo de la Administración General del Estado o por la Administración de Justicia, no justificaren la procedencia de un

---

286 122/000090 Proposición de Ley Orgánica para la lucha contra la corrupción. Presentada por el Grupo Parlamentario de IU, ICV-EUiA, CHA: La Izquierda Plural.

287 Enmienda 757 del Grupo Parlamentario Socialista. Esta propuesta prescindía de la figura agravada que propuso el mismo Grupo Parlamentario en 2013.

288 Enmienda 501 del Grupo Parlamentario Catalán (Convergència i Unió).

> enriquecimiento patrimonial apreciable suyo o de persona interpuesta con el fin de ocultarlo, ocurrido con posterioridad a la asunción de su cargo y hasta dos años después de haber cesado en su desempeño, serán castigados con la pena de prisión de tres a seis años, multa de doce a veinticuatro meses e inhabilitación especial para empleo o cargo público por tiempo de siete a doce años. Se entenderá que hubo enriquecimiento no sólo cuando el patrimonio se hubiese incrementado con dinero, cosas o bienes, sino también cuando se hubiesen cancelado deudas o extinguido obligaciones. La misma pena se impondrá a la persona interpuesta para ocultar el patrimonio"[289].

Esta novedosa redacción limitaba la aplicación del delito a los altos cargos y a los cargos públicos electos. En este contexto, el delito no se fundamentaba únicamente en el enriquecimiento desproporcionado, sino también en el *incumplimiento de una obligación específica*. Se basaba en el deber preexistente de los altos cargos de la AGE, quienes están obligados por la ley a declarar sus bienes. La OCI (el órgano encargado de supervisar la integridad patrimonial de estas autoridades), era la facultada para solicitar la justificación del patrimonio.

Ninguna de estas propuestas prosperó y, tiempo después, el Grupo Parlamentario Ciudadanos presentó dos Proposiciones de LO en las que interesaba la inclusión del delito de enriquecimiento ilícito en el CP. Ambas proponían la incorporación de un nuevo art. 440 bis CP. Este establecía:

> "La autoridad o funcionario público que, durante el ejercicio de su cargo o responsabilidad, experimente un incremento de sus bienes o patrimonio, cuya procedencia no pueda ser acreditada en relación con sus ingresos legítimos, será castigado con pena de prisión de uno a tres años, multa del tanto al triplo del valor de dicho incremento y, en todo caso, con inhabilitación especial para empleo o cargo público y para el ejercicio del derecho de sufragio pasivo por tiempo de dos a cinco años"[290].

---

289 Enmienda 587 del Grupo Parlamentario Unión Progreso y Democracia.

290 122/000022 Proposición de Ley Integral de Lucha contra la Corrupción y Protección de los Denunciantes presentada por el Grupo Par-

Con esta proposición, también se pretendía reformar la Ley 3/2015, de 30 de marzo, reguladora del ejercicio del alto cargo de la Administración General del Estado (Tol 4.788.42), añadiendo un nuevo párrafo al art. 23 que señalaba que, si en el examen de la situación patrimonial de los altos cargos se detectaban indicios de "enriquecimiento ilícito", previa audiencia al afectado, se daría traslado al Ministerio Fiscal.

En algunos programas electorales se incluía también entre sus propuestas tipificar como delito el enriquecimiento ilícito de cargos públicos[291]. Igualmente, en el documento para facilitar la investidura del presidente, PP y Ciudadanos, resolvieron acoger como propuesta la tipificación "[d]el delito de enriquecimiento ilícito, una vez que se tengan todas las garantías sobre su constitucionalidad"[292].

En el ámbito de la judicatura, en la XXIV Reunión Nacional de Jueces Decanos de España, entre las medidas relativas a la corrupción, se propuso introducir el delito de enriquecimiento ilícito o injustificado de cargos públicos durante su mandato[293].

Por su parte, la FGE instó la creación del delito de "incremento patrimonial injustificado"[294]. Señalaba que "representaría un avance en aquellos casos en los que desde esa función pública hayan participado en actos de corrupción y hubieran sido absueltos"[295]. Según afirmaba, el tipo penal debía configurarse como una figura subsidiaria. La construcción del delito pivotaría sobre

---

lamentario Ciudadanos y 122/000009 Proposición de Ley de medidas de lucha contra la corrupción presentada por el Grupo Parlamentario Ciudadanos.

291 Programa Electoral PSOE 2016 o Programa Electoral de Ciudadanos 2019, entre otros. Sobre el particular, vid. SÁNCHEZ BENÍTEZ, C., "El delito de enriquecimiento ilícito: ¿una propuesta inconstitucional?", *Revista Electrónica de Estudios Penales y de la Seguridad*, nº 4, 2019, pág. 7.

292 150 compromisos para mejorar España, medida 106, 2016.

293 Conclusiones de la XXIV Reunión Nacional de Jueces Decanos de España, Valencia 1 al 3 de diciembre de 2014.

294 Memoria de la Fiscalía General del Estado, 2017.

295 *Ibidem.*

el incremento patrimonial relevante que —según expresaba— "al modo de las exigencias de los indicios del blanqueo de capitales expuestos por la jurisprudencia de nuestro Tribunal Supremo, delate una desproporción entre los ingresos legales (dada la obligación del contribuyente de declararlos) y los injustificados"[296].

Con el mismo propósito, reiteradas Memorias de la Fiscalía Especial contra la Corrupción y la Criminalidad Organizada, afirmaban que era imprescindible acoger esta figura[297]. La Fiscalía anticorrupción entendía que el delito de enriquecimiento ilícito no implicaba la inversión de la carga de la prueba; al contrario, la acusación probaría ese incremento patrimonial y, demostrado este, el acusado facilitaría "una explicación plausible exculpatoria acreditando una actividad económica o comercial que elimine el efecto incriminatorio del indicio (...). El estándar probatorio se asemejaría a la consolidada línea jurisprudencial sobre prueba indiciaria"[298].

También Transparencia Internacional España (TIE) presentó un conjunto de medidas para prevenir y combatir la corrupción política e institucional. Entre ellas figuraba la introducción en el CP del delito de enriquecimiento ilícito[299]. En el mismo sentido se posicionó la Red de Oficinas y Agencias Antifraude[300].

---

296 *Ibidem.*

297 Memoria Fiscalía Especial contra la Corrupción y la Criminalidad Organizada 2018 o *idem* 2021. En el año 2004, el que fuera el primer fiscal anticorrupción en España reclamó la tipificación del enriquecimiento ilícito (vid. JIMÉNEZ VILLAREJO, C., "Combate a la corrupción", *Revista Papers d'innovació social,* nº 85, 2004; puede encontrarse el artículo en la última obra del exfiscal: JIMENEZ VILLAREJO, C., *Corrupción y fraudes,* Utopía, Córdoba, 2022).

298 *Ibidem.*

299 Propuestas Electorales a los partidos políticos para prevenir y combatir la corrupción política e institucional 2016.

300 Red de Oficinas y Agencias antifraude, "Declaración institucional", VIII Encuentro de la Red de Oficinas y Agencias antifraude, celebrada los días 28 y 29 de septiembre de 2021 en Alicante. Disponible en: https://www.hacienda.gob.es/RSC/OIReScon/actualidad-oirescon/210929-declaracion-institucional.pdf (última visita: 04/04/2024).

Con todo, en el examen sobre la aplicación por parte de España de la CNUCC, se consideró el enriquecimiento ilícito "incompatible con la presunción de inocencia contenida en el art. 24 de la Constitución española y su interpretación por parte del Tribunal Constitucional"[301].

2.2. Del enriquecimiento ilícito al delito de desobediencia por enriquecimiento injustificado de autoridades

2.2.1. Introducción

En lo que sigue, se prestará una especial atención a las dudas de constitucionalidad que surgieron en relación con la figura del enriquecimiento ilícito, a las razones de orden constitucional que pudieron derivar en que no se tipificase el delito en los términos propuestos por la normativa internacional. Por último, se destacarán las diferencias que median entre la figura que en su día propuso la ONU y la de desobediencia del art. 438 bis CP.

2.2.2. Las "dudas" sobre la constitucionalidad de la figura enriquecimiento ilícito

2.2.2.1. Consideraciones previas

El tenor literal del art. 20 CNUCC ha sido criticado, fundamentalmente, porque plantea fricciones con los textos constitucionales de la mayor parte de países europeos, también con el español. Así lo ha puesto de relieve la doctrina[302] y, de forma tangencial, la jurisprudencia española[303].

---

301 Informe sobre el examen del país del Reino de España: Evaluación de Bélgica y Lituania sobre la aplicación de parte del Reino de España de Capítulo III y IV de la Convención de las Naciones Unidas contra la Corrupción, ciclo de examen 2010-2015.

302 Entre otros, vid. FABIÁN CAPARRÓS, E. A., "Blanqueo de capitales, enriquecimiento ilícito y decomiso de bienes" en RODRÍGUEZ GARCÍA, N., RODRÍGUEZ LÓPEZ, F. (coords.), *Corrupción y desarrollo*, Ti-

rant lo Blanch, Valencia, 2017, págs. 340 y 341, EL MISMO, "Apuntes críticos sobre la... cit. págs. 604 y ss.; BLANCO CORDERO, I., "El debate en España... cit. *passim*, EL MISMO, "El delito de enriquecimiento... cit. s/n y EL MISMO "De nuevo sobre el... cit. págs. 1019 y ss.; VIDALES RODRÍGUEZ, C., *El delito de enriquecimiento*... cit. *passim*; BERDUGO GÓMEZ DE LA TORRE, I., "Política criminal contra la corrupción: la reforma del decomiso", *Revista Penal*, nº 40, 2017, pág. 37 y EL MISMO, "La respuesta penal internacional frente a la corrupción. Consecuencias sobre la legislación española" en PÉREZ CEPEDA, A. I. (dir.), *Política criminal ante el reto de la delincuencia transnacional*, Tirant lo Blanch, Valencia, 2016, pág. 627; RODRÍGUEZ GARCÍA, N., "Recuperación de activos de la corrupción mediante el decomiso. Valoraciones desde el sistema penal español" en LAMOGLIA, M., RODRÍGUEZ GARCÍA, N. (dirs.), *Administración pública y corrupción*, Scotti Editora, Buenos Aires, 2017, págs. 349 y 350; LÓPEZ ORTEGA, J. J., "Derecho Penal y corrupción: las garantías en los instrumentos penales de investigación y enjuiciamiento" en JAREÑO LEAL, A., DOVAL PARÍS, A. (dirs.), *Corrupción pública, prueba y delito: cuestiones de libertad e intimidad*, Aranzadi, Pamplona, 2015, págs. 197 y 198; GIMENO SENDRA, J. V., "Corrupción y propuestas de reforma" en ASENCIO MELLADO, J. M. (dir.), *Justicia penal y nuevas formas de delincuencia*, Tirant lo Blanch, Valencia, 2017, pág. 252; PÉREZ CEPEDA, A. I., BENITO SÁNCHEZ, D., "La política criminal internacional contra la corrupción" en FABIÁN CAPARRÓS, E. A., ONTIVEROS ALONSO, M., RODRÍGUEZ GARCÍA, N. (eds.), *El Derecho Penal y la Política Criminal Frente a la Corrupción*, Cuadernos Contra la Corrupción, Ubijus Editorial, Ciudad de México, 2012, pág. 246; DEL MORAL GARCÍA, A., "Justicia penal y corrupción: déficits, resultados y posibilidades", *Revista Vasca de la Administración Pública*, nº 104-II, 2016, pág. 52; SÁNCHEZ BENÍTEZ, C., "El delito de enriquecimiento... cit. págs. 14 y ss.; GONZÁLEZ CUSSAC, J. L., "Delitos contra la Administración Pública (II)" en EL MISMO (coord.), *Derecho Penal. Parte especial*, 8ª ed., Tirant lo Blanch, 2023, pág. 782 y TERRADILLOS BASOCO, J. M., "Corrupción política: consideraciones político-criminales", *Revista Electrónica de Estudios Penales y de la Seguridad*, nº 1, 2017, págs. 19 y ss. También FERNÁNDEZ TERUELO entendía que el tipo presentaba "evidentes carencias desde un punto de vista garantista" pero, sin embargo, tendría sentido en el estado de "cuasi emergencia" en el que se encuentra España (vid. FERNÁNDEZ TERUELO, J. G., "El fenómeno de la corrupción en España: respuesta penal y propuestas de reforma" en PUENTE ABA, L.

En lo que sigue se analizarán las objeciones de orden constitucional que se vertieron sobre la figura. En primer lugar, se abordará la opinión del TS respecto del delito de "enriquecimiento ilícito" (2.2.2.2). Posteriormente, se expondrá la posición de la doctrina española en relación con el art. 20 CNUCC (2.2.2.3). Por último, se examinará la figura conforme a los principios y garantías constitucionales (2.2.2.4).

2.2.2.2. Posición de la jurisprudencia española

El TS, en sendas sentencias relativas al delito de blanqueo de capitales, ha señalado que, a pesar de la expansión de la figura del art. 301 CP, su ámbito de aplicación no debe ser confundido, en ningún caso, con el del "enriquecimiento ilícito".

Dos meses antes de la reforma que introdujo el delito del 438 bis CP señaló: "[n]o existe en nuestro derecho un delito de enriquecimiento ilícito que suponga una inversión de la carga de la prueba o que obligue para salvar esa cuestión a fijar la atención en aspectos de transparencia o apariencia como objetos de la tutela penal que se busca a través de ese tipo de in-

---

M., (ed.), *Economía y Derecho Penal en Europa: una comparación entre las experiencias italiana y española. Actas del Congreso hispano-italiano de Derecho Penal Económico,* Universitá degli Studi di Milano, Milano, 2015, pág. 74). Un estudio sobre las dudas de constitucionalidad que planteaba la figura del art. 20 CNUCC puede verse en RAGA I VIVES, A., "Del enriquecimiento ilícito a la desobediencia por enriquecimiento injustificado de autoridades", *Revista General de Derecho Penal,* nº 39, 2023, págs. 8 y ss. Por su parte, GÓMEZ RIVERO ha advertido que el conjunto de previsiones del CP —decomiso, participación a título lucrativo y blanqueo— ya presentan rasgos propios del enriquecimiento ilícito (vid. GÓMEZ RIVERO, M. C., "La recuperación de activos procedentes del delito: ¿Hacia el delito de enriquecimiento ilícito?, *Cuadernos de Política Criminal,* nº 121, 2017, págs. 36 y ss.).

303 Entre otras, vid. STS 345/2014, de 24 de abril (Sala II), Tol 4.365.131, 624/2019, de 14 de julio (Sala II), Tol 8.544.920 y 854/2022, de 27 de octubre (Sala II) Tol 9284246.

fracciones"[304]. De forma si cabe más contundente, ha afirmado que el delito de blanqueo no puede suponer de ningún modo una "puerta falsa" para introducir el delito de enriquecimiento ilícito. A diferencia de este, el delito del art. 301 CP no goza de un régimen probatorio relajado (ni legal ni jurisprudencial)[305].

2.2.2.3. Posiciones doctrinales

No existe discusión respecto del hecho de que la *ratio* de las presunciones legales se sitúa en el plano procesal: se introducen porque resulta difícil o imposible determinar lo ocurrido con exactitud[306]. En materia de enriquecimiento ilícito, como afirma

---

304 STS 854/2022, de 27 de octubre (Sala II), Tol 9284246. En el mismo sentido ya se habían pronunciado las SSTS 345/2014, de 24 de abril (Sala II), Tol 4.365.131 y 624/2019, de 14 de julio de 2021 (Sala II), Tol 8.544.920.

305 Dice: "[e]l art. 301 CP no es una puerta falsa por la que introducir, como de contrabando en nuestro ordenamiento penal un delito de enriquecimiento ilícito que ha sido recibido en algunos países con alborozo e incluso entusiasmo, pese a las complejidades dogmáticas que trae consigo ... y en algún otro, muy cercano cultural al nuestro, ha merecido el boicot de la correspondiente jurisdicción constitucional. El delito de blanqueo de capitales tipificado en el art. 301 CP no goza de un régimen probatorio relajado, ni legal, ni jurisprudencial" (vid. STS 624/2019, de 14 de julio de 2021 (Sala II), Tol 8.544.920).

306 GARCÍA PÉREZ, O., "Delitos de sospecha: principio de culpabilidad y derecho a la presunción de inocencia. Los artículos 483 y 485 CP", *Anuario de Derecho Penal y Ciencias Penales*, Fasc/Mes 2, 1993, pág. 631; FERNÁNDEZ LÓPEZ, M., "Las presunciones en el proceso penal. Análisis a propósito del delito de enriquecimiento ilícito" en ASENCIO MELLADO, J. M., (dir.), *Justicia penal y nuevas formas de delincuencia*, Tirant lo Blanch, Valencia, 2017, págs. 293 y ss. y LA MISMA, "Consideraciones procesales sobre el delito de enriquecimiento ilícito" en DEMETRIO CRESPO, E., GONZÁLEZ-CUÉLLAR SERRANO, N. (dirs.), *Halcones y palomas: corrupción y delincuencia económica*, Castillo de Luna, Madrid, 2015, pág. 437; ASENCIO MELLADO, J. M., "El delito de enriquecimiento ilícito", *El Notario del Siglo XXI*, nº 32, 2010, s/n; VÁZQUEZ SOTELO, J. L., *Presunción de inocencia del imputado e íntima convicción*

la doctrina, se crea un expediente sustantivo para resolver un problema adjetivo: para abordar la complejidad de alcanzar la convicción sobre el origen delictivo de los bienes en poder el acusado[307]. Ante tal complejidad probatoria, el tipo del enriquecimiento ilícito opta por la solución de trasladar la responsabilidad de esclarecer los hechos a la defensa, obligada, entonces, a demostrar la licitud de la procedencia de los bienes.

En este contexto es mayoritaria la posición de quienes niegan el acomodo constitucional de la figura de enriquecimiento ilícito en los términos propuestos por la ONU. FABIÁN CAPARRÓS considera que la figura es indefendible desde la óptica constitucional porque, al incluir una presunción, no exige a la acusación la prueba del origen ilícito del patrimonio, sino que invierte, inaceptablemente, la carga de la prueba[308]. En pareci-

---

del tribunal, Bosch, Barcelona, 1984, pág. 276; GÓRRIZ ROYO, E. M., "Presunción de inocencia y delitos de sospecha: ¿otra vuelta de tuerca al delito el art. 166 CP en la reforma de 2013?, *Teoría y Derecho*, nº 13, 2013, pág. 210 y FERNÁNDEZ CABRERA, M., "Cuestiones pendientes del Derecho Penal en la lucha contra la corrupción" en CASTILLO BLANCO, F. (dir.), *Defensa del patrimonio público y represión de conductas irregulares*, Iustel, Madrid, 2020, págs. 102 y 103.

307 FABIÁN CAPARRÓS, E. A., "Blanqueo de capitales, enriquecimiento... cit. pág. 337.

308 *Ibidem* y EL MISMO, "Blanqueo de capitales y presunción de inocencia" en FERRÉ OLIVÉ, J. C., SERRANO-PIEDECASAS FERNÁNDEZ, J. R., DEMETRIO CRESPO, E., PÉREZ CEPEDA, A. I., NÚÑEZ PAZ, M. A., ZÚÑIGA RODRÍGUEZ, L., SANZ MULAS, N. (eds.), *Homenaje al profesor Ignacio Berdugo Gómez de la Torre. Liber discipulorum. Schola Iuris Criminalis Salamanticensis*, Tomo I, Ediciones Universidad de Salamanca, Salamanca, 2022, pág. 235. En el mismo sentido se pronunciaban MUÑOZ CONDE, F., "Consideraciones en torno al bien jurídico protegido en el delito de blanqueo de capitales" en ABEL SOUTO, M., SÁNCHEZ STEWART, N. (coords.), *I Congreso de prevención y represión del blanqueo de dinero*, Tirant lo Blanch, Valencia, 2009, págs. 165 y 166 y BERDUGO GÓMEZ DE LA TORRE, I., "Corrupción y Derecho Penal. Condicionantes internacionales y reformas del Código penal" en DEMETRIO CRESPO, E., GONZÁLEZ-CUÉLLAR SERRANO, N. (dirs.), *Halcones y*

do sentido, NÚÑEZ CASTAÑO considera que las presunciones *iuris tantum* son inadmisibles y que la CE impide que el ejercicio de un derecho fundamental pueda ser considerado delito[309]. De modo semejante se pronuncia BLANCO CORDERO, aunque, a diferencia de los anteriores autores, plantea otras vías de solución, como la de exigir que la acusación aporte más elementos de prueba que permitan al Tribunal considerar como probado el hecho presumido, de forma que la presunción de inocencia pueda resultar suficientemente garantizada (v.g., que se exija que el funcionario lleve a cabo actuaciones manipulativas, de ocultación de bienes, etc.)[310].

---

palomas: corrupción y delincuencia económica, Castillo de Luna, Madrid, 2015, pág. 84. GÓMEZ LANZ también se pronunció en el mismo sentido (vid. Diario de sesiones del Congreso de los Diputados, X Legislatura, núm. 550, 24 de abril de 2014, pág. 6). ZUGALDÍA ESPINAR, por el contrario, consideró que no se trata de una presunción o de una inversión de la carga de la prueba, sino que de una figura que permite hacer valer la doctrina constitucional sobre la prueba indiciaria (vid. Diario de sesiones del Congreso de los Diputados, X Legislatura, núm. 503, 18 de febrero de 2014, pág. 31).

309 NÚÑEZ CASTAÑO, E., *El delito de enriquecimiento...* cit. pág. 35, LA MISMA, "Sistemas penales comparados. España", *Revista Penal*, nº 53, 2024, pág. 279 y LA MISMA, "Capítulo 2. Política criminal y Estado de Derecho: la afección de los derechos fundamentales en las reformas penales" en LA MISMA, GARCÍA ARROYO, C. (dirs.), *Reformas penales y Estado de Derecho*, Tirant lo Blanch, Valencia, 2024, pág. 81.

310 BLANCO CORDERO, I., "El debate en España... cit. págs. 20 y ss. El autor considera que la legislación francesa, con el delito de posesión injustificada de bienes (vid. *supra*, cap. II, 4.2) no invierte totalmente la carga de la prueba, pues requiere de una serie de elementos que deben ser probados por la acusación (vid. BLANCO CORDERO, I., "Armonización-aproximación de las... cit. pág. 369). En el mismo sentido, vid. GIMENO BEVIÁ, J., "Recuperación de activos y proceso penal: algunas cuestiones relevantes", *Cuaderno Electrónico de Estudios Jurídicos*, nº 2, 2014, pág. 190. Este autor señala: "*De lege ferenda*, si en España se pretende adoptar el tipo de enriquecimiento ilícito, el legislador debería acercarse más al modelo francés que al latinoamericano pues, si bien el segundo sin duda resulta más efectivo, el primero se cohonesta mejor

Pese a que el propósito de este trabajo no es analizar la constitucionalidad de la figura del enriquecimiento ilícito, de haberse configurado, se ha de recordar que la declaración de inconstitucionalidad es siempre el *último recurso* del que dispone el Estado. Por lo que, si se hubiera tipificado en los términos del art. 20 CNUCC, se hubiera debido hacer un esfuerzo, al menos por parte de la doctrina, para interpretarlo a la luz de los principios y garantías constitucionales[311]. Por ello, a continuación, se expondrá la opinión de quienes consideran que la figura del enriquecimiento ilícito sí tiene acomodo en el marco constitucional español.

ASENCIO MELLADO sostiene que el delito de enriquecimiento ilícito es plenamente compatible con el texto constitucional. Exigir al imputado que acredite el origen lícito de su incremento es una consecuencia de la carga de la prueba que sobre el sujeto recae cuando tiene ingresos ocultos. Según el citado autor, el imputado ha de probar los hechos que aduce, al menos cuando estos son negativos. Señala: "[e]l proceso penal garantista no es equivalente al absurdo, a la impunidad de los poderosos y menos a dotar a nuestros gobernantes de una patente de corso para delinquir sin riesgo o con uno tan pequeño que el Código Penal no cumple sus funciones de prevención"[312].

---

con el respeto a los derechos fundamentales de los imputados, principalmente a la presunción de inocencia".

311 Planteaba la pertinencia de debatir sobre la posibilidad de crear un delito de enriquecimiento "injusto", DE LA MATA BARRANCO, N. J., "La lucha contra la corrupción política", *Revista Electrónica de Ciencia Penal y Criminología*, nº 18, 2016, pág. 21, EL MISMO, "La corrupción política y su respuesta judicial. La casuística judicial reciente: el caso Nóos y muchos otros" en ORDEÑANA GEZURAGA, I., URIARTE RICOTE, M. (coords.), *Justicia en tiempos de crisis*, Universidad del País Vasco y Consejo General del Poder Judicial, Bilbao, 2016, pág. 377 y EL MISMO, HERNÁNDEZ DÍAZ, L., "Delitos contra la corrupción en el sector público" en DE LA CUESTA ARZAMENDI, J. L. (dir.), *Adaptación del Derecho Penal español a la política criminal de la Unión Europea*, Aranzadi, Pamplona, 2017, pág. 388.

312 ASENCIO MELLADO, J. M., "El delito de enriquecimiento… cit. s/n.

Ahora bien, el problema se plantea cuando esa *no justificación* se considera una parte integrante del tipo, cuando no se trata de un hecho negativo sino de un *elemento constitutivo*[313]. ASENCIO MELLADO salva este aparente escollo señalando que el delito enriquecimiento ilícito ni siquiera debe hacer gravitar sobre el acusado la carga de la prueba de la licitud del origen de los bienes, sino que el tipo puede venir configurado, como en Colombia, por el incremento desproporcionado de patrimonio. Acreditada por la acusación esa desproporción, opera una presunción *iuris tantum* de enriquecimiento ilícito[314].

En esta línea, ASENCIO MELLADO y FERNÁNDEZ LÓPEZ consideran que las presunciones *iuris tantum*, como la que incorpora la figura del enriquecimiento ilícito, son perfectamente asumibles en el ordenamiento español[315]. Para el primero, la presunción tiene una justificación razonable, apoyada en una máxima de experiencia, lógica y contrastada[316]. FERNÁNDEZ LÓPEZ, por su parte, considera que el delito de enriquecimiento ilícito se basa en una presunción de ilicitud que deriva de la desproporción patrimonial y de su falta de justificación[317]. Para la autora, esta clase de presunciones no contrarían la presunción de inocencia, sino que, si se colman las exigencias de la prueba indiciaria, aseguran que la condena no se base en sospechas. Tales reglas no son otras que la pluralidad de indicios y, para el caso

---

313 En el mismo sentido, señala NÚÑEZ CASTAÑO que no se trata de "hechos impeditivos, extintivos o excluyentes (…) sino que se trata de hechos constitutivos y configuradores del tipo penal que se imputa" (vid. NÚÑEZ CASTAÑO, E., *El delito de enriquecimiento…* cit. pág. 57).

314 ASENCIO MELLADO, J. M., "La lucha contra la corrupción. El delito de enriquecimiento ilícito" en ALCATRAZ RAMOS, M. (dir.)., *El Estado de Derecho frente a la corrupción urbanística*, La Ley, Madrid, 2007, pág. 102.

315 *Ibidem*, pág. 89 y FERNÁNDEZ LÓPEZ, M., "Las presunciones en el… cit. págs. 288 y ss.

316 ASENCIO MELLADO, J. M., "La lucha contra la… cit. pág. 102.

317 FERNÁNDEZ LÓPEZ, M., "Las presunciones en el… cit. págs. 288 y ss. y LA MISMA, "Consideraciones procesales sobre el… cit. pág. 455.

del enriquecimiento ilícito, el incremento patrimonial desproporcionado y la ausencia de una explicación razonable sobre su origen legítimo. El delito, según la autora, puede entenderse del siguiente modo: "[s]i está probado el incremento patrimonial desproporcionado (Y) y no está probado su origen lícito (-Q), se presumirá que se trata de un enriquecimiento ilícito (Q)"[318]. Asimismo, para sostener sus argumentos, trae a colación distintos ejemplos de presunciones *iuris tantum* legales y jurisprudenciales. Entre otras, las del decomiso[319].

Según los citados autores, el acusado, en ejercicio del derecho de defensa, puede limitarse a atacar la credibilidad de la prueba de cargo (incremento y desproporción patrimonial) o presentar pruebas sobre los elementos de descargo (sobre el origen lícito del incremento) y ello no invierte la carga de la prueba, sino que refuerza el derecho de defensa. Cuando la acusación ha aportado pruebas de los elementos constitutivos del delito, la inactividad del acusado puede ser valorada como *elemento argumental* que corrobore la tesis acusatoria[320]. En esta línea sostienen, con apoyo

318 FERNÁNDEZ LÓPEZ, M., "Las presunciones en el... cit. pág. 293 y 294. Parece alinearse con esta misma postura MIR PUIG, C., "El delito de enriquecimiento ilícito o injusto" en GÓMEZ MARTÍN, V., BOLEA BARDON, C., GALLEGO S., J. I., HORTAL IBARRA, J. C., JOSHI JUBERT, U. (dirs.), *Un modelo integral de Derecho Penal. Libro homenaje a la profesora Mirentxu Corcoy Bidasolo*, Boletín Oficial del Estado, Madrid, 2022, pág. 1256. En contra de esta opción se pronunció, en su intervención en el Congreso de los Diputados, GÓMEZ LANZ (vid. Diario de Sesiones del Congreso de los Diputados nº 550, 24 de abril de 2014, pág. 6).

319 No obstante, frente a este último argumento cabe objetar que las garantías que operan en materia de decomiso no son equiparables a las penales, y sobre todo atendiendo a la discusión sobre la naturaleza de una institución que, cada vez más, al menos en un sentido formal, tiende a ser calificada como "civil". Sobre el particular, vid. *infra*, cap. V, 2.2.1.1.3.1.

320 FERNÁNDEZ LÓPEZ, M., "Las presunciones en el proceso penal... cit. pág. 288 y ASENCIO MELLADO, J. M., "La lucha contra la... cit. pág. 103. Este mismo argumento ha sido acogido por parte de la doctrina

de la doctrina del TEDH, que no es posible basar una condena en el silencio del acusado o en la negativa del sujeto a declarar, pero ello no impide que el silencio del acusado, en situaciones en las que se exige *de forma insustituible y clara una explicación por su parte*, sea tenido en cuenta para apreciarlo junto a las pruebas de la acusación[321].

2.2.2.4. Toma de postura: consideraciones sobre el encaje constitucional de una figura del enriquecimiento ilícito

Desde la perspectiva constitucional, el art. 20 CNUCC introducía una *presunción* de difícil encaje constitucional[322]. Probado el incremento patrimonial y no justificada por el sujeto su legítima procedencia, se presumía su origen *ilícito*. Esa presunción se veía reforzada por el contenido de la Guía legislativa para la aplicación del Convenio, que, aunque no fuese vinculante, era clarificadora: justificaba la tipificación de la figura en la dificultad de superar los obstáculos probatorios respecto del delito antecedente del que provenía el incremento patrimonial[323].

Pese a que el recurso a las presunciones no encuentra un rechazo absoluto por parte del TEDH[324], en España, el TC, en la

---

extranjera, vid. MONTOYA VIVANCO, Y., "El delito de enriquecimiento… cit. pág. 58 y nota 17.

321 STEDH Murray c. Reino Unido, de 8 de febrero de 1996, Tol 8567274.

322 Sobre las presunciones en Derecho Penal, vid. GÓMEZ RIVERO, M. C., "Presunciones y Derecho Penal", *Revista Penal México*, nº 3, 2012, *passim*.

323 En según algunos autores, se preveía una suerte de "atajo" a través del cual, una vez que el Estado acreditase la sospecha, se imponía al acusado la tarea de demostrar su inocencia (vid. HERNÁNDEZ BASUALTO, H., "El delito de enriquecimiento… cit. pág. 194; HERNÁNDEZ BASUALTO, H., "De nuevo sobre el enriquecimiento ilícito" en HILGENDORF, E., LERMAN M. D., CÓRDOBA, F. J. (eds.), *Brüken bauen. Festschrift für Marcelo Sancinetti zum 70. Geburstag*, Duncker & Humblot, Berlin, 2020, págs. 765 y ss.).

324 Se refieren, entre otras, a las SSTEDH Salabiaku c. Francia, 1998, 27, Tol 8753601, Radio France y otros c. Francia, 2004, 24, Tol 9087856.

sentencia 105/1988, de 8 de junio (Tol 109.337), rechazó que fuese una interpretación constitucionalmente admisible entender que el delito de "tenencia" del art. 509 del ACP[325] incorporara una presunción *iuris tantum* sobre el destino de los útiles poseídos por el sujeto. En este caso, la única forma de salvar la constitucionalidad de aquel precepto fue la de entender que se castigaba *la posesión de ganzúas u otros instrumentos idóneos para un delito de robo y su especial destinación para cometer tal tipo de delito*, que correspondía probarlo —como cualquier otro elemento inculpatorio— a la parte acusadora[326]. Descartó, por ende, la interpretación de que *la sola tenencia de instrumentos idóneos hacía presumir su destino*[327].

Esta exégesis, si se llevara hasta sus últimas consecuencias en materia de enriquecimiento ilícito, hubiera implicado la infructuosa solución de que el incremento patrimonial injustificado no permitía presumir su origen ilícito, o dicho en términos positivos, que el acrecimiento debía llevar aparejada la prueba sobre el origen delictivo de los bienes.

---

325 Art. 509 del ACP: "El que tuviere en su poder ganzúas u otros instrumentos destinados especialmente para ejecutar el delito de robo y no diere descargo suficiente sobre su adquisición o conservación será castigado con la pena de arresto mayor".

326 Con jurisprudencia sistematizada, vid. SÁNCHEZ TOMÁS, J. M., en PÉREZ MANZANO, M., SÁNCHEZ TOMÁS, J. M., "Garantías constitucionales contenidas en el art. 24.2 CE" en *Actas de las IX Jornadas de Letrados del Tribunal Constitucional*, Centro de Estudios Políticos y Constitucionales, Madrid, 2004, pág. 363.

327 Sobre la eficacia preprocesal de la presunción de inocencia, vid. GÓRRIZ ROYO, E. M., "Presunción de inocencia y... cit. págs. 205 y ss.: "(...) en el bloque de sentencias del TC en que se analizan tipos penales que, como los *delitos de sospecha*, se basan en *presunciones*, cabe encontrar alguna reflexión sobre la *eficacia pre-procesal* de la citada máxima. Así según la *STC 105/ 1988 (Pleno) de 8 de junio (Tol 109337)*, sobre el "delito de tenencia" del art. 509 ACP, son contrarias al art. 24.2 CE (FD 3 *in fine*), las *interpretaciones* que supongan *presunciones en contra del reo*; incluidas aquellas que sean *iuris tantum* y que ocasionen una traslación o inversión de la carga de la prueba, obligando con ello al *acusado* a destruir dichas".

En parecido sentido destaca el ATC 421/1990, de 28 de noviembre (Tol 8.888.411), donde los recurrentes consideraban que la interpretación dada por los tribunales del delito de detención ilegal con desaparición del art. 483 ACP era inconstitucional y que el supuesto guardaba un cierto paralelismo con lo resuelto por el TC en la STC 105/1988, de 8 de junio (Tol 109.337). El TC, en este caso, no consideró que se hubiera producido, con la interpretación que efectuaban los tribunales, una vulneración del derecho a la presunción de inocencia[328]. Se trataba de un delito de detención ilegal agravado aplicado a un supuesto en el que no quedó acreditado que el sujeto activo hubiese puesto en libertad al detenido. Esa no puesta en libertad debía ser probada por la acusación, como de hecho sucedió: la acusación probó la detención, la no puesta en libertad y la desaparición del sujeto pasivo.

Pese a lo criticable de este precepto, en este caso, se exigía un hecho base (detención) y la no puesta en libertad (consecuencia). Suponía, pues, una *sucesión lógica de actos*: la detención sin aparición implicaba una no puesta en libertad. En el enriquecimiento ilícito en los términos propuestos por la ONU, sin embargo, no mediaba un acto previo (base) que permitiera constatar que se había producido un enriquecimiento *ilícito*. El enriquecimiento desproporcionado no implicaba, necesariamente, la *ilicitud* de este.

Reiterando su propia doctrina, en la STC 111/1999, de 14 de junio (Tol 81.170), señaló que en ningún caso el derecho a la presunción de inocencia autorizaba que los elementos constitutivos del delito se presumieran en contra del acusado, fuese con una presunción *iuris tantum* o *iuris et de iure*. Y ello es así, como señala GÓRRIZ ROYO, porque si el legislador introduce *ex lege* presun-

---

328 En este sentido, MARTÍNEZ-BUJÁN afirmaba que podía sostenerse, incluso con relación al antiguo delito del art. 483 CP ACP, una interpretación de la norma no contraria a la CE (vid. MARTÍNEZ PÉREZ, C., *Las condiciones objetivas de punibilidad*, EDERSA, Madrid, 1989, págs. 159 y ss.).

ciones de culpabilidad, el sujeto en sede procesal pasa a adquirir el estatus de culpable desde el inicio[329].

Derivado de la presunción de *ilicitud*, el art. 20 CNUCC la reforzaba cuando se refería a la *no justificación del origen legítimo de los bienes por parte del funcionario*, con lo que parecía que el acusado tenía el deber de probar un *elemento constitutivo del delito* cuando, según reiterada jurisprudencia constitucional, la defensa no ha de probar los elementos fácticos del hecho punible, sino que esa labor le corresponde a la parte acusadora[330].

En definitiva, el "núcleo duro" del delito planteaba dudas con respecto al derecho a la presunción de inocencia, que *se impone y mantiene solo porque no se ha probado lo contrario*. Difícilmente se iba a imponer y mantener este derecho si se incorporaba una presunción *iuris tantum* que neutralizaba esta verdad interina. Había, pues, una determinada interpretación del delito de enriquecimiento ilícito en los términos propuestos por la ONU que, desde

---

329 GÓRRIZ ROYO, E. M., "Presunción de inocencia y… cit. pág. 207. En parecido sentido, vid. LA MISMA, "Subtipo agravado de detención ilegal por no dar razón del paradero de la persona detenida: art. 166 CP" en ÁLVAREZ GARCÍA, F. J. (dir.), *Estudio crítico sobre el anteproyecto de reforma penal de 2012*, Tirant lo Blanch, Valencia, 2013, pág. 555. También puede verse, GÓMEZ INIESTA, D. J., "Subtipo agravado de detención ilegal por no dar razón del paradero de la persona detenida: art. 166 CP" en ÁLVAREZ GARCÍA, F. J. (dir.), *Estudio crítico sobre el anteproyecto de reforma penal de 2012*, Tirant lo Blanch, Valencia, 2013, pág. 549; GARCÍA PÉREZ, O., "Delitos de sospecha: principio… cit. págs. 634 y ss. y VÁZQUEZ SOTELO, J. L., *Presunción de inocencia del imputado e íntima convicción del tribunal*, Bosch, Barcelona, 1984, pág. 295.

330 STC 138/1992, de 13 de octubre, FJ 1°, Tol 80.748: "En tal sentido hemos dicho ya que la presunción de inocencia comporta en el orden penal al menos las cuatro siguientes exigencias: 1., la carga de la prueba sobre los hechos constitutivos de la pretensión penal corresponde exclusivamente a la acusación, sin que sea exigible a la defensa una *probatio diabolica* de los hechos negativos". Sobre el particular, vid. GIMENO SENDRA, J. V., *Manual de Derecho Procesal Penal*, Castillo de Luna Ediciones Jurídicas, Madrid, 2015, pág. 92.

esta perspectiva, debía ser calificada como incompatible con la CE: la de entender, por el simple hecho de que un funcionario acrecentara su patrimonio de forma injustificada, que provenía de actividades delictivas.

La figura del art. 20 CNUCC también presentaba un innegable escollo desde la óptica del derecho a no declarar contra sí mismo y a no confesarse culpable. Difícilmente se podía sostener que la justificación que debía brindar el sujeto no tenía carácter autoinculpatorio cuando el tipo incorporaba una presunción de ilicitud. Si el enriquecimiento se presumía *ilícito*, la explicación que diese el funcionario tendría *siempre* este carácter. En esto último se incidirá posteriormente, cuando se examine la diferencia entre calificar el enriquecimiento como "ilícito" o como "injustificado"[331].

2.2.3. El abandono de la figura de sospecha. El tránsito hacia la figura de desobediencia

2.2.3.1. Propuestas alternativas

Los obstáculos de constitucionalidad que, como se ha visto, planteaba, a juicio de muchos, la figura del *enriquecimiento ilícito* abrieron nuevas vías de actuación. La ONUCDD afirmó que, en algunos Estados, las declaraciones de patrimonio eran una vía alternativa apta para abordar las conductas de enriquecimiento ilícito[332]. De hecho, según entendía la citada organización, el sis-

---

331 *Infra*, 2.2.3.2.

332 Decía: "[e]n algunas jurisdicciones en las que no se había penalizado el enriquecimiento ilícito, se alegó y se aceptó parcialmente que se podía lograr un efecto similar, aunque no totalmente equivalente, mediante un sistema de control estricto y operacional de los ingresos y activos (...) No presentar la declaración y declarar información falsa constituye, según la jurisdicción, una infracción disciplinaria, administrativa o incluso penal (...) Teniendo en cuenta el carácter no obligatorio del artículo 20, se reconoció la utilidad de esa solución alternativa y se formularon recomendaciones a los Estados partes para que estudiasen la posibilidad de establecer sistemas de declaración

tema de omisión de declaraciones de patrimonio podía compatibilizarse con la figura del enriquecimiento ilícito[333].

De esta forma, algunos Estados, considerando que el camino trazado por la CNUCC presentaba problemas de orden constitucional, y con el fin de adaptarse a sus estándares de garantías, decidieron reorientar la figura. Portugal incorporó el delito de desobediencia cualificada y ocultación intencional de patrimonio[334] y España el delito de desobediencia por enriquecimiento injustificado de autoridades[335].

2.2.3.2. Del enriquecimiento ilícito a la desobediencia por enriquecimiento injustificado. La diferencia entre "ilícito" y "no justificado"

En España, a diferencia de la "clásica" figura de enriquecimiento ilícito, el delito del art. 438 bis CP no se basa en que la autoridad haya "mercadeado" con su cargo, no se está sancionando un presunto delito previo que no ha quedado probado (pese a que pueda ser la razón en la que se inspira el precepto), sino en que la autoridad se *niegue abiertamente* a atender el requerimiento

---

del patrimonio (y no solo de declaración de intereses), al menos para los funcionarios de alta categoría y los parlamentarios, y para que, en general, adoptaran medidas para mejorar la eficacia de los sistemas existentes, redujeran las deficiencias operacionales y previeran sanciones más eficaces para hacer frente a las declaraciones incorrectas" (vid. Oficina de las Naciones Unidas contra la Droga y el Delito, Estado de aplicación de la Convención de las Naciones Unidas contra la Corrupción, Nueva York, 2015).

333 En este sentido, Argentina regula en el art. 268 (2) CP argentino el delito de enriquecimiento ilícito y, en el art. 268 (3), la omisión de presentar declaración jurada de bienes.

334 *Supra*, cap. II, 6.4.

335 GONZÁLEZ CUSSAC, J. L., "Capítulo I. De la seguridad jurídica al principio de incertidumbre" en NÚÑEZ CASTAÑO, E., GARCÍA ARROYO, C. (dirs.), *Reformas penales y Estado de Derecho,* Tirant lo Blanch, Valencia, 2024, págs. 39 y 40.

que le es debido[336]. El legislador, con el declarado propósito de evitar la censura constitucional, ha subordinado la sanción penal a la *no justificación* y no a la presunta ilicitud de la desproporción patrimonial[337].

"Injustificado" ha de entenderse en términos distintos a "ilícito", porque calificar de "ilícito" el enriquecimiento patrimonial

---

336 En el mismo sentido, señalando que el legislador ha "sorteado" que se configure como un delito de sospecha, vid. QUINTERO OLIVARES, G., "Una guarnición: el enriquecimiento ilícito", *Almacén de Derecho,* 2022. Disponible en: https://almacendederecho.org/una-guarnicion-el-enriquecimiento-ilicito (última visita: 04/04/2024), aunque posteriormente señaló que se trata de un delito "inevitablemente anclado en "presunciones de origen"" o "una figura anclada en las presunciones de comportamiento corrupto" (vid. QUINTERO OLIVARES, G., "Prólogo" en NÚÑEZ CASTAÑO, E., *El delito de enriquecimiento injustificado. Consideraciones sobre la criminalización del silencio,* Tirant lo Blanch, Valencia, 2024, pág. 13). JAÉN VALLEJO también considera que la figura ha abandonado su caracterización como delito de sospecha. Sobre el particular, vid. JAÉN VALLEJO, M., "El enriquecimiento ilícito, el nuevo delito para frenar el 'fenómeno' de la corrupción", *El cierre digital,* 2023. Disponible en: https://elcierredigital.com/investigacion/93436017/juez-manuel-jaen-vallejo-analiza-delito-enriquecimiento-ilicito-contra-corrupcion.html (última visita: 04/04/2024). En parecido sentido, vid. MIR PUIG, C., "Artículo 438 bis" en CORCOY BIDASOLO, M., MIR PUIG, S. (dirs.), *Comentarios al Código Penal. Reformas LLOO 1/2023, 3/2023 y 4/2023,* 2ª ed., Tirant lo Blanch, Valencia, 2024, pág. 1875; MORALES PRATS, F., "El nuevo delito de enriquecimiento ilícito", *Revista de Derecho y Proceso Penal,* nº 69, 2023, pág. 13 y GÓMEZ RIVERO, M. C., "Tabú y eufemismo. Acerca del nuevo delito de desobediencia del art. 438 bis CP", *InDret,* nº 3, 2024, pág. 209.

337 Aunque no sea vinculante, señala el Preámbulo de la LO 14/2022, de 22 de diciembre: "[t]radicionalmente, la figura del enriquecimiento ilícito o injusto había generado controversia constitucional al ser configurado como un delito de sospecha, por su posible colisión con el derecho fundamental a la presunción de inocencia, algo que se evita con la actual regulación que sigue el ya citado modelo de desobediencia que han incorporado recientemente países como Portugal".

encierra una sospecha. Por ende, y atendiendo a la sustancial diferencia entre ambas calificaciones, no se comparte la tesis de quienes, como GONZÁLEZ URIEL, sostienen que, con la actual regulación, "[e]l legislador actúa con presunciones contrarias al reo, imponiéndole la carga de acreditar que el incremento patrimonial obedece a una causa justificada"[338]. En parecido sentido, y aunque no niegue categóricamente el acomodo constitucional de la figura, LASCURAÍN SÁNCHEZ estima que: "[l]a atormentada redacción del precepto como delito de desobediencia a los requerimientos para comprobar su justificación no oculta su carácter de delito de sospecha de otro delito no probado. Ciertamente este delito venía sugerido por la Convención de las Naciones Unidas contra la Corrupción, pero —*excusatio non petita*— siempre "con sujeción a la Constitución y a los principios fundamentales" de los Estados parte"[339].

No se pone en cuestión que la reforma que incorporó este delito, como señala LASCURAÍN SÁNCHEZ, careció de la deliberación esperable; pero esta circunstancia que aduce el autor no implica que el precepto se base en presunciones. La figura de desobediencia del art. 438 bis CP, al menos formalmente, no castiga el enriquecimiento ilícito, sino el negarse a detallar ante los órganos competentes un incremento patrimonial o una cancelación de deudas no acorde con los ingresos legítimos de la autoridad. El delito del art. 438 bis CP *comparte estructura* con otras figuras de desobediencia, o al menos lo hace parcialmente, y cobra así un sentido definido que no se corresponde con la concepción clásica del enriquecimiento ilícito. Ciertas autoridades tienen la *obligación legal,* cuando ostentan una determinada condición, de declarar su patrimonio. No existe presunción alguna, sino un previo deber, de declaración patrimonial, que actúa como base para

---

338 GONZÁLEZ URIEL, D., "La controvertida incorporación del… cit. s/n.

339 LASCURAÍN SÁNCHEZ, J. A., "Indigestión penal", *El País,* 29 diciembre 2022. Disponible en: https://elpais.com/opinion/2022-12-29/indigestion-penal.html (última visita: 04/04/2024).

conformar el delito de desobediencia. La obligación es, pues, el *presupuesto de la infracción*[340].

Con todo, NÚÑEZ CASTAÑO considera que lo que establece el Preámbulo de la Ley de reforma ("[el delito del art. 438 bis CP] supone (...) un avance claro en la lucha contra la corrupción") es una suerte de "interpretación auténtica" ya que, según entiende, "si ese es el sentido del Preámbulo, y entiendo que no puede ser otro diverso porque ello implicaría que no existiese razón alguna para incorporarlo al texto de la norma penal, todos los elementos típicos del delito en concreto deben interpretarse desde la perspectiva teleológica establecida en dicho Preámbulo"[341]. Entiende, entonces, que debe haber una conexión causal entre la *ratio criminis* expresada (la lucha contra la corrupción) y la interpretación del concreto delito que se analiza[342]. Ahora bien, la interpretación que sostiene la autora no parece ser acorde con el texto de la ley. La centralidad de la negativa abierta, que se deduce de la dicción literal del precepto y de la interpretación conjunta de las figuras de desobediencia, no debe ignorarse. El hecho de que la *ratio criminis* sea la de combatir la corrupción no implica que la actual configuración del delito incorpore una *presunción de ilicitud*. La voluntad que debe prevalecer es la de la ley y no sustituirla por la (presunta) voluntad del legislador[343]. Las críticas que se le pudieran hacer al delito no pueden basarse, en ningún caso, en los antecedentes de Derecho comparado de la figura. Tampoco las

---

340 De cierta forma, aunque no consideraba que el delito de enriquecimiento ilícito plantease problemas de carácter constitucional, ASENCIO MELLADO proponía una opción parecida, sobre la base de una manifestación inicial de los bienes de las autoridades (vid. ASENCIO MELLADO, J. M., "El delito de enriquecimiento... cit. s/n).

341 NÚÑEZ CASTAÑO, E., *El delito de enriquecimiento...* cit. pág. 31.

342 *Ibidem.*

343 Así se pronunciaban SOLER, S., *Derecho Penal Argentino. Parte General*, Tomo I, 5ª ed., Tipográfica Editora Argentina, 1987, 10ª Reimpresión total 1992, pág. 186 y ZAFFARONI, E. R., *Tratado de Derecho Penal, Parte General*, Tomo I, Ediar, Buenos Aires, 1998, pág. 300.

recomendaciones internacionales pueden usurpar el contenido de la ley. En este sentido se puede afirmar que la figura *ha mudado su "primigenia" naturaleza.*

Por lo tanto, el nuevo tipo penal requiere que el intérprete se adhiera estrictamente al texto, más que al espíritu de la ley, evitando interpretaciones que puedan distorsionar su significado. La ley debe ser comprendida y aplicada respetando fielmente los términos en los que está redactada. Con todo, no se obvia: el problema de constitucionalidad puede ahora plantearse de modo diverso, ya que el acusado, bajo amenaza de incurrir en un delito de desobediencia (en un estadio anterior), se verá compelido a declarar sobre el origen de sus bienes. En este problema se incidirá en lo que sigue.

3. UNA APROXIMACIÓN INICIAL A LOS LÍMITES CONSTITUCIONALES DE LA FIGURA DEL ARTÍCULO 438 BIS DEL CÓDIGO PENAL

3.1. Introducción

Existe un verdadero desacuerdo doctrinal a la hora de determinar si, efectivamente, se ha sorteado la crítica de que el delito del art. 438 bis CP se configure como un delito de sospecha[344].

---

[344] Así, MORILLAS CUEVA, L., "Capítulo 56. Delitos contra la Administración Pública (VIII)" en EL MISMO (dir.), *Sistema de Derecho Penal. Parte Especial,* 5ª ed., Dykinson, Madrid, 2024, pág. 1306. No obstante, consideran que se trata de un delito de sospecha: GONZÁLEZ URIEL, D., "La controvertida incorporación del… cit. s/n; GALÁN MUÑOZ, A., NÚÑEZ CASTAÑO, E., *Manual de Derecho Penal Económico y de la Empresa,* 5ª ed., Tirant lo Blanch, Valencia, 2023, pág. 265; NÚÑEZ CASTAÑO, E., "Sistemas penales comparados. España… cit. pág. 279 y LA MISMA, "Capítulo 2. Política criminal y Estado… cit. pág. 78; RODRÍGUEZ RAMOS, L., "La derogación de la sedición y la contrarreforma de la malversación", *El Notario del Siglo XXI,* nº 108, 2023, s/n y DÍAZ Y GARCÍA CONLLEDO, M., "Reformas (y no reformas) penales, principios y libertades. Especial referencia a los ultrajes a España y a

No obstante, ya se ha incidido en la diferencia entre calificar el enriquecimiento como ilícito o como injustificado[345]. La valoración del acrecimiento como *injustificado* abandona, claramente, la sospecha sobre el origen ilícito de los bienes. Con todo, subsiste el problema de determinar si el hecho de que el art. 438 bis CP establezca que la autoridad *ha de dar el debido cumplimiento a los requerimientos de los órganos competentes encargados de comprobar la justificación patrimonial,* puede contrariar, de alguna forma, la garantía de no autoincriminación. Con el objetivo de dar respuesta a esta cuestión, se descenderá a la jurisprudencia del TEDH y del TC en relación con el derecho, reconocido nacional e internacionalmente, de no declarar contra sí mismo y de no confesarse culpable, y con el derecho al silencio.

En las líneas que siguen, se procederá a analizar la jurisprudencia del TEDH y del TC. Este estudio abarcará una revisión de las decisiones más relevantes sobre la materia y permitirá establecer el marco teórico necesario para la interpretación subsiguiente del art. 438 bis CP. No obstante, como ya se dijo, los casos problemáticos derivados de cada elemento típico serán analizados cuando proceda. Esta es una primera aproximación a los límites que plantea en el delito objeto de comentario la justificación patrimonial.

---

los delitos de odio" en NÚÑEZ CASTAÑO, E., GARCÍA ARROYO, C. (dirs.), *Reformas penales y Estado de Derecho,* Tirant lo Blanch, Valencia, 2024, pág. 628. OLAIZOLA entiende que la vulneración del derecho a la presunción de inocencia se planteará sobre todo si se considera relevante la procedencia lícita del patrimonio (vid. OLAIZOLA NOGALES, I., "El delito de enriquecimiento ¿no justificado? ¿ilícito?", *Revista Penal,* nº 52, 2023, pág. 194). En el mismo sentido, vid. ORTIZ DE URBINA GIMENO, I., "Delitos contra la Administración Pública" en SILVA SÁNCHEZ, J. M. (dir.), *Lecciones de Derecho Penal. Parte Especial,* 9ª ed., Atelier, Barcelona, 2023, págs. 419-421. También VÉLEZ ZHINDÓN, M. T., *La nueva política criminal de recuperación de activos: el enriquecimiento ilícito y el decomiso, la tensión entre la eficacia del Derecho Penal y la vulneración de garantías constitucionales,* Tesis Doctoral, inédita (por cortesía de la autora), 2024, pág. 98.

345 *Supra,* 2.2.3.2.

3.2. La jurisprudencia del Tribunal Europeo de Derechos Humanos

3.2.1. Planteamiento de la cuestión

Antes de analizar la significación jurídica de la *justificación patrimonial* que prescribe el art. 438 bis CP, y los límites que plantea respecto del art. 6 CEDH, es necesario, en primer lugar, indicar cuándo despliega sus efectos esta garantía. Existen dos grupos de casos en los que se constataron violaciones del derecho al silencio y de la garantía contra la autoincriminación. En primer lugar, los relacionados con el uso de la coacción con el fin de obtener información incriminatoria en procedimientos penales *pendientes o previstos contra la persona* y, en segundo lugar, los relativos al uso de información incriminatoria obtenida de forma obligatoria *fuera del contexto de un procedimiento penal para su uso en un proceso penal posterior*[346]. En otras palabras, para que se aprecie la vulneración de la garantía de la no autoincriminación no es imprescindible que la declaración coactiva se haya obtenido en el seno de un proceso de naturaleza penal, sino también en un procedimiento previo cuando posteriormente se incorpore con efectos incriminatorios. El significado *autónomo* de la expresión "acusación" en el sentido del art. 6.1 CEDH implica que una persona ha sido acusada cuando se ha visto "sustancialmente afectada"[347].

Los criterios que se deben tomar en cuenta para determinar la afectación a la garantía de no autoincriminación son:

1. La naturaleza y el grado de coacción con la que el poder público recaba la información del acusado o de quien puede llegar a serlo.
2. El uso de esa información en un procedimiento de naturaleza penal y la eficacia incriminatoria que en él haya tenido.

---

346 Resume su doctrina en la STEDH Weh c. Austria, 8 de abril 2004, Tol 362.365.

347 STEDH Heaney y McGuiness c. Irlanda, 21 de diciembre 2000, Tol 9.524.647.

3. Si el material incriminatorio tiene existencia independiente de la voluntad del acusado.

Ahora bien, el TEDH ha venido señalando que el privilegio contra la autoincriminación no prohíbe *per se* el uso de poderes obligatorios para obtener información fuera del contexto de un procedimiento penal. Por ejemplo, en el caso Saunders no se entendió que, siempre y en todo caso, el procedimiento por el cual se le solicitó al demandante que respondiese a preguntas sobre asuntos financieros, con una posible pena de hasta dos años de prisión en caso de no hacerlo, planteara un problema bajo el prisma del art. 6.1 CEDH. Tampoco planteaba tal problema la obligación de declarar los activos a las autoridades fiscales, aunque al sujeto se le penalizara por tal incumplimiento y el demandante fuera multado por hacer una declaración falsa.

Con todo, no se puede obviar que el TEDH no analiza en abstracto las legislaciones de los Estados Parte, sino que su enjuiciamiento se limita a vulneraciones concretas y a las obligaciones con el CEDH. Por esa razón, cualquier traslación de lo dicho por el Tribunal de Estrasburgo debe ser cuidadosamente matizada para sustraerla hacia un "juicio" abstracto de la adecuación de la ley con el CEDH.

En lo que sigue, se realizará un recorrido por la jurisprudencia del TEDH, exponiendo cuáles son sus "hitos" en relación con el art. 6 CEDH, con el fin de determinar las implicaciones interpretativas que puede tener sobre las previsiones del tan citado delito del art. 438 bis CP. Para analizar los límites que plantea este derecho se partirá de las siguientes premisas (agrupadas según la *ratio decidendi* de cada caso): 1) la solicitud de información posee límites; 2) cabe hacer uso de la coacción cuando el material tiene existencia independiente de la voluntad del sujeto; 3) existe una diferencia material entre la coacción "debida" y la coacción "indebida" y, por último, 4) el silencio puede servir como argumento corroborador de la tesis del tribunal. El estudio concluirá con una revisión general de la previsión del art. 438 bis CP a la luz de la jurisprudencia del TEDH.

3.2.2. La justificación patrimonial en la jurisprudencia del Tribunal Europeo de Derechos Humanos

3.2.2.1. La solicitud de información patrimonial y sus límites

A continuación, se analizarán cuatro casos que se han planteado ante el TEDH, cada uno de los cuales presenta matices que contribuyen a la comprensión del alcance del derecho reconocido en el art. 6 CEDH. Concretamente, la atención se centrará en los límites que plantea la solicitud de información patrimonial con respecto a este derecho. Los casos objeto de estudio serán: Funke c. Francia, Saunders c. Reino Unido, J.B c. Suiza y Heaney y McGuiness c. Irlanda. Tras el estudio de estos, se extraerán ciertas conclusiones.

El TEDH, en la sentencia Funke c. Francia, se pronunció en un caso en el que, en el ámbito de una investigación sobre eventuales infracciones a la legislación de relaciones financieras con el exterior, el demandante se negó a entregar una serie de extractos bancarios y otra documentación, lo que motivó multas de carácter coercitivo hasta la entrega de lo requerido[348]. En este caso, el Tribunal de Estrasburgo concluyó que la legislación aduanera imponía una serie de obligaciones que vulneraban el derecho a la no autoincriminación del Sr. Funke, al condenarlo, en virtud de ella, para obtener pruebas cuya existencia solo se presumía. Las condiciones previstas por la Ley en cuestión —a juicio del Tribunal— se mostraban *muy laxas y llenas de lagunas* para que las interferencias en los derechos del demandante pudiesen ser consideradas proporcionales a un fin legítimo. No pudiendo o no queriendo obtenerlas por otro medio, trataron de obligar al demandante para que *él mismo les entregara la prueba de los delitos que supuestamente*

---

348 STEDH Funke c. Francia, de 25 de febrero de 1993, Tol 168.781. Sobre la sentencia, vid. FALCÓN Y TELLA, R., "Un giro trascendental en la jurisprudencia del Tribunal de Estrasburgo con incidencia inmediata en el procedimiento inspector: el derecho a no declarar", *Revista Quincena Fiscal*, nº 22, 1995, págs. 3 y ss.

había cometido. Según estimó el Tribunal, las particularidades del Derecho aduanero no justifican la violación del derecho de todo "acusado" en el sentido autónomo que el art. 6 CEDH le atribuye al término, de guardar silencio y de no contribuir a su propia incriminación[349].

En la STEDH Saunders c. Reino Unido, donde se estimó igualmente la quiebra del art. 6.1 CEDH, el asunto se refería a la utilización en el procedimiento penal de declaraciones obtenidas bajo coacción en virtud de la Ley de 1985 sobre sociedades[350]. Las disposiciones de la citada ley obligaban a los responsables de las corporaciones a presentar todos los libros y documentos de estas, a personarse ante los inspectores y a proporcionarles *cualquier documentación* en el marco de la investigación, bajo pena de multa o prisión. En este caso, los inspectores entrevistaron en nueve ocasiones al Sr. Saunders, quien estaba obligado a responder a las preguntas; en caso contrario, el Tribunal podía condenarle por *contempt* (desobediencia a la autoridad). Finalmente, se le sancionó recurriendo a las actas de las declaraciones que había realizado ante los inspectores.

---

349 Sobre el derecho a no autoinculparse y su extensión a las actuaciones de averiguación, vid. SANZ DÍAZ PALACIOS, J. A., *Derecho a no autoinculparse y delitos contra la Hacienda Pública*, Colex, Madrid, 2004, págs. 248 y ss. El significado de "criminal charge" o acusación en materia penal viene dado desde la STEDH Engel c. Países Bajos, de 8 de junio de 1976, Tol 163.349 (vid. FROMMEL, S. N., "El Tribunal Europeo de Derechos Humanos y el derecho del acusado a no declarar: ¿puede ser invocado por los contribuyentes?", *Revista de Derecho Financiero y Hacienda Pública*, nº 236, 1995, pág. 492).

350 STEDH Saunders c. Reino Unido, 17 de diciembre 1996, Tol 123.777. Sobre el particular, vid. FARTO PIAY, T., "El procedimiento liquidador y el procedimiento sancionador a la luz del derecho a no autoinculparse", *Revista Técnica Tributaria*, nº 78, 2007, pág. 105. Sobre el particular, ampliamente, vid. HERRERA MOLINA, P. M., "Los derechos a guardar silencio y a no declarar contra sí mismo en el procedimiento inspector (Comentario y traducción de la Sentencia del Tribunal Europeo de Derechos Humanos, de 17 de diciembre de 1996, Saunders v. United Kingdom)", *Impuestos*, nº 13, 1997, págs. 1057 y ss.

Según explica el Tribunal, el derecho a no autoincriminarse implica que la acusación ha de tratar de demostrar sus argumentos sin recurrir a elementos de prueba obtenidos bajo coacción en contra de la voluntad del acusado. El derecho a no autoincriminarse no puede razonablemente limitarse a la confesión de actos ilícitos o a observaciones que acusen directamente al imputado. Atendiendo al caso concreto, el Tribunal valoró que dichas entrevistas —que además fueron leídas al jurado por el abogado de la acusación durante un período de tres días— habían resultado en una vulneración de su derecho a no autoincriminarse.

También en la STEDH J.B c. Suiza se estimó que hubo violación del art. 6.1 CEDH[351]. En este caso, una Oficina de distrito incoó un procedimiento por evasión fiscal contra el demandante y se le pidió que presentara *todos los documentos* relativos a las sociedades en las que había invertido. Al no cumplir el sujeto con la petición, se le requirió en sendas ocasiones y, tras su sucesiva desatención, se le impuso una multa. Tras cuatro amonestaciones, recayó sobre el demandante una segunda multa disciplinaria, que fue impugnada sin éxito. Posteriormente, se le impusieron otras dos multas disciplinarias. En este contexto, el Tribunal recuerda que, en los procedimientos derivados de una solicitud individual, el TEDH debe ceñirse, en la medida de lo posible, a examinar el caso concreto que tiene ante sí. Lo que está en juego en este supuesto es si la imposición de una multa al solicitante por no proporcionar cierta información cumplió o no con los requisitos del art. 6 CEDH y ello porque —como señala el Tribunal— no se está decidiendo sobre si un Estado puede obligar a un contribuyente a proporcionar información con el único propósito de asegurar un examen fiscal correcto. En el presente caso, la persistencia de las autoridades fiscales en solicitar esta información y la imposi-

---

351 STEDH J.B. c. Suiza, 2 de mayo 2001, Tol 9.524.648. Sobre la sentencia, vid. LUNA RODRÍGUEZ, R., "Consolidación de la jurisprudencia del Tribunal de Estrasburgo sobre el derecho a no autoincriminarse en los procedimientos tributarios. La novedosa Sentencia J.B contra Suiza", *Quincena Fiscal*, nº 1, 2002, págs. 41 y ss.

ción de multas disciplinarias demostraron *un intento de coacción al demandante para que se autoincriminase.* Ello resultó en una vulneración del art. 6 CEDH.

Por último, en el caso que trae causa a la STEDH Heaney y McGuiness c. Irlanda, también se estimó vulnerado el derecho del art. 6.1 CEDH[352]. Los demandantes, detenidos tras un atentado con bomba, se negaron a responder a las preguntas que les fueron formuladas, pese a que existía una legislación especial que les obligaba a rendir cuentas sobre sus acciones y desplazamientos durante determinado periodo y a proporcionar cualquier información relacionada con la comisión de cierta clase de delitos[353]. Fueron absueltos del delito material pero condenados a prisión por negarse a dar información sobre sus movimientos. Según el Tribunal, el "interés público" en la averiguación de los hechos *no puede justificar el uso de respuestas obtenidas bajo coacción en una investigación no judicial para incriminar al acusado.* Se había vulnerado, con ello, el derecho a no contribuir a su propia incriminación y el derecho a guardar silencio[354].

De lo dicho hasta ahora se pueden extraer las siguientes conclusiones:

1. La "complejidad del proceso" o el "interés público" no pueden justificar una restricción del derecho a no autoincriminarse[355]. Los derechos contenidos en el art. 6 CEDH se aplican *a toda clase de procedimientos penales,* desde los más

---

352 STEDH Heaney y McGuiness c. Irlanda, 21 de diciembre 2000, Tol 9.524.647.

353 Concretamente, después de haber sido advertidos por la policía de su derecho a permanecer en silencio, se les pidió bajo la sección 52 de la Ley de Delitos contra el Estado de 1939 proporcionar detalles sobre sus movimientos.

354 También STEDH Shannon c. Reino Unido, 4 octubre 2005, Tol 9.086.453.

355 Se menciona también expresamente en la STEDH Jalloh c. Alemania, de 11 de julio de 2006, Tol 9.081.834. Sobre el particular, vid. LOZANO SERRANO, C., "El deber de colaboración tributaria sin autoincriminación", *Quincena Fiscal*, nº 8, 2015, pág. 8.

sencillos hasta los más complejos[356]. Por ello, las preocupaciones de seguridad y orden público, de interés general, no pueden justificar una disposición que vacíe de contenido los derechos de los demandantes de guardar silencio y de no contribuir a su propia incriminación.

2. Los anteriores supuestos coinciden en que, de una u otra forma, con la coacción ejercida por las autoridades se pretendía que el acusado se autoinculpase respecto de una infracción que no había sido esclarecida; se utilizaron toda clase de subterfugios para sonsacarle al sujeto una declaración autoincriminatoria. El ejemplo más evidente es el caso Heaney y McGuinness, porque el "deber de colaboración" implicaba que el sujeto confesase su propia infracción. También en el caso que trae causa a la sentencia Funke se constriñó al sujeto, bajo el deber de entregar documentación, a probar las infracciones que supuestamente había cometido, porque los órganos tenían una "sospecha" concreta contra él (se *preveía* un procedimiento penal en su contra, aunque no se hubiera incoado formalmente)[357]. En el resto, se solicitaba de forma inquisitiva o excesivamente amplia información sobre el patrimonio del sujeto. En definitiva, en sentido inverso, tal y como se deduce de la doctrina del TEDH, si el requisito de acceder al requerimiento se le impone a una persona respecto de la cual no hay "sospecha" de que se inicien procedimientos contra ella, el uso de los poderes coercitivos *puede ser compatible* con el derecho a no autoincriminarse[358].

---

356 Entre otras, vid. SSTEDH Saunders c. Reino Unido, 17 de diciembre 1996, Tol 123.777 y Heaney y McGuiness c. Irlanda, 21 de diciembre 2000, Tol 9.524.647.

357 Así lo dice explícitamente el TEDH en un pronunciamiento posterior: "In Funke the customs authorities had a specific suspicion against the applicant" (STEDH Weh c. Austria, 8 de abril 2004, Tol 362.365).

358 STEDH Shannon c. Reino Unido, 4 octubre 2005, Tol 9.086.453: "[i] f the requirement to attend an interview had been put on a person in

3.2.2.2. El uso de poderes obligatorios cuando el material tiene existencia con independencia de la voluntad del sujeto

Como viene sosteniendo el TEDH, el derecho a no autoinculparse se refiere principalmente al respeto de la voluntad del acusado a *guardar silencio*, pero no se extiende a la utilización en procedimientos penales de material que pueda obtenerse mediante el *uso de poderes obligatorios*, pero que tenga una existencia *independiente de la voluntad del sospechoso* (en este sentido, Saunders). Más concretamente, el derecho a no autoincriminarse no se aplica cuando se le obliga al sujeto a *soportar* la actividad probatoria del poder público. Se refiere el Tribunal, entre otros, a los documentos obtenidos en virtud de una orden judicial, muestras de aliento, sangre y orina y tejidos corporales a efectos de pruebas de ADN[359]. En ese sentido, por ejemplo, la prueba de alcoholemia no puede entenderse como una *declaración* contra uno mismo, pues se considera *independiente* de la voluntad del investigado[360].

---

respect of whom there was no suspicion and no intention to bring proceedings, the use of the coercive powers under the 1996 Order might well have been compatible with the right not to incriminate oneself".

359 Entre otras, vid. STEDH Saunders c. Reino Unido, 17 de diciembre 1996, Tol 123.777. En el mismo sentido, vid. Considerando 29 de la Directiva (UE) 2016/343 del Parlamento Europeo y del Consejo, de 9 de marzo de 2016, por la que se refuerzan en el proceso penal determinados aspectos de la presunción de inocencia y el derecho a estar presente en el juicio, Tol 5.660.646, que señala: "[e]l ejercicio del derecho a no declarar contra sí mismo no debe impedir a las autoridades competentes recabar las pruebas que puedan obtenerse legalmente del sospechoso o acusado mediante el ejercicio legítimo de poderes coercitivos, y que tengan una existencia independiente de la voluntad del sospechoso o acusado, como por ejemplo el material obtenido con arreglo a una orden judicial, el material respecto del que exista una obligación legal de retención o entrega a petición de la autoridad, como las muestras de aliento, sangre, orina y tejidos corporales para el análisis del ADN".

360 Sobre el particular, vid. PICÓN ARRANZ, A., "El derecho a la no autoincriminación en el procedimiento administrativo sancionador: un

Esta doctrina, empero, fue criticada por el juez MARTENS en su voto particular a la sentencia Saunders. La objeción se centra en la distinción que realiza el TEDH entre materiales que tienen una existencia independiente de la voluntad del acusado (que pueden ser utilizados en el proceso penal) y materiales obtenidos desconociendo la voluntad del acusado (que no pueden utilizarse). Según estima el juez, la Corte no justifica la diferenciación, ya que en ambos casos la voluntad del sospechoso no es respetada, en tanto que se le fuerza a provocar su propia condena. Además, entiende que el criterio propuesto no está exento de problemas porque ¿realmente se puede decir que los resultados de una prueba de alcoholemia tienen una existencia independiente de la voluntad del sospechoso? ¿y qué pasa con la contraseña de un sistema criptográfico que está oculta en la memoria del sujeto? En su opinión, en ningún caso se respeta la voluntad del acusado, porque es forzado a ocasionar su propia condena.

Ahora bien, siguiendo a AGUALLO AVILÉS y BUENO GALLARDO, lo que interesa poner de manifiesto el TEDH en este caso, es que las únicas pruebas materiales que no gozan de la protección del derecho contenido en el art. 6 CEDH son aquellas en las que el poder público ha obtenido el material obligando al sujeto a *soportar* o *tolerar* la actividad probatoria del poder público. Dicho de otro modo: el derecho a no autoincriminarse no se aplica solo cuando no se le obliga al sujeto a aportar prueba, sino también cuando *debe soportar la actividad probatoria del poder público*[361].

En definitiva, la clave está en distinguir entre la obligación de *aportar* pruebas por parte del acusado y el deber de *soportar* la ac-

---

estudio a la luz de la jurisprudencia del TJUE", *Revista de Estudios Europeos*, vol. 79, 2022, pág. 383.

361 AGUALLO AVILÉS, A., BUENO GALLARADO, E., "El contenido del derecho a no autoincriminarse: en especial, divergencias entre la jurisprudencia del Tribunal Constitucional y la del Tribunal Europeo de Derechos Humanos" en VILLAR EZCURRA, M. (dir.), *Estudios jurídicos en memoria de don César Albiñana García Quintana*, vol. II, Instituto de Estudios Fiscales, Madrid, 2008, pág. 1378.

tividad probatoria por parte del poder público. Esta distinción es crucial para entender la limitación que impone el derecho a no autoincriminarse.

3.2.2.3. La coacción "debida" e "indebida". Especial mención a los deberes legales de carácter limitado

El TEDH ha señalado que queda proscrito el uso de la coacción para lograr una declaración autoinculpatoria. Empero, de su jurisprudencia se deduce que es necesario distinguir la coerción "debida" de la "indebida". Para abordar esta diferenciación se analizará, en primer lugar, la Decisión Allen c. Reino Unido[362].

El 9 de mayo de 1991, la Agencia Tributaria constriñó a un sujeto para que aportase una declaración certificada de sus activos y pasivos a 31 de enero de 1991. En la citación se le advirtió de que el incumplimiento de la obligación le exponía a una multa, de conformidad con el art. 98.1 de la Ley de 1970. El 30 de octubre de 1991, el demandante —que seguía sin cumplir la orden— fue objeto de una "Hansard Warning". Finalmente, el 3 de abril de 1992 entregó la relación de bienes, tal y como exigía la advertencia. Tras la entrega, fue condenado por trece delitos de defraudación a la Hacienda Pública. La relación de bienes era falsa, engañosa y equívoca. Sin embargo, en este caso, como señala el TEDH, no se trataba de un ejemplo de *autoinculpación forzada*, sino de una infracción *autónoma*. No obvia el Tribunal que es posible que el demandante mintiera para evitar que la Agencia Tributaria descubriera su propia conducta delictiva y ello diera lugar a una sanción; ahora bien, el privilegio contra la autoinculpación *no puede ceder en el sentido de otorgar una inmunidad general frente a las acciones motivadas por el deseo del sujeto de eludir la investigación de las autoridades fiscales*[363]. Según señala, no toda medida tomada con el

---

362 Decisión Allen c. Reino Unido, de 10 de septiembre de 2002, Tol 9.091.104.

363 En parecido sentido se pronuncia el TJUE cuando afirma que cuando existe una obligación legal de colaborar con la actuación inspectora de

fin de alentar a los individuos a proporcionar a las autoridades información que pueda ser de utilidad en procesos penales ulteriores debe considerarse como una coacción *indebida*. En definitiva, la obligación de presentar una declaración de bienes a las autoridades fiscales no plantea ningún problema desde la óptica del art. 6.1 CEDH, aunque su incumplimiento conlleve una sanción y el solicitante sea multado por presentar una declaración falsa.

En esta línea, el TEDH viene excluyendo en ciertos grupos de casos, cuando se prevean en los ordenamientos nacionales determinados deberes, la vulneración del derecho del art. 6.1 CEDH. Lo propio ocurre en los supuestos de *infracciones a los titulares de vehículos por no facilitar información de los conductores en el momento de la infracción.*

Así, en el asunto Weh c. Austria, el demandante fue sancionado por no facilitar información que, según razona, podría haberle incriminado en el contexto de un procedimiento penal por exceso de velocidad[364]. Concretamente, fue condenado a una multa por haber facilitado informaciones inexactas al responder a la pregunta sobre la identidad del conductor de su vehículo. El precepto en cuestión fija la obligación del propietario del vehículo de facilitar los datos de los conductores y, por otro lado, tipifica como infracción *autónoma* el incumplimiento de tal deber. Sin embargo, como señala el Tribunal, ni en el momento en que se le pidió al demandante que revelara la identidad del conductor del vehículo ni posteriormente se instruyeron procedimientos contra él. En este caso, no había prueba que demostrase que el demandante se viera "sustancialmente afectado" como para considerar que se le "imputaba" el delito de exceso de velocidad; al contrario, se le exigió información *en calidad de propietario registrado del vehículo.*

---

la Administración, no entra en juego el derecho a no colaborar con la propia incriminación (vid. STJUE de 18 de octubre de 1989, caso Orkem). Con amplias citas jurisprudenciales del TJUE, vid. STS 277/2018, de 8 de junio (Sala II), Tol 6.634.012.

364 STEDH Weh c. Austria, 8 de abril 2004, Tol 362.365.

Además, solo se le pidió que declarara un *hecho simple*: quién era el conductor de su vehículo (algo que, en sí mismo, no tiene carácter incriminatorio). Por ello, en el presente caso, la relación entre la obligación del demandante, en virtud de la Ley sobre vehículos de motor, de revelar el nombre del conductor de su vehículo y un posible proceso penal contra él por exceso de velocidad era remota e hipotética[365]. Sin un vínculo —en palabras del Tribunal— "suficientemente concreto" con estos procedimientos, el uso de poderes obligatorios para obtener información no plantea problemas en relación con el derecho a guardar silencio y el privilegio contra la autoincriminación.

A pesar de que en este caso la solicitud de identificación del conductor también se solicita a causa de una infracción, la diferencia entre este supuesto y los casos Funke y Heaney y McGuiness radica en que en aquellos el procedimiento criminal fue "anticipado" (aunque no se había incoado formalmente, los demandantes fueron requeridos para que diesen información *potencialmente incriminatoria*). En Funke, las autoridades tenían "sospechas" concretas contra el investigado y en Heaney y McGuiness, los acusados habían sido detenidos por la "sospecha" de haber cometido un atentado terrorista.

También en el caso O'Halloran y Francis c. Reino Unido[366] se aborda una controversia similar. El Tribunal afirma que, hasta la fecha, se había declarado la violación del derecho a no autoincriminarse en todos los asuntos donde se había ejercido una "coacción directa" con el fin de obligar a un sospechoso (o potencial sospechoso) a proporcionar información que contribuye o puede

---

365 En el mismo sentido, vid. ALARCÓN SOTOMAYOR, L., "El adelanto excepcional a la inspección administrativa del derecho fundamental a no declarar contra sí mismo: casos y causas" en DÍEZ SÁNCHEZ, J. J. (coord.), *La función inspectora. Actas del VIII Congreso de la AEPDA*, INAP, Madrid, 2013, pág. 206.

366 STEDH O'Halloran y Francis c. Reino Unido, 29 junio 2007, Tol 9.084.374.

contribuir a su condena. No obstante, cualquier coacción no implica, automáticamente, una violación del art. 6 CEDH. El derecho a un juicio justo no tiene ciertamente ninguna excepción, lo cual no es óbice para admitir que la definición de este concepto *no tiene una regla única e invariable,* esta está al servicio de las circunstancias concretas de cada caso.

El requerimiento en cuestión se aplicó de conformidad con el art. 172 de la Ley de 1988, que prevé específicamente para el titular de un vehículo la obligación de proporcionar información sobre la persona que lo conduce. En ese sentido, el Tribunal recalca que quienes optan por poseer y conducir vehículos a motor *han aceptado determinadas responsabilidades y obligaciones* relacionadas con la conducción. Como es el caso, en el marco jurídico vigente en el Reino Unido estas responsabilidades engloban la obligación, cuando se supone que se ha cometido una infracción al Código de Circulación, de informar a las autoridades sobre la identidad de la persona que lo conducía. Lo que parece estar admitiendo el TEDH es que no se vulneró el derecho a no autoincriminarse porque los titulares del vehículo habían prestado su "consentimiento" para colaborar de manera implícita cuando lo adquirieron. Pero eso no es todo: la coacción ejercida se caracterizaba por el carácter *limitado* de la investigación que la policía estaba autorizada a realizar. En efecto, el art. 172.2 a) de la citada Ley solo entra en juego cuando el conductor de un vehículo es *sospechoso* de haber cometido una infracción y ello autoriza a la policía a solicitarle al titular información *únicamente respecto de la identidad del conductor.* Estos datos son s*ignificativamente más restrictivos* que los solicitados en casos anteriores y que habían sido sometidos a juicio del Tribunal. En aquellos, los demandantes estuvieron sometidos a requerimientos, derivados de la ley, para v.g., proporcionar documentos de *cualquier naturaleza* relacionados con las operaciones que afectaban al servicio de aduanas (Funke c. Francia)[367].

---

[367] Cabe señalar, por último, que en el caso Krumpholz c. Austria (STEDH Krumpholz c. Austria, 18 de marzo 2010, Tol 2.637.538) se planteó una

En definitiva, el TEDH, en este caso, ha tomado en cuenta que:

1. Los interesados habían sido informados de que, en tanto titulares de sus vehículos, debían comunicar el nombre y dirección de la persona que lo conducía y que la negativa a proporcionar dicha información constituía un delito.
2. Se trata de una coacción *directa* (la multa se impone en caso de negativa a proporcionar información), pero las personas que conducen vehículos saben que, al hacerlo, están sometidos a una normativa que conlleva responsabilidades.
3. La coacción ejercida se caracteriza por lo limitado de la investigación que la policía está autorizada a realizar. El artículo en cuestión únicamente entra en juego cuando el conductor de un vehículo es "sospechoso" de haber cometido una infracción y ello autoriza a la policía a solicitar información solo respecto de la identidad del conductor.

Respecto de la utilización del material obtenido mediante la declaración del sujeto, el Tribunal afirma que las palabras de O'Halloran —según las cuales él mismo estaba al volante de su vehículo— fueron admitidas como prueba y el interesado fue debidamente condenado por exceso de velocidad. Ahora bien, y aunque fuesen utilizadas, como señala el Tribunal de Estrasburgo, corresponde a las autoridades sancionadoras aportar la prueba de la infracción *más allá de toda duda razonable*. La identidad del conductor no es sino uno de los elementos constitutivos de la in-

---

controversia con relación a similares normas de tráfico. Ahora bien, en este caso, no había pruebas de que el conductor hubiese cometido la infracción. El demandante declaró no haber conducido el vehículo porque no había estado en Austria en el momento de la infracción y su coche era manejado por un considerable número de personas. La Corte no pudo determinar en este caso que la única solución "de sentido común" era identificarlo como conductor. En este caso, la Autoridad Independiente Administrativa invirtió inadmisiblemente la carga de la prueba de la acusación a la defensa.

fracción por exceso de velocidad, y está excluido que se dicte una sentencia de condena basándose exclusivamente en informaciones obtenidas a través del precepto en cuestión.

Esta postura del TEDH ha sido abiertamente criticada por la doctrina. Afirman AGUALLO AVILÉS y BUENO GALLARDO que se trata de un argumento que sorprende si se tiene en cuenta que la renuncia a un derecho se debe hacer de manera *expresa e inequívoca*[368]. Por otro lado, GARCÍA BERRO se pregunta si este razonamiento sería extrapolable a la obligación de entregarle al fisco los libros contables obligatorios. En otras palabras, si se podría pretender una interpretación tal, *mutatis mutandis*, en la obligación de aportar libros. A su modo de ver, las diferencias entre ambos supuestos son notables. En este último caso, la obligación de informar no recae sobre un "hecho objetivo ajeno a la voluntad del poder público", sino sobre una *circunstancia dependiente de una decisión discrecional de la autoridad fiscal*. Para el citado autor no cabe afirmar que el presupuesto de la obligación de informar, en este caso, se encuentre *siempre* delimitado en la ley. A mayor abundamiento, la información que ofrecen los libros es "abierto y heterogéneo" lo cual no invita a considerar —siempre según su parecer— que el objeto del requerimiento pueda estar predeterminado de antemano. En definitiva, pese a las aparentes semejanzas, no cree que quepa aplicarle a la entrega de documentación contable la solución que da la sentencia[369].

Lo interesante de esta resolución es que el TEDH justifica su decisión en la existencia de una ley previa que prefigura deberes para los titulares de vehículos. La argumentación del Tribunal pa-

---

368 AGUALLO AVILÉS, A., BUENO GALLARADO, E., "El contenido del derecho… cit. pág. 1374.

369 GARCÍA BERRO, F., "La reciente jurisprudencia de ámbito europeo acerca del derecho a no autoincriminarse y sus implicaciones en el procedimiento tributario interno", *Derecho de la Unión Europea y reformas en el Ordenamiento Jurídico Español*, Universidad de Huelva, Huelva, 2011, págs. 138 y 139.

rece remitir a la idea de que se está ante una coacción con previo fundamento, precisado por la ley, que determina la obligación de facilitar datos. Aunque mediara una compulsión directa había un *específico contexto* que obligaba a los conductores[370].

Ahora bien, pese a que el previo deber —como se determinará más adelante— es un elemento fundamental para requerir obediencia, no es un requisito suficiente para no estimar la quiebra al art. 6 CEDH. A esa idea parece remitir la jurisprudencia del TEDH cuando afirma que la petición de información ha de tener carácter *restrictivo*, a diferencia de los casos anteriores que habían sido sometidos a juicio del Tribunal y que habían resultado en una vulneración del art. 6 CEDH. Lo cual puede determinar que, en ciertos casos, la colaboración no implica una renuncia a un derecho, sino el *no ejercicio del mismo*[371]. Como señaló el TEDH en el caso Weh, lo elemental es que se trata de un *hecho simple*, donde no se renuncia a un derecho por ser propietario de un vehículo, sino que, cuando la autoridad requiere al titular para que identi-

---

370 STEDH Lückhof y Spanner c. Austria, 10 de enero 2008, Tol 1.238.490.

371 En contra, NÚÑEZ CASTAÑO, E., *El delito de enriquecimiento...* cit. pág. 68, quien afirma: "la existencia de una obligación legal (...) no puede determinar que la negativa a cumplirla se convierta en delito so pena de vulnerar el derecho a no declarar contra uno mismo y el derecho de defensa". La anterior autora, citando a DE LA MATA BARRANCO en su artículo sobre el delito del abandono del lugar del accidente, señala: "[a]certadamente afirma (...) respecto del castigo de estas conductas en las que, de forma genérica, el sujeto no colabora con la Administración de Justicia, "es que es su derecho..., o ¿es que también vamos a obligar al acusado a prometer o jurar verdad en sus declaraciones judiciales?". Ahora bien, el autor se está refiriendo al derecho de defensa, pero no a un supuesto donde media un deber legal que, en sí mismo, no tiene carácter incriminatorio (vid. DE LA MATA BARRANCO, N. J., "Delito de abandono del lugar del accidente (autoencubrimiento) y otros delitos, cuando menos, curiosos: una mala legislación penal", *Almacén de Derecho,* 2019. Disponible en: https://almacendederecho.org/delito-de-abandono-del-lugar-del-accidente-autoencubrimiento-y-otros-delitos-cuando-menos-curiosos-una-mala-legislacion-penal [última visita: 04/04/2024]).

fique al conductor, el sujeto está colaborando en una situación de hecho que, en sí misma, no implica una autoincriminación.

En definitiva, los anteriores razonamientos llevan a sostener que la orden ha de ser limitada, no relacionada directamente con un proceso punitivo posterior, y ello para no incurrir en las deficiencias que se produjeron en otros supuestos como particularmente en Funke.

3.2.2.4. El valor del silencio

En cuanto al valor del silencio, la posibilidad de tomarlo en consideración es admitida por el TEDH. En el caso Murray c. Reino Unido, el Tribunal de Estrasburgo estableció que, si bien el silencio no puede ser considerado en sí mismo como un indicio de culpabilidad, cuando los cargos de la acusación —corroborados a través de una sólida base probatoria— estén suficientemente acreditados, el Tribunal puede valorar la actitud silente del acusado[372]. La omisión de una explicación que solo el sujeto puede dar permite tomarlo en consideración. En definitiva, no es posible fundamentar una condena única o principalmente en el silencio del acusado[373], aunque ello no implica que no se pueda tener en cuenta cuando claramente se requiera de una explicación por su parte[374].

---

372 STEDH Murray c. Reino Unido, de 8 de febrero de 1996, Tol 8567274.

373 De un modo más extremo, señala LÓPEZ BARJA DE QUIROGA que: "el silencio del acusado no puede ser interpretado" (vid. LÓPEZ BARJA DE QUIROGA, J., "El derecho a guardar silencio y a no incriminarse", *Derechos procesales fundamentales*, CGPJ, Madrid, 2004, pág. 595).

374 Sobre el particular, con relación al valor del silencio, vid. HERRERA MOLINA, P. M., "Los derechos a guardar... cit. pág. 1091; ANEIROS PEREIRA, J., "El derecho a no declarar contra sí mismo y a no confesarse culpable a la luz de la jurisprudencia del Tribunal Europeo de Derechos Humanos", *Quincena Fiscal*, nº 17, 2002, pág. 14 y ORTEGO PÉREZ, F., "Consideraciones sobre el derecho del imputado a guardar silencio y su valor (interpretación jurisprudencial del *ius tacendi*)", *Diario la Ley*, nº 6418, 2006, pág. 10.

Esta opción interpretativa permanece invariable en el Libro Verde sobre presunción de inocencia. En el apartado dedicado al derecho al silencio, la Comisión Europea cita expresamente la sentencia Murray para advertir que el derecho al silencio no es absoluto y que pueden extraerse consecuencias negativas o desfavorables de él, aunque ello no implique que una condena se pueda basar en la negativa a declarar[375].

3.2.2.5. El artículo 438 bis del Código Penal a la luz de la jurisprudencia del Tribunal Europeo de Derechos Humanos

3.2.2.5.1. Premisas básicas

En las líneas que siguen se analizará, en abstracto, la compatibilidad de la previsión del art. 438 bis CP con los derechos reco-

---

375 Comisión Europea, *Libro verde. La presunción de inocencia,* Bruselas, 26 de abril de 2006, pág. 8. Sobre el particular, vid. MORENO CATENA, V., "Sobre la presunción de inocencia" en GÓMEZ COLOMER, J. L. (coord.), *El proceso penal en la encrucijada: homenaje al Dr. César Crisóstomo Barrientos Pellecer,* Universitat Jaume I, Servei de Comunicació i Publicacions, Castellón, 2015. Disponible en: https: //elibro.net/es/ereader/uji/117252?page=621 (última visita: 04/04/2024). También, REBOLLO VARGAS, R., "El derecho a guardar silencio, a no declarar contra sí mismo y a estar presente en el juicio: análisis y pautas interpretativas sobre algunas cuestiones de la Directiva (UE) 2016/343 del Parlamento Europeo y del Consejo, de 9 de marzo de 2016", *Cuadernos de Política Criminal,* nº 128, 2019, págs. 186 y ss. Como señala el autor, el Considerando 28 de la Directiva (UE) 2016/343 del Parlamento Europeo y del Consejo, de 9 de marzo de 2016, por la que se refuerzan en el proceso penal determinados aspectos de la presunción de inocencia y el derecho a estar presente en el juicio, añade un elemento de corrección: "[e]l ejercicio del derecho a guardar silencio o del derecho a no declarar contra sí mismo no debe utilizarse en contra de un sospechoso o acusado y no debe considerarse por sí mismo como prueba de que el interesado haya cometido la infracción penal en cuestión. Ello debe entenderse sin perjuicio de las normas nacionales relativas a la valoración de la prueba por parte de los jueces o tribunales, siempre que se respete el derecho de defensa".

nocidos en el art. 6 CEDH. En lo que ahora interesa, para abordar esta cuestión, se partirá de las siguientes premisas:

1. El razonamiento de la "ajenidad" no puede ser contrapuesto, como si fuera antagónico, al de la entrega de documentación patrimonial.
2. Existen deberes de carácter limitado y su cumplimiento no implica una vulneración del art. 6 CEDH.
3. El requerimiento ha de tener, en todo caso, carácter restrictivo.
4. El uso de la información derivada del requerimiento, pese a ser incriminatoria, no invalida siempre su eficacia en un proceso penal posterior.
5. El derecho al silencio no se ve afectado cuando se cumplan los anteriores requisitos.

3.2.2.5.2. El derecho a no autoincriminarse

Tomando como referencia el caso Saunders, se podría argumentar que la justificación patrimonial que prescribe el art. 438 bis CP implica una explicación que no existe con independencia de la voluntad del sujeto (a diferencia de las muestras de sangre u orina) y, por ende, resulta en una vulneración del art. 6 CEDH. Ahora bien, acoger el razonamiento de la "ajenidad" para contraponerlo con el de la entrega de documentación —cuando en ambos media *obligación previa*— resulta dudoso. Entregar documentación que alguien debe poseer por ley o someterse a una prueba de detección dispuesta por ley implica, esencialmente, lo mismo: una *colaboración*[376]. El razonamiento de la ajenidad tiene sentido

---

[376] NÚÑEZ CASTAÑO tampoco está de acuerdo en distinguir la participación activa de la pasiva: "[a] mi juicio, en el caso que se ha expuesto de participación pasiva, en realidad se está obligando o coaccionando al sujeto" (vid. NÚÑEZ CASTAÑO, E., *El delito de enriquecimiento*... cit. pág. 77 y LA MISMA, "Capítulo 2. Política criminal y Estado... cit. pág. 80).

en tanto que la Administración no puede realizar el hallazgo sino con esa técnica. Empero, con la entrega de documentación lo decisivo, para alcanzar un correcto entendimiento de lo que implica, no puede encontrarse en si su existencia es independiente o no de la voluntad del sujeto, sino en si *materialmente* la entrega de documentación posee carácter *incriminatorio.*

Se ha de partir, en lo que concierne al art. 438 bis CP, que el requerimiento a la autoridad para que acredite su patrimonio ha de ser considerado —acogiendo la terminología del TEDH— como una "coacción directa"[377]. El delito puede entenderse como una figura que refuerza, bajo compulsión, un deber que procede de un sólido cuerpo legal, fundamentado y orquestado para salvaguardar la función que ejerce el art. 103 CE y que se traduce en determinadas obligaciones de transparencia[378]. En este sentido puede verse el deber que establece la Ley 3/2015, de 30 de marzo, reguladora del ejercicio del alto cargo de la Administración General del Estado (Tol 4.788.42), de declarar bienes y derechos (art. 17)[379].

La Decisión Allen c. Reino Unido incide sobre esta última cuestión que, pese a que pueda resultar evidente, tiene una honda trascendencia. Si el sujeto autoridad, volviendo al art. 438 bis CP, *debe* declarar sus bienes —porque así lo establecen las leyes de transparencia— no puede sustraerse de esta obligación porque "considere" que cumpliendo con ella se estará autoinculpando. Por ende, no se comparte la opinión de quienes afirman en este contexto que, siempre y en todo caso, "no se puede exigir que nadie declare o aporte pruebas, datos o informaciones que puedan perjudicarle"[380] y ello porque el privilegio contra la autoincrimi-

---

377 En el mismo sentido, vid. VILLEGAS GARCÍA, M. A., "El nuevo delito de «enriquecimiento ¿ilícito?» del artículo 438 bis CP", *Diario la Ley,* nº 10278, 2023, s/n.

378 *Infra,* cap. IV, 2.2 y 4.2.

379 Ley que a su vez se fundamenta en el art. 105 CE.

380 NÚÑEZ CASTAÑO, E., *El delito de enriquecimiento...* cit. pág. 64, LA MISMA, "Sistemas penales comparados. España... cit. pág. 286 y LA MISMA, "Capítulo 2. Política criminal y Estado... cit. pág. 81.

nación *no cede* ante la voluntad de sustraerse de las acciones de las autoridades inspectoras del patrimonio. Como se ha dicho, determinadas personas asumen obligaciones inherentes a su condición, como la de declarar sus bienes y el deber inherente a la condición es uno de los argumentos que emplea el Tribunal para excluir la vulneración del art. 6 CEDH.

Con carácter general, y no en relación con el art. 438 bis CP, se dice que la anterior afirmación (basada en el establecimiento de deberes) podría abrir la puerta a que toda forma de autoinculpación se camuflase bajo una "obligación", lo cual desnaturalizaría el derecho a no autoinculparse. Señala GALBE TRAVER que el derecho a no autoincriminarse podría verse "burlado" si se incrementa la demanda de materiales obligatorios *ex lege*[381]. En parecido sentido GALLARDO ROSADO entiende que la normativa administrativa tendría capacidad para enervar un derecho fundamental[382].

Ahora bien, el hecho de que se trate de una compulsión o coacción directa no implica, directamente, una vulneración del art. 6 CEDH. Ello porque, en sentido inverso, la formulación de una obligación por el Derecho Administrativo presupone la tutela de un derecho o de un interés constitucionalmente legítimo[383]. Si ello es así, lógicamente la colisión con el derecho a no autoincriminarse debe plantearse en términos más armónicos. Cumplir con el deber de transparencia es una exigencia dimanante del art. 103 CE y, en ese sentido, el legislador habilita potestades para que, dentro del respeto a los principios y derechos constitucionales, la Administración esté en condiciones de hacer cumplir la normativa de transparencia, sancionando el incumplimiento de

---

381 GALBE TRAVER, G., "Cuatro tesis sobre el derecho a no autoincriminarse y los requerimientos documentales", *La Ley*, nº 4156, 2020, pág. 12.

382 GALLARDO ROSADO, M., *Los derechos a permanecer en silencio y a no declarar contra sí mismo*, Tirant lo Blanch, Valencia, 2022, pág. 145.

383 Sobre el principio de eficacia y necesidad de utilizar los medios idóneos para conseguir los fines perseguidos por el ordenamiento, vid. RIVERO ORTEGA, R., *El Estado vigilante*, Tecnos, Madrid, 2000, pág. 133.

este deber. Se tiene que analizar, pues, si la coacción es, utilizando la terminología del TEDH, "debida".

El punto de partida inexcusable para abordar esta problemática ha de partir de que, efectivamente, media un previo deber, y aunque sea necesario, *no es suficiente*, porque lo decisivo es tener en cuenta cuál es el tipo de dato cuya aportación se le solicita al sujeto, es necesario indagar en su contenido y exigencias. De no ser directamente inculpatorio se estaría alegando el inexistente ejercicio de un derecho para sustraerse de un deber. Para entrar en tan profunda cuestión se analizará, en abstracto, el contenido y las exigencias de este supuesto de justificación patrimonial. Se estudiará el fundamento de la obligación, su carácter y finalidad.

La obligación de rendición de cuentas que sostiene al art. 438 bis CP puede entenderse que se origina en el art. 103 CE y que a su vez se traduce en un cuerpo legal cual es la legislación en materia de transparencia (que sirve, en definitiva, al interés general). La finalidad última de estas disposiciones es la de procurar la rectitud patrimonial de quienes ejercen funciones públicas y la información que el sujeto ha de brindar, desde un primer acercamiento, tiene *carácter informativo*. En sí misma considerada, no tiene carácter incriminatorio, porque se trata de un hecho objetivo o "simple". La Administración tiene, en ese caso, como único objetivo obtener la información que requiere la ley y verificar que esa situación de hecho se ajusta a Derecho. Es una obligación no ligada por sí sola y directamente a un fin punitivo, porque cumplir con la obligación de colaborar no implica, necesariamente, la confesión de la infracción de "referencia"; la eventual infracción, en todo caso, se fundamentará en la no aportación de los datos exigidos.

Con carácter general, indican AGUALLO AVILÉS y BUENO GALLARDO que para indagar en el carácter incriminatorio de la colaboración hay que tener en cuenta cuál es el sustrato empírico de aquello que se le solicita al sujeto[384]. En relación con las

---

[384] AGUALLO AVILÉS, A., BUENO GALLARADO, E., "El contenido del derecho... cit. pág. 1396.

infracciones de tráfico, según entienden, la estadística y la experiencia enseñan que el titular del vehículo es quien lo conduce y, por ende, resulta dudosa la decisión del TEDH de considerar que el sujeto, en el caso Weh, no se viera "sustancialmente afectado" como para considerar que se le "imputaba" el delito de exceso de velocidad. Aunque esa fina distinción que proponen los autores podría ser discutida, de acogerse, ninguna de las pericias tiene como consecuente, en el caso del art. 438 bis CP, que el patrimonio injustificado de una autoridad tenga origen delictivo. Se trata de una infracción autónoma* vinculada a la *obligación legal de transparencia.* Y su carácter no incriminatorio, de nuevo, no solo se deduce del hecho de que se fundamente en un previo deber de transparencia —que por sí solo no sería argumento bastante— sino que se trata de un hecho *neutral* que no se utiliza con el fin de averiguar otro delito, cuyo hallazgo es, aunque posible, remoto y que requeriría, en todo caso, de la prueba *más allá de toda duda razonable* del origen delictivo de los bienes.

*Autónoma: la obligación de declaración patrimonial es independiente de cualquier otra obligación o de cualquier otra infracción y su incumplimiento no presupone otro ilícito distinto.

Distinto sería el caso en el que se dispusiese —y ahí sí se aceptarían las críticas de GALVE TRAVER y GALLARDO ROSADO— que el sujeto ha de determinar el *ilícito* del que trae causa su enriquecimiento (o que ha de determinar el origen *lícito* de su patrimonio porque se presume ilícito). En ese supuesto, la obligación sería impropia porque *materialmente* implicaría una autoinculpación forzada. Pero, desde un análisis abstracto de la figura, que es el único que puede acometerse ahora, este no tiene que ser el caso, sobre todo si se afirma que el patrimonio puede tener uno u otro carácter (lícito, ilícito o —aunque no convenza la terminología— "alegal") y ello es independiente de la figura del art. 438 bis CP.

Por otro lado, *lege lata*, la "complejidad del proceso" o el "interés público" tampoco están justificando la restricción del derecho a no autoincriminarse[385]. Esta afirmación hubiera implicado un *límite* de haberse adoptado una figura *pura* de "enriquecimiento ilícito" porque la *complejidad probatoria* era motivo justificante para incluir el delito en los ordenamientos nacionales.

Ahora bien, es preciso tener en cuenta que, conforme a la jurisprudencia del TEDH, existen límites en la facultad de exigir una justificación patrimonial y en la correspondiente imposición de sanciones en caso de incumplimiento. Dichos límites se encuentran, v.g., cuando medie una "sospecha" concreta contra el sujeto. En ese caso, se anula la posibilidad de requerir la justificación patrimonial. En términos prácticos, si la autoridad (sujeto activo del delito), es investigada por un delito de blanqueo de capitales, el órgano competente no puede emplear el requerimiento patrimonial como herramienta para fundamentar la condena por ese primer delito. En la jurisprudencia del TEDH se encuentra este límite cuando esta señala que la garantía es aplicable cuando el procedimiento criminal se anticipa, es decir, cuando, sin haberse iniciado formalmente, se solicita información que podría ser autoincriminatoria. Ello se evidencia muy claramente en casos como Funke, donde las autoridades tenían "sospechas" concretas contra el investigado[386], y en Heaney y McGuinness, donde los acusados habían sido detenidos ante la "sospecha" de haber perpetrado un acto terrorista y fueron compelidos a contestar preguntas sobre sus movimientos. En esta limitación se incidirá en el capítulo V[387].

Para salvaguardar la garantía del 6.1 CEDH, será necesario, en todo caso, que el órgano competente no actúe solicitándole al sujeto que justifique *todo su patrimonio o una parte exagerada de él.*

---

385 SSTEDH Saunders c. Reino Unido, 17 de diciembre 1996, Tol 123.777, y Heaney y McGuiness c. Irlanda, 21 de diciembre 2000, Tol 9.524.647.

386 En el caso Funke se constriñó al sujeto a probar las infracciones que supuestamente había cometido, porque los órganos tenían una *sospecha concreta* contra el solicitante (se *preveía* un procedimiento penal contra él, aunque no se hubiera incoado formalmente). Sobre el particular, vid. *supra* 3.2.2.1.

387 *Infra,* cap. V, 3.2.1.2.

La orden ha de ser *precisa* y *directa*, especificando la desproporción exacta de patrimonio que no se halla relacionada con la declaración de bienes que presentó la autoridad. La jurisprudencia del TEDH parece remitir a esa idea cuando afirma que los requerimientos han de tener carácter *restrictivo*. Por el contrario, si la orden es *amplia* y *heterogénea*, no cabrá entenderla como adecuada al art. 6.1 CEDH. De no ser así, sí podría afirmarse que la orden tendrá como potencial consecuente la autoinculpación forzada. Así se ha pronunciado el TEDH en el tan citado asunto Funke, donde se le requirió al sujeto "todo tipo de papeles y documentos de cualquier operación de interés para el departamento" o en J.B, donde se le exigían documentos que "pudieran ser relevantes" para el examen del cumplimiento de los deberes tributarios[388]. En definitiva, se trataba de requerimientos prospectivos, adoptados con el propósito de anticipar futuras eventualidades contra el sujeto.

En conclusión, como se ha dicho, lo anterior plantea un límite inexcusable en lo que se refiere al art. 438 bis CP. Los órganos competentes no deben solicitar, con órdenes abiertas o imprecisas, toda clase de material que pudiera servirles para fundamentar eventualmente un proceso penal ulterior. Con lo dicho, y teniendo en cuenta este carácter, no existe óbice para afirmar que la información, si presenta estas características, sea solicitada en procedimientos de inspección o supervisión administrativa, cuando recaiga sobre el sujeto un deber de colaboración[389].

---

388 Se resume toda esta doctrina en la STEDH O'Halloran y Francis c. Reino Unido, 29 junio 2007, Tol 9.084.374. Sobre el deber de suministrar información en actuaciones inspectoras y el derecho a no autoinculparse, vid. REBOLLO PUIG, M., IZQUIERDO CARRASCO, M., *Manual de la inspección de consumo (Con especial referencia a la inspección local)*, Ministerio de Sanidad y Consumo. Instituto Nacional del Consumo, Madrid, 1998, pág. 154.

389 Aunque quizá haya que replantear si debiera existir separación tan tajante entre las potestades de inspección y las sancionadoras, cuando el dato que se solicita al sujeto no tiene, en sí mismo, carácter incri-

Resta por analizar qué tratamiento merece el supuesto en el que la explicación que brinde el sujeto tenga *ex post* carácter inculpatorio. Hay quien entiende, a efectos del art. 438 bis CP, que el TEDH viene declarando que la Administración puede imponer coactivamente la obligación de suministrar información con el fin de mejorar la eficacia de la actividad inspectora, pero que "dicha información no puede utilizarse posteriormente en un proceso penal"[390]. Ahora bien, la jurisprudencia del TEDH no ha resuelto expresamente este concreto supuesto. Sobre lo dicho, se podría deducir de ella que, dado que no toda forma compulsión resulta automáticamente en una vulneración del derecho a no autoincriminarse[391], el uso posterior de la información en un procedimiento punitivo no tiene que implicar lesión alguna. Como ocurrió en O'Halloran. Obviamente, ello no obstará que los Tribunales de los Estados Parte consideren suficiente la sola colaboración del sujeto para condenarle por la infracción que él mismo haya revelado. En esta concreta cuestión se incidirá más profundamente en el capítulo IV[392].

3.2.2.5.3. El derecho al silencio

Pese a que en su momento la doctrina Murray había sido utilizada para fundamentar la inclusión de la figura del "enriquecimiento ilícito" en los términos que propuso la ONU[393], porque

---

minatorio. Cuestión esta última que será abordada *infra*, cap. IV, 5.3 y, particularmente, 5.3.1. Sobre el momento en que rige la garantía de no autoincriminación, y su exclusión en la llamada "información previa", vid. REBOLLO PUIG, M., "Potestades inspectoras y sancionadoras" en CARLÓN RUIZ, M. (dir.), *La Comisión Nacional de los Mercados y la Competencia*, Aranzadi, Pamplona, 2014, pág. 720 y nota 37.

390 MIRÓ ESTRADÉ, J., "El nuevo delito de enriquecimiento ilícito como forma de desobediencia (art. 438 bis CP)", *La Ley penal*, nº 161, 2023, pág. 4.

391 STEDH O'Halloran y Francis c. Reino Unido, 29 junio 2007, Tol 9.084.374.

392 *Infra*, cap. IV, 3.7.2.1.

393 Así, vid. Memoria Fiscalía Especial contra la Corrupción y la Criminalidad Organizada 2018 o *idem* 2021.

la *no justificación* podía servir como base corroborativa de la tesis argumental del Tribunal, adquiriendo así el estatus de una pseudo condición de procedibilidad, bajo la perspectiva del art. 438 bis CP, no se está valorando el silencio del acusado como algo que pueda sustentar, junto al incremento injustificado, la condena de la autoridad. Acoger la doctrina del caso Murray en ese sentido implicaría que la "no justificación" carece de valor material, algo que se descarta porque el delito se configura como una desobediencia[394].

Con todo, plantean algunas autoras, como NÚÑEZ CASTAÑO, que el delito del art. 438 bis CP implica una colisión frontal con el derecho al silencio. Ello porque, en su opinión, *se está criminalizando un derecho fundamental*. Merece, por lo tajante de su crítica, que sea transcrita:

> "[D]ebería abogarse por la derogación del nuevo precepto incluido por la LO 14/2022 en tanto que adolece de importantes cuestionamientos en relación con su constitucionalidad al incidir de manera directa y frontal en distintas manifestaciones del derecho de defensa. No puede obligarse a un sujeto a autoincriminarse ni a colaborar con la Administración, debe respetarse su derecho a guardar silencio y a no declarar, y la mera posibilidad de poder imponer una sanción penal por ejercitar estos derechos, resulta, en mi opinión, insostenible en un Estado de Derecho. Criminalizar el silencio no es la opción para luchar contra la corrupción (...). Castigar a quien calla o miente para evitar que se descubra que los bienes que posee se derivan de un hecho delictivo, no debiera resultar constitucionalmente posible (...). Otra opción no es posible en un Estado democrático de Derecho, a no ser que dejemos de serlo"[395].

Pese a que no se ignora que de haberse configurado el delito de "enriquecimiento ilícito" podrían haber prosperado críticas contra él, en este caso no se puede afirmar, al menos sin atisbo de duda, que se esté criminalizando el ejercicio de un derecho fundamental. La pasividad manifiesta —que puede ser una de las

---

394 *Infra*, cap. IV, 3.2 y 3.5.

395 NÚÑEZ CASTAÑO, E., *El delito de enriquecimiento*... cit. pág. 156.

formas que adopte la negativa abierta[396]— nada tiene que ver con que se criminalice el silencio. Si se parte, como se ha hecho, de que el tipo se estructura como una desobediencia, la discusión ha de plantearse en términos diversos.

El silencio puede servir, como se dijo, como *argumento corroborador de la tesis de la acusación*, pero no como prueba para sostenerla. Pero, en este caso, no resulta aplicable esta doctrina por la forma que adopta el delito. Si el sujeto autoridad, volviendo al art. 438 bis CP, *debe* declarar sus bienes —porque así lo establecen las leyes de transparencia— no puede sustraerse de esta obligación porque crea que cumpliendo con ella se estará autoinculpando o porque considere que el derecho al silencio le ampara. Estas garantías no ceden ante la voluntad de sustraerse de las acciones de las autoridades inspectoras del patrimonio.

Llevados los argumentos de NÚÑEZ CASTAÑO hasta el extremo, se ignoraría que la creación de un deber por parte del Derecho Administrativo implica, en esencia, la protección de un derecho o interés legítimo desde el punto de vista constitucional. Cumplir con la obligación de transparencia es un requerimiento del art. 103 CE. En consecuencia, el legislador otorga facultades a determinados órganos para que, respetando los principios y derechos constitucionales, puedan asegurar el cumplimiento de las leyes de transparencia, imponiendo sanciones cuando sea necesario.

En definitiva, el art. 438 bis CP, al menos en términos generales, no representa una renuncia a un derecho ni una suerte de "ponderación" entre preceptos constitucionales realizada por el legislador. Más bien, la justificación que ofrece la autoridad no es equiparable a una declaración y, por lo tanto, no se halla —como regla general— bajo el amparo del art. 6 CEDH. No se trata de dar prioridad al deber de transparencia sobre un derecho, sino que se trata de reconocer que la obligación de proporcionar información sobre el patrimonio no tiene que sacrificar el derecho

---

396 *Infra*, cap. IV, 3.5.

establecido en el art. 6 CE. Se solicita a la autoridad que proporcione una explicación porque tiene un previo deber establecido por la ley. Por tanto, el art. 438 bis CP tiene una naturaleza independiente respecto del resto de delitos contenidos en la parte especial del CP.

3.3. La jurisprudencia del Tribunal Constitucional

3.3.1. Planteamiento de la cuestión

El TC contempla el derecho a no declarar contra sí mismo y a no confesarse culpable como garantía instrumental del genérico *derecho de defensa,* al que le presta cobertura en su manifestación pasiva: la que se ejerce con la inactividad del sujeto sobre el que recae o puede recaer la imputación. En palabras del TC, estos derechos entroncan con una de las manifestaciones del derecho a la presunción de inocencia "en virtud de la cual la carga de la prueba en el proceso penal corresponde a la acusación, sin que pueda hacerse recaer en el acusado la obligación de aportar elementos de prueba que supongan una autoincriminación"[397].

Como ha destacado el Alto Tribunal, el derecho a no declarar contra sí mismo y a no confesase culpable otorga tutela frente a la *aportación de información autoinculpatoria que sea fruto de coerción o compulsión* y expande su protección a la utilización en procedimientos penales o sancionadores como prueba de cargo del material autoincriminatorio coactivamente aportado a los poderes públicos en cualesquiera otros procedimientos[398]. En este sentido, la garantía de no autoincriminación rige también en los procesos predisciplinarios seguidos para el esclarecimiento de los

---

[397] STC 21/2021, de 15 de febrero, Tol 8347253. En el mismo sentido, vid. GARCÍA ALBERO, R., "Artículo 24.2" en PÉREZ TREMPS, P., SAIZ ARNAIZ, A. (dirs.), *Comentario a la Constitución Española. Libro-Homenaje a Luis López Guerra. 40 Aniversario 1978-2018,* Tomo I, Tirant lo Blanch, Valencia, 2018, pág. 563.

[398] STC 276/2006, de 25 de septiembre, Tol 997599.

hechos[399], pero solo despliega sus efectos cuando la compulsión se proyecta sobre *el propio imputado o quien pueda llegar a serlo*[400]. En definitiva, y acogiendo la jurisprudencia del TEDH, lo relevante, según el TC, es el carácter coactivo de la aportación de información, independientemente del contexto procedimental en que se obtenga y el efecto incriminatorio que produzca o pueda producir en un proceso de naturaleza penal o sancionadora[401]. Por otro lado, como viene declarando el TC, con expresa invocación de la doctrina sentada en el caso Murray, puede justificarse que se extraigan consecuencias del silencio, cuando, existiendo pruebas incriminatorias objetivas al respecto, cabe esperar del imputado una explicación[402].

En lo que sigue, se analizará si el constreñir a un sujeto para que justifique sus bienes, en virtud de lo dispuesto en el art. 438 bis CP, podría contrariar el derecho a no declarar contra sí mismo y a no confesarse culpable o si, por el contrario, al menos en algu-

---

399 STC 142/2009, de 15 de junio, Tol 1.561.643.

400 STC 18/2005, de 1 de febrero, Tol 570.203. Sobre el particular, vid. NIETO MARTÍN, A., BLUMENBRG, A., "«Nemo tenetur se ipsum accusare» en el Derecho Penal Económico Europeo" en DÍEZ PICAZO, L. M., NIETO MARTÍN, A. (dirs.), *Los derechos fundamentales en el Derecho Penal Europeo,* Civitas, Madrid, 2010, pág. 412 y PALAO TABOADA, C., "El derecho a no autoincriminarse en el ámbito tributario" en ORTEGA MALDONADO, J. M. (coord.), *Justicia Tributaria y Derechos Humanos,* Universidad Nacional Autónoma de México. Instituto de Investigaciones Jurídicas, Ciudad de México, 2016, pág. 112.

401 STC 21/2021, de 15 de febrero, Tol8.347.253.

402 STC 202/2000, de 24 de julio, Tol 263.380. Con jurisprudencia sistematizada, vid. LÓPEZ ORTEGA, J. J., "Artículo 24. El derecho a no declarar contra sí mismo y a no confesarse culpable" en RODRÍGUEZ-PIÑEIRO Y BRAVO FERRER, M., CASAS BAAMONDE, M. E. (dirs.), *Comentarios a la Constitución Española,* Tomo I, Wolters Kluwer, Boletín Oficial del Estado, Tribunal Constitucional y Ministerio de Justicia, Madrid, 2018, pág. 835 y GARCÍA ALBERO, R., "Artículo 24.2" en BUSTOS GISBERT, R., SAIZ ARNAIZ, A. (dirs.), *Comentarios a la Constitución Española. En memoria de Pablo Pérez Tremps,* Tomo I, Tirant lo Blanch, Valencia, 2024, pág. 539.

nos casos, la justificación patrimonial no entra dentro del ámbito de protección de tales derechos. Para ello, se partirá del estudio de tres casos que se han planteado ante el TC y que pueden arrojar cierta luz. Concretamente, el del deber del conductor del vehículo de someterse a las pruebas de alcoholemia, el del propietario del vehículo a identificar al conductor infractor y, en último lugar, el del contribuyente obligado a aportar la información requerida por la inspección tributaria. Estos serán expuestos en atención a la *ratio decidendi* de cada uno de ellos: 1) la obligación de soportar diligencias de prueba y su diferencia con la aportación coactiva de información incriminatoria; 2) la aportación o exhibición de documentos y sus límites y, por último, 3) las infracciones autónomas ligadas a la obligación de colaborar con la Administración.

3.3.2. La justificación patrimonial en la jurisprudencia del Tribunal Constitucional

3.3.2.1. La obligación de soportar diligencias de prueba

Con relación al art. 380 CP (hoy art. 383 CP), hubo un enconado debate centrado en si la negativa a someterse a la prueba de impregnación alcohólica, que constituye un delito autónomo, contrariaba el derecho a no declarar contra sí mismo y a no confesarse culpable. El art. 380 CP en su redacción original de 1995, decía:

> "El conductor que, requerido por el agente de la autoridad, se negare a someterse a las pruebas legalmente establecidas para la comprobación de los hechos descritos en el artículo anterior, será castigado como autor de un delito de desobediencia grave, previsto en el artículo 556 de este Código".

Con base a pronunciamientos anteriores, como expuso de forma preclara el Alto Tribunal en la STC 161/1997, de 2 de octubre (Tol 80.785), con esta prueba, no se obliga al sujeto a emitir una declaración que exteriorice un contenido admitiendo su culpabilidad, sino a tolerar que se le haga objeto de una *especial modalidad de pericia de contenido incierto*, exigiéndole una colaboración *no equi-*

parable a la declaración comprendida en el ámbito de protección de los derechos proclamados en los arts. 17.3 y 24.2 CE[403]. No se

---

[403] En el mismo sentido se pronunciaban las SSTC 103/1985, de 4 de octubre, Tol 79.518 y 107/1985, de 7 de octubre, Tol 79.522. El TC reitera su doctrina en la STC 234/1997, de 18 de diciembre, Tol 80.856. Sobre el particular, vid. ALONSO RIMO, A., "El delito de negativa a someterse a las pruebas de detección de alcohol o drogas tóxicas desde la perspectiva de la reforma penal de 2007" en VIDALES RODRÍGUEZ, C. y MERA REDONDO, A. (coords.), *Seguridad Vial (Especial referencia a la reforma operada en el Código Penal mediante la Ley Orgánica 15/2007, de 30 de noviembre),* Tirant lo Blanch, Valencia, 2008, págs. 297 y ss.; GONZÁLEZ CUSSAC, J. L., VIDALES RODRÍGUEZ, C., "La reforma del Código Penal en materia de seguridad vial", *Revista Xurídica Galega,* nº 55, 2007, págs. 55-57; MARTÍN LORENZO, M., "Negativa a someterse a las pruebas de medición de alcohol o de detección de pruebas" en GUTIÉRREZ RODRÍGUEZ, M. (dir.), *Protección penal de la seguridad vial,* 2ª ed., Tirant lo Blanch, Valencia, 2013, págs. 306 y ss. y LA MISMA, "El delito de negativa a someterse a las pruebas de alcoholemia como delito contra la seguridad vial. Consecuencias para su aplicación", *Diario la Ley,* nº 7451, 2010, pág. 6 y TRAPERO BARREALES, M. A., "Los delitos contra la seguridad vial. Una valoración crítica desde la vigencia de los principios limitadores del Ius puniendi" en LUZÓN PEÑA, D. M. (dir.), *Derecho Penal del Estado social y democrático de Derecho: Libro homenaje a Santiago Mir Puig,* La Ley, Madrid, 2010, pág. 880. También puede verse, LASCURAÍN SÁNCHEZ, J. A., "Art. 380" en RODRÍGUEZ MOURULLO (dir.), *Comentarios al Código penal,* Civitas, Madrid, 1997, pág. 1042. En su día, con respecto a la anterior doctrina del TC, hubo voces críticas que calificaron la conclusión del Alto Tribunal como "formalista" y que señalaron que "la sumisión obligatoria a la misma [a la prueba de alcoholemia] supone un acto de colaboración por su parte en el descubrimiento de su culpabilidad y, por tanto, implica una autoincriminación, por más que él mismo en el acto de la detención no declare nada" (vid. MAQUEDA ABREU, M. L., "Exigibilidad y derecho a no declararse culpable", *Anuario de Derecho Penal y Ciencias Penales,* Tomo 44, Fasc/Mes 1, 1991, pág. 35). En sentido contrario, se ha sostenido que no se puede invocar válidamente el derecho a no autoincriminarse no porque se trate de una modalidad de pericia de resultado incierto, sino porque en estos casos no se requiere que el sujeto aporte una "prueba" sino que, por el contrario, lo que debe es *soportar o tolerar la actividad*

trata, pues, de actuaciones encaminadas a obtener del sujeto el reconocimiento de determinados hechos y todo ello con independencia de que su mecánica concreta *no requiera de un comportamiento exclusivamente pasivo.* La garantía de no autoincriminarse se refiere, únicamente, a las contribuciones de contenido *directamente incriminatorio.* Dice expresamente el Tribunal: "(…) las garantías frente a la autoincriminación se refieren en este contexto solamente a las contribuciones del imputado o de quien pueda razonablemente terminar siéndolo y solamente a las contribuciones que tienen un contenido directamente incriminatorio".

Con el análisis del delito de desobediencia por negarse a someterse a pruebas de detección de alcohol y otras sustancias, el TC realizó una delimitación "negativa" del derecho a no declarar contra sí mismo y a no confesarse culpable, excluyendo de su ámbito de tutela las situaciones en las que *no se obliga al sujeto a emitir una declaración que exteriorice un contenido inculpatorio*[404]. Distinguió la aportación coactiva de información *incriminatoria,* que resulta protegida por esta garantía, y la obligación de "soportar diligencias de prueba". En ese escenario, no cabe catalogar el sometimiento a estas actuaciones de control o indagación como una "verdadera declaración". Añade el Tribunal que no solo no suponen una autoincriminación, sino que constituyen el *mandato típico de un delito específico de desobediencia* respecto del cual carece de sentido plantear la negativa al sometimiento a las pruebas no como delito *per se,* sino como acto de autoincriminación.

También advierte el TC que la obligación tiene su origen en la evidente legitimidad de este tipo de actuaciones por parte de los poderes públicos, como las de indagación o control de la policía judicial para la detección de la comisión de delitos o las que corresponden a la función de supervisión de la Administración

---

probatoria de quien tiene la carga de probar (vid. AGUALLO AVILÉS, A., BUENO GALLARADO, E., "El contenido del derecho… cit. pág. 1399).

404 Reitera su propia doctrina en la STC 21/2021, de 15 de febrero, FJ 4°, Tol 8347253.

de aquellas actividades —aunque lícitas— que conllevan peligro cuando se desarrollan en el marco del riesgo permitido por el ordenamiento. Como contrapartida de la permisión del riesgo circulatorio, se exige un correlativo *deber de soportar* y *colaborar* en estas actuaciones.

Frente a la sentencia, no obstante, se formularon dos votos particulares. El segundo de ellos, firmado por el magistrado RUIZ VADILLO, con adhesión del magistrado GARCÍA-MON, entendía que el tipo penal obligaba a una persona a colaborar con la acusación para descubrir la verdad en términos incompatibles con el derecho de defensa; cuestión distinta —afirmaba— sería que el juzgador obtuviese determinadas conclusiones de dicha negativa.

Con todo, y pese a las críticas que en su día se le opusieron al mentado artículo[405], lo que hasta ahora se puede afirmar sin ambages es que la doctrina del TC limita el ámbito de aplicación de este derecho a declaraciones o testimonios que tengan un *inequívoco contenido incriminatorio*[406].

3.3.2.2. La aportación o exhibición de documentos y sus límites

La problemática que presenta el art. 438 bis CP frente a las pruebas de detección no es exactamente coincidente: en un caso se le exige al sujeto someterse a una prueba de alcoholemia (con

---

405 MARTÍNEZ RUIZ, J., "La negativa a la prueba de alcoholemia: el artículo 380 del Código penal (vicisitudes jurisprudenciales de un delito poco afortunado: el artículo 380 del CP de 1995)", *Revista de Derecho Penal*, nº 7, 2002, pág. 76; SÁNCHEZ LÁZARO, F. G., "¿Pronunciamiento inconstitucional del Tribunal Constitucional? Recensión a Gloria Patricia Lopera Mesa, Principio de proporcionalidad y ley penal, Centro de Estudios Políticos y Constitucionales, Madrid, 2006, 661 págs.", *InDret*, nº 3, 2007, pág. 14 y CARMONA SALGADO, C., "Delitos contra la seguridad del tráfico" en COBO DEL ROSAL, M. (coord.), *Derecho Penal español. Parte Especial*, Dykinson, Madrid, 2004, pág. 800.

406 GOYENA HUERTA, J., "Los derechos a no declarar contra sí mismo y a no confesarse culpable", *Actualidad Jurídica Aranzadi*, nº 476, 2001, pág. 3.

una dificultad si no mayor, distinta[407]) y, en el segundo caso, a presentar documentación acreditativa del patrimonio. Ahora bien, el TC, en la STC 76/1990, de 26 de abril (Tol 80368), se pronunció respecto de la sanción por *omitir la obligación de colaborar con la Administración tributaria, por no aportar pruebas y documentos contables y la negativa a su exhibición.* La STC 161/1997, con referencia a la STC de 1990 precitada, de cierta forma, *equiparaba ambos supuestos de hecho* —alcoholemia y el presente— y decía que en ninguno de ellos se estaba ante una declaración de voluntad ni ante una declaración que exteriorizara un contenido admitiendo la culpabilidad[408].

Resulta menester, para comprender el contexto en el que se pronunció el Alto Tribunal, reproducir cuál era el contenido del precepto en cuestión. El párrafo tercero del entonces art. 83 LGT señalaba:

> "3. Serán sancionados con multas de 25.000 a 1.000.000 de pesetas:
>
> (...)
>
> f) La falta de aportación de pruebas y documentos contables o la negativa a su exhibición"[409].

La Sala Tercera, quien planteó la cuestión de inconstitucionalidad que resultó en la STC 76/1990, no discutía la presencia de un genérico deber de colaboración del contribuyente con la Administración tributaria, pero encontraba un *límite* a esa concreta obligación en el derecho a no autoincriminarse. Eran dos los

---

407 SÁNCHEZ-VERA GÓMEZ-TRELLES, J., *Variaciones sobre la presunción de inocencia. Análisis funcional desde el Derecho Penal*, Marcial Pons, Madrid, 2012, pág. 39.

408 PALAO TABOADA, C., "El derecho a la no autoinculpación en el ámbito tributario: una revisión", *Revista española de Derecho Financiero*, nº 159, 2013, págs. 23-52 y HERRERA MOLINA, P. M., "Los derechos a guardar… cit. págs. 1090 y ss.

409 Redacción dada por la Ley 10/1985, de 26 de abril, de modificación parcial de la Ley General Tributaria (disposición derogada).

derechos fundamentales que consideraba afectados: el derecho a no confesarse culpable y el derecho a la presunción de inocencia. De la conexión entre ambos deducía lo que podía considerarse como un *genérico derecho a la reserva de datos frente a la Administración tributaria*[410].

En primer lugar, el TC enfatizó que una actividad inspectora eficaz es esencial para lograr un “sistema tributario justo”, tal como propugna el art. 31 CE. El legislador debe, por esa razón, proveer potestades o instrumentos que, respetando los derechos fundamentales, permitan a la Administración hacer efectivo el cobro de las deudas tributarias y sancionar los incumplimientos. Aquí, el TC reconoció que la investigación podía conducir a la obtención de elementos probatorios de que el contribuyente había defraudado al fisco, pero aclaró que ello no exigía del contribuyente demostrar su inocencia, sino simplemente cumplir con el “deber de aportar datos para la investigación”. Sin la colaboración del contribuyente y la aportación de datos de alcance económico, la labor inspectora resultaría inoperante.

Afirma el TC, acogiendo el criterio de la Abogacía del Estado, que el art. 83.3 f) LGT no es, en realidad, más que una garantía del cumplimiento de los deberes formales de los sujetos pasivos que se enuncian en la propia ley: llevar y conservar los libros de contabilidad, registro y demás documentos y proporcionar a la Administración tributaria los datos, informes, antecedentes y justificantes que tengan relación con el hecho imponible[411]. En otras

---

410 Sobre el particular, vid. PARADA VÁZQUEZ, J. R., “Estudio preliminar” en LOZANO CUTANDA, B., *La extinción de las sanciones administrativas y tributarias,* Marcial Pons, Madrid, 1990, pág. 15 y GARBERÍ LLOBREGAT, J., “Derechos fundamentales de incidencia penal y procesal en la sentencia del Pleno del Tribunal Constitucional de 26 de abril de 1990, sobre constitucionalidad de determinados preceptos de la Ley General Tributaria”, *Revista Xurídica Galega,* nº 18, 1990 págs. 218 y 219.

411 En este sentido, FERNÁNDEZ RAMOS diferencia entre el requerimiento de entrega de documentos cuya tenencia y conservación sea obligatoria de otros requerimientos de información respecto de los cuales

palabras, la disposición implica el cumplimiento de un deber que se enuncia en la LGT, pero —y he aquí lo determinante— la Sala cuestionante parte en su razonamiento de una equívoca comprensión de lo que supone aportar documentos contables, porque no son equiparables a una declaración. El Tribunal identifica este supuesto (en cuanto a sus consecuencias) con el deber del ciudadano de someterse a las pruebas de detección alcohólica:

> "(...) **Del mismo modo que el deber del ciudadano de tolerar que se le someta a una especial modalidad de pericia técnica verbi gratia, el llamado control de alcoholemia)** no puede considerarse contrario al derecho a no declarar contra sí mismo y al de no declararse culpable (SSTC 103/1985, 145/1987, 22/1988, entre otras muchas), cuando el contribuyente aporta o exhibe los documentos contables pertinentes **no está haciendo una manifestación de voluntad ni emite una declaración que exteriorice un contenido admitiendo su culpabilidad**"[412].

Como exponen AGUALLO AVILÉS y GARCÍA BERRO, prácticamente toda la doctrina coincide —en contra de su criterio— en el diagnóstico del problema: cuando a un obligado tributario se le reclama información que tiene trascendencia tributaria y punitiva *se produce una colisión entre el deber de contribuir al sostenimiento de los gastos públicos establecido en el art. 31.1 CE y el derecho a no declarar*

---

el sujeto no tiene obligación. En este último caso, según entiende, sí se plantea un límite infranqueable desde la óptica del principio de no autoincriminación (vid. FERNÁNDEZ RAMOS, S., *La actividad administrativa de inspección. El régimen jurídico general de la función inspectora,* Comares, Granada, 2002, págs. 319 y 320).

412 Negrita añadida. Sobre el particular, vid. GARCÍA NOVOA, C., "Una aproximación del Tribunal Constitucional al derecho a no autoinculaparse ante la Inspección Tributaria en relación con los delitos contra la Hacienda Pública", *Jurisprudencia Tributaria Aranzadi,* nº 53, 2005. Critica esta doctrina BOIX REIG, porque entiende que se responsabiliza penalmente a quien se niega a colaborar voluntariamente y cuya colaboración puede ser incriminatoria (vid. BOIX REIG, J., "Cuestiones relativas al proceso penal por delito fiscal" en VV.AA., *Principios, derechos y garantías constitucionales del régimen sancionador tributario,* Instituto de Estudios Fiscales, 2001, págs. 133 y ss.).

contra sí mismo garantizado en el art. 24.2 CE[413]. Ante esta (supuesta) "inevitable situación" la cuestión que se trata de resolver es la de cuál debe prevalecer. Solo la respuesta a tal pregunta difiere: los más, consideran que es el derecho a no declarar contra sí mismo

---

413 AGUALLO AVILÉS, A., GARCÍA BERRO, F., "Deber de colaborar con la Administración Tributaria y derecho a no autoincriminarse: un conflicto aparente", *El Asesor Fiscal ante el nuevo siglo, Asociación Española de Asesores Fiscales,* 2000, pág. 86. Así parece pronunciarse SOLER ROCH cuando dice que el TC pretende buscar "[un] punto de equilibrio entre los deberes tributarios y los derechos individuales, de modo que la protección de éstos no convierta el cumplimiento de aquéllos en papel mojado o, por el contrario, dicho cumplimiento se convierta en una patente de corso que desconozca sistemáticamente la protección de dichos derechos (...). [El Tribunal] se enfrentó con el tema de fondo y abogó, en caso de conflicto, por la primacía del deber de contribuir" (vid. SOLER ROCH. M. T., "Deberes tributarios y derechos humanos", *Revista Técnica Tributaria,* nº 30, 1995, pág. 103). También GARCÍA AÑOVEROS afirma que el TC "se debate entre el sacrosanto deber de tributar y las garantías de los sujetos" (vid. GARCÍA AÑOVEROS, J., "Una nueva Ley General Tributaria. Problemas constitucionales", *Revista española de Derecho Financiero,* nº 90, 1996, pág. 222) o GARCÍA LLOVET opina que el TC se guía en esta sentencia por un "discurso finalista" para la consecución de eficaces objetivos en la gestión tributaria frente a derechos constitucionalizados (vid. GARCÍA LLOVET, E., "El principio de no autoinculpación en el procedimiento administrativo sancionador", *Revista Xurídica Galega,* nº 18, 1998, págs. 52 y 53). En el mismo sentido, vid. LAGO MONTERO, J. M., "Procedimiento sancionador separado del procedimiento de liquidación tributario: reflexiones sobre el derecho a no autoinculparse", *Impuestos: Revista de doctrina, legislación y jurisprudencia,* nº 2, 1999, pág. 1189; PONT CLEMENTE, J. F., "Separación, en vía de comprobación e investigación por la inspección tributaria, del procedimiento de liquidación respecto del procedimiento sancionador", *Revista Técnica Tributaria,* nº 27, 1993, pág. 80 y RODRÍGUEZ MARQUETA, E., "El derecho a guardar silencio" en ORTIZ PRADILLO, J. C., ABELLÁN ALBERTOS, A. (dirs.), *El derecho de defensa en la justicia penal digital,* Tirant lo Blanch, Valencia, 2024, pág. 274. Sobre las distintas posturas, vid. AGUALLO AVILÉS, A., GARCÍA BERRO, F., "Deber de colaborar con... cit. pág. 86 y ALARCÓN SOTOMAYOR, L., "El adelanto excepcional a... cit. pág. 202.

el que debe primar; los menos, la protección del interés a una recaudación justa.

En contra de este generalizado criterio, los anteriores autores consideran que la pregunta está desenfocada. Cuando la Administración tributaria exige información en el curso de un procedimiento de gestión ello no contraría el 24.2 CE, sino que resulta del interés público tutelado en el 31.1 CE[414]. Y en ese sentido, no cabe más que adherirse a la tesis de la ausencia de conflicto, porque, en efecto, el TC no está haciendo, en el presente caso, una labor de "ponderación" entre el derecho a no declarar contra sí mismo y a no confesarse culpable y el deber de colaborar que se deduce del art. 31.1 CE, sino que el deber de presentar documentación acreditativa de una determinada situación tributaria, en un proceso de gestión, *no se encuentra bajo el amparo del derecho a no declarar contra sí mismo y a no confesarse culpable.* El TC determinó el contenido de ambos derechos y, precisamente, lo que señala es que no está comprometido el derecho, con lo que difícilmente puede haber conflicto[415]. Así, pues, el deber de facilitar datos a la Administración tributaria no implica una confrontación y sacrificio del derecho reconocido en el art. 24.2 CE. Ello porque, como señala DE OTTO Y PARDO, *una limitación que desconozca un derecho, por definición, nunca puede estar justificada*[416].

---

414 AGUALLO AVILÉS, A., GARCÍA BERRO, F., "El deber de colaborar con la administración tributaria y el derecho a no autoincriminarse. Un análisis crítico de la cuestión a la vista de la jurisprudencia europea y norteamericana", *Rivista di Diritto Tributario Internazionale*, nº 1, 2001, pág. 267.

415 En este sentido, también, y con respecto al derecho a la intimidad, vid. AGUALLO AVILÉS, A., "Aproximación al contenido constitucional de los derechos a la intimidad y a no autoincriminarse: una interpretación constitucional de las SSTC 110/1984 y 76/1990", *Quincena Fiscal*, nº 21-22, 2003, pág. 33. También, vid. GÓMEZ TOMILLO, M., "Los derechos a no declarar contra sí mismo, a no declararse culpable y a guardar silencio en procedimientos de inspección o supervisión administrativa previos a un procedimiento sancionador o penal", *Estudios Penales y Criminológicos*, nº 42, 2022, págs. 5 y 6.

416 DE OTTO Y PARDO, I., "La regulación del ejercicio de los derechos y libertades. La garantía de su contenido esencial en el artículo 53.1 de la

En definitiva, cuando la solicitud de información no tiene como objetivo sancionar al sujeto, sino que busca proteger un interés constitucionalmente legítimo, no existe un genérico derecho a no proporcionarla. Ello porque:

1. La aportación de documentos ex art. 83.3 f) LGT no equivale a una "declaración" en el sentido del art. 24.2 CE, dado que no implica una manifestación de voluntad.
2. No media, en virtud del art. 24.2 CE, un genérico derecho a la reserva de datos que permita hacer inefectivo el deber de contribuir.

En resumen de lo anterior, el derecho a no declarar contra sí mismo y a no confesarse culpable despliega sus efectos en el proceso penal o en actuaciones dirigidas a la eventual determinación de responsabilidades penales y, además, con el fin de garantizar que nadie se vea obligado a declarar en su contra[417]. No obstante, la obligación de aportar o exhibir los documentos contables *pertinentes* no supone una manifestación de voluntad ni la emisión de una declaración que exteriorice un contenido admitiendo la culpabilidad del sujeto como —y en palabras del TC— tampoco lo sería la obligación de someterse a determinadas pericias técnicas como la expiración de aire a través de un etilómetro[418].

3.3.2.3. Las infracciones autónomas ligadas a la obligación de colaborar con la Administración

La STC 197/1995, de 21 de diciembre (Tol 82.934), examinó la adecuación constitucional del art. 72.3 de la anterior Ley sobre Tráfico, Circulación de Vehículos a Motor y Seguridad Vial (en adelante, ALTSV). Esta disposición imponía al titular del vehículo con el

---

Constitución" en MARTÍN RETORTILLO, L. y DE OTTO Y PARDO, I. (eds.), *Derechos fundamentales y Constitución*, Civitas, Madrid, 1988, págs. 122 y 123.

417 En este sentido, vid. ATC 40/2003, de 10 de febrero, Tol 9346249.

418 STC 76/1990, de 26 de abril, Tol 80368.

que se había cometido una supuesta infracción de tráfico el deber de identificar, a requerimiento de la Administración, a la persona que lo conducía. Se optaba por la tipificación de una infracción *autónoma*, para la oposición a esa obligación de colaborar con la Administración. El numeral tercero del citado precepto decía:

> "3. El titular del vehículo, debidamente requerido para ello, tiene el deber de identificar al conductor responsable de la infracción y si incumpliere esta obligación en el trámite procedimental oportuno sin causa justificada, será sancionado pecuniariamente como autor de falta grave"[419].

Los órganos judiciales promotores de la cuestión de inconstitucionalidad indicaron que el deber de identificación que se le imponía al titular del vehículo lo situaba en una tensa posición. Debía optar entre declararse responsable de la infracción de tráfico o enfrentar una sanción por no cumplir con dicho deber. Esta situación la consideraban contraria al derecho a no declarar contra sí mismo y a no confesarse culpable.

En respuesta a las cuestiones planteadas, en primer lugar, el TC señaló que el precepto configuraba un *deber* de colaboración resultante del hecho de ser titular de un vehículo, condición que comportaba una serie de obligaciones. La lógica consecuencia de la "disponibilidad continuada" del mismo entrañaba una serie de deberes y, entre ellos, la de saber la persona que lo manejaba en un determinado momento. Ello se debía, esencialmente, al riesgo potencial que la utilización de un automóvil entrañaba para la vida, integridad y salud de las personas.

A diferencia de la obligación de someterse a las pruebas de alcoholemia o de la aportación de documentación dentro del procedimiento tributario, según el Tribunal, aparentemente, en este caso, se obligaba al titular a identificar al conductor que había

---

419 Cabe decir, no obstante, y como señala la sentencia del Alto Tribunal, que este precepto tenía una defectuosa redacción, porque imponía el deber de identificar al "responsable" de la infracción.

cometido la supuesta infracción de tráfico, se le compelía a hacer una declaración que exteriorizaba un contenido relativo a su *identidad.* Empero, según el TC, el art. 72.3 ALTSV no conminaba al titular del vehículo a *declarar* sobre la infracción de tráfico, sino únicamente a *comunicar* a la Administración el nombre del conductor del vehículo. En ese sentido, el Tribunal afirmó que no se podía confundir el cumplimiento de un deber legal de colaborar con la obligación de confesar conductas delictivas. En otras palabras, aunque concurrieran en una misma persona la condición de conductor y propietario, no se le imponía al sujeto el deber ni de efectuar declaración alguna sobre la infracción, ni de autoinculparse, sino únicamente la de informar sobre la identidad de quien lo conducía[420]. En conclusión, el deber de colaboración que al titular del vehículo se le asignaba *no suponía la realización de una manifestación de voluntad ni la emisión de una declaración que exteriorizase un contenido inculpatorio*[421].

El Tribunal, tras este razonamiento, desestimó las cuestiones de constitucionalidad. No obstante, frente a la sentencia, el magistrado GIMENO SENDRA formuló un voto particular, al que se adhirió MENDIZÁBAL ALLENDE, considerando que el fallo debía haber sido estimatorio. En el voto se argumentaba que el

---

420 En este sentido, vid. NIETO MARTÍN y BLUMENBERG criticaron que, con claro desconocimiento de la doctrina fijada en Saunders, el TC seguía aferrado a un concepto "hiperrestrictivo y formalista" de confesión (vid. NIETO MARTÍN, A., BLUMENBRG, A., "«Nemo teneturo se ipsum... cit. pág. 412).

421 Amplia y críticamente, vid. MARTÍN VALDIVIA, S., "El derecho a no declarar contra sí mismo y a no confesarse culpable en el procedimiento sancionador administrativo. Doctrina Constitucional (a propósito de las Sentencias del Tribunal Constitucional 154/1994, 197/1995 y 8/1996)", *Poder Judicial*, nº 54, 1999, págs. 589 y ss. El autor entiende que se trata de una sentencia que facilita la labor investigadora de la Administración, pero con argumentos jurídicos de discutible consistencia. Considera que el TC peca de *cándido* cuando razona que la colaboración que se exige no implica la autoinculpación del conductor del vehículo.

sujeto pasivo del deber de identificación, según las normas, es el conductor responsable de la infracción. Si este coincide con el titular del vehículo, el cumplimiento de la obligación implica un acto de autoincriminación. Esa autoincriminación, que se realiza tras la comisión de un ilícito administrativo y dentro de un procedimiento sancionador, debe respetar absolutamente el derecho fundamental a no declarar contra uno mismo y a no confesarse culpable, derecho que es plenamente aplicable en todo procedimiento sancionador.

En la misma línea que el voto, AGUALLO AVILÉS y BUENO GALLARDO entienden que no es cierto que cuando el poder público reclama al propietario de un vehículo que identifique a quien lo conduce en el momento de la infracción no exista una "acusación en materia penal", esto es, que el propietario no esté materialmente imputado en un procedimiento penal. La doctrina que ha venido manteniendo el TC, a juicio de ambos autores, es "tramposa", "contradictoria" e "innecesaria". Es "tramposa" porque dicho procedimiento no tiene otra finalidad más que la de sancionar. La experiencia —o, si se prefiere, la estadística— enseña que el titular del vehículo es quien lo conduce y es difícil sostener que cuando se le interroga a un sujeto en estos términos no está *materialmente acusado*. Por otra parte, es "contradictoria" con otros pronunciamientos del TC, porque en la STC 45/1997, de 11 de marzo (Tol 83188)[422], la Sala Primera determinó que no se podía obligar a colaborar con la Administración a un sujeto titular de un barco para que identificase al piloto en el momento de la in-

---

422 La sentencia señala: "[t]ampoco la conducta del recurrente, negándose a colaborar con la Administración en la identificación del piloto de su barco en el momento de ocurrir los hechos objeto de la sanción administrativa, es suficiente para destruir la presunción de inocencia que, como derecho fundamental, le protege y tutela. Nadie está obligado a declarar contra sí mismo" (FJ 7°). En el mismo sentido, vid. BANACLOCHE PALAO, J., "El derecho a ser informado de la acusación, a no declarar contra uno mismo y a no confesarse culpable", *Cuadernos de Derecho Público*, n° 10, 2000, pág. 196.

fracción. Por último, es "innecesaria" porque en este caso se podía haber aplicado la doctrina sentada en el caso Murray c. Reino Unido. La prueba reunida le permitía al poder público formular una pregunta que requería una respuesta por parte del sujeto de forma que, si se hubiera eludido, como cuestión de "sentido común", se podía inferir, junto a otros factores, que era el sujeto infractor[423].

No obstante, es importante destacar que lo decisivo está, en este caso, en la clase de información que se le solicita al sujeto y en la relación que este tiene con la Administración. El precepto establece únicamente la obligación de colaborar proporcionando la identificación del conductor y ello no implica una responsabilidad real y efectiva por las infracciones que se hayan podido cometer. En este concreto contexto, no se está renunciando a un derecho simplemente por ser propietario de un vehículo; más bien, cuando la autoridad le solicita al titular que identifique al conductor, este está colaborando en una situación que el sujeto ha asumido, pero que implica una actividad "neutral": la solicitud de identificación está relacionada con el cumplimiento de la normativa de seguridad vial. Al titular se le exige información en calidad de propietario registrado del vehículo y únicamente se le pide que declare sobre un *hecho simple*: quién era el conductor. En caso contrario, podrían verse burlados los requisitos impuestos a los conductores.

3.3.2.4. El artículo 438 bis del Código Penal a la luz de la jurisprudencia del Tribunal Constitucional

Como se dijo, cuando se formula una obligación por el Derecho Administrativo, se ha de presuponer la tutela de un derecho o interés constitucionalmente legítimo[424]. Así, el deber de las autoridades de colaborar con los órganos encargados de garantizar

---

423 AGUALLO AVILÉS, A., BUENO GALLARADO, E., "El contenido del derecho... cit. pág. 1396.

424 *Supra*, 3.2.2.5.2.

la rectitud patrimonial puede estimarse como una exigencia inherente a la proclamación del art. 103 CE, en tanto que la Administración *sirve con objetividad los intereses generales*. La Administración, en esta situación, ha de estar en condiciones de hacer cumplir sus disposiciones y, para ello, se habilitan instrumentos jurídicos adecuados para que, dentro de los principios y derechos constitucionales, pueda hacerlo. En ese sentido, y como recuerda el TC, no existe un derecho absoluto o ilimitado a la reserva de los datos patrimoniales del sujeto obligado.

Por ende, no se comparte la opinión, al menos con carácter general, de quienes expresan que el art. 438 bis CP colisiona frontalmente con el derecho reconocido en el art. 24.2 CE[425]. NÚÑEZ CASTAÑO sostiene que "la falta de justificación, cuando se requiere al sujeto obligado, es el elemento esencial del tipo penal, pero, al mismo tiempo, constituye un derecho fundamental derivado del derecho de defensa (...) el ejercicio de un derecho fundamental nunca puede ser delito"[426]. En realidad, el argumento de la citada autora es el que adujo la FGE en la sentencia sobre alcoholemia (STC 161/1997, de 2 de octubre, [Tol 80.785])[427].

---

425 GRECO ya señalaba, con carácter general, que no era correcto afirmar que el principio procesal del *nemo tenetur* tuviese la fuerza para imponerse sobre deberes derivados del Derecho material (vid. GRECO, L., "Reflexões provisórias sobre o... cit.).

426 NÚÑEZ CASTAÑO, E., *El delito de enriquecimiento*... cit. págs. 37 y 38, LA MISMA, "Sistemas penales comparados. España... cit. pág. 286 y LA MISMA, "Capítulo 2. Política criminal y Estado... cit. pág. 81.

427 La FGE decía: "[l]a inclusión en el nuevo Código Penal de la figura delictiva (...) trasciende simplemente del sometimiento a una pericia de contenido incierto para pasar a convertirse en el presupuesto fáctico de un hecho en sí mismo constitutivo de delito. Desde este punto de vista, la práctica de la prueba, potencialmente entra en el ámbito de una auténtica declaración que no solamente puede ser incriminatoria, sino que de hecho configura un tipo delictivo de carácter eminentemente formal como es el delito de desobediencia. Es decir, que el mismo presupuesto constituye de un lado una forma de pericia y de otro una declaración, que además es inculpatoria".

La autora y la FGE se limitan a mencionar los efectos negativos de un desequilibrio que puede surgir, pero no toman en cuenta que el incumplir una obligación pública obstaculiza las funciones de la Administración, perjudicando el interés general. Llevando al extremo sus planteamientos, se podría ampliar el derecho de abstención a *cualquier tipo de colaboración o procedimiento*, sin importar su naturaleza. Y cualquier obligación pública quedaría automáticamente burlada con esta interpretación extensiva del art. 24.2 CE. Sin embargo, es importante destacar que, como lo hacen el prefijo y el sustantivo que definen la protección contra la autoincriminación, esta se aplica exclusivamente a las *declaraciones que tienen carácter directamente incriminatorio.*

En ese sentido, conviene recordar la diferencia entre la calificación del enriquecimiento como ilícito o como injustificado. Cuando el acrecimiento patrimonial o la disminución de deudas u obligaciones se califica como *ilícito* —algo que no ocurre en el texto del CP— se está presuponiendo que la acumulación de riqueza tiene origen delictivo. Cuando, por el contrario, el incremento patrimonial se adjetiva como *injustificado*, este es inmotivado, infundado, carece de justificación. Independientemente de su origen[428].

---

428 Ampliamente, vid. *supra*, 2.2.3.2. No comparte esta opinión VÉLEZ ZHINDÓN, M. T., *La nueva política criminal...* cit. pág. 239. Considera que: "[e]n el tipo penal de enriquecimiento ilícito, a mi forma de ver, es independiente la forma de justificación por parte de la autoridad requerida, pues, de todas formas, aporte documentación o sea una declaración, llámese versión, lo que se está pretendiendo con ese requerimiento es sentenciar a una persona por un delito que no se sabe cuál es, es decir el delito que dio lugar al incremento patrimonial" (pág. 239). Dice más adelante: "tacha de ilícito al enriquecimiento cuyo origen no ha llegado a conocerse, aunque se presuma, obligando al reo a demostrar que su procedencia es legal para evitar el castigo" (pág. 246). No obstante, y más allá de que la autora parte de una equivocada comprensión del tenor literal del art. 438 bis CP, en ningún caso, sea el delito de "acción" o de "omisión" —cuestión a la que le dedica buena

En este contexto, la ley puede establecer deberes y se puede requerir, sin que ello contraríe garantía alguna, su cumplimiento. En el caso del art. 438 bis CP, como en los anteriores, se ha de partir de que existen leyes extrapenales de referencia que configuran *especiales deberes*. En el presente caso, de *transparencia*: un conjunto nutrido de disposiciones que tienen como cometido último garantizar la corrección pública.

Lo determinante para analizar la abstracta adecuación constitucional de las obligaciones que implica el art. 438 bis CP no estriba tanto en si la orden se halla fundada en un previo deber, porque ello podría llevar al legislador, como se desarrolló en el apartado anterior al estudiar la jurisprudencia del TEDH[429], a tipificar *ad infinitum* obligaciones con el fin de descubrir la comisión de delitos, sino en que lo esencial es establecer si la entrega de documentación, a efectos del art. 438 bis CP, constituye, en los términos expuestos por el TC, una *autoinculpación forzada*. En otras palabras, si el reverso de la desobediencia (el justificar el origen patrimonial), implica una *declaración de voluntad*.

Tomando en cuenta lo dicho hasta ahora, la garantía de no autoincriminación despliega sus efectos cuando la "coacción" se proyecta sobre *el propio imputado o quien pueda llegar a serlo*, pero no en procedimientos de inspección o supervisión administrativa cuando se cumplan una serie de condiciones. El TC ha negado de forma sistemática que se puedan estimar vulnerados los derechos a no declarar contra sí mismo y a no confesarse culpable, v.g., cuando se solicite al titular del vehículo que identifique al conductor, porque no se le está conminando a declarar contra sí mismo ni a autoinculparse; tampoco frente a quienes se les reclama que se sometan a pruebas de detección alcohólica, porque se trata de pericias técnicas de resultado incierto no equiparables a una declaración. Admite, a efectos del 24.2 CE, que constituyen

---

parte de su trabajo—, se deduce que se castigue aquello que dio lugar al incremento de patrimonio.

429 *Supra*, 3.2.2.5.2.

declaración o confesión *únicamente aquellos actos testimoniales o comunicativos* y excluye expresamente la aportación o exhibición de documentos contables a Hacienda. Estos son supuestos en los que no se emite testimonio alguno, ni manifestación de voluntad ni declaración con contenido incriminatorio.

Por lo que respecta a las pruebas de detección, como ya se señaló al estudiar la jurisprudencia del TEDH, no se avizora la razón por la cual cabría dispensar un trato distinto al supuesto de la entrega de ficheros documentales o a la explicación patrimonial[430]. De hecho, la STC 161/1997, con acierto, equipara el llamado "control de alcoholemia" con la entrega de documentos contables, en el sentido de que en ninguno de ellos *se está haciendo una declaración de voluntad ni se emite una declaración que exteriorice un contenido admitiendo la culpabilidad.* Sea la prueba corpórea o material, no existe diferencia de significado, porque lo nuclear no reside tanto en si se trata de "soportar" una prueba o de "aportarla" o en si la colaboración es "activa" o "pasiva"

---

430 *Supra*, 3.2.2.5.2. Empero, señala GÓMEZ RIVERO que existe una diferencia clara entre ambos supuestos: "en el caso del art. 383 CP no se sanciona el silencio del acusado que se niega a declarar, sino la obstrucción a una diligencia policial para obtener datos que tienen independencia autónoma de la voluntad del investigado (...). Por ello, una vez más, si algún paralelismo quisiera encontrarse entre el objeto de aquel fallo y la problemática que nos ocupa **sería para considerar como no contraria al derecho a no autoincriminarse la declaración que está obligado a hacer la autoridad respecto al estado de su patrimonio antes y tras la finalización del cargo, contemplada en la correspondiente normativa administrativa**" (GÓMEZ RIVERO, M. C., "Tabú y eufemismo. Acerca... cit. pág. 2020 [negrita añadida]). Ahora bien, no se comparte esta afirmación. En efecto, los supuestos no son idénticos, pero sí guardan un cierto paralelismo. La obligación que respalda a la prueba de alcoholemia equivale —y he aquí la primera discrepancia— a la obligación de declarar el patrimonio antes y tras la finalización del cargo. Siendo esto así, serían parangonables los supuestos en los que se exige al sujeto someterse al test de alcohol y otras sustancias y aquellos otros en los que se exige colaborar para descubrir el origen de un patrimonio injustificado que ha aflorado.

(por cuanto en ambos casos se trata de una *contribución*), sino en determinar si tienen carácter *directamente autoinculpatorio*. En ambos casos, de hecho, se podrían esperar idénticas consecuencias: la contribución podría, hipotéticamente, revelar un indicio de la comisión de un delito.

Por esa razón, no se comparte —o al menos no sin matices— la opinión de quienes han concluido, a la luz de la jurisprudencia del TC, que:

> "[L]a STC 21/2021 (ponente González Rivas) confirma, siguiendo la jurisprudencia del TEDH, la distinción «entre la aportación coactiva de información incriminatoria, que resulta amparada por esta garantía, y la obligación de soportar diligencias de prueba, escenario que no cabe catalogar como una verdadera declaración» (...). Por lo tanto, el delito de enriquecimiento ilícito como forma de desobediencia, que impone la obligación de justificar el origen del incremento patrimonial —aportar información—, podría vulnerar el derecho a no declarar contra uno mismo y a no confesarse culpable"[431].

La diferencia entre aportar y soportar está en que aquella (la aportación) quedará amparada por la garantía solo cuando tenga contenido *inequívocamente autoinculpatorio* y así lo señala expresamente la propia STC 21/2021, de 15 de febrero, Tol8.347.253 cuando, reiterando su propia doctrina, transcribe este inexcusable matiz que condiciona la vulneración: "la aportación coactiva de información *incriminatoria*"[432]. En este sentido, si se toma en consideración el hilo argumental de las sentencias relativas a la aportación o exhibición de documentos contables a la Hacienda y a la solicitud al titular del vehículo para que identifique al conductor, en ambos casos, se exige una *aportación* y se excluye, expresamente, la vulneración del art. 24.2 CE. Ello es así por cuanto lo definitivo es que, para considerarse fuera del abanico de tales derechos, la explicación que brinde el sujeto no ha de poseer carácter *directamente incriminatorio*.

---

431 MIRÓ ESTRADÉ, J., "El nuevo delito de... cit. pág. 5.

432 Cursiva añadida.

Así, pues, y reconociendo que el Tribunal de Garantías español no valora siempre la aportación de cierta clase de documentos como una declaración autoinculpatoria, como punto de partida para determinar el carácter de la obligación que sostiene al art. 438 bis CP, no cabe más que analizar, de forma abstracta, el deber y el contenido de la orden.

En el caso del art. 438 bis CP, como ya se dijo, el justificar el origen del patrimonio, en sí mismo, en términos objetivos, tiene carácter *informativo.* No tendrá este carácter si, como se señalará más adelante[433], se tienen concretos indicios racionales de criminalidad contra el sujeto. Ahora bien, siendo consecuente con este razonamiento, y como ya se sostuvo en otros trabajos[434], si el patrimonio es *lícito,* aunque injustificado e irrevelable para el sujeto, si se niega abiertamente a colaborar, incurrirá en el tipo penal[435]. Lo anterior invita a considerar que lo decisivo no está en el origen *ilícito* del patrimonio sino la *negativa abierta a justificarlo* (independientemente de su procedencia). De entenderlo de forma contraria, se estaría partiendo de una equivocada comprensión de lo que supone aportar documentos acreditativos de la situación patrimonial del sujeto y ello porque justificar el origen del patrimonio no equivale a una declaración. No se trata de una manifestación de voluntad, no implica dar a conocer una determinada decisión propia. Es una garantía de cumplimiento de los deberes especiales que establecen las leyes de transparencia.

El art. 438 bis CP no implica, pues, la renuncia a un derecho o una suerte de "ponderación" que ha realizado el legislador, sino que la justificación que preste la autoridad no debe equipararse,

---

433 *Infra,* cap. V, 3.2.1.2.

434 RAGA I VIVES, A., "El nuevo delito de desobediencia por enriquecimiento injustificado de autoridades" en GONZÁLEZ CUSSAC, J. L. (coord.), *Comentarios a la LO 14/2022 de reforma del Código penal,* Tirant lo Blanch, Valencia, 2023, pág. 204 y LA MISMA, "Artículo 438 bis" en CUERDA ARNAU, M. L. (dir.), *Comentarios al Código Penal,* Tomo II, Tirant lo Blanch, Valencia, 2023, pág. 2736.

435 *Infra,* cap. IV, 3.7.5.

al menos en todos los casos, a una declaración y, por ende, no se encuentra bajo el amparo del art. 24.2 CE. No se puede sostener una prevalencia del deber de transparencia sobre el derecho fundamental, sino más bien se constata que la obligación de facilitar datos sobre el patrimonio no implica ni una confrontación ni un sacrificio del derecho reconocido en el art. 24.2 CE. No se está, por tanto, ante un *dilema interno* del propio sujeto, o ante la renuncia a un derecho al asumir el cargo, sino que se le pide a la autoridad que brinde una explicación porque tiene un *previo deber,* que emana de la ley, y que no posee, en sí mismo, carácter autoinculpatorio. Tan solo se trata de una ilusión de conflicto. La figura objeto de comentario presenta, pues, un carácter *autónomo* respecto del resto de delitos que se contienen en la parte especial[436].

---

436 Como ya se dijo, distinto sería el caso en el que la obligación, con sustento en la ley extrapenal, obligase al sujeto a confesar su propio delito o que el enriquecimiento fuese calificado en el propio tipo penal como *ilícito.* En ese caso, la explicación que brinde el sujeto debe entenderse *ex ante* como una autoinculpación forzada, porque con la colaboración se está tratando de averiguar el origen *delictivo* del patrimonio.

Capítulo IV

El tipo de acción en el delito de desobediencia del artículo 438 bis del Código Penal

1. PLANTEAMIENTO GENERAL

Este capítulo pondrá el foco de atención en el tipo de acción de la figura del art. 438 bis CP. Se señalará cuál es *el bien jurídico protegido* (antijuridicidad material o pretensión de ofensividad) y las implicaciones que derivan de esta protección. Asociado a lo anterior, se procederá a analizar la *tipicidad* (pretensión conceptual de relevancia). Ello incluirá una revisión detallada de los elementos constitutivos que definen la conducta delictiva, así como de las condiciones que pueden desencadenar su aplicación. También se estudiarán los sujetos del hecho típico, particularmente el sujeto activo del delito. No obstante, no se incidirá en el resto de los elementos que fundamentan la responsabilidad criminal, tales como el reproche, la ilicitud (el dolo) o la punibilidad, o en los supuestos que la excluyen, porque a lo largo del texto se hará referencia, cuando proceda, a ellos. Sí se plantearán, empero, algunos casos problemáticos con relación al art. 438 bis CP.

A pesar de haber abordado en abstracto los límites constitucionales de la figura de desobediencia en el capítulo III, a lo largo de este, cuando proceda, se aplicarán dichos límites de forma concreta. Este enfoque profundizará en el entendimiento de los elementos del tipo penal bajo el prisma de los derechos y garantías constitucionales y asegurará que la interpretación de los mismos se mantenga fiel a lo establecido por la CE[437].

---

[437] Una primera aproximación de los límites que plantea la figura del art. 438 bis CP puede verse *supra*, cap. III, 3.

2. BIEN JURÍDICO PROTEGIDO

2.1. El punto de partida: la concepción procedimental del bien jurídico

En el marco de la concepción significativa de la acción propuesta por VIVES ANTÓN la llamada "pretensión de ofensividad" pasa a constituir el primer tópico en la argumentación de la validez de la norma, que acompaña, de manera inevitable, a la pretensión de relevancia. La concepción procedimental del bien jurídico es aquella que no es que acepte, sin más, como bien aquel que legislador haya tenido a bien escoger, sino que opera en términos de justificación: como momento del proceso de justificación racional de la limitación de la libertad, lo que fundamenta *prima facie* el castigo[438]. Se caracteriza por ser la razón o el conjunto de razones que explican la intervención penal.

---

[438] VIVES ANTÓN, T. S., *Fundamentos del sistema penal*, 2ª ed., Tirant lo Blanch, Valencia, 2011, pág. 829. Sobre la concepción procedimental del bien jurídico, vid. CARBONELL MATEU, J. C., "Los derechos fundamentales como base de la ley penal", *Pasajes: revista de pensamiento contemporáneo*, nº 38, 2012, pág. 115, EL MISMO, "Principio general de libertad y bienes jurídico-penales. Sobre la prohibición de prohibir" en SILVA SÁNCHEZ, J. M., QUERALT JIMÉNEZ, J. J., CORCOY BIDASOLO, M., CASTIÑEIRA PALOU, M. T. (coords.), *Estudios de Derecho Penal. Homenaje al profesor Santiago Mir Puig*, B de F, Buenos Aires, 2017, pág. 217 y EL MISMO, "Crisis del garantismo penal y papel de los penalistas" en SUÁREZ LÓPEZ, J. M., BARQUÍN SANZ, J., BENÍTEZ ORTÚZAR, I. F., JIMÉNEZ DÍAZ, M. J., SÁINZ CANTERO CAPARRÓS, J. E. (dirs.), *Estudios jurídico penales y criminológicos. En homenaje al Prof. Dr.Dr. H.C. Mult. Lorenzo Morillas Cueva*, Dykinson, Madrid, 2018, pág. 95; ORTS BERENGUER, E., GONZÁLEZ CUSSAC, J. L., *Compendio de Derecho Penal. Parte General*, 10ª ed., Tirant lo Blanch, Valencia, 2023, págs. 252 y ss.; CUERDA ARNAU, M. L., FERNÁNDEZ HERNÁNDEZ, A., *Adoctrinamiento, adiestramiento y actos preparatorios en materia terrorista*, Aranzadi, Pamplona, 2019, págs. 191 y ss.; VALLDECABRES ORTIZ, I., *Imparcialidad del Juez y medios de comunicación*, Tirant lo Blanch, Valencia, 2004, págs. 201 y ss.; y MARTÍNEZ-BUJÁN PÉREZ, C., *Derecho Penal Económico y de la Empresa. Parte General*, 6ª ed., Tirant lo Blanch, Valencia,

Esta concepción parte, en primer lugar, de la imposibilidad de formular un concepto *genérico* de bien jurídico. Ello porque no se trata de un objeto ideal con sustantividad propia que remita a notas definitorias previamente ordenadas; no es un género integrado por realidades comunes. Tampoco puede extraerse, sin más, de los valores previos al Derecho. Se conforma, pues, no solo a partir de los tipos penales sino a partir de la propia CE (los derechos fundamentales), desde la cual se decide en qué medida una prohibición penal resulta constitucionalmente admisible. Los derechos fundamentales constituyen, así, la guía que debe seguir la toma de decisiones dentro del sistema democrático. El texto constitucional se erige como el pilar fundamental que sustenta y establece los límites para la imposición del castigo.

No se trata, sin embargo, de que el "orden penal de los bienes jurídicos" venga descrito y jerarquizado por la norma fundamental, sino de que cualquier norma que no se ajuste a los preceptos constitucionales carece de la necesaria aptitud para contemplar un bien jurídico[439]. De este modo, en palabras de VIVES ANTÓN:

2022, págs. 195 y ss.; RAMOS VÁZQUEZ, J. A., *Concepción significativa de la acción y teoría jurídica del delito,* Tirant lo Blanch, Valencia, 2008, págs. 435 y ss. y ALONSO ÁLAMO, M., "Bien jurídico material y bien jurídico procedimental… y discursivo" en CARBONELL MATEU, J. C., GONZÁLEZ CUSSAC, J. L., ORTS BERENGUER, E. (dirs.), *Constitución, derechos fundamentales y sistema penal. Semblanzas y estudios con motivo del setenta aniversario del profesor Tomás Salvador Vives Antón,* Tomo I, Tirant lo Blanch, Valencia, 2009, págs. 112 y ss.

439 VIVES ANTÓN, T. S., *Fundamentos del sistema penal…* cit. pág. 831, con cita a PULITANÒ, quien entiende, por su parte, que la redefinición del catálogo de bienes, así como la necesidad y las modalidades de tutela, ya no toman como punto de partida un código autoritario y anticuado, sino la Constitución, trazando a partir de ella las líneas reconstructivas del sistema penal, también en lo que respecta a los posibles objetos de tutela. Dice: "[a]l centro della problematica vi è la questione dei "beni giuridici": una ridefinizione del catalogo e della gerarchia dei beni, e del bisogno e dei modi della loro tutela, che assuma a punto di riferimento non più un codice autoritario ed invecchiato, ma la

"Podría decirse que, con esta formulación, el bien jurídico resulta superfluo, pues, para conocer los limites de la legislación, basta con remitirse a las normas constitucionales; sin embargo, la legitimidad o ilegitimidad constitucional de los preceptos penales tiene como primera condición que estos tutelen algo que pueda ser considerado desde la perspectiva constitucional un bien. Con lo que la idea de bien sirve de intermediario entre la norma constitucional y la penal, conservando así el papel básico que se le ha venido atribuyendo por la doctrina mayoritaria"[440].

La idea de bien jurídico representa un límite frente al legislador, pero ese límite, de nuevo, no se halla expresado en un concepto, sino que remite a los diversos preceptos constitucionales y a sus tradiciones interpretativas[441]. Por ende, como señalan CUERDA ARNAU y FERNÁNDEZ HERNÁNDEZ, el bien jurídico, así entendido, es aquello que permite negar esa condición a "cualquier supuesto valor de la vida social cuya tutela invada el contenido esencial de un derecho fundamental"[442].

La concepción procedimental del bien jurídico se halla estrechamente relacionada con la interpretación del TC en materia

---

Costituzione repubblicana, traendo da questa le linee ricostruttive del sistema penale anche con riguardo ai possibili (ed opportuni) obiettivi di tutela" (vid. PULITANÒ, D., "La teoría del bene giuridico fra codice e costituzione", *La Questione Criminale*, anno VII, nº 1, 1981, pág. 113).

440 VIVES ANTÓN, T. S., "Sistema democrático y concepciones del bien jurídico", *Lusíada*, nº 4/5, 2007, pág. 187 y EL MISMO, *Fundamentos del sistema penal…* cit. pág. 832.

441 VIVES ANTÓN, T. S., "Sistema democrático y concepciones… cit. págs. 183 y ss. El bien jurídico constituye un criterio interpretativo esencial, porque el contexto de justificación es un momento indispensable del sentido de las normas penales. Así se pronunciaba, en 1992, GONZÁLEZ CUSSAC: "el intérprete se encuentra limitado por la vigencia del principio de lesividad: lo primero a realizar es la fijación del objeto tutelado, y si éste no ha sido lesionado deberá quedar impune, pues no existirá tipo" (vid. GONZÁLEZ CUSSAC, J. L., "Principio de ofensividad, aplicación del Derecho y reforma penal", *Poder Judicial*, nº 28, 1992, pág. 9).

442 CUERDA ARNAU, M. L., FERNÁNDEZ HERNÁNDEZ, A., *Adoctrinamiento, adiestramiento y actos…* cit. pág. 193.

de intervención mínima y proporcionalidad. El TC parte, en este sentido, del recuerdo de la potestad exclusiva del legislador para configurar los bienes protegidos, los comportamientos reprensibles, el tipo y cuantía de las sanciones penales y la proporción entre las conductas que pretende evitar y las penas con las que intenta conseguirlo. El legislador goza, en todo caso, de un amplio margen de apreciación que deriva de su posición constitucional y de su específica legitimidad democrática, aunque de ello derivan unas exigencias mínimas. Como pauta de control, la reacción penal será tildada de proporcionada cuando persiga la preservación de bienes o intereses que no estén constitucionalmente proscritos ni sean socialmente irrelevantes, y cuando la pena sea instrumentalmente apta para dicha persecución[443].

2.2. El bien jurídico protegido en el delito del artículo 438 bis del Código Penal

Como ha quedado reflejado en el texto, la determinación del bien jurídico viene limitada por la concreta tipificación penal y por el texto constitucional. Esa es la razón por la que no podrán ser acogidas aquellas posturas que identifiquen el bien jurídico de la figura del art. 438 bis CP partiendo de su configuración como un delito de sospecha o, por ejemplo, como se sostiene en la literatura comparada, con el bien jurídico del delito previo[444].

En primer lugar, como ya se señaló, el legislador español ha configurado el delito de forma distinta a la clásica del "enriquecimiento ilícito"[445]. Si se parte del tenor literal del precepto, que

---

443 SSTC 55/1996, de 28 de marzo, Tol 82.989, 161/1997, de 2 de octubre, Tol 80.785 y 136/1999, de 20 de julio, Tol 81.189.

444 Sobre las distintas caracterizaciones del bien jurídico en la figura del "enriquecimiento ilícito", vid. QUINTAS PÉREZ, M., "La justificación y el bien jurídico protegido en el delito de enriquecimiento ilícito" en NEVADO-BATALLA MORENO, P. (dir.), *Estudios multidisciplinares sobre ciencias jurídicas y gobernanza global*, Colex, A Coruña, 2022, págs. 251 y ss.

445 *Supra*, cap. III, 2.2.3.2.

abandona la caracterización de la figura como una de sospecha, no cabe afirmar que el patrimonio público o el bien jurídico del delito anterior sea aquello que tutela el delito del art. 438 bis CP. La determinación del bien jurídico merece de una lectura atenta a la estructura del tipo. Se aparta de lo que aquí se sostiene una caracterización del bien jurídico que parta del entendimiento de la figura como una de sospecha. No solo porque su dicción literal lo impide[446] (no hay base en la ley que permita afirmarlo inconcusamente, pues nada dice de que se reprima el enriquecimiento por una actividad ilícita), sino porque la propia CE lo prohíbe[447].

Ciertamente, si el delito fuera un delito de sospecha cuyo objeto de tutela fuera la facilitación de la persecución penal, no se podría, constitucionalmente hablando, entender que esa facilitación de la persecución es el bien jurídico protegido. Pero no por las razones que la mayoría de la doctrina aduce, sino porque un concepto procedimental de bien jurídico no permite elevar a tal categoría intereses que supongan la vulneración de derechos fundamentales, por mucho que sean funcionales a la sociedad o al Estado.

Por lo demás, si se estima que el bien jurídico siempre ha de resultar lesionado (o puesto en peligro), se aleja toda posibilidad de entender que el patrimonio público o el bien jurídico del (presunto) delito anterior puedan verse lesionados o puestos en peligro por la realización de la conducta. La corrupción, en sentido amplio, se encuentra vinculada con la figura delictiva del art. 438 bis CP, pero no anudada al bien jurídico protegido, sino al concepto más genérico de *ratio legis*. La razón que motivó la incriminación de la conducta fue atajar el problema de la corrupción. Como señala GONZÁLEZ CUSSAC, el legislador quiso resolver un problema político-criminal de manera indirecta, pero ello se satisfizo con la previsión legislativa[448].

---

446 *Supra*, cap. III, 2.2.3. e *infra*, 3.

447 *Ibidem*.

448 GONZÁLEZ CUSSAC, J. L., "Delitos contra la Administración... cit. pág. 782. Como señala CARBONELL MATEU con carácter general:

No obstante, antes de entrar en el análisis del bien jurídico del delito del art. 438 bis CP, cabe decir que no parece que debiera haberse descartado de manera categórica la posibilidad de que la figura del "enriquecimiento ilícito", en cualquiera de sus formas, careciera, en todo caso, de bien jurídico protegido. Como señala GRECO, a pesar de las críticas que se le podrían oponer desde la óptica del principio de culpabilidad y la presunción de inocencia, *tal vez* —dice el autor— sería posible fundamentar, desde el principio de protección de bienes jurídicos, un desvalor autónomo de la conducta[449]. Y esta parece la posición más razonable, ya que no existía regulación —tampoco en España— que permitiera afirmar la existencia o inexistencia de bien jurídico protegido.

Como punto de partida, para determinar aquello que tutela la figura del art. 438 bis CP, es necesario incidir en el contenido de este precepto. De nuevo, el art. 438 bis CP se refiere a aquella autoridad que, durante el desempeño de su función o cargo, y hasta cinco años después, *hubiera obtenido un incremento patrimonial (o una cancelación de deudas u obligaciones) superior a 250.000 euros respecto de sus ingresos acreditados* y se *niegue abiertamente a dar el debido cumplimiento a los requerimientos de los órganos competentes destinados a comprobar su justificación.* El tipo viene integrado, pues, por una obtención de patrimonio o una cancelación de deudas u obligaciones y la negativa a justificar dicha obtención.

El artículo en cuestión utiliza, como en la desobediencia del art. 410 CP, la fórmula de la "negativa abierta", lo cual autoriza a pensar que la legitimidad del castigo se funda, no en la protección

"los propósitos que guiaran al legislador para adoptar una decisión política —y, recuérdese, toda norma lo es— no determinan cuál sea el objeto de tutela" (vid. EL MISMO, "Principio general de libertad... cit. pág. 274).

449 GRECO, L., "Reflexões provisórias sobre o... cit. y EL MISMO, TEIXEIRA GUIMARÃES, A., "Aproximação a uma teoria da corrupção", *Revista Brasileira de Ciências Criminais*, vol. 134, 2017, s/n.

del patrimonio público, sino en el *principio de autoridad*[450] vinculado a la idea concreta de que *la Administración sirve con objetividad los intereses generales* (art. 103 CE). Ello porque no se puede desconocer que aquello que permite otorgarle relevancia a la conducta es que, como trasfondo a esa negativa, se encuentra una *obtención injustificada de patrimonio*[451].

En lo que sigue se analizará la pertinencia de proteger, en determinados supuestos, el principio de autoridad. Seguidamente, se determinará la necesaria función que este principio ha de cumplir. Por último, se señalarán el conjunto de razones que permiten considerar que el principio de autoridad, vinculado a la concreta función que ejerce el art. 103 CE, es aquello que tutela el delito de desobediencia por enriquecimiento injustificado de autoridades del art. 438 bis CP.

Con carácter general, como señala ÁLVAREZ GARCÍA, en una democracia, la protección del principio de autoridad se fundamenta en la propia legitimidad de las normas generadas por los Parlamentos, en contraste con regímenes autoritarios, donde las imposiciones pueden ser consideradas como iniquidades. No se trata, desde el Derecho Penal, de privar de fuerza al Estado de Derecho, haciéndole incapaz de hacer cumplir las resoluciones emanadas de los órganos administrativos y judiciales. Por el contrario, se han de fortalecer estas decisiones mediante la dotación de suficientes instrumentos de coerción que aseguren su

---

450 En el mimo sentido, vid. GONZÁLEZ CUSSAC, J. L., "Delitos contra la Administración... cit. pág. 782 y JAÉN VALLEJO, M., "Administración desleal, malversación y enriquecimiento ilícito", *Cuadernos de Política Criminal*, nº 139, 2023, pág. 90. Como se analizará posteriormente, también OLAIZOLA señala que el bien jurídico será el principio de autoridad, aunque considera no puede ser el único bien que protege el precepto (vid. OLAIZOLA NOGALES, I., "El delito de enriquecimiento... cit. pág. 194).

451 La rectitud patrimonial es uno de los ejes sobre los que gira esa objetividad. La contradicción a esa rectitud se encuentra en la incongruencia patrimonial que exige el precepto.

ejecución[452]. En efecto, los poderes públicos precisan y merecen el respeto de los ciudadanos, pero el principio de autoridad no se identifica con la idea de subordinación a un estatus privilegiado, sino que, como expresa JUANATEY DORADO con relación al art. 556 CP, lo que se protege es su específica función: la *protección jurídica de la comunidad*[453]. Se identifica la lesión al principio de autoridad con su menosprecio o desprestigio, entendido como la obstaculización —en forma de negativa abierta— al correcto desarrollo de sus funciones.

En ese contexto, por lo que concierne al art. 438 bis CP, existe un conjunto nutrido de normas que prevén la rectitud patrimonial de determinadas autoridades y, además, se establece, de

---

452 ÁLVAREZ GARCÍA, F. J., "Las desobediencias en Derecho Penal", *Eunomía. Revista en Cultura de la Legalidad,* nº 4, 2013, pág. 213 y EL MISMO, "Sobre quebrantamiento de condena, impago de pensiones, falta de comparecencia a comisiones de investigación y citaciones judiciales", *Revista de Derecho Penal y Criminología,* nº 19, 2007, pág. 29.

453 Con relación al art. 556 CP, vid. JUANATEY DORADO, C., *El delito de desobediencia a la autoridad,* Tirant lo Blanch, Valencia, 1997, pág. 36. En parecido sentido, con relación a la desobediencia del 556 CP, vid. CARBONELL MATEU, J. C., VIVES ANTÓN, T. S., "Art. 556" en VIVES ANTÓN, T. S. (coord.), *Comentarios al Código penal de 1995,* vol. II, Tirant lo Blanch, Valencia, 1996, pág. 2086. Con relación al anterior art. 237 ACP, vid. MESTRE LÓPEZ, J., *El delito de desobediencia a la autoridad o a sus agentes. Estudio del artículo 237 del Código penal,* Bosch, Barcelona, 1986, págs. 20 y 21. En sentido similar se manifiesta CÓRDOBA RODA con relación al art. 237 ACP: "[u]n buen funcionamiento del Estado supone que las resoluciones emanadas de sus órganos y, en particular, de los jurisdiccionales, sean cumplidas. De no ser acatadas tales órdenes por sus destinatarios, ya sean éstos particulares, ya funcionarios públicos, mal podrá el Estado realizar sus fines. Al objetivo de que sean cumplidas las resoluciones dictadas por órganos del Estado —meta imprescindible en todo Estado de derecho—, sirve el art. 237 del Código penal" (vid. CÓRDOBA RODA, J., "El cumplimiento de resoluciones judiciales y el delito de desobediencia", *Actualidad Jurídica,* nº 1, 1981, pág. 9).

forma expresa, un órgano habilitado para procurarla[454]. Se trata de una organización disciplinada destinada a garantizar la *objetividad al servicio de los intereses generales* la que ejerce autoridad sobre el sujeto. Una autoridad *racional* —en el sentido que FROMM le otorga al término[455]— que actúa en nombre de los ciudadanos, de aquellos que tienen derecho a participar en la vida pública. En otras palabras, el principio de autoridad se dirige a procurar el buen funcionamiento del engranaje administrativo, a garantizar la rectitud e integridad patrimonial de quienes ejercen funciones públicas.

El bien jurídico protegido se encuentra relacionado, en consecuencia, con el principio de autoridad, si bien intrínsecamente ligado, como previamente se ha expuesto, con la salvaguarda de una función específica. La coerción está condicionada, como se ha dicho, a que se satisfagan determinados requisitos. En esta línea, ¿cuándo se puede afirmar que un poder público tiene derecho a mandar y, por consiguiente, se le debe obedecer? Como se sostuvo anteriormente, no existe principio de autoridad en un sentido democrático que pueda entenderse al margen de una concreta función y muy particularmente al margen del *fortalecimiento de los derechos fundamentales*. Es necesario, por ello, analizar si media la suficiente legitimidad como para que el Estado intervenga con el fin de proteger determinada función.

Conviene destacar, antes de ahondar en ello, que ha habido autoras, como OLAIZOLA NOGALES, que sostienen que el prin-

---

454 En este sentido, como señala CARBONELL MATEU no es concebible un Estado democrático serio que no funcionen los controles a los cargos públicos (vid. CARBONELL MATEU, J. C., "La corrupción como lacra social, política y económica", *Pasajes: Revista de pensamiento contemporáneo*, nº 42, 2013, págs. 4 y 9).

455 Según FROMM "la autoridad racional lo es porque la autoridad, sea la que posee un maestro o un capitán de barco que da órdenes en una emergencia, actúa en nombre de la razón que, por ser universal, podemos aceptar sin someternos" (vid. FROMM, E., *Sobre la desobediencia*, Paidós, Madrid, 2011, pág. 17).

cipio de autoridad no puede ser el único bien jurídico que tutela la norma penal del art. 438 bis CP. Ello porque el Código cuenta con otras figuras para hacerlo (v.g. 410 CP) y porque la pena es sustancialmente superior en el delito del art. 438 bis CP. Por ambas razones, la autora se plantea si debe serlo también la transparencia. La transparencia, a su juicio, es un medio o instrumento destinado a proteger un bien jurídico (sirve para prevenir la comisión de delitos) pero no un bien jurídico merecedor de protección penal[456]. Para satisfacer las expectativas de transparencia se encuentran las leyes administrativas al respecto. Dice expresamente: "[l]a infracción del deber de declarar el patrimonio y por consiguiente la vulneración de la transparencia puede ser objeto (y de hecho lo es) de una infracción y sanción administrativa, como se ha visto a través de la Ley 3/2015"[457]. Según entiende, de considerar la transparencia como bien jurídico protegido, el delito se convertiría en una figura de quebrantamiento "formal" de un deber. Refuerza su argumentación señalando que, si la transparencia es aquello que se trata de proteger en la norma penal, el funcionario que sea transparente y declare el origen ilícito de su patrimonio no podrá ser condenado por este delito[458]. Acaba concluyendo: "en mi opinión el tipo penal del art. 438 bis CP no protege un bien jurídico específico y merecedor de protección penal"[459]. En definitiva, si se lleva el argumento de la autora hasta

---

456 En el mismo sentido, vid. GÓMEZ RIVERO, M. C., "Tabú y eufemismo. Acerca... cit. págs. 205-206.

457 OLAIZOLA NOGALES, I., "El delito de enriquecimiento... cit. pág. 194.

458 *Ibidem*, pág. 183.

459 *Ibidem*, pág. 194. DEL CARPIO DELGADO sostiene, por su parte, que la transparencia de la situación patrimonial de quienes tienen un deber especial es el bien jurídico protegido por el delito del art. 438 bis CP (vid. DEL CARPIO DELGADO, J., *El delito de enriquecimiento injustificado en el Código Penal Español*, Aranzadi, Pamplona, 2024, pág. 96). MUÑOZ CONDE y LÓPEZ PEREGRÍN tampoco han encontrado obstáculo en admitir que el bien jurídico es "el buen funcionamiento de la Administración pública referido en concreto a la transparencia en la que ha

sus últimas consecuencias el art. 438 bis CP es inconstitucional porque crea un delito sin bien jurídico[460].

Comenzando por la primera de las objeciones que plantea OLAIZOLA NOGALES, el hecho de que las penas entre las distintas clases de desobediencia difiera no implica, necesariamente, que la figura proteja, de forma *inmediata*, algo más que el principio de autoridad. Puede deberse a que se trata de una modalidad específica de desobediencia cuya función se protege de forma particular y a la especialidad del sujeto activo (como se verá, se circunscribe a **determinadas** autoridades[461]). Así se ha pronunciado el TS con relación al art. 383 CP: "el bien jurídico directamente tutelado es el principio de autoridad, como en los delitos de desobediencia. De forma indirecta se protege la seguridad vial. El art. 383, por su especificidad, se ha emancipado definitivamente del genérico delito de desobediencia del art. 556, pero no [deja] de ser una modalidad singularizada"[462].

---

de desarrollarse su actividad" (vid. MUÑOZ CONDE, F., *Derecho Penal. Parte Especial* (revisada y puesta al día con la colaboración de LÓPEZ PEREGRÍN, C.), 25ª ed., Tirant lo Blanch, Valencia, 2023, pág. 1026). En el prólogo a la obra de DEL CARPIO DELGADO, MUÑOZ CONDE añade que se trata de un delito pluriofensivo que también protege "el interés económico de la Administración" (vid. MUÑOZ CONDE, F., "Prólogo" en DEL CARPIO DELGADO, J., *El delito de enriquecimiento injustificado en el Código Penal Español*, Cizur menor, Pamplona, 2024, pág. 19). En parecido sentido, LUZÓN CUESTA y María y Alejandro LUZÓN CÁNOVAS consideran que el bien jurídico protegido se encuentra en la transparencia y la probidad en el ejercicio de las funciones (vid. LUZÓN CUESTA, J. M., (actualizado por LUZÓN CÁNOVAS, A., LUZÓN CÁNOVAS, M.), *Compendio de Derecho Penal. Parte Especial*, 25ª ed., Dykinson, Madrid, 2023, pág. 470).

460 En el mismo sentido, vid. NÚÑEZ CASTAÑO, E., "Sistemas penales comparados. España... cit. pág. 282.

461 Como se señalará más adelante, no todas las autoridades pueden ser sujetos activos a efectos del art. 438 bis CP. *Infra*, 4.2.

462 STS 210/2017, de 28 de marzo de 2017 (Sala II), Tol 6.012.755. Sobre el particular, vid. GUDÍN RODRÍGUEZ-MAGARIÑOS, A. E., "El bien jurídico protegido en el delito relativo a la negativa a someterse a las

En ese sentido, el TS viene sosteniendo que en todas las concretas infracciones de desobediencia *indirectamente* o *mediatamente* se pueden estar protegiendo otros bienes jurídicos. Por ejemplo, si la desobediencia lo es a una orden judicial, el buen funcionamiento de la Administración de Justicia, etc. Con la tutela del principio de autoridad se *refuerza* —que no protege directamente— la efectividad de los requerimientos vinculados a determinada función.

En esa línea, no faltan ejemplos jurisprudenciales que admiten la transparencia como bien jurídico, al menos mediato. Así, v.g., en relación con la malversación de caudales públicos el TS viene sosteniendo que: "[d]e acuerdo con las exigencias de una sociedad democrática este delito tiende a hacer posible la confianza de la sociedad en el manejo honesto de los fondos públicos y a garantizar los deberes de fidelidad y transparencia que tienen los funcionarios públicos a cuyo cargo se encuentran los bienes de la administración pública"[463].

Por otro lado, en lo que a la figura objeto de comentario se refiere, el TS señaló, antes de la reforma operada por la LO 14/2022, de 22 de diciembre (Tol 9.328.596), que introdujo el art. 438 bis CP que: "[n]o existe en nuestro derecho un delito de enriquecimiento ilícito que suponga una inversión de la carga de la prueba o que obligue para salvar esa cuestión a fijar la aten-

---

pruebas de alcoholemia tras la Sentencia del Tribunal Supremo de 28 de marzo de 2017", *Diario La Ley*, nº 8977, 2017, pág. 8 y BARJA DE QUIROGA, J., GRANADOS PÉREZ, C., MARTÍNEZ ARRIETA, A., MARTÍNEZ-ARRIETA MÁRQUEZ DE PRADO, C., VILLEGAS GARCÍA, M. A., "Art. 383" en *Código Penal. Comentarios, concordancias, jurisprudencia, e índice analítico,* 20ª ed., Colex, A Coruña, 2023, pág. 1780. No obstante, el TC entendió en la STC 161/1997, de 2 de octubre, Tol 80.785, que se trataba de un delito pluriofensivo, que sancionaba ataques contra el principio de autoridad y la seguridad del tráfico y protegía, incluso, aunque de forma mediata, la vida y la salud de las personas.

463 STS 749/2022, de 13 de septiembre (Sala II), Tol 9.217.436.

ción en aspectos de transparencia o apariencia como objetos de la tutela penal que se busca a través de ese tipo de infracciones"[464]. En otras palabras, el delito de "enriquecimiento ilícito", según el TS, podía configurarse como un delito de sospecha o bien *como una figura que pretendiese salvaguardar la transparencia.* Y no tildó, pese a sus reticencias para que se incorporase un delito de enriquecimiento ilícito en términos de sospecha[465], la transparencia como institución no protegible a través del Derecho Penal[466].

En principio, no se puede respaldar incondicionalmente la afirmación de que la transparencia se erige como un *medio* para prevenir delitos y que, por ende, no es digna de tutela penal[467]. Es cierto que la transparencia es un mecanismo de control de la rectitud del ejercicio de la función pública, pero ello solo no implica que no pueda actuar en el tipo penal del art. 438 bis CP como una manifestación más del mandato de *objetividad al servicio de los intereses generales* (art. 103 CE).

Con todo, la justificación de la intervención penal se deduce del propio CP y no precede a las tipificaciones penales específicas. Ello porque, como señala GARCÍA AMADO: "(en democracia) la ley penal protege como bienes lo que la sociedad, a través del cauce del debate y de la decisión mayoritaria, entiende por tales, y que lo que la sociedad, de esa forma, entienda por tales

---

464 STS 854/2022, de 27 de octubre (Sala II), Tol 9.284.246.

465 STS 624/2019, de 14 de julio (Sala II), Tol 8.544.920.

466 La doctrina, por su parte, en el delito de obstaculización a la actuación de inspección o supervisión administrativa (art. 294 CP), identifica como bien jurídico protegido la transparencia que deben observar las sociedades sometidas a supervisión administrativa (vid. MARTÍNEZ-BUJÁN PÉREZ, C., "Delitos contra el patrimonio y el orden socioeconómico (XI)" en GONZÁLEZ CUSSAC, J. L. (coord.), *Derecho Penal. Parte especial,* 8ª ed., Tirant lo Blanch, 2023, pág. 551).

467 Además, la transparencia no se limita a ser un instrumento, puede representar aquello que la ley penal proteja cuando se conculquen sus disposiciones.

debe estar salvaguardado por la ley penal"[468]. Así es, aunque, desde la concepción procedimental del bien jurídico, habría que añadir que es esencial una *evaluación exhaustiva a través del filtro representado por los derechos fundamentales*, los cuales determinan en qué medida una prohibición penal específica puede considerarse legítima[469].

Llevado al caso, si el legislador decide, como parece, salvaguardar la concreta función del art. 103 CE por la vía de la desobediencia, puede hacerlo sin incurrir en incongruencia alguna: la transparencia puede ser un medio para la prevención de delitos, pero su protección actúa, a través del principio de autoridad, como un fin en sí mismo, en aras de garantizar la concreta función del art. 103 CE[470]. Así entendido, cobra un importante papel, al menos, en el plano de la lesividad penal abstracta, en el discurso sobre la legitimidad de la intervención penal[471]. El legislador puede considerar, como aparentemente hace, que la transparencia constituye un requisito fundamental para la convivencia comunitaria y, por ende, puede optar por conferirle a sus órganos la potestad para

---

468 GARCÍA AMADO, J. A., "Sobre el ius puniendi: su fundamento, sus manifestaciones y sus límites", *Documentación Administrativa,* nº 280-281, 2008, pág. 35.

469 Sobre la necesidad de elaborar el Derecho Penal desde la idea de democracia y sobre el límite que la CE le impone al legislador, vid. GONZÁLEZ CUSSAC, J. L., "Derecho Penal y teoría de la democracia" en MARTÍNEZ VÁZQUEZ DE CASTRO, L. (coord.), *Historia y Derecho: estudios jurídicos en homenaje al profesor Arcadio García Sanz,* Tirant lo Blanch, Valencia, 1995, págs. 454 y 455.

470 Con todo, no habría que descartar, de forma tajante, que la transparencia pudiera justificar la intervención penal. La Ley 19/2013, de 9 de diciembre, de transparencia, acceso a la información pública y buen gobierno, Tol 4.029.419, establece que todas las personas tienen derecho a acceder a la información pública, en los términos previstos en el artículo 105.b) CE.

471 Sobre la diferencia entre bien jurídico en sentido estricto y el concepto de *ratio legis,* vid. COBO DEL ROSAL, M., VIVES ANTÓN, T. S., *Derecho Penal. Parte General,* 4ª ed., Tirant lo Blanch, Valencia, 1996, pág. 295.

requerir el cumplimiento de sus órdenes con el propósito de salvaguardar esta específica función[472].

Como se ha adelantado, la CE allana este camino cuando establece, en el art. 103 CE, que la Administración pública *sirve con objetividad los intereses generales*. Para comprender plenamente el alcance de esta disposición, es fundamental relacionarla con el art. 1.1 CE. La definición del Estado social y democrático de Derecho influye de manera determinante en el *papel institucional de la Administración*, en el rol que esta ha de jugar en el sistema y en los límites que merece su actuación. Y a la dimensión democrática, con su relación con el aspecto social, se incide muy particularmente con los mecanismos de rendición de cuentas patrimoniales.

La transparencia juega —o trata de jugar— un papel esencial en el fortalecimiento de la relación de confianza entre los ciudadanos y las autoridades públicas[473]; en procurarlo incide, de hecho, el art. 105 CE. Esta confianza, como señala GARCÍA DE ENTERRÍA, no puede basarse en una suerte de fe ciega, sino en "la confianza racional, constantemente renovada, fruto del conocimiento personal y la aceptación cotidiana y permanente de la actuación de los gobernantes (aunque no tenga que ser, naturalmente, una aceptación ni unánime ni que cubra la totalidad de sus decisiones), lo que únicamente puede ser la base eficaz de esa relación"[474]. Esa confianza a la que alude el autor se plasma, de forma muy explícita, en las obligaciones de transparencia que

---

472 Todo ello en relación, a su vez, con el art. 105 CE.

473 GONZÁLEZ CUSSAC, J. L., "De la corrupción considerada como una de las bellas artes" en VIVES ANTÓN, T. S., CARBONELL MATEU, J. C., GONZÁLEZ CUSSAC, J. L., ALONSO RIMO, A., ROIG TORRES, M. (dirs.), *Crímenes y castigos. Miradas al Derecho Penal a través del arte y la cultura*, Tirant lo Blanch, Valencia, 2014, pág. 392 y VILLORIA MENDIETA, M., "Cultura de la legalidad y buen gobierno" en EL MISMO y WENCES SIMON, M. I. (eds.), *Cultura de la legalidad. Instituciones, procesos y estructuras*, Catarata, Madrid, 2010, pág. 48.

474 GARCÍA DE ENTERRÍA, E., *Democracia, jueces y control de la Administración*, 5ª ed., Civitas, Madrid, 2000, pág. 108.

se les exigen a las autoridades públicas, cuyo objetivo primordial radica en garantizar la integridad pública, incentivando la confianza de los ciudadanos en la Administración[475]. Esto es esencial para garantizar la legitimidad del ejercicio del poder, tal como lo entendía KANT: "[s]in publicidad no habría justicia, pues la justicia no se concibe oculta, sino públicamente manifiesta"[476].

En este sentido, la publicidad tiene un carácter trascendental en el Derecho público. No solo implica la existencia de un aparato coactivo por encima de las partes, sino que también significa que ese aparato y sus acciones deben ser visibles para los ciudadanos, como algo intrínsecamente de todos. Para KANT, la forma más eficaz de determinar la justicia o injusticia de una determinada intención política, una ley, o una decisión de un gobernante, es sacarla del ámbito oculto y presentarla al escrutinio público[477]. La publicidad funciona como un mecanismo de control *racional*, que evita que las informaciones y argumentos en la esfera política se conviertan en decisiones unilaterales, defensas de la injusticia o justificaciones para la violación de derechos y libertades fundamentales. En este contexto, la publicidad representa una aplicación particular de la razón humana, imponiendo sobre esta una serie de obligaciones en su expresión[478].

En el marco del art. 438 bis CP, la noción de *servir con objetividad los intereses generales* (art. 103 CE) se encuentra intrínsecamente relacionada con el bien jurídico protegido, con el principio de autoridad, constituyendo el fundamento que le confiere legitimi-

---

475 Sobre la necesidad de que se implementen políticas anticorrupción eficaces, vid. NIETO, A., *Corrupción en la España democrática*, Ariel, Barcelona, 1997, pág. 211.

476 KANT, I., "Apéndice de la paz perpetua" en *Lo bello y lo sublime; La paz perpetua*, 8ª ed., Espasa-Calpe, Madrid, 1984, pág. 150.

477 SORRENTINO, V., "Discusión pública y transparencia del poder en Hobbes y Kant", *Revista Laguna*, nº 36, 2015, pág. 31 y RODRÍGUEZ ZEPEDA, J., "El principio de publicidad", *Cuadernos de transparencia*, nº 4, INAI, 2004, pág. 35.

478 RODRÍGUEZ ZEPEDA, J., "El principio de publicidad… cit. pág. 35.

dad a dicha atribución. La disposición, entonces, no se caracteriza por su mera formalidad, sino por su profundo enraizamiento en el Estado social y democrático de Derecho. El delito, por tanto, no se consagra como un delito de *mera infracción de un deber*[479].

Por otro lado, OLAIZOLA NOGALES señala que la infracción de la obligación de rendición de cuentas ya es objeto de la correspondiente infracción y sanción administrativa. De ello, y de su entendimiento de que la transparencia no puede ser objeto de tutela penal, parece deducir que el Derecho Penal no debe intervenir[480].

Ahora bien, el legislador puede otorgarle una protección más intensa a una institución que, en su conjunto, podría verse afectada de no cumplir sus subordinados con las órdenes que se les imponen. De nuevo, la transparencia contribuye a la prevención de delitos, pero el art. 438 bis CP y su homólogo en el ámbito administrativo buscan asegurar que el propio funcionamiento de la Administración no se vea perjudicado. Y su función puede verse alterada cuando la autoridad pública no cumple con las obligaciones que la ley conforma y que se materializan a través de una orden, que pueden servir —aquí sí— como medio o instrumento para la prevención de delitos.

En efecto, las leyes de transparencia refieren sanciones frente a la omisión deliberada de datos sin negativa y la no declaración de actividades y bienes en el Registro tras el apercibimiento para ello[481]. Pero el orden penal interviene cuando la gravedad

---

479 En contra, NÚÑEZ CASTAÑO, E., *El delito de enriquecimiento...* cit. pág. 101, quien sostiene que: "no se añade ningún plus de desvalor diferente a lo establecido por la normativa administrativa".

480 OLAIZOLA NOGALES, I., "El delito de enriquecimiento... cit. pág. 194. En parecido sentido, se pronuncia NÚÑEZ CASTAÑO, quien señala que el delito se configura: "sin otro contenido, ni desvalor diverso que constituyan el injusto típico" (*ibidem*).

481 Por ejemplo, art. 25 Ley 3/2015, de 30 de marzo, reguladora del ejercicio del alto cargo de la Administración General del Estado, Tol 4.788.429.

es particularmente intensa: por mediar un patrimonio injustificado superior a 250.000 euros y cuando concurre una negativa abierta[482]. Ello redunda en que la diferencia entre el ilícito penal y el administrativo se ha de trazar, al menos en este caso, sobre la base de criterios *cuantitativos*[483]. Aquello que trata de proteger la normativa administrativa no es, en esencia, algo distinto de lo que se tutela penalmente. En definitiva, no existe ningún criterio material que permita diferenciar, de forma apriorística, el ilícito administrativo del penal. Por mor del principio de intervención mínima, en el ordenamiento jurídico-penal se intensifica el grado de lesividad exigible[484].

En definitiva, en el caso del art. 438 bis CP, el ejercicio de la autoridad es *legítimo* porque los sujetos activos de este delito, que tienen una posición preminente en la sociedad, han de declarar sus bienes y ello no encuentra ningún impedimento constitucional. Más al contrario, el fundamento de esta obligación radica en la propia CE: *la Administración Pública sirve con objetividad los inte-*

---

482 Ello no implica sucumbir ante la criticable técnica legislativa de la "administrativización" del Derecho Penal. Sobre el Derecho Penal administrativizado, vid. SILVA SÁNCHEZ, J. M., *La expansión del Derecho Penal*, 2ª ed., Civitas, Madrid, 2001, págs. 130 y PÉREZ CEPEDA, A. I., *La seguridad como fundamento de la deriva del Derecho Penal postmoderno*, Iustel, Madrid, 2007, págs. 322 y ss.

483 Defienden, con carácter general, que la diferencia entre el Derecho Penal y el Derecho Administrativo Sancionador es "cuantitativa", entre otros: COBO DEL ROSAL, M., VIVES ANTÓN, T. S., *Derecho Penal. Parte General*, 5ª ed., Tirant lo Blanch, Valencia, 1999, pág. 57. También CEREZO MIR acoge esta misma postura, vid. CEREZO MIR, J., "Límites entre el Derecho Penal y el Derecho administrativo", *Anuario de Derecho Penal y Ciencias Penales*, Tomo 28, Fasc/Mes 2, 1975, pág. 169 y ss. y NAVARRO CARDOSO, F., *Infracción administrativa y delito: límites a la intervención del Derecho Penal*, Colex, Madrid, 2001, págs. 14 y 81. Sobre los límites entre el Derecho Penal y el Derecho Administrativo Sancionador, vid. *infra*, cap. V, 4.3.

484 Proponía esta fórmula GARCÍA ALBERO (vid. Diario de sesiones del Congreso de los Diputados, XII Legislatura, núm. 348, 25 de octubre de 2017, pág. 15).

reses generales (art 103 CE); y esos intereses generales encuentran su plasmación en las leyes de transparencia, que exigen que las autoridades declaren su patrimonio[485].

Conviene examinar, pormenorizadamente, tras haber considerado que el art. 103 CE cuenta con la suficiente legitimidad para erigirse como fundamento último del principio de autoridad, el conjunto de razones que autorizan sostener que este principio, con base al art. 103 CE, es aquello que la norma penal tutela.

En primer lugar, el sujeto activo del delito ha de ser una autoridad. Los funcionarios se excluyen porque estos, con carácter general, no están sujetos a las leyes de transparencia. Estas leyes son las que permiten fundamentar el previo deber que sostiene al art. 438 bis CP porque, como se expondrá al analizar al sujeto activo del delito[486], no caben desobediencias con fórmulas vacías o puramente formales en un Estado de Derecho. En otras palabras, el previo deber sobre el que se sostiene la desobediencia, para que sea posible, debe provenir de un cuerpo legal que lo origine. La obligación a la que está sometida la autoridad no es absoluta e incondicionada, sino basada en una justificación *racional.*

En segundo lugar, el órgano competente para requerir, de nuevo, no puede ser cualquiera sino, como dice el art. 438 bis CP, el *destinado a comprobar la justificación patrimonial*[487]. El precepto trata de proteger la atribución de autoridad, pero la *específica* conferida a aquellos que tengan como fin asegurar la recta observancia de las disposiciones legales tendentes a colegir el patrimonio *justificado.* En este sentido, sendas leyes tienen como objetivo reforzar el control del cumplimiento de la función constitucional que ejerce el art. 103 CE y la normativa de transparencia, incluso con la creación de órganos particularmente destinados para procurarlo.

---

485 Lo cual se encuentra vinculado, a su vez, con el art. 105 b) CE.

486 *Infra,* 4 y, particularmente, 4.2.1.

487 Dice expresamente el art. 438 bis CP: "(…) órganos competentes *destinados* a comprobar su justificación (…)". Cursiva añadida.

En tercer lugar, si no se entendiera que el art. 103 CE juega algún papel junto al principio de autoridad (recuérdese que la transparencia se ocupa esencialmente de que los sujetos obligados no incurran en enriquecimientos injustificados), no habría sido necesario establecer una relación, como hace el art. 438 bis CP, entre: a) obtener patrimonio de manera injustificada en un determinado periodo y b) la negativa abierta a dar una explicación. La dependencia entre la obtención patrimonial o cancelación de deudas injustificadas y la negativa abierta debe encontrar ahí su razón, porque es aquello que permite valorar la especificidad de esta clase de desobediencia. Se trata, pues, de un delito contra el buen funcionamiento de los poderes públicos cuya traducción se concreta en la función constitucional que ejerce el art. 103 CE.

Adicionalmente, carecería de sentido afirmar que se trata de un delito que atenta "formalmente" contra el principio de autoridad, sin vinculación alguna con la proclamación del art. 103 CE cuando, sin embargo, la multa es proporcional, a diferencia del resto de figuras de desobediencia. La multa es proporcional, se articula del tanto al triplo del beneficio obtenido, porque la obtención injustificada de patrimonio es aquello que permite otorgarle lesividad a la conducta[488].

En definitiva, el principio de autoridad, sí puede ser un interés digno de protección penal cuando, en este caso y por la estructura del delito, se solicita una justificación patrimonial vinculada a la función del art. 103 CE y el sujeto se niega abiertamente a

---

488 La ubicación sistemática del precepto también puede allanar el camino hacia la consideración de que la transparencia se encuentra vinculada al art. 438 bis CP (capítulo VIII: "De los fraudes y exacciones ilegales"). Por otro lado, el Preámbulo de la LO 14/2022, de 22 de diciembre, que no se ignora que su valor es acotado, establece que el art. 438 bis CP sigue el ejemplo portugués. Portugal, como se dijo, acoge en una ley especial el régimen de declaraciones de bienes y, desde el año 2022, la figura penal de la desobediencia cualificada y ocultación intencionada de bienes. La vinculación del delito portugués con la transparencia es palpable (*supra*, cap. II, 6.4).

cumplir con la orden. La sociedad democrática precisa conocer que las autoridades toman decisiones "objetivamente" al servicio de los intereses generales, esto es, que no están inmersas en conflictos de intereses que pueden desviar la atención hacia intereses privados[489]. Por esa razón, no cabe entender el tipo como una figura eminentemente "formal" o como de *mera infracción de un deber* como han sostenido algunos autores. Más al contrario, el deber de transparencia —con el contenido constitucional que se le ha reconocido— es objeto de la lesión, aunque no sea el objeto de tutela inmediato. Desde la perspectiva procedimental del bien jurídico, ambas facetas (objeto de tutela y objeto de la lesión) contribuyen a la justificación del castigo.

Con todo, se le podría achacar a lo dicho que, a pesar de la significativa función que se le asigna al principio de autoridad y a pesar de que el órgano tenga atribuida la competencia para requerir, podrá subsistir el carácter constitucionalmente ilegítimo de tal principio (v.g. una autoridad es investida de competencia para interrogar a un individuo acerca de su implicación en un delito de malversación). En el contexto del art. 438 bis CP, se sostiene que el principio de autoridad es legítimo porque los sujetos activos de dicho delito (quienes ocupan una posición preeminente en la sociedad) están obligados a declarar sus bienes y ello no encuentra obstáculo constitucional. Como ya se indicó al analizar los límites constitucionales de la figura, el cumplimiento de esta obligación no tiene que implicar una autoinculpación forzada[490].

---

489 Sobre la Administración Pública como institución al servicio objetivo de los intereses generales, vid. SÁNCHEZ MORÓN, M., "Artículo 103" en RODRÍGUEZ-PIÑEIRO Y BRAVO FERRER, M., CASAS BAAMONDE, M. E. (dirs.), *Comentarios a la Constitución Española,* Tomo II, Wolters Kluwer, Boletín Oficial del Estado, Tribunal Constitucional y Ministerio de Justicia, Madrid, 2018, pág. 452 y JIMÉNEZ ASECIO, R., "Artículo 103" en PÉREZ TREMPS, P., SAIZ ARNAIZ, A. (dirs.), *Comentario a la Constitución Española. Libro-Homenaje a Luis López Guerra. 40 Aniversario 1978-2018,* Tomo II, Tirant lo Blanch, Valencia, 2018, págs. 1495 y ss.

490 *Supra,* cap. III, 3.2.2.5 y 3.3.2.4.

3. FORMULACIÓN TÍPICA

3.1. La secuencia típica

La formulación típica descansa en la existencia de un enriquecimiento injustificado y un deber de comunicación (transparencia) y correlativa justificación patrimonial. La secuencia de elementos, hasta alcanzar la conducta, comenzará, naturalmente, con la apreciación del incremento patrimonial o la cancelación de deudas de una autoridad. El tipo no especifica quien lo evidencia, no hay restricción en este sentido[491]. Podrá apreciarlo cualquier persona u órgano (v.g. la Administración tributaria, las oficinas antifraude, se apreciará a través de los canales de denuncias, el órgano judicial, la oficina de conflicto de intereses y homólogas autonómicas, etc.). Ahora bien, se debe distinguir entre aquel que descubra el presupuesto (los 250.000 euros) y el órgano competente para requerir, porque no tiene que ser coincidente[492].

Una vez hallada esa incongruencia patrimonial y no comunicada con la correspondiente infracción del deber específico de hacerlo, el órgano competente o especialmente destinado a comprobar la justificación patrimonial verificará que, en efecto, ha habido un afloramiento patrimonial o una cancelación de deudas u obligaciones superior a la cantidad que exige el precepto, que no consta su origen acreditado y que corresponde a un determinado periodo (al desempeño del cargo o función y hasta cinco años después). Determinar el momento del enriquecimiento es una cuestión crucial porque se excluye, aunque medien indicios racionales de que tiene su origen en *algún fin ilícito relacionado con la asunción del puesto*, el que se haya producido con anterioridad al ejercicio del cargo. Quedan fuera, por tanto, aquellos incremen-

---

491 En este sentido, GONZÁLEZ CUSSAC, J. L., "Delitos contra la Administración... cit. pág. 782; RAGA I VIVES, A., "Del enriquecimiento ilícito a... cit. págs. 17 y ss. y LA MISMA, "Artículo 438 bis... cit. págs. 2734 y ss.

492 Ampliamente, *infra*, 5.

tos —aunque injustificados— que no hayan tenido lugar en el periodo de interés que fija la ley.

Una vez descubierto el patrimonio inexplicable, el órgano competente requerirá a la autoridad para que determine el origen. Si la autoridad se *niega abiertamente* a dar el debido cumplimiento al requerimiento, incurrirá en el delito del art. 438 bis CP.

En todo caso, se ha de diferenciar el momento del enriquecimiento o afloramiento patrimonial del de comisión de la conducta típica, que reside en *negarse abiertamente* a dar una explicación sobre el origen del patrimonio no acreditado[493].

En lo que sigue se analizará el tipo de acción previsto en el art. 438 bis CP y se desentrañará su contenido. Concretamente, lo que implica la obtención de un incremento patrimonial o una cancelación de deudas u obligaciones en cantidad superior a 250.000 euros y la negativa abierta a justificar su origen. También, la forma que ha de adoptar el requerimiento a la autoridad y, por último, algunos casos problemáticos que se pueden plantear en la práctica.

3.2. Consideraciones preliminares

La primera cuestión que interesa resolver es la del justo lugar que le corresponde a la *obtención de un incremento patrimonial o la cancelación de deudas u obligaciones no acreditados superior a 250.000 euros* y a la *negativa abierta a dar el debido cumplimiento a los requerimientos de los órganos competentes.*

Para abordar adecuadamente esta cuestión, se analizará, muy sucintamente, cómo se interpreta el tipo de "enriquecimiento ilícito" en otros países, concretamente en Argentina. Esto permitirá entender la regulación española.

---

493 En el mismo sentido, vid. GONZÁLEZ CUSSAC, J. L., "Delitos contra la Administración... cit. pág. 782 y CARDENAL MONTRAVETA, S., ROGE SUCH, G., "Delitos contra las administraciones públicas" en CORCOY BIDASOLO, M. (dir.), *Manual de Derecho Penal, Parte Especial*, Tomo I, 3ª ed., Tirant lo Blanch, Valencia, 2023, pág. 731.

En Argentina, como ya se dijo[494], ha habido un enconado debate centrado no solo en lo tocante a la propia legitimidad constitucional de la figura, sino en torno a la comprensión del objeto de castigo. Se ha discutido ampliamente si el enriquecimiento ilícito viene presidido por un acto *comisivo,* donde la no justificación actúa como una condición objetiva de punibilidad o como una condición de procedibilidad; *omisivo,* donde lo decisivo es el no justificar el enriquecimiento; o integrado por la conducta de "enriquecerse" y por la omisión posterior.

A pesar de que la referencia en el tipo penal argentino a la *no justificación* ha llevado a parte de la doctrina —como singularmente a CREUS— a sostener que el "enriquecimiento" no integra la conducta típica, sino que la precede[495], según expuso la Cámara Nacional de Casación Penal Argentina, en el *caso Alsogaray,* la cláusula del debido requerimiento y de la no justificación, solo pueden entenderse como requisitos establecidos en resguardo del derecho de defensa. En definitiva, lo que se castiga es "enriquecerse" durante la función pública de manera apreciable y sin razón alguna que permita acreditar una fuente legítima[496].

Ahora bien, tiene sentido que en Argentina la compresión del objeto de castigo haya dado lugar a semejante disparidad de criterios, y a que se identifique finalmente la conducta con el "enriquecimiento", y no con una suerte de desobediencia. Ello porque, a diferencia de lo que ocurre en la regulación española, la configuración de los delitos de desobediencia en Argentina nada comparten con la estructura del de enriquecimiento ilícito del art. 268 (2) CP Argentino[497]. No obstante, en España, la discusión

---

494 *Supra,* cap. II, 2.2.

495 CREUS, C., *Delitos contra la Administración...* cit. pág. 417.

496 Sentencia de la Cámara Nacional de Casación Penal Argentina, 9 junio de 2005 y de la Corte Suprema de Justicia de la Nación "Alsogaray, Ma. Julia" de 22 de diciembre de 2008.

497 El art. 239 CP Argentino establece: "[s]erá reprimido con prisión de quince días a un año, el que resistiere o desobedeciere a un funcionario público en el ejercicio legítimo de sus funciones o a la persona que le

no puede formularse en los mismos términos, porque la figura del 438 bis CP *comparte estructura* con otras figuras de desobediencia, o al menos lo hace parcialmente, y cobra así un sentido definido. No responde a la "clásica" concepción del enriquecimiento ilícito, sino que el delito, por así decirlo, ha "cambiado" su naturaleza. La *no justificación,* por ende, no es una condición de perseguibilidad o procedibilidad, no es una exigencia procesal que pertenezca al Derecho adjetivo, como dato relacionado exclusivamente con la esfera del proceso[498]. Tampoco una condición de punibilidad que justifique la necesidad de la pena. De haber sido así, el legislador se hubiera contentado con configurar un tipo "puro" de enriquecimiento ilícito.

Afirmar, bajo la guía de la (presunta) "voluntad del legislador", que la *no justificación* condiciona la persecución penal o que es una condición objetiva de punibilidad supone obviar cómo se configura el tipo y acoger las caracterizaciones que se le han dado a la figura en otros ordenamientos que nada tienen que ver con el español. No se ha de olvidar que esta disposición se encuentra dentro de un todo pretendidamente armónico y, si se atiende al resto de delitos de desobediencia, no se puede ignorar que la negativa abierta es objeto de castigo. Lo que no cabe es desconocer, por efectiva que pudiera resultar esta interpretación, la centralidad de la negativa abierta, que se deduce de la dicción literal del precepto y de la lectura conjunta del resto de figuras de desobediencia (v.g. 410 CP)[499].

---

prestare asistencia a requerimiento de aquél o en virtud de una obligación legal".

498 Sobre la distinción entre las condiciones objetivas de punibilidad y las condiciones de procedibilidad, vid. MIR PUIG, S., *Derecho Penal. Parte General,* 9ª ed., Reppertor, Barcelona, 2011, pág. 173.

499 En el mismo sentido, entendiendo el delito como una desobediencia, vid. VILLEGAS GARCÍA, M. A., "El nuevo delito de… cit. s/n y OLAIZOLA NOGALES, I., "El delito de enriquecimiento… cit. pág. 189. En sentido contrario hay quien ha señalado que: "[n]o resulta aventurado entender el delito del artículo 438 bis como un tipo que castiga no la

En definitiva, la hipotética "finalidad del legislador" no puede llevar al hermeneuta a preterir lo que dice la ley.[500] De hacerlo, la interpretación del Derecho se basaría en postulados ideales, pero no en base al novedoso texto legal. En todo caso, el propio Preámbulo de la Ley de reforma —que, como ha señalado el TC, aunque no posee valor normativo sí tiene valor interpretativo[501]—, así lo determina expresamente cuando acoge el tipo como una desobediencia, con el manifiesto y explícito propósito de evitar la censura constitucional[502]. Señala, además, que la inclusión del enriquecimiento ilícito parte del ejemplo portugués, donde el tipo se ha configurado expresamente como una desobediencia[503].

Por ende, no se comparte la opinión de quienes consideran que "tras el aparente delito de desobediencia subyace la 'presunción' de que el incremento del patrimonio, aunque no se diga expresamente, tiene un origen ilícito y por eso se crea la posibilidad de sancionar vía desobediencia lo que no se ha podido probar

---

desobediencia, sino el enriquecimiento —atendiendo a su origen—, mientras que la desatención del requerimiento a justificar dicho enriquecimiento constituiría un mero reproche añadido (en mi opinión, en el plano de desvalor de la acción)" (vid. DE JUAN GARCÍA, A., "Tratamiento patrimonial y comiso del enriquecimiento injustificado de autoridades públicas en el artículo 438 bis CP «ex novo»", *Revista Aranzadi Doctrinal*, nº 10, 2023, s/n).

500 La CNUCC, a lo sumo, tiene fuerza retórica, pero no constituye ley por sí misma.

501 STC 36/1981, de 12 de noviembre, Tol 110.838. También puede verse STS 340/2021, de 24 de abril (Sala II), Tol 8.409.736.

502 Así lo señala de manera explícita el Preámbulo de la LO 14/2022, de 22 de diciembre.

503 Señala el Preámbulo de la LO 14/2022, de 22 de diciembre: "[t]radicionalmente, la figura del enriquecimiento ilícito o injusto había generado controversia constitucional al ser configurado como un delito de sospecha, por su posible colisión con el derecho fundamental a la presunción de inocencia, algo que se evita con la actual regulación que sigue el ya citado modelo de desobediencia que han incorporado recientemente países como Portugal". Sobre el particular, vid. GONZÁLEZ CUSSAC, J. L., "Delitos contra la Administración… cit. pág. 782.

vía corrupción, por ejemplo"[504]. Tampoco lo que plantean alternativamente algunos autores, por las a su juicio "insatisfactorias" consecuencias que plantea el delito de desobediencia, de que la figura consiste en la obtención de un incremento patrimonial "no justificable", cuya estructura sería parecida al delito de blanqueo de capitales[505]. Ello implicaría una interpretación excesivamente flexible —si no manipulada— de la ley penal. En resumidas cuentas, existe una obligación de interpretación conforme con la CE y, aún más, cuando el tenor literal del precepto es inequívoco[506].

Por lo anterior, se rechaza la afirmación de que la negativa abierta no juegue papel alguno en el delito objeto de comentario y ello porque al lenguaje hay que darle la relevancia que merece: la máxima. En definitiva, se trata de un delito que se compone de una dualidad de actos temporalmente escindidos: el *haber obtenido* o *haber cancelado*, tiempo perfectivo que sitúa la acción en un momento anterior a la *negativa abierta* a justificar. En ello se incidirá en lo que sigue.

3.3. La obtención de un incremento patrimonial o una cancelación de deudas superior a 250.000 euros: naturaleza jurídica

Subsiste el problema de determinar qué tratamiento merece la obtención de un incremento patrimonial o una cancelación de deudas u obligaciones superior a 250.000 euros. Se planteará, en las siguientes líneas, cómo se puede caracterizar esa cuantía y qué implicaciones pueden derivarse de una u otra catalogación[507].

Se pueden identificar dos posturas respecto a la calificación jurídica de la *obtención de un incremento patrimonial (o una cancelación*

---

504 NÚÑEZ CASTAÑO, E., El delito de enriquecimiento… cit. pág. 40.

505 MIRÓ ESTRADÉ, J., "El nuevo delito de… cit. pág. 5.

506 No comparte esta opinión, GÓMEZ RIVERO, M. C., "Tabú y eufemismo. Acerca del nuevo delito de desobediencia del art. 438 bis CP", *InDret*, nº 3, 2024, pág. 221.

507 RAGA I VIVES, A., "Del enriquecimiento ilícito a… cit. págs. 21 y ss.

de deudas u obligaciones) por un valor superior a la cuantía consignada por la ley. Algunos autores argumentan que constituye una condición objetiva de punibilidad; otros, que se trata de un elemento del tipo. En realidad, el decantarse por una u otra opción no solo se presenta como un problema teórico, sino que su distinción es fundamentalmente *consecuencialista*[508]. Admitir uno u otro carácter tendrá implicaciones sobre las formas imperfectas de ejecución y sobre las de ilicitud (en este caso, el dolo). El error, entonces, puede hallarse jurídicamente desprovisto de significación[509].

Pese a que no reina unanimidad a la hora de definir lo que se entiende por condiciones objetivas de punibilidad, una aproximación a las mismas, siguiendo a MARTÍNEZ-BUJÁN, permite caracterizarlas como "elementos que presuponen un comportamiento típico, antijurídico y culpable, y tienen la misión de restringir la punibilidad (…). Son, en definitiva, circunstancias adicionales que operan como factores excepcionalmente agregados a los elementos objetivos y subjetivos de imputación"[510].

---

508 Así se pronuncia GALLEGO SOLER en su análisis sobre el delito fiscal, el delito fraude de subvenciones y los delitos contra la Seguridad Social (vid. GALLEGO SOLER, J. I., *Responsabilidad penal y perjuicio patrimonial,* Tirant lo Blanch, Valencia, 2002, pág. 312). También BLANCO CORDERO, I., "Delitos contra la Hacienda Pública y la Seguridad Social", *Eguzkilore: Cuaderno del Instituto Vasco de Criminología,* nº 14, 2000, págs. 21 y 22.

509 MARTÍNEZ PÉREZ, C., "El delito de defraudación tributaria" en COBO DEL ROSAL, M., (dir.), *Comentarios a la Legislación Penal,* Tomo VII, EDERSA, Madrid, 1986, pág. 265; ARROYO ZAPATERO, L. A., *Delitos contra la hacienda pública en materia de fraude de subvenciones,* Centro de Publicaciones del Ministerio de Justicia, Madrid, 1987, pág. 104 y MIR PUIG, S., *Derecho Penal. Parte General…* cit. pág. 172.

510 MARTÍNEZ PÉREZ, C., "Falsas condiciones objetivas de punibilidad en el Derecho Penal español" en *Estudios penales en memoria del profesor Agustín Fernández-Albor,* Universidad de Santiago de Compostela, 1989, págs. 481 y ss. Acoge esta misma definición FARALDO CABANA, P., "Falsas condiciones objetivas de punibilidad en los delitos contra la Administración de Justicia" en QUINTERO OLIVARES, G., MORALES PRATS, F. (coords.), *El nuevo Derecho Penal español. Estudios penales en memoria del*

La doctrina dominante distingue entre condiciones objetivas de punibilidad "propias" e "impropias"[511]. A continuación, se establecerá el alcance de cada una de estas con el fin de determinar si se corresponden con la cuantía objeto de estudio.

Las condiciones objetivas de punibilidad *propias* son aquellas que tienen como misión restringir la punibilidad y que operan como factores excepcionalmente agregados a los elementos objetivos y subjetivos[512].

Profesor José Manuel Valle Muñiz, Aranzadi, Pamplona, 2001, pág. 1304. Proporcionan una definición que no difiere en lo sustancial de la anterior ORTS BERENGUER y GONZÁLEZ CUSSAC, aunque con el matiz de que el hecho ha de ser *futuro e incierto* (vid. ORTS BERENGUER, E., GONZÁLEZ CUSSAC, J. L., *Compendio de Derecho Penal*... cit. pág. 460 y COBO DEL ROSAL, M., VIVES ANTÓN, T. S., *Derecho Penal. Parte General*, 5ª ed., ... cit. pág. 430). Ahora bien, se ha criticado la calificación de la condición como hecho futuro e incierto, porque no es inherente al concepto de condición objetiva de punibilidad. No hay, según expresa MARTÍNEZ-BUJÁN, razones de Derecho positivo ni argumentos relativos a la naturaleza y fundamento de estas condiciones que autoricen a descartar la operatividad de elementos anteriores (vid. MARTÍNEZ PÉREZ, C., *Las condiciones objetivas de*... cit. págs. 81-84).

511 Entre otros, vid. MARTÍNEZ PÉREZ, C., *Las condiciones objetivas de*... cit. págs. 79 y ss.; GARCÍA PÉREZ, O., *La punibilidad en Derecho Penal*, Aranzadi, Pamplona, 1997, págs. 37 y ss. y MIR PUIG, S., *Derecho Penal. Parte General*... cit. pág. 171. En contra, CUELLO CONTRERAS, J., *El Derecho Penal Español. Parte General. Nociones introductorias. Teoría del delito*, 3ª ed., Dykinson, Madrid, 2002, págs. 1170 y 1171. Este autor sostiene que distinguir entre condiciones objetivas de punibilidad propias (auténticas) e impropias (inauténticas) no es necesario pues "[t]odas las condiciones objetivas de punibilidad son auténticas; lo que la anterior doctrina tiene por condición objetiva de punibilidad inauténtica no es sino una condición objetiva de punibilidad auténtica referida no a un delito de lesión sino a un delito de peligro, cuya culpabilidad debe ser demostrada siempre, operando, como siempre hace la condición objetiva de punibilidad, por eso es auténtica, como restricción de la punibilidad por culpabilidad" (pág. 1171).

512 MARTÍNEZ-BUJÁN PÉREZ, C., *Derecho Penal Económico y*... cit. pág. 869; GARCÍA PÉREZ, O., *La punibilidad en Derecho*... cit. págs. 33 y ss.; BUS-

El entendimiento de la cuantía del art. 438 bis CP como una condición objetiva de punibilidad propia implicaría, en términos prácticos, que su contenido concreto no debe ser abarcado por el dolo del autor[513]. Ahora bien, la imputación subjetiva de cada elemento, desde el ineludible postulado de las garantías, es algo que se *presume*, salvo que inequívocamente se deduzca lo contrario y, por ende, todos los elementos pertenecen al tipo y han de ser abarcados por el dolo del autor[514]. Como expresa en términos generales MARTÍNEZ-BUJÁN *salvo que el sentido objetivo de la ley demuestre indudablemente lo contrario, nada autorizará a contradecir esa presunción*[515].

Se podría argumentar, en favor de considerar la cuantía que establece el art. 438 bis CP como una condición objetiva de punibilidad, que si el sujeto no conoce con exactitud la cifra surgirá una laguna de punición. Así, MUÑOZ CUESTA se decanta por considerar que la cuantía es una condición objetiva de punibilidad y no un elemento típico por razones más "prácticas que técnicas, ya que la comprobación de esa cantidad por parte del órgano judicial que enjuicia este delito se llegaría a su apreciación, concurriendo claro con el resto de sus elementos, sin tener que determinar que el dolo del autor abarcaba a que la cantidad no justificada era esa suma, que así debiera ser si la apreciásemos como un elemento del tipo"[516]. De cierta forma, la misma postura

---

TOS RUBIO, M., "Más allá del injusto culpable: los presupuestos de la punibilidad", *Estudios Penales y Crimonológicos*, vol. XXXV, 2015, págs. 207-209 y ORTS BERENGUER, E., GONZÁLEZ CUSSAC, J. L., *Compendio de Derecho Penal...* cit. pág. 442.

513 BERDUGO GÓMEZ DE LA TORRE, I., FERRÉ OLIVÉ, J. C., *Todo sobre el fraude tributario*, Praxis, Barcelona, 1994, pág. 84.

514 MARTÍNEZ PÉREZ, C., *Las condiciones objetivas de...* cit. págs. 70 y ss. En parecido sentido, vid. MAPELLI CAFARENA, B., *Estudio jurídico-dogmático sobre las llamadas condiciones objetivas de punibilidad*, Centro de publicaciones de la Secretaría General Técnica del Ministerio de Justicia, Madrid, 1990, pág. 15.

515 MARTÍNEZ PÉREZ, C., *Las condiciones objetivas de...* cit. pág. 70.

516 MUÑOZ CUESTA, J., "El nuevo delito de desobediencia del art. 438 bis CP introducido por la LO 14/2022", *Revista Aranzadi Doctrinal*, nº 5, 2023, s/n.

se acoge, *mutatis mutandis*, en la ya tradicional discusión sobre la naturaleza jurídica de la cifra del delito fiscal[517].

Se inclinan también por considerar que se trata de una condición objetiva de punibilidad LUZÓN CUESTA y Alejandro LUZÓN CÁNOVAS y María LUZÓN CÁNOVAS. Afirmación que, según señalan, llevará de suyo la imposibilidad de apreciar el castigo de la tentativa[518]. Si el enriquecimiento no supera el umbral que establece el art. 438 bis CP la conducta constituirá, en su caso, una mera infracción administrativa[519]. También MUÑOZ CONDE y LÓPEZ PEREGRÍN apuntan que: "la exigencia de que el incremento patrimonial o la cancelación de obligaciones o deudas supere los 250.000 euros respecto a sus ingresos acreditados constituye una *condición objetiva de punibilidad*, por lo que, de darse en cuantía inferior, la conducta será impune"[520].

Ahora bien, se encuentran razones para entender esta cuantía como un genuino *elemento del tipo de acción*, porque considerar la intelección de este elemento como una condición objetiva de punibilidad implica que *no* depende de la voluntad del autor la obtención de un incremento superior a la cifra consignada cuando,

---

517 Así, por ejemplo, RODRÍGUEZ MOURULLO considera que el límite cuantitativo en el delito fiscal es una característica del resultado, que aparece como efecto de la acción y que ha de estar cubierta por la culpabilidad del autor (vid. RODRÍGUEZ MOURULLO, G., "El nuevo delito fiscal" en COBO DEL ROSAL, M., (dir.), *Comentarios a la Legislación Penal*, Tomo II, EDERSA, Madrid, 1986, pág. 283).

518 No obstante, a idéntica solución se podría llegar de considerarlo como un elemento del tipo o situación típica.

519 LUZÓN CUESTA, J. M., (actualizado por LUZÓN CÁNOVAS, A., LUZÓN CÁNOVAS, M.), *Compendio de Derecho Penal...* cit. pág. 470.

520 MUÑOZ CONDE, F., *Derecho Penal. Parte Especial* (revisada y puesta al día con la colaboración de LÓPEZ PEREGRÍN, C.), 25ª ed., ... cit. pág. 1027. También señala que se trata de una condición objetiva de punibilidad GONZÁLEZ URIEL, aunque sin mayor argumentación (vid. GONZÁLEZ URIEL, D., "La controvertida incorporación del... cit. s/n). En contra, entendiendo que es un elemento del tipo (vid. OLAIZOLA NOGALES, I., "El delito de enriquecimiento... cit. pág. 189).

realmente, es un acto que no se puede afirmar con independencia de la voluntad del sujeto, sino que le es propio, le corresponde[521]. Admitir lo contrario supone no considerar que justamente lo que se reprime es que la autoridad *alcance o consiga un incremento no acreditado superior a dicha cifra y no lo justifique.* Además, entre los intereses que confluyen tras esta disposición se encuentra el de que no se produzca un *enriquecimiento injustificado,* de ahí que la desobediencia se vincule a ello, configurándose como una especie de *contexto típico* en el cual se desenvuelve la desobediencia.

Afirmar lo contrario implica desplazar los propios términos de la ley, que enmarca, con un acto previo de obtención o cancelación, la desobediencia. En otras palabras, el incremento superior a la cuantía exigida es aquello que permite otorgarle relevancia a la conducta, aunque lógicamente no se comprenda en su conjunto, sin la negativa abierta. La obtención no es, pues, una circunstancia que se adicione a los elementos objetivos y subjetivos del tipo. No es un factor excepcionalmente agregado, sino que es aquello que le otorga lesividad a la conducta, que le da sentido.

Por otro lado, el tipo de multa escogida por el legislador (multa proporcional), puede arrojar cierta luz. Algunos autores han argumentado que el hecho de que el legislador utilice la multa proporcional en lugar de la multa por cuotas podria considerarse un "defecto de técnica legislativa"[522]. Sin embargo, sostener que el legislador ha errado en lugar de buscar una solución lógica y coherente no parece ser la aproximación más adecuada. La decisión del legislador de optar por la multa proporcional en función del enriquecimiento o "beneficio obtenido", en contraste con otras figuras de desobediencia, podría sugerir que la cuantía forma parte del tipo

---

521 Ciertamente puede entrar una cantidad significativa de bienes en el patrimonio del sujeto por la voluntad de un tercero, pero posteriormente la autoridad afectada tendrá conocimiento de esa alteración y ahí es donde nace la obligación.

522 GONZÁLEZ URIEL, D., "La controvertida incorporación del… cit. s/n.

de acción y de que no se trata de una mera condición objetiva[523]. El incremento patrimonial se obtiene o la deuda se cancela, y la multa se calcula en función de la utilidad obtenida sin justificación.

Por último, el argumento de MUÑOZ CUESTA de que por razones más "prácticas que técnicas" ha de catalogarse como una condición objetiva de punibilidad no puede ser acogido[524]. Entenderlo como parte del tipo de acción implica que la vertiente subjetiva ha de ser probada, pero el dolo no tiene que abarcar con exactitud la cifra establecida[525]. Bastará, pues, en su vertien-

---

523 Pese a todo, no se obvia que lo mismo podría decirse respecto del art. 305 CP que, como se sabe, la jurisprudencia en ocasiones se ha inclinado por calificar la cuantía como una condición objetiva de punibilidad, pese a las razones que pudieran esgrimirse en contra.

524 MUÑOZ CUESTA, J., "El nuevo delito de... cit. s/n.

525 En este sentido, salvando las distancias que merece el paralelismo con los delitos contra la Hacienda Pública, como se señala en la STS 717/2016, de 27 de septiembre (Sala II), Tol 5.832.598, la distinción entre ambas calificaciones tiene un carácter más formal que material: "[s]e discute si estamos ante un elemento del tipo, que debería estar abarcado por el dolo del autor o bien ante una condición objetiva de punibilidad (STS 13/2006), calificación esta última por la que se inclina mayoritariamente la jurisprudencia, aunque la distinción pierda relevancia en tanto se admite que el dolo puede ser eventual". MARTÍNEZ-BUJÁN sostiene que defender su naturaleza de elemento típico no implica que el autor deba conocer la cifra con exactitud, lo cual sería "absurdo". Del mismo modo que lo sería en todos aquellos delitos patrimoniales que incorporan como elemento típico una cuantía determinada. En todas las figuras que incluyen límite cuantitativo será suficiente con el dolo eventual, vid. MARTÍNEZ-BUJÁN PÉREZ, C., *Derecho Penal Económico...* cit. 876 y EL MISMO, *Los delitos contra la Hacienda Pública y la Seguridad Social en la Ley Orgánica 6/1995, de 29 de julio,* Tecnos, Madrid, 2008, pág. 65. Sobre la ya clásica división de posturas, vid. VALLE MUÑIZ, J. M., "La criminalización del fraude de subvenciones a la Seguridad Social. Estudio de las conductas punibles previstas en el art. 307 del nuevo Código Penal", *Anuario de Derecho Penal y Ciencias Penales,* Fasc/Mes 3, 1995, págs. 773 y ss. y BAJO FERNÁNDEZ, M., PÉREZ MANZANO, M., SUÁREZ GONZÁLEZ, C., *Manual de Derecho Penal (Parte Especial),* 2ª ed., Editorial Universitaria Ramón Areces, Madrid, 1993, pág. 613.

te *eventual*[526], cuya determinación le corresponde a la prueba indiciaria.

Junto a las condiciones objetivas de punibilidad propias se sitúan las *impropias* o, en terminología de otros autores, situaciones típicas *anómalas,* que lo fundamentan o agravan[527]. Frente a estas se dirigen las verdaderas objeciones dogmáticas. En realidad, no presuponen un comportamiento típico, antijurídico y culpable, sino que contribuyen a fundamentar el injusto. Responden a aquellas circunstancias que no guardan con la actividad del sujeto una relación definida y no se exige que sean abarcadas por el dolo del autor. Estas condiciones han sido criticadas, fundamentalmente, por instaurar una suerte de responsabilidad *objetiva*[528], porque desde el punto de vista material son elementos que en rigor perte-

---

526 En el mismo sentido, con respecto al delito de defraudación tributaria, vid. VALLE MUÑIZ, J. M., "La criminalización del fraude… cit. pág. 775 y FERRÉ OLIVÉ, J. C., *Tratado de los delitos contra la Hacienda Pública y contra la Seguridad Social,* Tirant lo Blanch, Valencia, 2018, págs. 285 y 286.

527 Lo que MARTÍNEZ-BUJÁN denomina "condiciones objetivas de punibilidad impropias" equivale a lo que el COBO/VIVES llama "situaciones típicas anómalas", vid. COBO DEL ROSAL, M., VIVES ANTÓN, T. S., *Derecho Penal. Parte General,* 5ª ed., … cit. pág. 430, nota 12. Sobre el particular, vid. GARCÍA PÉREZ, O., *La punibilidad en Derecho…* cit. págs. 37 y ss.

528 MENDES DE CARVALHO, E., "Las condiciones objetivas de punibilidad impropias: vestigios de responsabilidad objetiva en el Código Penal español", *Revista Derecho Penal y Criminología (UNED),* nº 17, 2006, págs. 221 y ss.; FERRÉ OLIVÉ, J. C., "Punibilidad y proceso penal", *Revista General de Derecho Penal,* nº 10, 2008; MARTÍNEZ PÉREZ, C., *Las condiciones objetivas de…* cit. págs. 57 y ss.; COBO DEL ROSAL, M., VIVES ANTÓN, T. S., *Derecho Penal, Parte General…* cit. pág. 430, nota 12 y DEL ROSAL, J., COBO, M., RODRÍGUEZ MOURULLO, G., *Derecho Penal Español. Delitos contra las personas,* Imprenta Aguirre Darro, Madrid, 1972, pág. 233. SILVA y CORCOY apuntan que las críticas contra ellas se deben a la incorporación de presunciones contra reo (vid. SILVA SÁNCHEZ, J. M., CORCOY BIDASOLO, M., *Prácticas de teoría del delito. Derecho penal. Parte General,* Promociones Publicaciones Universitarias, Barcelona,

necen al tipo, aunque, desde la perspectiva formal, se desvinculan de él[529]. Como expone MARTÍNEZ-BUJÁN giran sobre el eje de un exacerbado *defensismo*: se pretenden desvincular unos elementos que, desde la perspectiva material, pertenecen al tipo, de las exigencias del dolo y de la culpa[530].

Se citaba como ejemplo de "situación típica anómala" o condición objetiva de punibilidad *impropia* la exigencia de que "hubiere resultado muerte" en el derogado art. 408 ACP. El precepto incorporaba la muerte como una situación objetiva de la riña tumultuaria pero no necesariamente como una consecuencia de la conducta lesiva del autor, ni como una circunstancia que debiera ser abarcada por el dolo de este[531].

Llevado al caso, la inteligencia de este elemento permite concluir que esta vía no es la seguida por la ley, en tanto que el tenor literal del precepto no autoriza a desvincular el apuntado elemento del comportamiento del autor o a afirmar que por razones de utilidad se le arrogue, sino que se trata de un acontecimiento *propio*. Carecería de sentido entender lo contrario tratándose de un delito de desobediencia *por enriquecimiento injustificado* o sostener la interpretación, sin razón que lo justifique, de que se establece una condición que vulnera el principio de culpabilidad. Adicionalmente, su sentido gramatical no lo permite: el uso del pretérito pluscuamperfecto en tercera persona del singular ("hubiera obtenido") y la afirmación de una situación objetiva como esta es incompatible.

1985, pág. 299). En el mismo sentido, vid. MIR PUIG, S., *Derecho Penal. Parte General*... cit. pág. 171.

529 MARTÍNEZ-BUJÁN PÉREZ, C., *Derecho Penal Económico*... cit. pág. 870 y FARALDO CABANA, P., "Falsas condiciones objetivas de... cit. pág. 1315.

530 MARTÍNEZ PÉREZ, C., *Las condiciones objetivas de*... cit. págs. 57 y ss. En el mismo sentido, vid. MARTÍNEZ PÉREZ, C., "Falsas condiciones objetivas de... cit. págs. 481 y ss.

531 COBO DEL ROSAL, M., VIVES ANTÓN, T. S., *Derecho Penal. Parte General*, 5ª ed., ... cit. pág. 428.

Descartada la vía de caracterizar la cuantía como una condición objetiva de punibilidad, resta por analizar el lugar que le corresponde a la obtención de un incremento patrimonial o la una cancelación de obligaciones o deudas por un valor superior a 250.000 euros.

COBO y VIVES definen las *situaciones típicas* como aquellas que "consisten en determinadas particularidades o características del hecho singular que, si bien no pertenecen a la acción (esto es, no manifiestan por sí la voluntad), de algún modo la matizan y cualifican, constituyendo referencias imprescindibles para captar el significado de la voluntad manifestada y conferirle concreta relevancia típica a la conducta. Por ello precisan ser conocidas y queridas por parte del sujeto"[532].

Siguiendo esta definición, podría considerarse si la intelección del elemento analizado se puede valorar como una exigencia que *limita* la apreciación del tipo. De esta forma, el "suelo fáctico" contendría la necesidad de que concurra un determinado elemento[533]. Se caracterizaría, así, como una nota que no se dirige tanto al objeto de tutela sino al *objeto de la lesión*, que condiciona su lesividad y le confiere relevancia típica a la conducta.

Ciertamente, al examinar la posibilidad de que el delito salvaguardara el principio de autoridad, se encontró su justificación entendiéndolo funcionalmente. En el contexto del art. 438 bis CP, el principio de autoridad opera con el propósito de que la Administración *sirva con objetividad los intereses generales*, impidiendo enriquecimientos injustificados[534]. En consecuencia, no se trata de un factor adicional o excepcional, sino más bien del elemento que fundamenta este principio.

La categorización de *situación típica* se integra, desde la doctrina de la acción significativa, en el "tipo de acción"[535]. Este acto

---

532 *Ibidem*, pág. 427.

533 *Ibidem*.

534 *Supra*, 2.2.

535 VIVES ANTÓN, T. S., *Fundamentos del sistema penal*... cit. pág. 491 y ORTS BERENGUER, E., GONZÁLEZ CUSSAC, J. L., *Compendio de Derecho Penal*... cit. págs. 235 y ss.

precedente, de obtener un incremento en cantidad superior a la consignada por la ley se podría considerar como una característica o elemento que la norma penal exige y que, en conjunto con el resto, la convierte en relevante. Como un elemento de la acción que la define, que le da sentido.

3.4. La cuantía: su cálculo

En principio, resulta llamativo que, al tratarse de un delito de desobediencia, el incremento patrimonial o la cancelación de deudas u obligaciones deba ser superior a 250.000 euros. No obstante, como ya se dijo, ello encuentra su justificación en que es una característica que la ley penal exige para intensificar el grado de lesividad de la conducta desde la perspectiva del objeto de la lesión[536].

El legislador, en este sentido, parece haber prescindido de las fórmulas que se utilizan en el Derecho comparado como "apreciable"[537], "relevante e injustificado"[538] por considerar que son poco respetuosas con el principio de legalidad[539]. No obstante, de haberse dispuesto así, se podría haber modulado a través del conocido *principio de insignificancia* (sobre la base del principio de mínima intervención)[540].

Evidentemente, a falta de disposición del precepto, esta cantidad, se ha de referir a la suma de todas las rentas injustificadas, independientemente de cuándo hayan aflorado (siempre que se deban al periodo del cargo o función, como exige el precepto)[541]. No obstante, persiste la dificultad de determinar cómo se debe

---

536 *Supra*, 2.2.

537 Art. 268 (2) CP Argentina.

538 241 bis CP Chile.

539 VIDALES RODRÍGUEZ, C., *El delito de enriquecimiento...* cit. págs. 56 y 57.

540 Principio reconocido en la jurisprudencia del TS, vid. STS 374/2011, de 10 de mayo (Sala II), Tol 2.127.090.

541 DEL CARPIO DELGADO, J., *El delito de enriquecimiento...* cit. pág. 133.

cuantificar el bien o derecho de contenido económico. Concretamente, plantea una problemática particular el hecho de que los bienes sean susceptibles de revalorización y/o depreciación. Por ello, se analizarán, en lo que sigue, las posibles formas para cuantificar los 250.000 euros que exige el precepto.

Se puede estimar, en primer lugar, que es posible efectuar el requerimiento si en el lapso temporal precisado en el art. 438 bis CP ("durante el desempeño de su función o cargo y hasta los cinco años después de haber cesado en ellos") los bienes contaron con un valor superior a 250.000 euros. En segundo lugar, podría estimarse que el valor de los mismos se determina en el momento de practicarse el requerimiento. En último lugar, se puede atender al valor que estos tenían en el momento en que fueron adquiridos por el autor del delito.

Vistas las tres posibilidades, parece que la solución más razonable, por otorgar una mayor seguridad jurídica, y porque es coherente con el entendimiento de la cuantía como un elemento típico, pasa por atender al valor de los bienes cuando fueron adquiridos. Con ello, se evitaría la estimación de una revalorización o depreciación del bien que se debiese a causas ajenas a la voluntad de la autoridad. Razones de índole práctica, además, podrían aconsejar esta opción, porque considerar lo contrario podría llevar a modificaciones en la calificación en caso de que la valoración del bien o derecho varíe en el momento en que la autoridad se haya negado abiertamente a justificar su patrimonio.

No obstante, surge el siguiente interrogante: ¿pueden considerarse, a efectos de determinar la cuantía que establece el art. 438 bis CP, los frutos generados por esos bienes no justificados? Parece que, en vía de principio, los rendimientos que provengan de bienes injustificados tendrán que ser valorados para calcular el patrimonio injustificado, pero siempre y cuando dichos rendimientos sean directamente producidos por los bienes no justificados y cuando estos frutos no estén fuera del control del sujeto y este los conozca. En otras palabras, el conjunto de bienes generados directamente por los injustificados influirán en su cuantificación, en tanto sean aprehendidos por el sujeto[542].

3.5. La negativa abierta

Toda vez que el delito del art. 438 bis CP no ha sido aplicado hasta el momento, se partirá de la interpretación que merece la *negativa abierta* en las figuras que la requieren de forma expresa (art. 410 CP). Como se dijo, en el delito de desobediencia objeto de estudio, este acto —el negarse abiertamente— sucede temporalmente a la obtención del incremento superior a la cifra señalada y al requerimiento.

Entrando en el alcance de la "negativa abierta", presente en algunas figuras de desobediencia, según QUINTERO OLIVARES, surgen tres posibles interpretaciones acerca de los comportamientos contemplados en dicho contexto. En primer lugar, cualquier comportamiento que no sea el de cumplir lo mandado, sea de forma dolosa o negligente. Esta fórmula, que el autor descarta, obviaría que únicamente es posible la modalidad dolosa. La segunda interpretación corresponde al incumplimiento doloso de lo mandado, incluyendo el mero retraso. Esta exégesis, siempre según el citado autor, es la realmente problemática. No duda de que, en ocasiones, la negativa se conformará a través de un "camino indirecto" (poner trabas, obstáculos, etc.) pero, según su parecer, esta exégesis tropieza con el principio de legalidad. Según estima, no pueden tener cabida más que los actos directos y explícitos, aunque lleguen a manifestarse a través de una conducta omisiva. Por esa razón, entiende que la vía correcta es la de interpretar que la negativa ha de ser abierta y directa de no querer cumplir con la orden. Así, los supuestos de "maliciosa pasividad o ineficacia" o de "entorpecimiento del cumplimiento" que el TS califica como

---

542 Un ejemplo de lo anterior lo constituiría el caso en el que una autoridad tenga, sin justificación, una vivienda de la que obtenga ingresos en concepto de alquiler.

comportamientos incluibles en el concepto de "negativa abierta" deben relegarse al Derecho disciplinario. Limitado el concepto de negativa abierta añade que la pasividad absoluta puede admitirse, pero siempre que *no abrigue dudas sobre la orientación directamente encaminada al incumplimiento del deber de obedecer*[543].

En este sentido, en relación con el art. 410 CP, el TS viene señalando que el carácter "abierto" de la negativa no se identifica,

---

543 QUINTERO OLIVARES, G., "El delito de desobediencia y la desobediencia justificada", *Cuadernos de Política Criminal*, nº 12, 1980, págs. 70-71. En el mismo sentido, MORILLAS CUEVA, L., "Lección 39. Delitos contra la Administración Pública (III). Desobediencia y denegación de auxilio" en COBO DEL ROSAL, M. (dir.), *Derecho Penal Español. Parte Especial*, 2ª ed., Dykinson, Madrid, 2005, pág. 878; GARCÍA PÉREZ, J. J., "Artículo 410" en SÁNCHEZ MELGAR, J. (coord.), *Código Penal. Comentarios y Jurisprudencia*, Tomo IV, 5ª ed., Sepín e Ilustre Colegio de Abogados de Madrid, Madrid, 2020, págs. 3191-3197; QUINTERO OLIVARES, G., "Artículo 410" en EL MISMO (dir.), *Comentarios a la Parte Especial del Derecho Penal*, 10ª ed., Aranzadi, Pamplona, 2016, págs. 1325 y ss. y EL MISMO, "Artículo 410" en EL MISMO (dir.), *Comentarios al Código Penal español*, vol. II, 7ª ed., Aranzadi, Pamplona, 2016, pág. 1167; FEIJOO SÁNCHEZ, B., "Artículo 410" en CUERDA ARNAU, M. L. (dir.), *Comentarios al Código Penal*, Tomo II, Tirant lo Blanch, Valencia, 2023, pág. 2574 y MIR PUIG, C., "Artículo 410" en CORCOY BIDASOLO, M., MIR PUIG, S. (dirs.), *Comentarios al Código Penal. Reformas LLOO 1/2023, 3/2023 y 4/2023*, 2ª ed., Tirant lo Blanch, Valencia, 2024, pág. 1793.
La intelección de este elemento, en definitiva, debe albergar conductas activas u omisivas y ello porque el significado de la negativa abierta así lo exige. Ahora bien, siguiendo a ÁLVAREZ GARCÍA, solo podrá considerarse típica aquella pasividad manifiesta que pueda ser reconducida al concepto de negativa abierta, es decir, la que manifieste la máxima "energía criminal" de oponerse firmemente a lo exigido por quien requiera (vid. ÁLVAREZ GARCÍA, F. J., "Algunas consideraciones sobre la tipificación de los delitos de desobediencia de funcionarios en el Código penal de 1995" en QUINTERO OLIVARES, G., MORALES PRATS, F. (coords.), *El nuevo Derecho Penal español. Estudios penales en memoria del Profesor José Manuel Valle Muñiz*, Aranzadi, Pamplona, 2001, págs. 1185 y ss.).

necesariamente, con la negativa expresa. La conducta de *negarse abiertamente* no ha de interpretarse en el sentido literal de que la negación sea "contundente y explícita", oral o escrita, sino que también engloba una evidente pasividad que no ofrezca dudas sobre la actitud desobediente. No responde a un comportamiento hecho con escándalo y sin disimulo, sino que evoca a una posición *resuelta y firme de fondo* de no cumplir con una orden[544]. En definitiva, la voz "abiertamente ", puede deducirse de comportamientos activos u omisivos, expresos o tácitos[545] porque lo contrario, y en palabras del TS, "sería condenar prácticamente al silencio a este precepto"[546].

Ahora bien, es necesario distinguir la desobediencia penal del simple incumplimiento o renuencia, que todavía no será desobediencia y ello porque esta debe resultar, como señala CÓRDOBA RODA, de una *inequívoca determinación de no cumplir con lo ordenado*[547].

---

544 SSTS 459/2019, de 14 de octubre (Sala II), Tol 7.515.425 y 477/2020, de 28 de septiembre (Sala II), Tol 8.100.693. En el mismo sentido se pronuncia la mayoría de la doctrina. Por todos, vid. JAVATO MARTÍN, A. M., "El delito de desobediencia del funcionario", *Revista General de Derecho Penal,* nº 21, 2014, s/n y EL MISMO, "Artículo 410" en GÓMEZ TOMILLO, M. (dir.), *Comentarios al Código Penal,* 2ª ed., Lex Nova, Valladolid, 2011, pág. 1557; MORILLAS CUEVA, L., "Lección 39. Delitos contra... cit. pág. 878 y ORTS BERENGUER, E., "Art. 410" en VIVES ANTÓN, T. S. (coord.), *Comentarios al Código penal de 1995,* vol. II, Tirant lo Blanch, Valencia, 1996, pág. 1792.

545 STS 54/2008, de 8 de abril (Sala II), Tol 1.292.761. Así, ORTS BERENGUER, E., "Art. 410... cit. pág. 1792. En sentido contrario, MUÑOZ CONDE sostiene que el negarse abiertamente requiere de una "acción positiva" (vid. MUÑOZ CONDE, F., *Derecho Penal. Parte Especial* (revisada y puesta al día con la colaboración de LÓPEZ PEREGRÍN, C.), 24ª ed., Tirant lo Blanch, Valencia, 2022, pág. 967).

546 STS de 14 de octubre de 1992, Tol 5.138.016.

547 CÓRDOBA RODA, J., "Art. 410" en EL MISMO, GARCÍA ARÁN, M. (dirs.), *Comentarios al Código Penal. Parte Especial,* Tomo II, Marcial Pons, Madrid, 2004, pág. 1947. Con relación al art. 369 ACP, vid. ÁLVAREZ GARCÍA, F. J., *El delito de desobediencia de los funcionarios públicos,* Bosch, Barcelona, 1987, págs. 153 y ss. En relación con la desobediencia a la

De ahí que el legislador circunscriba la desobediencia a su forma más grave: la negativa abierta. Así, pues, aquellos actos que no se expresen con la energía criminal —la "negativa abierta"— que exige el tipo del art. 410 CP, deberán ser considerados atípicos[548].

El CP español no en vano —siguiendo la estela del resto de delitos de desobediencia— utiliza el adverbio modal "abiertamente" con el fin de intensificar el verbo rector: "negar". Le otorga, así, un matiz que lo condiciona y refuerza. Por ello, la jurisprudencia exige que la negativa sea incuestionable, clara, indudable, ostensible, patente, categórica, franca, lo que es compatible con fingir o con buscar la apariencia de no querer desobedecer, incluso ocultando la negativa con "apariencia de amabilidad"[549].

Se podrá hablar de desobediencia cuando una persona no cumpla con el mandato, con evidente pasividad, a pesar de no oponerse directamente a la orden, pero con un comportamiento negativo sin necesidad de palabras y no haciendo el mínimo esfuerzo para acatarla[550]. Y se puede prever que el sujeto activo autoridad del art. 438 bis CP no desatenderá generalmente el requerimiento de una

---

autoridad del art. 237 ACP, vid. CÓRDOBA RODA, J., "El cumplimiento de resoluciones… cit. pág. 14 y MESTRE LÓPEZ, J., *El delito de desobediencia…* cit. págs. 41 y 42.

548 De la misma forma, en el art. 410 CP, vid. ÁLVAREZ GARCÍA, F. J., "Los delitos de desobediencia al superior" en EL MISMO (dir.), *Tratado de Derecho Penal Español. Parte Especial. III. Delitos contra las Administraciones Pública y de Justicia*, Tirant lo Blanch, Valencia, 2013, pág. 233.

549 STS 722/2018, de 23 de enero (Sala II), Tol 6.999.023. Con jurisprudencia sistematizada, vid. NIETO MARTÍN, A., "Artículo 410" en ARROYO ZAPATERO, L., BERDUGO GÓMEZ DE LA TORRE, I., FERRÉ OLIVÉ, J.C., GARCÍA RIVAS, N., SERRANO PIEDECASAS, J. R., TERRADILLOS BASOCO, J. M. (dirs.), *Comentarios al Código Penal*, Iustel, Madrid, 2007, págs. 877 y 878 y BARJA DE QUIROGA, J., GRANADOS PÉREZ, C., MARTÍNEZ ARRIETA, A., MARTÍNEZ-ARRIETA MÁRQUEZ DE PRADO, C., VILLEGAS GARCÍA, M. A., "Art. 410" en *Código Penal. Comentarios, concordancias, jurisprudencia, e índice analítico*, 20ª ed., Colex, A Coruña, 2023, pág. 1868.

550 STS 54/2008, de 8 de abril (Sala II), Tol 1.292.761.

forma palpable, aparente o visible, sino que habrá que determinar, sea la forma que adopte, que lo haga *de manera incontrovertiblemente rebelde*, desatendiendo la orden de forma evidente.

También se podrá presentar el supuesto en el que haya una manifiesta divergencia entre lo verbalmente expresado y lo materialmente ejecutado. En este último sentido, y como señala ÁLVAREZ GARCÍA para otra clase de desobediencias, puede ocurrir que el sujeto exprese su voluntad de acatar la orden y, sin embargo, realice ostensiblemente la conducta opuesta. Su sentido, entonces, vendrá marcado por el acto posterior que pondrá de relieve la negativa abierta[551].

En esta línea, el Preámbulo de la Ley de reforma que introdujo el art. 438 bis CP señala que constituye desobediencia "una explicación manifiestamente falsa" y, con lo dicho hasta ahora, la "negativa abierta" debe albergar la conducta de quien se invente, finja la justificación patrimonial o quien entorpezca o impida la fiscalización del patrimonio, poniendo obstáculos, trabas o cortapisas, prologando excesivamente el aparente cumplimiento, porque tras ella puede subyacer un auténtico escenario de rebeldía[552]. De hecho, será usual, en el contexto del art. 438 bis CP, más que una negativa expresa, que la autoridad se sirva de toda clase de argucias, como presentar documentación irrelevante para disimular su falta de compromiso con la orden o se resista a cumplirla de forma pasiva y contumaz o simule el acatamiento unido a dificultades para hacerla ineficaz[553].

---

551 ÁLVAREZ GARCÍA, F. J., *El delito de desobediencia...* cit. pág. 161.

552 Respecto del art. 383 CP, vid. SAP Castellón 252/2008, de 25 de abril (Penal), Tol 7.240.524: "[c]abe concluir, por tanto, que la prueba realizada defectuosamente de manera consciente y sabiendo que no va a tener ninguna virtualidad ni eficacia equivale de hecho a negarse voluntariamente a realizar dicha prueba, y sin que en este caso se hubiera evidenciado una imposibilidad física por parte del acusado para la práctica de la prueba de alcoholemia".

553 En relación con el art. 369 ACP, vid. ÁLVAREZ GARCÍA, F. J., *El delito de desobediencia...* cit. págs. 163 y 164 y MANZANARES SAMANIEGO,

Ejemplo: la autoridad "A" es requerida para justificar un incremento patrimonial. A puede expresarle al órgano competente que tiene la voluntad de cumplir con la orden. Sin embargo, si presenta una cantidad ingente de documentos que nada tienen que ver con el requerimiento, y si lo hace con el fin de encubrir su falta de compromiso, se podrá afirmar que A se está negando abiertamente a cumplir con él.

En otros países se señala que, si se sigue la tesis de la "omisión", la explicación que brinde el sujeto debe ser "indiferente", es decir, si esta ha sido completa, debe seguirse la impunidad "siempre"[554]. Ahora bien, en España, y aunque no se ignora que en la práctica puede llevar a dificultades el determinar si en efecto el sujeto se ha *negado abiertamente*, el juez inexorablemente habrá de valorar y razonar que, aunque el sujeto conteste, *no se trata de una camuflada y sutil respuesta al servicio del incumplimiento.* Así se ha venido afirmando en otras clases de desobediencia[555]. Y ello es acorde con el tenor literal del precepto que exige que el sujeto se niegue abiertamente a dar el "debido cumplimiento" a los requerimientos de los órganos competentes. El cumplimiento ha de ser debido, en el sentido de que, además de procedente, ha de ser ha de ser adecuado, correcto, conveniente.

3.6. El requerimiento

El requerimiento es el acto mediante el cual se le solicita a la autoridad que cumpla con el deber de declarar correctamente su patrimonio. Por supuesto, para que pueda producir efecto, el mandato debe quedar exteriorizado sin ambigüedades[556].

J. L., ALBÁCAR LÓPEZ, J. L., "Art. 369" en *Código penal (comentarios y jurisprudencia)*, Comares, Granada, 1990, pág. 903.

554 HERNÁNDEZ BASUALTO, H., "El delito de enriquecimiento ilícito… cit. pág. 208.

555 Este criterio lo toma la jurisprudencia en los tradicionales delitos de desobediencia, vid. STS 177/2017, de 22 de marzo (Sala II), Tol 5.998.518.

556 Con relación al art. 410 CP, vid. ROLDÁN BARBERO, H., "El delito de desobediencia funcionarial", *La Ley*, nº 1, 1996, pág. 4.

Será necesario constatar la concurrencia de la orden o requerimiento ya que, de lo contrario, si la autoridad desobedece algo que no constituye una orden sino un ruego o deseo, no cabrá valorar la aplicación del art. 438 bis CP. El requerimiento, por tanto, ha de ser personal y directo, frente a quien deba cumplir con la orden (orden particular)[557]. Recuérdese que el legislador protege el ejercicio de la autoridad, pero no el cumplimiento del conjunto de normas en cuanto tales. El requerimiento ha ser, además, concreto: no cabe una reclamación total del origen del patrimonio, sino la justificación del específico incremento o cancelación no acreditados. Por supuesto, será necesario que la orden sea vinculante, lo cual enlaza con la cuestión de la competencia del órgano requirente.

Por lo que respecta a las formalidades exigidas, como viene expresando el TS en el resto de delitos de desobediencia, no es necesaria la previa advertencia de incurrir en tal delito. Se trata de una fórmula que sirve para preconstituir la prueba del dolo y, en su caso, para dotar de mayor eficacia al mandato[558]. Tampoco el precepto exige que el requerimiento sea reiterado.

---

557 Ya se exigía así, con relación a la desobediencia del art. 237 ACP. Por todos, vid. CEREZO MIR, J., *Problemas fundamentales del Derecho Penal*, Tecnos, Madrid, 1982, pág. 249. En relación con el 556 CP, vid. JUANATEY DORADO, C., *El delito de desobediencia a*… cit. págs. 88 y ss.; CUERDA ARNAU, M. L., "Artículo 556" en LA MISMA (dir.), *Comentarios al Código Penal*, Tomo II, Tirant lo Blanch, Valencia, 2023, pág. 3159 y QUINTERO OLIVARES, G., "Artículo 556" en EL MISMO (dir.), *Comentarios al Código Penal español*, vol. II, 7ª ed., Aranzadi, Pamplona, 2016, pág. 1636.

558 Como señala el TS, en relación con el art. 556 CP: "la debida acreditación de la notificación de esa decisión, e incluso de un requerimiento para ser acatada aunque sin llegar a la necesidad del apercibimiento respecto de la posible comisión del delito, tiene, como único fundamento y razón de ser, el pleno aseguramiento del conocimiento, por parte del desobediente, del mandato incumplido, es decir, su propósito resuelto de incumplir deliberadamente" (vid. STS 1095/2009, de 6 de noviembre (Sala II), Tol 1.726.681). Más recientemente, vid. STS 722/2018, de 23 de enero de 2019 (Sala II), Tol 6.999.023.

3.7. Casos problemáticos

3.7.1. Introducción

En lo que sigue, se plantearán algunos casos problemáticos con relación al art. 438 bis CP. Concretamente, cómo podrían solucionarse los supuestos en los que la autoridad justifique su patrimonio (el reverso de la desobediencia), si este es ilícito; qué respuesta merece el caso en el que el sujeto no pueda acreditar, por causas ajenas a su voluntad, el origen de su patrimonio; cómo abordar el caso en el que el origen del patrimonio sea lícito, pero irrevelable —por distintos motivos— para el sujeto autoridad; la situación en la que la autoridad justifique parte del patrimonio, cayendo entonces el incremento patrimonial injustificado por debajo del umbral de 250.000 euros; qué solución merece la explicación del origen del patrimonio, en sede penal, tras la negativa abierta ante el órgano competente en materia de transparencia y, por último, cómo resolver la situación en la que la justificación patrimonial se lleve a cabo por razones ajenas a la voluntad de la autoridad.

3.7.2. Caso 1. La justificación del origen ilícito del patrimonio

Desde algún sector de la doctrina se le ha objetado a la figura del art. 438 bis CP que, si se considera la transparencia como bien jurídico protegido, a la autoridad que sea transparente, y declare el origen ilícito de su enriquecimiento, no le será de aplicación la figura del delito del art. 438 bis CP[559]. En efecto, así es, la conducta será atípica.

Como ya se señaló en su momento al analizar el tránsito desde la figura de enriquecimiento ilícito a la desobediencia por enriquecimiento injustificado, existe una diferencia sustancial entre la calificación del enriquecimiento como "ilícito" o, como hace el

---

[559] OLAIZOLA NOGALES, I., "El delito de enriquecimiento... cit. pág. 183.

art. 438 bis CP, como "injustificado"[560]. Cuando el enriquecimiento se califica como "ilícito", se está presuponiendo que la acumulación de bienes o riqueza se debe a una actividad delictiva. En sentido opuesto, cuando el enriquecimiento se considera "injustificado", se hace hincapié en la falta de justificación razonable del patrimonio, independientemente de su origen. La ausencia de explicación no implica necesariamente que el enriquecimiento tenga origen delictivo, sino que carece de una razón que lo respalde. Por ende, de nuevo, no se ha de confundir la figura del "enriquecimiento ilícito" —que, por lo demás, nunca estuvo positivizada en el Derecho español— con la de la desobediencia por enriquecimiento injustificado. El tipo en ningún momento hace alusión a que se reprima el enriquecimiento por ilícito y, por ende, no justificado jurídicamente, sino que castiga el no dar una explicación sobre el origen del patrimonio cuando se desconoce su procedencia, pese a que tenga o carezca de una justificación válida en Derecho.

3.7.2.1. Límites constitucionales: la utilización del material obtenido bajo compulsión en un ulterior proceso punitivo

El deber de colaborar que subyace tras el art. 438 bis CP impone al sujeto autoridad la obligación de participar, lo cual incluirá una explicación o la entrega de la documentación o información requerida. El incumplimiento de esta obligación conlleva la posibilidad de enfrentar responsabilidades penales. En lo que sigue, se abordarán las implicaciones jurídico-constitucionales que tiene el emplear el material obtenido bajo coacción en procesos penales subsiguientes. Se enfatizará en la admisibilidad de su utilización.

Como señala GÓMEZ TOMILLO en sus trabajos sobre la aportación de información bajo coacción, afirmar categóricamente que el material obtenido bajo compulsión no puede utilizarse en ningún caso limita notablemente la eficacia de la actividad inspectora

---

560 *Supra*, cap. III, 2.2.3.

de la Administración. Según el citado autor, a los ciudadanos les interesará más la defraudación o el comportamiento ilícito, ya que si la Administración descubre estas conductas (y muchas veces solo se pueden obtener pruebas si las proporciona el propio sujeto), no podrán ser sancionados, aplicándose únicamente medidas restaurativas de la legalidad, cuya capacidad preventiva es limitada[561].

Para mitigar los efectos negativos de una aplicación excesivamente amplia del derecho a no declarar contra sí mismo y a no confesarse culpable, el autor propone considerar que este derecho se limita únicamente a la negativa a proporcionar información *inequívocamente autoincriminatoria.* Es decir, información que no requiera de una interpretación compleja (una pericia o información adicional). Siguiendo el criterio de la "equivocidad" que sugiere el autor, cuando la información no tenga, en sí misma considerada, carácter incriminatorio (información equívoca), su uso para fines sancionatorios, cuando su entrega se hizo bajo compulsión, es compatible con el derecho a no declarar contra sí mismo y a no confesarse culpable[562].

Este planteamiento, aunque no está explícitamente contenido en la jurisprudencia del TC, se infiere de ella. Según el Tribunal, el derecho a no autoincriminarse no se infringe cuando a una persona se le solicita, fuera del ámbito de un proceso sancionador, v.g., someterse a una prueba de alcoholemia. En relación con este tema, el TEDH ha emitido algún pronunciamiento más explícito. En el caso O'Halloran y Francis c. Reino Unido[563] se admitió como prueba la declaración que O'Halloran emitió bajo compulsión, y aunque fuese posteriormente utilizada, como señala el Tribunal de Estrasburgo, corresponde a las autoridades sancionadoras aportar la prueba de la infracción *más allá de toda duda razonable.*

---

561 GÓMEZ TOMILLO, M., "Los derechos a no... cit. págs. 16 y ss.

562 *Ibidem.*

563 STEDH O'Halloran y Francis c. Reino Unido, 29 junio 2007, Tol 9.084.374.

En términos prácticos, acogiendo este criterio, en caso de que el material documental que aporte el sujeto en el seno del procedimiento de justificación patrimonial (v.g. ante la oficina de conflicto de intereses) revele, indiciariamente, una conducta ilícita, una aplicación congruente de la tesis anterior lleva a concluir que se puede utilizar ese material. Y ello es así porque declarar de dónde proviene un determinado patrimonio no equivale a confesar un hecho delictivo, sino que, en su caso, y si así se sospecha, el juzgador necesitará de información adicional que pueda servir de base a la condena, probando *más allá de toda duda razonable* el hecho punible. El juez, en este contexto, deberá analizar si existen otros elementos de prueba independientes que respalden la decisión sancionadora; la confesión no dispensa al órgano judicial de practicar las diligencias necesarias[564]. Sostener la tesis contraria llevaría, de nuevo, a inadmitir la validez o adecuación constitucional del posterior uso del resultado incriminatorio de la prueba de alcoholemia o de la información inculpatoria que haya brindado el propio contribuyente, lo cual carece de sentido.

Ejemplo: si A tiene 256.000 euros no justificados y es requerido ante la oficina de conflictos y este explica que lo ha obtenido a través de los juegos de azar y, paralelamente, en un proceso penal, se estima que esos bienes son producto de un delito de blanqueo, el juez deberá probar *más allá de toda duda razonable* ese hecho punible y ello es independiente de que, por otros motivos, proceda el castigo por ambos delitos.

Ahora bien, y en concordancia con lo expuesto anteriormente, la información ha de ser *equívoca*, lo que no cabrá es que el órgano requirente plantee, directamente, una orden incriminatoria[565]. Ello sí quedaría amparado por el derecho del art. 24.2 CE.

---

564 GIMENO SENDRA, J. V., "Los derechos de acción penal al juez legal y de defensa y sus derechos instrumentales" en COBO DEL ROSAL, M. (dir.), *Comentarios a la Legislación Penal*, Tomo I, EDERSA, Madrid, 1982, pág. 187.

565 Sobre los límites, *supra*, cap. III, 3.2.2.5 y 3.3.2.4.

En conclusión, la explicación, oral o escrita, que documente o exhiba el origen o la causa de la incongruencia patrimonial, poseerá un valor *meramente indiciario.* Estará condicionada, por un lado, a la correcta aplicación de los límites establecidos para preservar el derecho de defensa y, para colmar el estándar del derecho a la presunción de inocencia, a la existencia de otros indicios que respalden la aplicación del delito en cuestión (v.g. un delito de cohecho o de tráfico de drogas). Con todo, para excluir la aplicación del art. 438 bis CP, será necesario que el juzgador determine si la justificación de la autoridad se hallaba o no al servicio del incumplimiento[566].

En todo caso, es importante mencionar que, si el sujeto acaba por acceder al requerimiento, justificando sus bienes, no podrá ser objeto de sanción por el delito tipificado en el art. 438 bis CP. Esto se debe a que no se habrá producido una negativa abierta a acreditar la procedencia de su patrimonio, independientemente de que su origen sea ilícito[567].

3.7.3. Caso 2. La no justificación de patrimonio por causas ajenas a la voluntad de la autoridad

A la figura del art. 438 bis CP se le ha reprochado que conduce a soluciones indeseables en caso de que el sujeto *no pueda* acreditar el origen del patrimonio. En estos casos, habrá que distinguir la "negativa abierta" de la no justificación por causas ajenas a la voluntad del sujeto. En los supuestos de justificación imposible (v.g. por causa de fuerza mayor) cabrá alegar la atipicidad de la conducta si la autoridad no se opone abiertamente a cumplir con el requerimiento.

Ejemplo: el sujeto ha extraviado el documento privado que justifica el acrecimiento patrimonial.

---

566 Sobre el particular, vid. *supra,* 3.5.

567 Sobre la diferencia entre calificar el enriquecimiento como ilícito o como injustificado, vid. *supra,* 2.2.3.2.

3.7.4. Caso 3. La justificación patrimonial por causas ajenas a la voluntad de la autoridad

Algunos autores consideran que interpretar el delito del art. 438 bis CP como una figura "pura" de desobediencia lleva a consecuencias contraintuitivas. Así, si se acredita el origen por cualquier medio de prueba distinto de la justificación de la autoridad, se castigaría igual por este delito, "lo cual no parece razonable. Más aún, si atendemos a la gravedad de la pena prevista para el delito de enriquecimiento ilícito en el artículo 438 bis CP, consistente en «las penas de prisión de seis meses a tres años, multa del tanto al triplo del beneficio obtenido, e inhabilitación especial para empleo o cargo público y para el ejercicio del derecho de sufragio pasivo por tiempo de dos a siete años», en comparación a la pena prevista para el delito de desobediencia previsto en el artículo 410 CP consistente en «la pena de multa de tres a doce meses e inhabilitación especial para empleo o cargo público por tiempo de seis meses a dos años»"[568].

Parecido razonamiento argüía SANCINETTI en Argentina que, para plasmar su crítica frente al entendimiento del delito de enriquecimiento ilícito como de omisión, planteaba qué solución merecería el caso de que el enriquecimiento en cuestión proviniese de una donación de la amante del funcionario y que este prefiriese exponerse a la pena del enriquecimiento antes que a la desdicha familiar. En el caso de que la amante del sujeto aportara en el último instante del juicio oral prueba de aquello que el funcionario no había querido rendir, ¿se le podría condenar a este? [569].

En principio, cuando se parte de que el delito se configura como una desobediencia, parece que la respuesta a la anterior pregunta debe ser afirmativa. Ahora bien, ello dependerá del momento en el que el tercero justifique el origen patrimonial. Si lo hace con anterioridad a que se consume el delito (v.g. porque se

---

568 MIRÓ ESTRADÉ, J., "El nuevo delito de… cit. pág. 5.

569 SANCINETTI, M. A., *El delito de enriquecimiento…* cit. pág. 106.

le da un plazo a la autoridad para que justifique su patrimonio), habrá desaparecido el presupuesto de la desobediencia (el carácter *injustificado* de los más de 250.000 euros) y, por ende, no cabrá valorar la aplicación del art. 438 bis CP[570].

3.7.5. Caso 4. La no justificación del patrimonio lícito porque la autoridad no desea revelar el origen

Se podrá presentar el caso de que el incremento no justificado tenga un carácter *lícito,* pero *irrevelable* para el sujeto autoridad (v.g. bienes de origen deshonesto). De nuevo aquí se ha de abandonar la percepción del delito como de enriquecimiento ilícito: se trata de una *desobediencia.* Si el órgano competente *desconoce el origen,* pese a que pueda ser lícito, lo que se castiga es *negarse abiertamente* a cumplir con la obligación de justificar que se materializa en el atentado al principio de autoridad. En definitiva, si el sujeto activo autoridad tiene unos bienes cuyo origen no quiere declarar, este sabe, cuando asume tal condición, que tiene unos deberes con la Administración, que se manifiestan en esa exigencia de transparencia que les es debida a las altas funciones públicas, cuya vulneración se materializa y reitera en la negativa a justificar ante la autoridad competente.

Ejemplo: una autoridad obtiene ingentes ingresos por el ejercicio de la prostitución, pero no quiere hacer pública esa labor por

---

570 Ahora bien, no se comparte la opinión de quienes han sostenido que: "[e]n sentido inverso, habría de admitirse que si se negase a declarar sobre el origen de dicho incremento, pero sobre la base de otras circunstancias pudiera el Tribunal llegar al convencimiento de que su origen es lícito, debiera apreciarse el delito" (vid. GÓMEZ RIVERO, M. C., "Tabú y eufemismo. Acerca... cit. pág. 207). Se incidirá en esta cuestión posteriormente (*infra,* 5) pero es necesario señalar que es un requisito ineludible para aplicar el art. 438 bis CP que el enriquecimiento sea *injustificado,* que no se conozca su origen. Por tanto, si el Tribunal llega al *convencimiento* de que el origen del patrimonio es lícito, no puede realizarse, siquiera, el requerimiento de justificación patrimonial y, por ende, no podrá apreciarse el art. 438 bis CP.

no enfrentarse al juicio y condena social. Si posee un patrimonio injustificado, pero prefiere no desvelar esta situación, y se niega abiertamente a justificar el origen de su patrimonio, podrá incurrir en el delito de desobediencia del art. 438 bis CP. Correrá la misma suerte aquella autoridad que se dedique a hacer apuestas de escasa importancia económica con sus vecinos, amigos, compañeros —sin que su familia lo conozca porque constituiría una deshonra el disponer de su dinero con esos fines— y alcance, por la suma de todas, grandes ingresos. Con todo, se tendrá que valorar que, en efecto, la autoridad se ha "negado abiertamente".

3.7.6. Caso 5. La justificación parcial del origen del patrimonio

Las justificaciones o declaraciones incompletas plantean una problemática distinta. El incremento patrimonial injustificado puede ser acreditado, una vez requerido el sujeto, de forma *parcial*. Empero, si este se niega abiertamente a justificar el resto, cayendo entonces por debajo de ese umbral mínimo, ¿incurrirá en el delito del art. 438 bis CP?

Antes de examinar las opciones que podrían darse para responder a este interrogante, conviene destacar que la consignación expresa de una cantidad específica (250.000 euros) genera una problemática de difícil abordaje, pues si lo relevante era que un enriquecimiento nimio no diese lugar a la figura de enriquecimiento injustificado, ello se podría haber resuelto a través del llamado principio de insignificancia[571]. No obstante, en las siguientes líneas, se analizarán dos posibles vías de solución.

En primer lugar, podría entenderse que el precepto exige que se justifique el *global* del patrimonio inexplicable. Sería inadmisible admitir que, si el sujeto obtiene 250.000 euros no acreditados y justifica 1, quedará ajeno a la sanción penal. Con todo, subsistirá la necesidad de probar que la declaración incompleta está al servicio del incumplimiento. En sentido contrario, si el sujeto posee

571 *Supra*, 3.4.

un patrimonio injustificado, de 250.000 euros, y consigue acreditar la práctica totalidad, difícilmente se podrá sostener que se ha negado abiertamente a cumplir con la orden.

En segundo lugar, se podría considerar recurrir, aunque no sea completamente satisfactoria esta opción, a la infracción administrativa de referencia[572].

3.7.7. Caso 6. La autoridad que justifica sus bienes en el proceso penal ulterior

No parece que pueda vaciar los efectos del art. 438 bis CP que el sujeto activo autoridad, tras el oportuno requerimiento y la consiguiente negativa abierta, justifique sus bienes en el procedimiento penal si, en efecto, se ha *negado abiertamente a dar el debido cumplimiento*. De nuevo, el tipo no adopta la forma de una figura de enriquecimiento ilícito, sino de una desobediencia.

No obstante, como cuestión para valorar y debatir, aunque esta solución sea ajena a los puros delitos de desobediencia, quizá, de forma similar al delito fiscal (aunque su estructura sea notablemente distinta), se pueda explorar una solución en caso de que exista una justificación integral posterior, antes del proceso penal o durante el mismo, en un determinado plazo. Podría tener, ciertamente, un fundamento político-criminal, pues no ha de olvidarse que el interés que subyace tras la figura del art. 438 bis CP es atajar el problema de la corrupción y, si la causa es absolutamente lícita, aunque se justifique después, al Estado quizá no le interese castigar —o al menos no con la misma intensidad— este concreto supuesto. En su defecto, podría explorarse la posibilidad de plantear la aplicación de una circunstancia análoga a la de confesión.

---

572 *Infra*, cap. V, 4.4. No procede, como se examinará en su momento, contemplar la aplicación de otras figuras de desobediencia previstas en el CP (vid. *infra*, cap. V, 3.3).

4. SUJETO ACTIVO

4.1. Planteamiento de la cuestión

El art. 438 bis CP limita su alcance a las autoridades, cuya definición a efectos penales se encuentra en el art. 24.1 CP. En lo que sigue, se establecerá cuál es el fundamento y la naturaleza de la obligación que fundamenta al art. 438 bis CP y quiénes son los obligados a declarar su patrimonio, sin incidir, todavía, en si ostentan o no la condición de autoridad. Posteriormente, se identificará el concepto de autoridad a efectos penales y quienes son, entonces, los sujetos activos a efectos del art. 438 bis CP. Este análisis permitirá determinar si se encuentra justificada la limitación del alcance del tipo a las autoridades, con exclusión de los funcionarios y de los particulares.

4.2. Consideraciones previas: el deber de transparencia

4.2.1. Conexión típica entre la autoridad y el deber específico

Admitir la posibilidad de requerir obediencia, sin una previa obligación por parte de aquel que debe acatar la orden, conlleva la atribución de facultades ilimitadas al Estado y mantiene a los ciudadanos en una situación de exigibilidad constante. Ello resulta en una inaceptable falta de protección individual frente al poder estatal o, de alguna manera, implica establecer un deber de obediencia ciega a las órdenes de la autoridad superior, algo inadmisible en un Estado de Derecho.

El fundamento legal del previo deber, de la orden y de la competencia, es inherente a la propia acepción de la desobediencia, al principio de seguridad jurídica y a la interdicción de la arbitrariedad de los poderes públicos. En este último sentido, la predeterminación normativa del deber implica que no se expanda sobremanera el poder del Estado en exigir obediencia[573]. En defi-

---

573 En este sentido, el art. 14 LSV declara la *obligatoriedad* de someterse a las pruebas de alcoholemia; el art. 87.1 LOTC señala que todos los poderes

nitiva, un mandato no debe crear, por sí solo, Derecho. El previo deber se ha de originar, pues, en la ley, a través del procedimiento democrático y no por la peligrosa intuición de quien manda.

Podría decirse, empero, que el propio art. 438 bis CP consagra la orden y que, por ende, no es necesario que otra disposición normativa fundamente tal obligación. Ahora bien, el deber de obedecer no debe emanar exclusivamente de la ley penal, porque ello comportaría la consagración de un delito de corte "formal", con una fórmula vacía, sin contenido lesivo, sin sustantividad propia, lo cual es inconcebible en un Estado de Derecho[574].

El previo deber, en este caso, goza de validez porque, al instituir el principio de autoridad como bien jurídico protegido, parte de la legitimidad que le otorga la consecución del *interés general* en el sentido del art. 103 CE[575]. No se trata, en definitiva, de un delito de corte "formal", sino que las características de este deber están estrechamente relacionadas con la normativa de transparencia y con el determinante papel que esta juega en un Estado social y democrático de Derecho[576].

Con todo, la lectura del art. 438 bis CP genera dudas en cuanto a quiénes son los sujetos activos del delito. Podría decirse que no debe limitarse a aquellos que tengan un previo y específico deber conforme a las leyes de transparencia, sino que se ha de extender a todo aquel que deba declarar su patrimonio (v.g. ante la Hacienda Pública). Sin embargo, como ya se dijo, e independiente-

---

públicos están *obligados* al cumplimiento de lo que el Tribunal Constitucional resuelva y el art. 118 CE determina que es *obligado* cumplir con las sentencias y demás resoluciones judiciales emanadas de jueces y tribunales.

574 En efecto, como expresa PÉREZ CEPEDA no es razonable criminalizar los injustos meramente formales, las puras desobediencias (vid. PÉREZ CEPEDA, A. I., *La seguridad como fundamento...* cit. pág. 369).

575 *Supra*, 2.2.

576 En sentido contrario, hay autores que sostienen que cualquier autoridad a efectos penales (art. 24 CP) puede ser sujeto activo de este delito (vid. MIR PUIG, C., "Artículo 438 bis.. cit. pág. 1875).

mente de si el legislador quiso o no circunscribir el delito del art. 438 bis CP a todas aquellas autoridades que tuviesen un genérico deber de declarar sus bienes, la interpretación más acorde con la CE, con el bien jurídico protegido y con el resto de los delitos de desobediencia es la de acotarlo a aquellas que tengan un previo y específico deber de transparencia patrimonial.

El previo deber constituye la *base*, aunque no sea argumento suficiente, para afirmar la abstracta constitucionalidad de una obligación positiva de rendición de cuentas por parte de la autoridad[577]. Esa obligación, si se atiende a las leyes de transparencia, se desarrolla en un cuerpo nutrido y sólido de disposiciones que permiten sostener la autonomía y el carácter no incriminatorio de la obligación o, en términos positivos, informativo del deber. Tal como está configurado el precepto lo que parece estar reforzando la ley penal es el cumplimiento de una obligación legalmente establecida —de transparencia— y castiga a quienes contraríen la orden, negándose abiertamente a hacerlo. Y ello es así porque el delito objeto de comentario se refiere únicamente a las "autoridades" como posibles sujetos activos del delito, excluyendo a los funcionarios y también a los particulares. Si se repara en las leyes extrapenales que determinan *especiales* deberes de rendición de cuentas, se caerá en la cuenta de que la mayor parte de sujetos coincide con el concepto de *autoridad* del art. 24.1 CP. Los funcionarios públicos no tienen, al menos con carácter general, ese *específico* deber, de ahí que el legislador español haya roto con su tradicional definición de los delitos especiales de "funcionarios" estableciendo únicamente como sujetos activos a las autoridades. En resumen, el art. 438 bis CP limita su alcance a aquellos que, siendo autoridades, tengan un *deber concreto* de justificación patrimonial[578].

---

577 *Supra*, cap. III, 3.2.2.5 y 3.3.2.4.

578 GONZÁLEZ CUSSAC, J. L., "Delitos contra la Administración... cit. pág. 783 y RAGA I VIVES, A., "El nuevo delito de... cit. pág. 202. En el mismo sentido se ha pronunciado, VILLEGAS GARCÍA, M. A., "El nuevo delito de... cit. s/n.

Como argumentos corroboradores de lo dicho hasta ahora, si el legislador, como dice el Preámbulo, lo que pretende es seguir la senda iniciada en Portugal o, al menos, la toma como regulación ejemplar, no cabe más que sostener esta interpretación[579]. En Portugal, el previo deber viene prefigurado por la ley y se establece, expresamente, para los sujetos obligados por la normativa de transparencia[580].

Esta solución de limitar el ámbito de sujetos obligados concuerda, por lo demás, con la propuesta alternativa de la ONUCDD que determinó que dado el carácter no obligatorio del art. 20 CNUCC, y teniendo en cuenta los problemas de constitucionalidad que podía generar la figura del enriquecimiento ilícito, una vía alternativa era la de estudiar la posibilidad de establecer sistemas de declaración patrimonial y adoptar sanciones ante las incorrecciones que presentaran[581].

Por otro lado, el art. 438 bis CP se refiere a los órganos *destinados* a comprobar la justificación patrimonial. La adjetivación del órgano como el *destinado* —como particularmente competente— lleva a considerar que no se trata de cualquier órgano, sino del específico, y por ende la orden no se fundamenta en un genérico deber, sino en un singular compromiso. En otras palabras, parece que el tenor literal del precepto circunscribe el círculo de posibles sujetos activos a aquellos que tengan un específico deber. Y ese específico deber solo lo tienen los sujetos obligados por la normativa de transparencia.

En relación con lo anterior, destaca otro aspecto de considerable interés que respalda lo expuesto hasta ahora. Se podría

---

579 GONZÁLEZ CUSSAC, J. L., "Introducción" en EL MISMO (coord.), *Comentarios a la LO 14/2022 de reforma del Código penal*, Tirant lo Blanch, Valencia, 2023, pág. 17 y RAGA I VIVES, A., "El nuevo delito de… cit. pág. 197.

580 *Supra*, cap. II, 6.4.

581 Oficina de las Naciones Unidas contra la Droga y el Delito, Estado de aplicación de la Convención de las Naciones Unidas contra la Corrupción, Nueva York, 2015.

plantear en la práctica la posibilidad de que las desobediencias genéricas sean aplicables cuando no se cumplan los requisitos particulares establecidos en el art. 438 bis CP (v.g. la condición de autoridad o cuando la cuantía no supere los 250.000 euros)[582]. No obstante, para salvar esta incorrección y para evitar que la figura de la desobediencia se aplique indiscriminadamente a toda clase de sujetos cuando medie un patrimonio injustificado, es necesario sostener la necesaria predeterminación normativa. En otras palabras, la conducta desobediente debe tener como base o sustento un deber claramente previsto y establecido por una norma jurídica. Y esa concreta obligación solo se encuentra en las leyes de transparencia. Afirmar lo contrario implicaría expandir sobremanera la potestad del Estado de exigir obediencia.

Se excluyen, por tanto, aquellas autoridades que, como el resto de los ciudadanos, tienen genéricos deberes de rendición de cuentas a efectos tributarios pues, según lo dicho, el precepto parece limitarse a aquellas autoridades que tengan *especiales obligaciones* por la condición que desempeñan. La previa obligación tampoco puede fundarse en un genérico deber de colaboración ciudadana como el que dispone el art. 18.1 LPAC[583]. De lo contrario, si se ampliase el elenco de posibles sujetos activos a *cualquier autoridad*

---

582 Ante una desobediencia por enriquecimiento injustificado, no obstante, no cabe apreciar, en ningún caso, y aunque falten alguno de sus elementos, otras figuras de desobediencia. Sobre el particular, vid. *infra*, cap. V, 3.3.

583 Art. 18.1 LPAC: "1. Las personas colaborarán con la Administración en los términos previstos en la Ley que en cada caso resulte aplicable, y a falta de previsión expresa, facilitarán a la Administración los informes, inspecciones y otros actos de investigación que requieran para el ejercicio de sus competencias, salvo que la revelación de la información solicitada por la Administración atentara contra el honor, la intimidad personal o familiar o supusieran la comunicación de datos confidenciales de terceros de los que tengan conocimiento por la prestación de servicios profesionales de diagnóstico, asesoramiento o defensa, sin perjuicio de lo dispuesto en la legislación en materia de blanqueo de capitales y financiación de actividades terroristas".

a efectos del art. 24 CP, habría una palpable contradicción con la obligación inherente al Estado de Derecho que implica la previa fundamentación legal.

En fin, el criterio básico para incluir o excluir a una autoridad como sujeto activo del delito del art. 438 bis CP se encontrará en la predeterminación normativa de la obligación específica de declarar el patrimonio. Empero, como se verá más adelante, el abanico de sujetos *autoridad* es reducido, porque no todas las autoridades a efectos del art. 24 CP tienen ese específico deber. En lo que sigue se precisarán aquellas personas que gozan de un régimen especial, pero sin incidir, por ahora, en si coinciden con el concepto de autoridad del art. 24.1 CP.

4.2.2. Sujetos sometidos al previo y específico deber de transparencia patrimonial

4.2.2.1. Introducción

Uno de los aspectos que mayor incidencia tiene en la prevención de la delincuencia económica son las medidas de transparencia que se les exigen a las personalidades con responsabilidad política, como la Ley 19/2013, de 9 de diciembre, de Trasparencia, Acceso a la Información Pública y Buen Gobierno (Tol 4.029.419). En la lucha preventiva contra la corrupción, la transparencia, como medida de buen gobierno, está llamada a desempeñar un papel de "primer orden"[584] y, en ese sentido, existen sendas disposiciones que incorporan, en determinados ámbitos públicos, obligaciones de rectitud patrimonial[585]. Ciertas autori-

---

584 NAVARRO CARDOSO, F., "Corrupción, transparencia y Derecho Penal. Especial referencia al derecho de acceso a la información púbica", *Cuadernos de Política Criminal*, nº 114, 2014, págs. 107 y 108.

585 Como señala TERRADILLOS BASOCO, en materia de corrupción —como en ningún otro sector de la criminalidad— la eficacia ha de buscarse, también, extramuros del Derecho Penal, con formas eficaces de inspección y de control de la gestión pública (vid. TERRADILLOS

dades, v.g., los altos cargos, diputados, senadores, tienen el *deber legal* de presentar declaraciones de bienes.

4.2.2.2. Altos cargos

Los altos cargos disponen, tanto a nivel estatal como autonómico, de una Ley que prevé un *procedimiento detallado* para la fiscalización de sus bienes. Se trata de un proceso, donde existe un régimen sancionador, en el que la autoridad tiene que aportar la documentación pertinente, hay un órgano que emite un informe resultante de su labor comprobatoria, se prevé un trámite de alegaciones, etc. Este es el caso de la Ley 3/2015, de 30 de marzo, re-

---

BASOCO, J. M., "Corrupción, globalización y Derecho Penal Económico" en DEMETRIO CRESPO, E., GONZÁLEZ-CUÉLLAR SERRANO, N. (dirs.), *Halcones y palomas: corrupción y delincuencia económica,* Castillo de Luna, Madrid, 2015, pág. 33). En el mismo sentido, vid. BERDUGO GÓMEZ DE LA TORRE, I., "Corrupción y Derecho Penal... cit. pág. 95; FERNÁNDEZ GARCÍA, J., "Algunas reflexiones sobre la corrupción política" en FABIÁN CAPARRÓS, E. A., PÉREZ CEPEDA, A. I. (coords.), *Estudios sobre corrupción,* Ratio Legis, Salamanca, 2010, pág. 60; MACÍAS ESPEJO, B., "Oportunidad y corrupción" en MORILLAS CUEVA, L. (dir.), *Corrupción privada, transparencia y gestión pública,* Dykinson, Madrid, 2023, pág. 97; DOMINGO JARAMILLO, C., "El uso de plataformas digitales en la lucha contra la corrupción" en MORILLAS CUEVA, L. (dir.), *Corrupción privada, transparencia y gestión pública,* Dykinson, Madrid, 2023, págs. 147-150; DEL CARPIO DELGADO, J., *El delito de enriquecimiento...* cit. pág. 87; OTERO GONZÁLEZ, P., "Cultura de la legalidad y política criminal" en VILLORIA MENDIETA, M., y WENCES SIMON, M. I. (eds.), *Cultura de la legalidad. Instituciones, procesos y estructuras,* Catarata, Madrid, 2010, pág. 164; DIAZ Y GARCÍA CONLLEDO, M., "Corrupción y delitos contra la Administración Pública. Insuficiencias y límites del Derecho Penal en la lucha contra la corrupción: el ejemplo español", *Revista de Derecho,* nº 7, 2004, pág. 171 y EL MISMO, "El tratamiento de la corrupción en el Proyecto de reforma del Código Penal de 2007" en ARANGÜENA FANEGO, C., SANZ MORÁN, A. J. (coords.), *La reforma de la justicia penal. Aspectos materiales y procesales,* Lex Nova, Valladolid, 2008, pág. 172.

guladora del ejercicio del alto cargo de la Administración General del Estado (Tol 4.788.429).

Tomando como ejemplo la Ley de Altos Cargos estatal, para no extender sobremanera la explicación, se consideran altos cargos, según el art. 1.2:

> "a) Los miembros del Gobierno y los Secretarios de Estado.
>
> b) Los Subsecretarios y asimilados; los Secretarios Generales; los Delegados del Gobierno en las Comunidades Autónomas y en Ceuta y Melilla; los Delegados del Gobierno en entidades de Derecho Público; y los jefes de misión diplomática permanente, así como los jefes de representación permanente ante organizaciones internacionales.
>
> c) Los Secretarios Generales Técnicos, Directores Generales de la Administración General del Estado y asimilados.
>
> d) Los Presidentes, los Vicepresidentes, los Directores Generales, los Directores ejecutivos y asimilados en entidades del sector público estatal, administrativo, fundacional o empresarial, vinculadas o dependientes de la Administración General del Estado que tengan la condición de máximos responsables y cuyo nombramiento se efectúe por decisión del Consejo de Ministros o por sus propios órganos de gobierno y, en todo caso, los Presidentes y Directores con rango de Director General de las Entidades Gestoras y Servicios Comunes de la Seguridad Social; los Presidentes y Directores de las Agencias Estatales, los Presidentes y Directores de las Autoridades Portuarias y el Presidente y el Secretario General del Consejo Económico y Social.
>
> e) El Presidente, el Vicepresidente y el resto de los miembros del Consejo de la Comisión Nacional de los Mercados y de la Competencia, el Presidente del Consejo de Transparencia y Buen Gobierno, el Presidente de la Autoridad Independiente de Responsabilidad Fiscal, el Presidente, Vicepresidente y los Vocales del Consejo de la Comisión Nacional del Mercado de Valores, el Presidente, los Consejeros y el Secretario General del Consejo de Seguridad Nuclear, así como el Presidente y los miembros de los órganos rectores de cualquier otro organismo regulador o de supervisión.
>
> f) Los Directores, Directores ejecutivos, Secretarios Generales o equivalentes de los organismos reguladores y de supervisión.
>
> g) Los titulares de cualquier otro puesto de trabajo en el sector público estatal, cualquiera que sea su denominación, cuyo nombramiento se efectúe por el Consejo de Ministros, con excepción de

> aquellos que tengan la consideración de Subdirectores Generales y asimilados"[586].

El alto cargo, entre otros deberes, tiene que declarar sus bienes y, junto a la declaración, remite las presentadas en IRPF e IP (art. 17)[587]. La finalidad de esta declaración es que este no utilice el servicio público para sus propios intereses patrimoniales[588]. A diferencia de la anterior regulación del año 2006, que preveía la presentación de la declaración de bienes *voluntaria* por parte del cónyuge o análogo del alto cargo, la Ley de 2015 no establece tal posibilidad[589].

En Navarra, la Ley Foral 19/1996, de 4 de noviembre, de incompatibilidades de los miembros del gobierno de Navarra y de los altos cargos de la Administración de la Comunidad Foral de Navarra (Tol 636645), dispone que, junto con la declaración patrimonial comprensiva de la totalidad de los bienes, derechos y obligaciones (declaración que también deberá realizar su cónyuge), el alto cargo *dará su autorización* para que la Oficina de Buenas Prácticas y Anticorrupción de Navarra pueda solicitar a las entidades bancarias un *certificado expresivo de los saldos existentes* en las cuentas corrientes declaradas en dichas fechas (art. 12.5).

---

586 En el Informe sobre el grado de cumplimiento de la Ley, publicado en el BOE el 20 de agosto de 2023, se contabilizaron un total de 762 altos cargos en activo (solo en referencia a la Ley estatal). Disponible en: https://funcionpublica.hacienda.gob.es/etica/Obligaciones-art.-22-Ley-3-2015.html (última visita: 04/04/2024).

587 No obstante, no todas las autoridades tendrán la obligación de declarar por estos impuestos, singularmente por el IP.

588 LÓPEZ LAGUNA, F., "La prevención de los conflictos de intereses y su tratamiento en la Ley 3/2015, de 30 de marzo, Reguladora del Ejercicio del Alto Cargo de la Administración General del Estado", *Revista Internacional Transparencia e Integridad*, enero-abril 2017, pág. 5. Disponible en: http://www.encuentros-multidisciplinares.org/revista-65/flor-m-lopez-laguna.pdf (última visita: 04/04/2024).

589 Art. 12.1 Ley 5/2006, de 10 de abril, de regulación de los conflictos de intereses de los miembros del Gobierno y de los Altos Cargos de la Administración General del Estado.

Ahora bien, esta posibilidad queda sujeta al consentimiento del alto cargo, lo cual restringe notablemente su uso.

Con todo, resulta llamativo que, en términos generales, tanto en el ámbito nacional como autonómico, la obligación únicamente se exija con la *toma de posesión* y *cese*. La excepción a esa regla se encuentra en la Comunidad Valenciana, donde la normativa dispone que quienes presenten una *variación relevante* de la información recogida en la declaración de bienes, dispondrán de un mes desde que haya tenido lugar el incremento patrimonial para modificar la declaración[590]. Se entiende que hay una variación patrimonial relevante a efectos de este artículo cuando esta sea superior al 20% de los bienes y derechos recogidos en la última declaración. También se dispone así en el País Vasco[591].

Por último, tanto las leyes autonómicas como la estatal acogen un régimen sancionador. El art. 25 de la Ley de altos cargos de la AGE, sin perjuicio del régimen que establece la Ley de Transparencia, califica como infracción muy grave el presentar "declaraciones con datos o documentos falsos" y, como infracción grave, "la no declaración de actividades y de bienes y derechos patrimoniales en los correspondientes registros, tras el apercibimiento para ello" y la "omisión deliberada de datos y documentos que deban ser presentados conforme a lo establecido en la Ley". Procede, en todo caso, una sanción —que incide principalmente sobre la condición de alto cargo— y, en caso de que haya un patrimonio injustificado, apela a la Agencia Tributaria para que proceda a investigar la situación tributaria del sujeto. Si fuera procedente, prevé la traslación de las actuaciones a las autoridades del orden penal.

---

590 Art. 16 Decreto 65/2018, de 18 de mayo, del Consell, por el que se desarrolla la Ley 8/2016, de 28 de octubre, de la Generalitat, de incompatibilidades y conflictos de intereses de personas con cargos públicos no electos, Tol 6.612.055.

591 Art. 21.3 de la Ley 1/2014, de 26 de junio, Reguladora del Código de Conducta y de los Conflictos de Intereses de los Cargos Públicos, Tol 4.465.691.

Esta previsión legal expresa puede verse en la siguiente tabla:

Ámbito	Deber legal	Normativa aplicable
Administración General del Estado	Sí	Art. 17 de la Ley 3/2015, de 30 de marzo, reguladora del ejercicio del alto cargo de la Administración General del Estado
Andalucía	Sí	Art. 11 Ley 3/2005, de 8 de abril, de incompatibilidades de altos cargos de la Administración de la Junta de Andalucía y de declaración de actividades, bienes e intereses de altos cargos y otros cargos públicos
Aragón	Sí	Art. 56 Ley 5/2017, de 1 de junio, de Integridad y Ética Públicas
Islas Baleares	Sí	Art. 13 Ley 2/1996, de 19 de noviembre, de Incompatibilidades de los Miembros del Gobierno y de los Altos Cargos de la Comunidad Autónoma de las Islas Baleares
Canarias	Sí	Art. 9 Ley 3/1997, de 8 de mayo, de Incompatibilidades de los Miembros del Gobierno y Altos Cargos de la Administración Pública de la Comunidad Autónoma de Canarias
Cantabria	Sí	Art. 15 Ley 1/2008, de 2 de julio, reguladora de los conflictos de intereses de los Miembros del Gobierno y de los Altos Cargos de la Administración de Cantabria
Castilla-La Mancha	Sí	Art. 20 Ley 11/2003, de 25 de septiembre, del Gobierno y del Consejo Consultivo de Castilla-La Mancha
Castilla y León	Sí	Art. 4 Ley 3/2016, de 30 de noviembre, del Estatuto de los Altos Cargos de la Administración de la Comunidad de Castilla y León

Ámbito	Deber legal	Normativa aplicable
Cataluña	Sí	Art. 12 Ley 13/2005, de 27 de diciembre, del régimen de incompatibilidades de los altos cargos al servicio de la Generalidad
Comunidad de Madrid	Sí	art. 10 Ley 14/1995, de 21 de abril, de Incompatibilidades de Altos Cargos de la Comunidad de Madrid
Comunidad Foral de Navarra	Sí	Art. 12 Ley Foral 19/1996, de 4 de noviembre, de incompatibilidades de los miembros del Gobierno de Navarra y de los altos cargos de la Administración de la Comunidad Foral de Navarra
Comunidad Valenciana	Sí	Arts. 12 y 13 Ley 8/2016, de 28 de octubre, de Incompatibilidades y Conflictos de Intereses de Personas con Cargos Públicos no Electos
Extremadura	Sí	Art. 38 Ley 1/2014, de 18 de febrero, de regulación del estatuto de los cargos públicos del Gobierno y la Administración de la Comunidad Autónoma de Extremadura
Galicia	Sí	Art. 47 Ley 1/2016, de 18 de enero, de transparencia y buen gobierno
País Vasco	Sí	Art. 21 Ley 1/2014, de 26 de junio, Reguladora del Código de Conducta y de los Conflictos de Intereses de los Cargos Públicos
Principado de Asturias	Sí	Art. 39 Ley 8/2018, de 14 de septiembre, de Transparencia, Buen Gobierno y Grupos de Interés
Región de Murcia	Sí	Art. 13 Ley 5/1994, de 1 de agosto, del Estatuto Regional de la Actividad Política
La Rioja	Sí	Art. 58 Ley 8/2003, de 28 de octubre, del Gobierno e Incompatibilidades de sus miembros

Obligaciones de transparencia de los altos cargos estatales y autonómicos.

En conclusión, se puede afirmar que los altos cargos nacionales y autonómicos tienen el *deber legal* de declarar su patrimonio.

4.2.2.3. Parlamentarios

Los diputados y senadores están obligados a formular declaraciones de bienes y actividades, tanto al adquirir como al perder su condición. Como señala el art. 160.2 LOREG las declaraciones sobre actividades y bienes se formularán por separado conforme a los modelos que aprueban las mesas de las Cámaras en reunión conjunta y se inscribirán en el Registro de Intereses.

El art. 26 del Reglamento del Senado, a su vez, señala que los senadores están obligados a formular declaraciones de bienes patrimoniales y actividades como requisito para la perfección de la condición de senador y disponen de un plazo de treinta días naturales, tras la pérdida de la condición o la modificación de las circunstancias inicialmente declaradas, para efectuar dicha declaración. Por su parte, el art. 18 del Reglamento del Congreso establece que los diputados están obligados a formular declaraciones de bienes.

En estas declaraciones, los representantes de las Cámaras deben especificar las distintas fuentes de ingresos que han percibido, tales como salarios, sueldos, honorarios y otras retribuciones; dividendos y participación en beneficios de sociedades o entidades de cualquier índole; así como intereses o rendimientos de cuentas, depósitos y activos financieros, entre otros. Han de registrar detalladamente sus bienes, indicando su naturaleza y características, ubicación, fecha de adquisición, derechos asociados y el modo de adquisición. Es necesario informar sobre las deudas u obligaciones, proporcionando una declaración expresa del importe concedido y del saldo pendiente[592].

---

[592] En materia de declaraciones de actividades y bienes destaca el Acuerdo de las Mesas del Congreso de los Diputados y del Senado, de 21 de diciembre de 2009, por el que se aprueban normas en materia de

Por su parte, los parlamentarios autonómicos también tienen la obligación de presentar declaraciones de bienes y gozan de un régimen prácticamente coincidente con el de diputados y senadores nacionales[593].

Esta previsión legal expresa puede verse en la siguiente tabla:

Ámbito	Deber legal	Normativa aplicable
Nacional	Sí	Art. 160 LO 5/1985, de 19 de junio, del Régimen Electoral General
Andalucía	Sí	Art. 6.7 Ley 1/1986, de 2 de enero, Electoral de Andalucía
Aragón	Sí	Art. 5 quáter Ley 2/1987, de 16 de febrero, Electoral de la Comunidad Autónoma de Aragón

Registro de Intereses y que fue modificado en el año 2011. Cabe citar, asimismo, el Acuerdo de las Mesas del Congreso de los Diputados y del Senado, de 1 de octubre de 2020, por el que se aprueba el Código de Conducta de las Cortes Generales. En este último, se prevé la creación de la Oficina de Conflicto de Intereses de las Cortes Generales.

593 Para ilustrar lo anterior se toma como ejemplo el Reglamento del Parlamento gallego. En su art. 15 dispone que las declaraciones de actividades y bienes de los diputados habrán de formularse inicialmente como requisito para la plenitud de dicha condición y en el plazo de treinta días naturales desde la pérdida de la situación de parlamentario. Asimismo, han de actualizarse siempre que existan circunstancias que las modifiquen. Las declaraciones sobre actividades y bienes se inscribirán en el Registro de Intereses constituido en la Cámara bajo la dependencia directa de la presidencia. Según indica el numeral tercero de dicho artículo, la declaración de bienes y derechos contendrá, entre otros, los siguientes datos: las rentas percibidas de cualquier clase; bienes y derechos de contenido económico; créditos, préstamos y deudas que integren el pasivo, etc. En la declaración de bienes y derechos, asimismo, deberá constar su valoración: en los bienes inmuebles, su valor catastral; los vehículos, embarcaciones y aeronaves se valorarán según los precios medios de venta aprobados por el Ministerio de Hacienda; los restantes bienes y derechos se tasarán aplicando los criterios del IP.

Ámbito	Deber legal	Normativa aplicable
Islas Baleares	Sí	Art. 21 Reglamento del Parlamento de las Islas Baleares
Canarias	Sí	Art. 10 Reglamento del Parlamento de Canarias, aprobado en sesión plenaria celebrada el día 17 de abril de 1991
Cantabria	Sí	Art. 8 Ley 5/1987, de 27 de marzo, de Elecciones a la Asamblea Regional de Cantabria
Castilla-La Mancha	Sí	Art. 24 bis Ley 5/1986, de 23 de diciembre, electoral de Castilla-La Mancha
Castilla y León	Sí	Art. 15 Reglamento de las Cortes de Castilla y León, de 24 de febrero de 1990
Cataluña	Sí	Art. 19 Texto refundido del Reglamento del Parlamento, aprobado por la Mesa del Parlamento, oída la Junta de Portavoces, el 20 de febrero de 2018, en cumplimiento de la disposición final primera de la Reforma del Reglamento aprobada el 26 de julio de 2017, que incluye el texto refundido del Reglamento del Parlamento aprobado por la Mesa del Parlamento, oída la Junta de Portavoces, el 28 de julio de 2015, y la reforma parcial aprobada por el Pleno en la sesión del 26 de julio de 2017
Comunidad de Madrid	Sí	Art. 5.7 Ley 11/1986, de 16 de diciembre, Electoral de la Comunidad de Madrid
Comunidad Foral de Navarra	Sí	Art. 24 Texto Refundido del Reglamento del Parlamento de Navarra, de 8 de octubre de 2007
Comunidad Valenciana	Sí	Art. 21 Reglamento de les Corts Valencianes, aprobado por el Pleno de les Corts el 18 de diciembre de 2006
Extremadura	Sí	Art. 31 Reglamento de la Asamblea de Extremadura, 19 de junio de 2008
Galicia	Sí	Art. 6 Ley 8/1985, de 13 de agosto, de elecciones al Parlamento de Galicia
País Vasco	Sí	Art. 8 Ley 5/1990, de 15 de junio, de Elecciones al Parlamento Vasco

Ámbito	Deber legal	Normativa aplicable
Principado de Asturias	Sí	Art. 22 Reglamento de la Junta General del Principado de Asturias, BOPA n.º 70, de 13 de abril de 2023
Región de Murcia	Sí	Art. 20 Reglamento de la Asamblea Regional de Murcia, de 24 de mayo de 2019
La Rioja	Sí	Art. 19 Reglamento del Parlamento de La Rioja, de 18 de abril de 2001

Obligaciones de transparencia de los parlamentarios.

Por lo que ahora interesa, se puede afirmar que los diputados y senadores, también los parlamentarios autonómicos, tienen el *deber legal* de declarar su patrimonio.

4.2.2.4. Régimen local

El art. 75.7 de la LBRL establece que los representantes locales, así como los miembros no electos de la Junta de Gobierno local, declararán cualquier actividad que les proporcione o pueda proporcionar ingresos económicos[594]. Formularán, asimismo, declaración de sus bienes e informarán sobre su participación en sociedades de todo tipo y de las autoliquidaciones por los impuestos de IRPF, IP y, en su caso, IS. Continúa señalando la LBRL que tales declaraciones —que se realizarán conforme a los modelos aprobados en los plenos respectivos— se formularán antes de la toma de posesión y con ocasión del cese y al final del mandato, así como cuando se modifiquen las circunstancias de hecho. Las declaraciones de bienes se inscribirán en el Registro de Bienes Patrimoniales de cada entidad local, en los términos en los que establezca el respectivo estatuto. El art. 30 del RD 2568/1986, de 28 de noviembre, por el que se aprueba el Reglamento de Organización, Funcionamiento y Régimen Jurídico de las Entidades

[594] En este sentido, vid. Ley 8/2010, de 23 de junio, de régimen local de la Comunitat Valenciana.

Locales dispone, de acuerdo con el art. 75.5 LBRL, que se constituirá en la Secretaría de la Corporación el Registro de Intereses. La custodia y dirección del Registro corresponde al secretario.

Parece, pues, que también se puede afirmar ese *deber legal* con respecto a los sujetos obligados por el art. 75.7 LBRL[595].

4.2.2.5. Convenio de colaboración suscrito por el Consejo General del Poder Judicial y Transparencia Internacional España

El 2 de julio de 2014, el CGPJ y TIE suscribieron un Convenio Marco de Colaboración con el objetivo de fomentar la transparencia en el funcionamiento de las instituciones públicas y garantizar la rendición de cuentas. Este acuerdo, que inicialmente tenía una duración predeterminada, incluía en su quinta cláusula la posibilidad de ser prorrogado mediante acuerdo de las partes, disposición que fue efectivamente llevada a cabo[596].

En virtud del Anexo I del mencionado convenio, el CGPJ se comprometió a elaborar una ficha individualizada para cada alto cargo de la institución, con información sobre su remuneración y sobre las posibles indemnizaciones que podrían percibir tras el cese. En particular, se destina a aquellos altos cargos que gestionan intereses económicos de la institución[597].

---

595 Corresponde esta obligación, entre otros, a los diputados de las Diputaciones Provinciales y a su presidente, los concejales y los alcaldes, etc.

596 En este sentido, vid. Convenio Marco de colaboración entre el Consejo General del Poder Judicial y Transparencia Internacional, de 11 de julio de 2018 o el último, de 2022 (vid. Acuerdo de prórroga y modificación del Convenio marco de colaboración entre el Consejo General del Poder Judicial y Transparencia Internacional España, de 11 de julio de 2022. Disponible en: https://www.poderjudicial.es/cgpj/es/Poder-Judicial/Consejo-General-del-Poder-Judicial/Actividad-del-CGPJ/Convenios/Convenios-vigentes/Acuerdo-de-prorroga-del-Convenio-marco-de-colaboracion-entre-el-Consejo-General-del-Poder-Judicial-y-Transparencia-Internacional-Espana–2022- [última visita: 04/04/2024]).

597 Anexo I, letra c), punto 14.

No obstante, este Convenio de colaboración no parece tener fuerza vinculante como para respaldar una obligación como la que se analiza, dado que no se trata de una disposición con valor normativo, sino más bien de un acuerdo. Asimismo, el procedimiento a seguir y las garantías asociadas a él no quedan detalladas en el documento. Según lo expuesto, los altos cargos del CGPJ no están obligados a revelar su patrimonio, salvo aquellos que manejan los caudales de la institución. Así, pues, si se aceptara hipotéticamente la existencia del previo deber, este debería aplicarse exclusivamente a aquellos con que tengan una obligación específica de rendir cuentas. En cualquier caso, sería necesario evaluar la idoneidad de distinguir entre los altos cargos del CGPJ que gestionan fondos y aquellos que no, considerando que estos últimos, en ningún caso, estarán sujetos a dicha obligación.

4.2.2.6. Códigos éticos y obligaciones autoimpuestas

En las distintas Administraciones, los Códigos Éticos suelen establecer una serie de obligaciones para sus miembros, exigiendo, entre otras cosas, la declaración de actividades y la titularidad de sus bienes al inicio y cese de sus funciones, así como ante cualquier actualización patrimonial. Un ejemplo de ello se encuentra en el Código Ético de la Agencia Valenciana Antifraude (AVAF). Su art. 43 especifica tales obligaciones para el director y los miembros del Consejo de Dirección[598].

Empero, la naturaleza de estos códigos plantea dudas sobre su capacidad para constituir un previo deber legal como el analizado. Con carácter general, los códigos éticos, aunque reflejan los compromisos y principios de una determinada organización, no

---

[598] Art. 43: "El director/a de la AVAF y demás miembros del Consejo de dirección de la AVAF estarán obligados a: 1. Formalizar declaración responsable sobre la realización de actividades y la titularidad de bienes, obligaciones o derechos patrimoniales al tomar posesión, al cesar y cada vez que la misma requiera de su actualización, haciendo constar en la misma, para evitar cualquier riesgo potencial de conflicto de intereses, las actividades profesionales de nuestro cónyuge o pareja de hecho".

tienen valor normativo. Su alcance parece limitarse a un compromiso interno más que a una obligación legalmente exigible[599].

4.3. La autoridad como sujeto activo

4.3.1. Introducción

A diferencia de las legislaciones comparadas europeas, como singularmente la francesa o lituana, que configuran el delito de posesión injustificada de bienes o enriquecimiento injusto como un delito común[600], España —siguiendo en este punto la recomendación de la ONU— ha optado por configurar el art. 438 bis CP como una figura especial propia, en coherencia con su enfoque como un delito de desobediencia.

Ahora bien, el art. 438 bis CP solo extiende su aplicación a las autoridades, excluyendo a los funcionarios. Y esta limitación no se compadece con el resto del Capítulo —ni tampoco del Título— que acoge, como sujeto activo, a la "autoridad o funcionario público", ni tiene parangón en el Derecho comparado[601], ni en la propuesta de la ONU[602], ni en las propias propuestas del grupo promotor de la reforma[603] ni de ninguno de los grupos parlamentarios que han planteado la inclusión del delito de "enriquecimiento ilícito" (salvo UPyD)[604].

---

599 Lógicamente, si una autoridad está sujeta a un código ético y además a un previo deber legal (v.g. el director de la AVAF) entonces sí existirá una previa obligación legal de transparencia patrimonial.

600 *Supra,* cap. II, 4.2 y 7.2.

601 Concretamente, con la regulación de desobediencia portuguesa (vid. *supra,* cap. II, 6.4).

602 El art. 20 CNUCC se refiere únicamente a los "funcionarios". El art. 2 CNUCC define el concepto de funcionario a efectos de la Convención e incluye a *todos los que presten funciones públicas.*

603 122/000112 Proposición de Ley Orgánica de reforma del Código Penal, presentada por el Grupo Parlamentario Socialista y Enmienda 757 del Grupo Parlamentario Socialista a la que fue LO 1/2015, de 30 de marzo.

604 *Supra,* cap. III, 2.1.

En lo que sigue se analizará el concepto de autoridad a efectos penales y se identificarán los sujetos activos del delito del art. 438 bis CP. También se estudiará el concepto de funcionario público y se delimitará quiénes quedan excluidos del ámbito de aplicación del delito.

De antemano, se descarta la posibilidad de que, con carácter general, en ausencia de las cualidades necesarias, los hechos puedan encuadrarse en los delitos de desobediencia definidos en los arts. 410 o 556.1 CP. Recuérdese, de nuevo, que uno de los presupuestos para fundar la desobediencia es que medie un previo deber, y ello no es una característica generalizada entre los ciudadanos o entre la mayoría de los funcionarios. No obstante, en otro momento, se examinará si es procedente, en ciertos escenarios, cuando medie un previo deber específico y no se cumplan todos los requisitos del art. 438 bis CP (v.g. cuantía inferior a 250.000 euros), aplicar las figuras de desobediencia tradicionales[605].

4.3.2. El concepto de autoridad

El art. 438 bis CP limita su alcance a las "autoridades". Según el art. 24.1 CP es autoridad: "[el] que por sí solo o como miembro de alguna corporación, tribunal u órgano colegiado tenga mando o ejerza jurisdicción propia. En todo caso, tendrán la consideración de autoridad los miembros del Congreso de los Diputados, del Senado, de las Asambleas Legislativas de las Comunidades Autónomas y del Parlamento Europeo. Tendrán también la consideración de autoridad los funcionarios del Ministerio Fiscal y los Fiscales de la Fiscalía Europea". Como señala el TS, por tales términos se suele entender "la capacidad que tiene una persona de ejecutar una potestad pública, administrativa o judicial, por sí misma en un ámbito competencial y territorial"[606].

---

605 *Infra,* cap. V, 3.3.

606 STS 793/2006, de 14 de julio (Sala II), Tol 979.526.

En cuanto al concepto de "mando", como advierte JAVATO MARTÍN, aparece vinculado a la idea de coerción jurídica y equivale a la potestad para reclamar obediencia. El ejercicio de "jurisdicción", por su parte, implica la potestad para resolver asuntos[607]. Ahora bien, el término jurisdicción ha de ser interpretado en un sentido amplio, como capacidad de resolución de asuntos judiciales o administrativos[608]. Según admite la jurisprudencia, también cabe afirmar la jurisdicción cuando medie ejercicio delegado de poder público[609].

En la inmensa mayoría de tipos penales, los conceptos de autoridad y funcionario se utilizan en delitos especiales para designar al sujeto activo. Se suele emplear la fórmula "autoridad y funcionario" con idénticos efectos punitivos. Se entiende, además, que los conceptos de funcionario y autoridad actúan, respectivamente, como género-especie[610]. De hecho, en pocos supuestos el Có-

607 JAVATO MARTÍN, A. M., "El concepto de funcionario y autoridad a efectos penales", *Revista Jurídica de Castilla y León*, nº 23, 2021, págs. 167 y 168. En el mismo sentido, DÍAZ Y GARCÍA CONLLEDO, M., "Artículo 24" en CUERDA ARNAU, M. L. (dir.), *Comentarios al Código penal*, Tomo I, Tirant lo Blanch, Valencia, 2023, pág. 355; NÚÑEZ CASTAÑO, E., *El delito de enriquecimiento...* cit. pág. 126 y GARCÍA ARROYO, C., *Los delitos de cohecho antecedente*, Aranzadi, Pamplona, 2021, pág. 289.

608 En este sentido, vid. DEL TORO MARZAL, A., "Artículo 119" en CÓRDOBA RODA, J., RODRÍGUEZ MOURULLO, G., DEL TORO MARZAL, A., CASABÓ RUIZ, J. R., *Comentarios al Código Penal*, Tomo II, Ariel, Barcelona, 1972, pág. 746; CONDE-PUMPIDO FERREIRO, C., "Artículo 119" en LÓPEZ BARJA DE QUIROGA, J., RODRÍGUEZ RAMOS, L. (coords.), *Código penal comentado*, Akal, Madrid, 1990, pág. 320 y, con respecto al CP de 1995, vid. ROCA AGAPITO, L., "Concepto de autoridad y de funcionario público a efectos penales", *Revista Derecho y Proceso Penal*, nº 31, 2013, pág. 176 y ss. y QUINTERO OLIVARES, G., "Artículo 24" en EL MISMO (dir.), *Comentarios al Código Penal español*, vol. I, 7ª ed., Aranzadi, Pamplona, 2016, pág. 332.

609 STS 1310/2002, de 9 de julio de 2002 (Sala II), Tol 202.522.

610 RODRÍGUEZ MOURULLO, G., "Artículo 24" en EL MISMO (dir.), *Comentarios al Código penal*, Civitas, Madrid, 1997, pág. 158.

digo dispone de modalidades típicas específicas y consecuencias jurídicas distintas para la autoridad y para el funcionario[611].

Como se ha dicho, a efectos penales, toda autoridad es funcionario público, pero no a la inversa. El concepto de autoridad se ha delimitado por la jurisprudencia por *comprensión*[612]. Se ha admitido, entre otros, a los siguientes cargos: diputados y senadores[613]; jueces[614]; decanos de Colegios de Abogados[615]; alcaldes[616]; concejales[617]; jefes provinciales de Correos[618]; directores de Centros Penitenciarios[619]; consejeros autonómicos[620] y presidentes autonómicos[621], etc.

Con carácter general, el TS ha entendido que son autoridades a efectos penales:

> "los antiguos jueces Municipales y de Paz, y expresamente por disposición legal o reglamentaria, a los Notarios, por su Reglamento

---

611 Entre otros, vid. arts. 303, 372, 412, 482 y 483 CP.

612 Un exhaustivo estudio sobre los cargos que tienen la consideración de autoridad puede verse en ORTS BERENGUER, E., "Art. 24" en VIVES ANTÓN, T. S. (coord.), *Comentarios al Código Penal de 1995*, vol. I, Tirant lo Blanch, Valencia, 1996, pág. 273; RODRÍGUEZ MOURULLO, G., "Artículo 24... cit. pág. 159; SERRANO BUTRAGUEÑO, I., "Artículo 24. Concepto penal de autoridad y funcionario" en DEL MORAL GARCÍA, A., SERRANO BUTRAGUEÑO, I. (coords.), *Código Penal (comentarios y jurisprudencia)*, Tomo I, Comares, Granada, 2002, págs. 511-513 y EL MISMO, LANZAROTE MARTÍNEZ, P., "Art. 24" en DEL MORAL GARCÍA, A. (dir.), *Código penal. Comentarios y jurisprudencia*, vol. I, Comares, Granada, 2018, págs. 220 y ss.

613 STS 43/1982, de 15 de febrero (Sala II), Tol 2.327.240.

614 STS núm. rec. 340/1989, de 16 de septiembre (Sala II), Tol 399.928.

615 STS 1310/2002, de 9 de julio de 2002 (Sala II), Tol 202.522.

616 SAP Madrid 2/2020, de 9 de enero (Penal), Tol 7.887.737.

617 STS 57/2010, de 10 de febrero (Sala II), Tol 1.788.420 o SAP Asturias 63/2005, de 18 de marzo, Tol 602.627 (en contra, STS de 12 de mayo de 1992 (Sala II), Tol 398.706).

618 STS de 9 de noviembre de 1984 (Sala II), Tol 2.312.894.

619 STS 239/1998, de 24 de febrero (Sala II), Tol 5.141.154.

620 STSJCV 4/2014, de 27 de abril, Tol 4.359.739.

621 SAP Illes Balears 13/2017, de 17 de febrero (Penal), Tol 5.959691.

> de 2 de junio de 1944, Inspectores de Trabajo (Reglamento de 13 de julio de 1940), Inspectores y Directores del Cuerpo de Prisiones (Orden de 24 de febrero de 1956), etc., y la Jurisprudencia a los Ministros (Sentencia de 29 de julio de 1907), Presidentes de Comisiones Gestoras (Sentencia de 23 de mayo de 1933), Alcaldes tanto en propiedad como accidentales (Sentencias de 11 de enero de 1894 y 12 de noviembre de 1896 y muchísimas más), Concejales (Sentencia de 2 de julio de 1909), Delega2 de Hacienda (Sentencia de 16 de enero de 1901), los Curas Párrocos según la antigua legislación (Sentencia de 14 de enero de 1920), Catedráticos (Sentencia de 16 de noviembre de 1889), Presidente de Junta Electoral (Sentencia de 8 de mayo de 1911), Jefes Provinciales de Correos (Sentencia de 6 de noviembre de 1984). Con todos estos antecedentes sería insólito mantener que los Diputados a Cortes no son autoridad, cuando lo son los altos cargos de los poderes ejecutivo y judicial"[622].

Sin embargo, como se dijo epígrafes atrás, el art. 438 bis CP no extiende su alcance a todas las autoridades sino *solo a aquellas que tengan un régimen especial de transparencia*[623]. De adoptarse este criterio, para estimar el art. 438 bis CP, se tiene que valorar, en primer lugar, si concurre la condición de autoridad en el sujeto y, de ser así, si este ha asumido la obligación específica de rendición de cuentas.

Dada la novedad del precepto, y en defecto de criterio jurisprudencial sobre el particular, a continuación, se detallarán de forma ejemplificativa aquellas autoridades que pueden ser sujetos activos a efectos del art. 438 bis CP. Como se adelantó anteriormente, no existirá duda en admitir, v.g., al presidente y ministros del Gobierno de España y delegados del Gobierno; presidente y consejeros de las CC.AA.; diputados y senadores, también a los parlamentarios autonómicos; presidente y diputados de Diputaciones provinciales[624]; alcaldes y concejales. No existirá obstáculo

---

622 STS núm. rec. 43/1982, de 15 de febrero (Tol 2.327.240).

623 *Supra*, 4.2.1.

624 Hay quien entiende que los miembros de las Diputaciones no son autoridades. En este sentido OLAIZOLA señala que: "no dice nada el precepto acerca de los miembros de las Diputaciones, habrá que entender,

tampoco en afirmar que ostentan tal condición, ya que están sometidos al régimen especial de transparencia de la Ley de altos cargos de la AGE y pueden ser considerados autoridades a efectos penales, al presidente y director general de la CNMV; presidente del ICO; presidente y director general de Correos; presidentes de autoridades portuarias; presidente Agencia EFE, secretario general de Instituciones Penitenciarias, entre otros. Habrá que entender excluidos, porque no gozan de un previo deber específico, entre otros, a los jueces, fiscales, notarios, etc.

4.3.3. La exclusión de los funcionarios

Como se anticipó líneas atrás, los funcionarios públicos que no ostentan la condición de autoridad quedan excluidos del ámbito de aplicación del art. 438 bis CP. En este contexto, en primer lugar, se examinará el concepto penal de funcionario. Seguidamente, se identificarán las personas excluidas del art. 438 bis CP y se concluirá con una reflexión sobre la pertinencia de restringir la aplicación del precepto a las autoridades.

El art. 24 CP define el concepto de funcionario como: "el que por disposición inmediata de la Ley o por elección o por nombramiento de autoridad competente participe en el ejercicio de

---

por tanto, que quedan excluidos por la imposibilidad de interpretar analógicamente el Código penal cuando dicha analogía es contra reo (art. 4,1° CP)" (vid. OLAIZOLA NOGALES, I., "Concepto de funcionario público a efectos penales" en ASUA BATARRITA, A. (ed.), *Delitos contra la Administración pública*, IVAP, Vitoria, 1997, pág. 84). No obstante, ostentarán tal condición si, en efecto, ejercen *mando* o *jurisdicción* porque, según el art. 24 CP, tienen la consideración de autoridad "en todo caso" los miembros del Congreso, Senado, etc., pero ello no implica que los miembros de las Diputaciones Provinciales, por no ser nombrados en el citado artículo, se excluyan automáticamente. Es cuestionable excluir el mando o la jurisdicción del presidente de una Diputación provincial, que es quien dirige el gobierno y la administración de la provincia, o de los integrantes de esta atendiendo a las competencias que les encomienda el art. 33 LBRL.

funciones públicas" (apdo. 2). El concepto penal de funcionario es independiente de las definiciones de Derecho Administrativo[625]. Como se señala en la STS 166/2014, de 28 de febrero (Tol

---

625 STS 1122/2007, de 10 de diciembre (Sala II), Tol 1.235.275. Pacíficamente también en la doctrina, vid. RODRÍGUEZ MOURULLO, G., "Artículo 24... cit. pág. 158 y 160; DÍAZ Y GARCÍA CONLLEDO, M., "Autoridad y funcionario a efectos penales" en LUZÓN PEÑA, D. M. (dir.), *Enciclopedia Penal básica*, Comares, Granada, 2002, págs. 178 y ss. y EL MISMO, "Artículo 24... cit. pág. 354; VALEIJE ÁLVAREZ, I., "Reflexiones sobre los conceptos penales de funcionario público, función pública y "personas que desempeñan una función pública"", *Cuadernos de Política Criminal*, nº 62, 1997, págs. 441 y ss.; OLAIZOLA NOGALES, I., "Concepto de funcionario público... cit. pág. 77; DE LA MATA BARRANCO, N. J., "El funcionario ante el Derecho Penal", *Revista Jurídica de Castilla y León*, nº 20, 2010, pág. 17; REBOLLO VARGAS, R., "Artículo 24" en CÓRDOBA RODA, J., GARCÍA ARÁN, M. (dirs.), *Comentarios al Código Penal. Parte General*, Marcial Pons, Madrid, 2011, pág. 318; JAVATO MARTÍN, A. M., "El concepto de funcionario y... cit. pág. 152; MARTÍN LORENZO, M., "Concepto penal de funcionario y externalización de funciones públicas" en MAQUEDA ABREU, M. L., MARÍN LORENZO, M., VENTURA PÜSCHEL, A. (coords.), *Derecho penal para un estado social y democrático de Derecho. Estudios penales en homenaje al profesor Emilio Octavio de Toledo y Ubieto*, Universidad Complutense de Madrid, Madrid, 2016, pág. 212; RAMÓN RIBAS, E., "La derogación jurisprudencial del artículo 24.2 CP (concepto de funcionario público)", *Estudios penales y criminológicos*, nº 34, 2014, pág. 176; MÉNDEZ ÁLVAREZ, C., "Artículo 24" en ARROYO ZAPATERO, L., BERDUGO GÓMEZ DE LA TORRE, I., FERRÉ OLIVÉ, J.C., GARCÍA RIVAS, N., SERRANO PIEDECASAS, J. R., TERRADILLOS BASOCO, J. M. (dirs.), *Comentarios al Código Penal*, Iustel, Madrid, 2007, pág. 148; QUINTERO OLIVARES, G., "Artículo 24... cit. pág. 333; MIR PUIG, S., GÓMEZ MARTÍN, V., "Artículo 24" en MIR PUIG, S., CORCOY BIDASOLO, M. (dirs.), *Comentarios al Código Penal. Reformas LLOO 1/2023, 3/2023 y 4/2023*, 2ª ed., Tirant lo Blanch, Valencia, 2024, pág. 188 y BARJA DE QUIROGA, J., GRANADOS PÉREZ, C., MARTÍNEZ ARRIETA, A., MARTÍNEZ-ARRIETA MÁRQUEZ DE PRADO, C., VILLEGAS GARCÍA, M. A., "Art. 24" en *Código Penal. Comentarios, concordancias, jurisprudencia, e índice analítico*, 20ª ed., Colex, A Coruña, 2023, pág. 135. Con relación al art. 119 ACP, vid. COBO DEL ROSAL, M., "Examen crítico del párrafo 3º del artículo 119

4144637), "[es] un concepto nutrido de ideas funcionales de raíz jurídico-política, acorde con un planteamiento político-criminal que exige, por la lógica de la protección de determinados bienes jurídicos, atribuir la condición de funcionario en atención a las funciones y fines propios del derecho penal y que, sólo eventualmente coincide con los criterios del derecho administrativo"[626]. Atiende, pues, a aspectos materiales y no al carácter externo jurídico o administrativo. Se trata de un concepto funcional que requiere de dos presupuestos: el título habilitante y la participación en el desempeño de funciones públicas.

En cuanto al primer elemento, el modo de incorporación o acceso a la actividad ha de serlo por alguno de los tres títulos que establece el párrafo 2º del art. 24 CP: por disposición inmediata de la ley, por elección o por nombramiento de la autoridad competente. Según ha admitido la jurisprudencia, el funcionario "de hecho", es decir, aquel que ha accedido por alguna de las vías señaladas, pero no reúne las condiciones para el acceso o cargo, es considerado funcionario a efectos penales[627].

En relación con el segundo de los elementos, el ejercicio de funciones públicas, como indica la doctrina, se caracteriza por el hecho de que la actividad se lleva a cabo en un ente público[628], está sujeta a Derecho Público y persigue fines públicos[629].

---

del C.P. (sobre el concepto de funcionario público a efectos penales)", *Revista General de Legislación y Jurisprudencia,* Tomo XLIV, nº 2, 1962, pág. 225; DEL TORO MARZAL, A., "Artículo 119… cit. págs. 726 y 727 y QUERALT JIMÉNEZ, J. J., "El concepto de funcionario público", *Cuadernos de Política Criminal,* nº 27, 1985, pág. 27.

626 STS 37/2003, de 22 de enero (Sala II), Tol 4.920.972.

627 DÍAZ Y GARCÍA CONLLEDO, M., "Artículo 24… cit. pág. 356.

628 Aunque pueda valerse de entidades privadas en la gestión de su actividad.

629 En este sentido, VIVES ANTÓN, T. S., "Detenciones ilegales" en EL MISMO, GIMENO SENDRA, J. V., *La detención,* Bosch, Barcelona, 1977, pág. 51. También, vid. SERRANO BUTRAGUEÑO, I., LANZAROTE MARTÍNEZ, P., "Art. 24" en DEL MORAL GARCÍA, A. (dir.), *Código penal. Comentarios y jurisprudencia,* vol. I, Comares, Granada, 2018, pág.

El TS viene sosteniendo que el concepto de funcionario abarca, entre otros cargos, a los empleados concesionarios de servicios públicos, gestores de empresas que prestan servicios públicos y entidades estatales reguladas en el art. 6.2 LGP ("2. El manejo o custodia de fondos o valores de naturaleza pública podrá encomendarse a personas o entidades privadas")[630]. La jurisprudencia le ha reconocido esta condición de funcionario, a los efectos que aquí pueda interesar, v.g. a gerentes de sociedades mercantiles municipales[631], al director general de Mercasevilla[632], al consejero delegado y al secretario de una sociedad municipal participada[633], a quien actuaba como delegado especial del Estado en la Zona Franca de Cádiz, en su condición de presidente y consejero delegado de Rilco SA (cargo ligado al anterior)[634]; por supuesto, a los secretarios de ayuntamiento[635]. También se encuentran sentencias que le otorgan esta condición —y no la de autoridad— a los concejales[636].

220; QUINTERO OLIVARES, G., "Artículo 24... cit. pág. 334; DÍAZ Y GARCÍA CONLLEDO, M., "Artículo 24... cit. pág. 357 y GUDÍN RODRÍGUEZ-MAGARIÑOS, F., "Problemas generados por el difuso concepto de funcionario en Derecho Penal", *Revista de Derecho Penal*, nº 28, 2009, pág. 57.

630 STS 1590/2003, de 22 de abril (Sala II), Tol 5.64.827.

631 STS 537/2002, de 5 de abril (Sala II), Tol 4921990.

632 SAP Sevilla nº ROJ 21/2019, de 25 de marzo (Penal), Tol 7.121.866.

633 STS 481/2019, de 14 de octubre (Sala II), Tol 7.544.488.

634 STS 149/2015, de 11 de marzo (Sala II), Tol 4.777.353.

635 STS 28/1983, de 5 de febrero (Sala II), Tol 2.315.672.

636 Con jurisprudencia sistematizada, vid. SERRANO BUTRAGUEÑO, I., "Artículo 24. Concepto penal... cit. págs. 514 y 515 y RODRÍGUEZ MOURULLO, G., "Artículo 24... cit. págs. 161 y 162. También, HEDO IDOIPE, J. L., "Los delitos de abandono de destino, omisión del deber de perseguir delitos, desobediencia y denegación de auxilio", *Revista Aragonesa de Administración Pública,* nº 11, 1997, pág. 372. En este sentido, la STS de 12 de mayo de 1992 (Sala II), Tol 398.706 señala: "[l]a jurisprudencia de este Tribunal Supremo no ha estimado, por lo general, el carácter de autoridad en los Concejales, salvo en dos resoluciones antiguas —sentencias de 30 de enero de 1890 y 2 de julio de 1909—

El art. 438 bis CP actualmente se limita únicamente a ciertas autoridades, dejando fuera a algunos funcionarios que, aunque tienen específicos deberes de transparencia patrimonial, no están cubiertos por él. Esto plantea dos importantes interrogantes. En primer lugar, ¿por qué algunos funcionarios sujetos a específicos deberes de transparencia quedan fuera del alcance del art. 438 bis CP? En segundo lugar, ¿deberían incluirse estos funcionarios en el ámbito de aplicación del art. 438 bis CP? Parece que la respuesta debe ser afirmativa[637]. Se debe reflexionar sobre si, de *lege ferenda*, sería pertinente incorporar a los funcionarios en el ámbito de aplicación del art. 438 CP, dado que resulta poco claro por qué excluir a aquellos que participan en la función pública y están sujetos a una obligación preexistente de transparencia. Además, la inclusión de autoridades y funcionarios como sujetos activos no conllevará una expansión desproporcionada del ámbito de aplicación del tipo penal, porque este siempre se encontrará limitado a aquellos que gozan de un previo deber específico.

4.3.4. La extensión temporal tras el cese

El incremento patrimonial o la cancelación de deudas u obligaciones se debe haber producido, según prescribe el art. 438 bis CP, *durante el ejercicio del cargo o función o en los cinco años después al*

---

otorgándoles, por el contrario, el carácter de funcionarios públicos, como expresó esta Sala desde antiguo —sentencias de 30 de junio de 1876, 26 de mayo de 1884, 6 de abril de 1885, 16 de diciembre de 1893 y 24 de enero de 1911— e incluso más recientemente —sentencias de 13 de diciembre de 1983, 17 de noviembre de 1987 y 21 de febrero de 1989— excluyendo tan solo a los Tenientes de DIRECCION000 cuando ejercieran funciones —sentencias de 29 de abril de 1875, 8 de marzo de 1886 y 5 de mayo de 1888—".

637 El Bloque Nacionalista Gallego (BNG) ha expresado que la figura debe ampliarse a otros sujetos, pues consideran que debe haber "más contundencia frente a la corrupción" (vid. (vid. Diario de sesiones del Congreso de los Diputados, XIV Legislatura, núm. 234, 15 de diciembre de 2022, pág. 6).

cese, lo cual excluye, como objeto de requerimiento, el enriquecimiento —aún injustificado— anterior a la asunción del cargo.

Podría decirse, empero, que extender el periodo más allá del cargo es un indicio de que se trata de un delito de sospecha. No obstante, el art. 438 bis CP parece que supera este inconveniente ya que exige que el enriquecimiento ocurra en un plazo temporal específico y determinado, lo cual evita la fiscalización inquisitiva del patrimonio de la autoridad.

El hecho de que el precepto incorpore un periodo más allá de la finalización de la función redunda en ese deber de transparencia que les es exigido a las autoridades, porque el incremento lógicamente puede aflorar tras el cargo. Se obviarían, de no haberlo dispuesto así, los incrementos "en diferido"[638]. De la misma forma, se establece un periodo de interés más amplio en Argentina[639] o Colombia[640].

En realidad, la mayor problemática se plantea cuando se parte de que el requerimiento debe tener fundamento en un *previo deber*. Y ello porque a esa obligación específica *más allá del cargo* no están sujetas todas las autoridades[641]. Siendo esto así, como la predeterminación normativa que exige la desobediencia es una condición inexcusable para apreciar el delito, la obligación de justificar se desvanece y, por ende, no cabrá extender la obligación de justificación patrimonial tras el cese. Ello no obsta para que el legislador pueda ampliar ese deber legal extrapenal a los cinco años posteriores con el fin de salvar la incongruencia entre las leyes de transparencia y el art. 438 bis CP.

---

638 Así se pronunciaba GARCÍA ALBERO (vid. Diario de sesiones del Congreso de los Diputados, XII Legislatura, núm. 348, 25 de octubre de 2017, pág. 16).

639 Dos años en Argentina, vid. art. 268 (2) CP. *Supra*, cap. II, 2.2.

640 Cinco años en Colombia, vid. art. 412 CP. *Supra*, cap. II, 3.2.1.

641 A diferencia de la regulación portuguesa, donde la Ley es común a cargos públicos y políticos y que prevé la obligatoriedad —general— de presentar declaraciones de bienes, aun habiendo cesado en su función (vid. cap. II, 5.4).

De hecho, en algunas autonomías sí se prevén, expresamente, extensiones temporales de los deberes de los altos cargos, pero solo en relación con sus declaraciones de *actividades*. Así, el RD 1208/2018, de 28 de septiembre, por el que se aprueba el Reglamento por el que se desarrollan los títulos Preliminar, II y III de la Ley 3/2015, de 30 de marzo, reguladora del ejercicio del alto cargo de la Administración General del Estado (Tol 6.812.063), establece, en su art. 12, el procedimiento para presentar las declaraciones de actividades privadas al cese, respecto de aquellos que hayan cesado en el ejercicio de las funciones de altos cargos, y durante los *dos años siguientes*. Deben dirigir al Registro de Actividades una comunicación expresando la actividad privada que vayan a desempeñar y la declaración expresa de que dicha actividad no está relacionada con las competencias del cargo desempeñado. No obstante, y como se ha señalado, no se prevé obligación alguna respecto de las declaraciones de *bienes*.

5. ÓRGANO COMPETENTE PARA EL REQUERIMIENTO

5.1. Planteamiento de la cuestión

La desobediencia, como presupuesto, exige de una orden, de un mandato. La orden, para que sea válida, debe ser emitida por quien tenga potestad para hacerlo y ese imperio solo lo ostenta la ley. Esta es la que permite reclamar obediencia y la que limita la potestad de la autoridad[642]. Ello es así, como dice QUERALT, porque el Derecho español no reconoce la cláusula de orden público o la vía de hecho como causa habilitante para la intervención restrictiva de derechos por parte de la Administración[643]. El carácter relacional entre la competencia y el requerimiento de obediencia es necesario, pues en caso contrario difícilmente se podrá sostener que el deber de obedecer sirve a la realización de sus fines.

---

642 GARCÍA DE ENTERRÍA, E., *La lucha contra las inmunidades de poder*, 3ª ed., 1983 y reimpresión 2016, Civitas, Navarra, 2016, pág. 12.

643 QUERALT I JIMÉNEZ, J. J., *La obediencia debida en el Código penal*, Bosch, Barcelona, 1986, pág. 96.

A efectos del art. 438 bis CP, lo que no cabe es instituir de forma irrestricta a cualquier órgano que halle un enriquecimiento injustificado como el habilitado para requerir. No es posible una desobediencia genérica a las "autoridades", sino que esta ha de ser específica, a una orden dada en el ejercicio de las funciones propias de quien requiere, previa habilitación legal y de acuerdo con el procedimiento legalmente establecido. La competencia es una condición intrínseca indispensable para que un mandato de obedecer sea obligatorio[644].

De la misma forma que se argumentó, como garantía básica del principio de seguridad jurídica e interdicción de la arbitrariedad de los poderes públicos, que el previo deber era imprescindible para valorar la legitimidad la orden, la especial competencia resulta inexcusable. Si se admitiese la punición de la desobediencia respecto de mandatos emitidos por órganos sin atribución legal específica para requerir, le asiste razón a QUERALT cuando afirma, con carácter general, que: "se está dejando a los ciudadanos al albur de lo que los empleados públicos deseen; y se está destrozando el imperio de la Ley y el sometimiento a ésta de los poderes públicos, lo cual constituye el fundamento más elemental del Estado de Derecho"[645].

Téngase en cuenta, por lo que respecta al art. 438 bis CP, que la conducta consiste en *negarse a dar el debido cumplimiento a los requerimientos de los órganos competentes.* Obviamente el cumplimiento únicamente podrá considerarse "debido" si el órgano que impone la orden es competente para llevarlo a cabo. Este requisito es inherente a toda figura de desobediencia. Como dijo el TS, en relación con la figura de desobediencia del art. 369 ACP: "la decisión o la sentencia de la autoridad superior ha de cumplir todos los requisitos inherentes a la legalidad por ser la única forma de que la misma vincule al que la recibe por caer dentro de los deberes

---

644 Así se pronunciaba ya el TS en la Sentencia de 22 de marzo de 1879 (Sala II), Tol 5.085.276.

645 QUERALT I JIMÉNEZ, J. J., *La obediencia debida en…* cit. pág. 198.

de su cargo"[646]. En esta línea, con relación al art. 410 CP, el TS ha señalado de forma invariable como primer elemento indispensable para apreciar el delito de desobediencia que la resolución u orden "[se debe dictar] por órgano judicial o administrativo competente y con observancia de las normas procedimentales legales, y que la sentencia, resolución u orden conlleve una obligación de actuar de determinada forma o de no actuar, para ciertas autoridades o funcionarios, precisamente para que se logre la efectividad de la sentencia, resolución u orden"[647]. Del mismo modo, con relación al art. 556 CP, la jurisprudencia exige que la orden emane de la autoridad en el marco de sus competencias "legales"[648]. Hay que estar, por tanto, a la norma administrativa reguladora de la materia o a las normas orgánicas de atribución competencial[649].

En definitiva, lo que queda evidenciado es que el requirente a efectos del 438 bis CP no puede serlo cualquiera, sino que ha de tener esa *particular competencia* que exige el precepto —"órgano competente destinado a comprobar la justificación"— y que es esencial en toda figura de desobediencia[650].

---

646 STS 687/1996, de 11 de octubre (Sala II), Tol 5139306.

647 STS 477/2020, de 28 de septiembre (Sala II), Tol 8.100.693.

648 SSTS 821/2003, de 5 de junio (Sala II), Tol 286.108 y, más recientemente, 560/2020, de 29 de octubre (Sala II), Tol 18.88.760. En este sentido, con jurisprudencia sistematizada, puede verse: CARBONELL MATEU, J. C., VIVES ANTÓN, T. S., "Art. 556... cit. pág. 2087. Más recientemente, CUERDA ARNAU, M. L., "Artículo 556... cit. págs. 3159 y ss. y LA MISMA, "Delitos contra el orden público" en GONZÁLEZ CUSSAC, J. L. (coord.), *Derecho Penal. Parte Especial*, 8ª ed., Tirant lo Blanch, Valencia, 2023, pág. 881.

649 En este sentido, vid. RAGA I VIVES, A., "Artículo 438 bis... cit. págs. 2739 y ss.

650 En el delito societario del art. 294 CP (que es una suerte de delito de desobediencia, obstrucción u obstacualización de las labores de inspección) se entiende por "entidades inspectoras o supervisoras" a determinados órganos habilitados para ello, como la CNMV (pero no la obstaculización a las labores de inspección tributaria o laboral). Sobre el particular, vid. GALLEGO SOLER, J. I., "Art. 294" en CORCOY BI-

Las anteriores afirmaciones, que resultan tan lógicas como razonables, no obstante, plantean una amalgama de problemas en la figura objeto de comentario, porque esta no determina cuál es el órgano competente para requerir a la autoridad, sino que solo indica que el órgano debe estar "destinado a comprobar la justificación". El Preámbulo, por su parte, se limita a señalar que lo serán los órganos administrativos o judiciales competentes para la comprobación de dicho patrimonio.

Lo anterior obliga a adentrarse en el estudio de cuáles pueden ser los órganos competentes a efectos del 438 bis CP. Por ello, se analizará qué órganos pueden serlo y bajo qué título. También se determinarán aquellos que, en principio, podría pensarse que son competentes, pero que, sin embargo, no ostentan tal atribución. Siguiendo lo establecido en el Preámbulo de la LO 14/2022, de 22 de diciembre (Tol 9.328.596), que determina que son competentes los "organismos administrativos o judiciales" se partirá del estudio de los órganos administrativos que pueden ostentar tal atribución (y cuáles no) y, posteriormente, de los órganos judiciales habilitados para requerir. Cuando proceda, se determinarán los límites constitucionales que puede plantear esta última atribución.

5.2. Órganos administrativos

5.2.1. Oficinas de fiscalización del patrimonio

Los altos cargos disponen, tanto a nivel estatal como autonómico, de una ley que prevé un procedimiento detallado para la fiscalización de sus bienes. Este es el caso de la Ley 3/2015, de 30 de marzo, reguladora del ejercicio del alto cargo de la Administración General del Estado (Tol 4.788.429). El art. 19, aunque no fuese su primigenio propósito, establece que la OCI tiene competencia para "c) Requerir a quienes sean nombrados o cesen en el ejercicio de

---

DASOLO, M., MIR PUIG, S. (dirs.), *Comentarios al Código Penal. Reformas LLOO 1/2023, 3/2023 y 4/2023*, 2ª ed., Tirant lo Blanch, Valencia, 2024, págs. 1336 y ss.

un alto cargo de la Administración General del Estado el cumplimiento de las obligaciones previstas en esta ley". El alto cargo, entre otros deberes, ha de declarar sus bienes y, junto con la declaración, la autoridad remite las declaraciones presentadas en IRPF e IP.

Este procedimiento general se modula en algunas autonomías: con la Ley 6/1985, de 24 de junio, del Consejo de Cuentas de Galicia (Tol 146.002), se le atribuye al Consejo de Cuentas la competencia para *fiscalizar* la evolución de los bienes patrimoniales de las autoridades que ocupan altos cargos en el sector público autonómico[651]. No es este el caso del régimen general estatal de altos cargos, donde al Tribunal de Cuentas no se le han atribuido dichas funciones fiscalizadoras específicas, ni de otras autonomías donde el intento de asignar a la cámara de cuentas esa función ha fracasado en el trámite legislativo. En este último sentido, en Navarra, en el año 2013, el Gobierno foral presentó un Proyecto de Ley[652] donde se preveía un mecanismo de control mediante el cual la Cámara de Comptos tenía que comprobar si las variaciones patrimoniales de los cargos públicos se adecuaban a los ingresos obtenidos y a la legalidad vigente, con el fin de despejar cualquier atisbo de duda sobre su ilícita procedencia[653].

En el caso de los diputados y senadores nacionales, según establece la LOREG, las declaraciones se inscribirán en el Registro

---

651 La obligación de declaración de actividades y de bienes patrimoniales viene recogida en la Ley 1/2016, de 18 de enero, de transparencia y buen Gobierno (Comunidad Autónoma de Galicia), Tol 5.642.141.

652 Proyecto de Ley Foral de fiscalización de la evaluación patrimonial de cargos públicos de Navarra, aprobado el 30 de abril de 2013.

653 Sobre el Proyecto de Navarra, vid. CERILLO Y MARTÍNEZ, A., "El registro de intereses de Cataluña. Medidas para la optimización de los registros de actividad y los registros de bienes patrimoniales", *Oficina Antifrau de Catalunya*, pág. 42 y ss. Disponible en: https://seuelectronica.antifrau.cat/es/prevencion-investigacion-y-otros/send/293-prevencion-investigacion-y-otros/1854-el-registro-de-intereses-de-cataluna-medidas-para-la-optimizacion-de-los-registros-de-actividades-y-los-registros-de-bienes-patrimoniales.html (última visita: 04/04/2024).

de Intereses, constituido en cada una de las Cámaras bajo la dependencia directa de sus respectivos presidentes. El Reglamento del Congreso nada añade sobre el particular y el Reglamento del Senado, por su parte, transcribe lo dispuesto por la LOREG. En parecidos términos, la normativa autonómica[654].

Tomando en cuenta lo dicho hasta ahora, y toda vez que las oficinas de fiscalización son las que reciben, custodian y fiscalizan las declaraciones patrimoniales de los altos cargos, no parece que pueda dudarse de que serán competentes para requerir[655]. No lo serán, en cambio, aunque tengan funciones fiscalizadoras, las Cámaras de Cuentas que no tengan atribuida esta función pese a que puedan contribuir, en su caso, al *hallazgo* de irregularidades patrimoniales.

Dicho lo anterior, y a pesar de que cabe afirmar la atribución a las oficinas de fiscalización o transparencia, es dudoso que estos órganos tengan capacidad suficiente para procurar la operatividad del sistema. Como es obvio, el órgano ha de analizar con riguroso detalle el patrimonio y contrastar la exactitud de los documentos que se presentan. Un minucioso análisis de la situación patrimonial del sujeto obligado permitirá hallar las variaciones inexplicables de patrimonio[656]; de ahí que la colaboración con los órganos contables, como en Galicia, pueda ser eficaz. De lo contrario, el delito constituirá una mera declaración de principios[657].

---

654 Entre otras, vid. art. 6 Ley 1/1986, de 2 de enero, Electoral de Andalucía o art. 5 quáter Ley 2/1987, de 16 de febrero, Electoral de la Comunidad Autónoma de Aragón.

655 Comparten esta opinión, CARDENAL MONTRAVETA, S., ROGE SUCH, G., "Delitos contra las administraciones… cit. pág. 732 y NÚÑEZ CASTAÑO, E., *El delito de enriquecimiento…* cit. pág. 119.

656 Así se pronuncia la Oficina Antifraude catalana, vid. "La gestió dels conflictes d'interès en el sector públic de Catalunya", *Oficina Antifrau de Catalunya*, 2016.

657 Este parece ser el caso, v.g., de algunos concejales de Ayuntamiento que efectúan declaraciones de bienes, con expresión de su patrimonio, las remiten al secretario del Ayuntamiento, se incorporan al Registro

En definitiva, para que pueda considerarse órgano competente a estos efectos debe haber un procedimiento que permita que, en efecto, se fiscalice el patrimonio de la autoridad. En ese punto, para lograr un criterio homogéneo, quizá se deba valorar el régimen del ejercicio de funciones de cargos políticos y públicos portugués que, en el art. 20 de su Ley, establece que el análisis de las declaraciones previstas compete a un órgano a identificar en una ley diferente, que define sus atribuciones, organización y reglas de funcionamiento[658]. Una ley general, con un procedimiento común, redunda en que *todas las autoridades* que tengan ese deber sea idéntico y que posean las mismas obligaciones.

5.2.2. Administración tributaria

La Administración tributaria puede apreciar *signos externos de riqueza* que no se correspondan con lo declarado. El concepto de *incremento patrimonial no justificado* abarca todas aquellas rentas cuyo origen se escapa o se oculta a la Administración. Como advierte PÉREZ ROYO, esta institución es una "bala en la recámara" para lograr la tributación[659]. Mayoritariamente se acepta que los incrementos no justificados de patrimonio son un mecanismo presuntivo que tiende a evitar que se escapen de tributación rentas que son gravables y cuyo origen no puede justificarse[660].

---

de Intereses, pero sin una exhaustiva labor de comprobación ulterior. Tómese como ejemplo el art. 4 del Decreto 191/2010, de 19 de noviembre, del Consell, por el que se regulan las declaraciones de actividades y de bienes de los miembros de las corporaciones locales de la Comunitat Valenciana. Con carácter general, sobre la banalización del Derecho Penal, vid. PÉREZ CEPEDA, A. I., *La seguridad como fundamento...* cit. pág. 337.

658 *Supra*, cap. II, 6.4.

659 PÉREZ ROYO, F., "El delito fiscal tras veinte años de su implantación: cuestiones abiertas en torno a su aplicación", *Revista española de Derecho Financiero*, nº 100, 1998, pág. 578.

660 Por todos, vid. CASADO OLLERO, G., "Ganancias patrimoniales no justificadas y delito fiscal" en BANACLOCHE PALAO, C., *Justicia y De-*

En renta, el legislador ha decidido que esos incrementos forman parte de su *configuración legal* y se encuentran definidos en el art. 39 LIRPF, que los prevé como cláusula de cierre de la renta gravable[661].

A estos efectos interesa destacar que la institución permite determinar la desproporción entre la afloración de bienes y derechos y la suficiencia del patrimonio declarado[662]. Ello invita a plantear si esa solución que ofrece la normativa tributaria puede constituir un *indicio*, sino el presupuesto, del enriquecimiento injustificado a efectos del art. 438 bis CP y también si la Administración tributaria podría considerarse como órgano competente a efectos del art. 438 bis CP.

Esta asunción genera dudas porque, como dice el propio art. 39 párr. segundo LIRPF, si el contribuyente no prueba en contrario,

---

recho Tributario, Wolters Kluwer, Madrid, 2010, pág. 284; GARCÍA MORENO, V. A., "El concepto de ganancias patrimoniales no justificadas se aplica únicamente a renta o fondos de origen o fuentes desconocidos", *Carta Tributaria, Revista de Opinión*, nº 61, 2020, pág. 11 y ALONSO GONZÁLEZ, L. M., "Las ganancias patrimoniales no justificadas" en GARCÍA NOVOA, C., LÓPEZ DÍAZ, A. (coords.), *Temas de Derecho Penal Tributario*, Marcial Pons, Madrid, 2000, págs. 24 y ss.

661 Dice el art. 39 LIRPF: "Tendrán la consideración de ganancias de patrimonio no justificadas los bienes o derechos cuya tenencia, declaración o adquisición no se corresponda con la renta o patrimonio declarados por el contribuyente, así como la inclusión de deudas inexistentes en cualquier declaración por este impuesto o por el Impuesto sobre el Patrimonio, o su registro en los libros o registros oficiales. Las ganancias patrimoniales no justificadas se integrarán en la base liquidable general del periodo impositivo respecto del que se descubran, salvo que el contribuyente pruebe suficientemente que ha sido titular de los bienes o derechos correspondientes desde una fecha anterior a la del periodo de prescripción".

662 El tratamiento fiscal de los incrementos patrimoniales no justificados ha merecido una constante atención por parte del legislador tributario y de la doctrina. Críticamente, vid. FERRÉ OLIVÉ, J. C., *Tratado de los delitos*... cit. págs. 489 y ss. y BERDUGO GÓMEZ DE LA TORRE, I., FERRÉ OLIVÉ, J. C., *Todo sobre el fraude*... cit. págs. 86 y ss.

la cuantía se integra en la base liquidable del periodo en que se descubra la desproporción patrimonial. Recuérdese que el tipo penal exige como presupuesto que el incremento se haya producido en un determinado periodo (durante el desempeño de su cargo o función o en los cinco años posteriores). Por otro lado, la atribución directa de competencia a la Administración tributaria puede no resultar tan clara si se atiende a que su misión se basa en la aplicación efectiva del sistema tributario y aduanero, así como de aquellos recursos de otras Administraciones públicas nacionales o de la UE cuya gestión se le encomiende por ley o por convenio, y no en fiscalizar *la transparencia de los bienes de las autoridades.* No se ignora que la Administración tributaria es el órgano fiscalizador por excelencia, pero, y aunque pudiera oponerse que el 438 bis CP no tiene por qué ser visto solo como un refuerzo penal de la obligación de transparencia, sino, en general, como un sistema para alcanzar la *rectitud en el ejercicio de la función pública,* la competencia *debe quedar prescrita por la ley.* Y no parece ser este el supuesto.

Aun con todo, se podría decir que el deber de colaboración tiene su fundamento en la labor de *inspección* de la Administración tributaria. Dice así el art. 93.1 LGT:

> "1. Las personas físicas o jurídicas, públicas o privadas, así como las entidades mencionadas en el apartado 4 del artículo 35 de esta ley, estarán obligadas a proporcionar a la Administración tributaria toda clase de datos, informes, antecedentes y justificantes con trascendencia tributaria relacionados con el cumplimiento de sus propias obligaciones tributarias o deducidos de sus relaciones económicas, profesionales o financieras con otras personas".

No obstante, si se lee atentamente el precepto, las personas obligadas tienen el deber de proporcionar datos, informes, etc., que *tengan trascendencia tributaria,* lo cual limita ostensiblemente su alcance. Pero ello no es todo: el *previo deber* del art. 438 bis CP viene fundamentado por las leyes de transparencia, función que nada tiene que ver con la de la Administración tributaria. En este sentido, el art. 93.2 LGT establece que las obligaciones a las que se refiere al apdo. anterior (el transcrito) se realizarán conforme al reglamento de desarrollo correspondiente y en este no se encuentra la facultad para requerir la *justificación patrimonial,* que es lo que interesa a efectos del art. 438 bis CP. A la Hacienda el origen del patrimonio le es parcialmente indiferente, de ahí que se cree, en última instancia, una ficción como la de las ganancias no justificadas de patrimonio. En otras palabras, su cometido último es el de recaudar, por eso la legislación tributaria contiene una cláusula de cierre como la del incremento no justificado de patrimonio.

En definitiva, se discrepa de la opinión de los que, sin atisbo de duda, le han atribuido esta función a la Administración tributaria[663] porque esta no tiene atribuida una competencia *específica* para realizar el requerimiento a efectos del art. 438 bis CP[664]. Ello no obsta, en aras de lograr una mayor efectividad, que se amplíe el elenco de competencias de este órgano y que se le atribuya expresamente. En todo caso, no se obvia, la colaboración de la Administración tributaria con los *especialmente competentes* será determinante por la información y herramientas de que dispone.

5.2.3. Autoridades anticorrupción

El art. 6.1 CNUCC estableció que cada Estado Parte debía, de conformidad con los principios fundamentales de su ordenamiento, garantizar la existencia de órganos que sirviesen para prevenir la corrupción[665]. Y en ese sentido destaca la creación de sendas agencias y oficinas para ello[666].

---

663 Como, por ejemplo, MUÑOZ CUESTA, J., "El nuevo delito de... cit. s/n. DE JUAN GARCÍA sostiene que si se entiende el delito como una desobediencia la Administración tributaria será la competente para realizar el requerimiento (vid. DE JUAN GARCÍA, A., "Tratamiento patrimonial y comiso... cit. 2023, s/n).

664 MIRÓ ESTRADÉ, J., "El nuevo delito de... cit. pág. 7 y RAGA I VIVES, A., "Artículo 438 bis... cit. pág. 2739.

665 También el art. 325 TFUE impone la obligación de combatir el fraude y cualesquiera actividades ilegales que perjudiquen sus intereses financieros.

666 Entre otras, vid. Ley 11/2016, de 28 de noviembre, de la Generalitat, de la Agencia de Prevención y Lucha contra el Fraude y la Corrupción de

Ahora bien, y por no extender sobremanera la explicación, ninguna disposición habilita a estas autoridades para realizar un requerimiento de estas características[667]. Esa es la razón por la que, asumiendo las conclusiones que se extrajeron en el apartado anterior, no cabe más que descartar su competencia para requerir. Ejemplifica claramente esta exclusión el art. 5 de la Ley 11/2016, de 28 de noviembre, de la Generalitat, de la Agencia de Prevención y Lucha contra el Fraude y la Corrupción de la Comunidad Valenciana[668]. Este precepto delimita las funciones y competencias de la Agencia Antifraude de la de los *órganos competentes en materia de incompatibilidades y conflictos de intereses*, es decir, de los habilitados para requerir a efectos del art. 438 bis CP.

Con todo, sería conveniente razonar sobre si se les debiera atribuir *expresamente* esta competencia, pues entre sus cometidos destaca el de prevenir, alertar e investigar posibles casos de mal uso

---

la Comunidad Valenciana. En cuanto a las agencias europeas destaca la Oficina Europea de Lucha contra el Fraude (OLAF).

667 Considera que ostentan la competencia, aunque sin fundamento legal que lo justifique: ZHINDÓN, M. T., *La nueva política criminal…* cit. pág. 110. La autora señala: "[e]n cuanto al requerimiento de justificación (…) [l]as Agencias Anticorrupción dentro de sus atribuciones de investigación patrimonial, en caso de percatarse de un incremento patrimonial que no se justifica en los ingresos legítimos de la autoridad, debe realizar el debido requerimiento a la autoridad sobre la justificación de dicho incremento".

668 Art. 5.1: "Se entiende en todo caso que las funciones de la agencia lo son, sin perjuicio de las que ejercen, de acuerdo con la normativa reguladora específica, la Sindicatura de Comptes, el Síndic de Greuges, el Consejo de Transparencia, Acceso a la Información Pública y Buen Gobierno, la Intervención General de la Generalitat, la Inspección General de Servicios, los órganos competentes en materia de incompatibilidades y conflictos de intereses y los órganos de control, supervisión y protectorado de las entidades incluidas en el ámbito de actuación correspondiente, y que actúa en todo caso en colaboración con estas instituciones y órganos. La agencia aportará toda la información de que disponga y proporcionará el apoyo necesario a la institución u órgano que lleve a cabo la investigación o fiscalización correspondiente".

o destino inapropiado de fondos públicos, así como de conductas contrarias a la integridad o al principio de objetividad, eficacia y sumisión plena a Derecho[669]. Dicho lo anterior, su colaboración, asistencia y apoyo, puede resultar determinante a fin de hallar el patrimonio inexplicable.

5.3. Órganos judiciales

5.3.1. Competencia legal

El Preámbulo de la LO 14/2022, de 22 de diciembre (Tol 9.328.596), señala que el requerimiento lo pueden realizar los órganos administrativos o *judiciales* competentes. De antemano, la mayor de las dificultades se encontrará en el caso de que el incremento patrimonial o la cancelación de deudas u obligaciones injustificada la evidencie un órgano penal, él mismo o por traslado de cualquier otro, y sea este quien requiera.

A esta atribución se le ha objetado, principalmente, que los órganos judiciales no gozan de la competencia legal para fiscalizar el patrimonio de las autoridades[670] y que, de admitir su competencia, ello vulneraría el derecho a no declarar contra sí mismo y a no confesarse culpable[671]. Se analizarán, en lo que sigue, ambas

---

669 Por ejemplo, vid. art. 4 de la Ley 11/2016, de 28 de noviembre, de la Generalitat, de la Agencia de Prevención y Lucha contra el Fraude y la Corrupción de la Comunitat Valenciana, Tol 5.895.647.

670 Así se ha pronunciado VILLEGAS GARCÍA, M. A., "El nuevo delito de… cit. s/n. En sentido contrario, señala DE JUAN GARCÍA que, si el tipo se entiende como una desobediencia, los jueces instructores podrán realizar el requerimiento (vid. DE JUAN GARCÍA, A., "Tratamiento patrimonial y comiso… cit. s/n).

671 En este sentido, vid. VILLEGAS GARCÍA, M. A., "El nuevo delito de… cit. s/n y GONZÁLEZ URIEL, D., "La controvertida incorporación del… cit. s/n. También se ha dicho que afirmar que los órganos judiciales puedan ser los competentes implicaría que el sujeto activo del delito coincidiría plenamente con el concepto de autoridad del art. 24.1 CP, abarcando a una gran disparidad de personas (vid. MIRÓ ESTRADÉ,

cuestiones. La segunda de ellas, los límites constitucionales que plantea esta atribución, será abordada en el epígrafe 5.3.2.

Entrando en el estudio de la primera de ellas, por contextualizarla, un órgano judicial penal puede verse inmerso, entre otras, en tres situaciones. En primer lugar, un órgano judicial penal puede encontrarse en el seno de una investigación y hallar un enriquecimiento injustificado con conexión objetiva con el objeto de la investigación. En segundo lugar, se puede plantear que, en el transcurso de una instrucción penal por cualquier delito, surja un enriquecimiento injustificado sin conexión con aquello que es objeto de instrucción y, por último, puede darse el supuesto en el que cualquier órgano no judicial aprecie un enriquecimiento injustificado y, al haber indicios racionales de criminalidad, se lo remita a los órganos penales y estos, en efecto, lo evidencien.

En el supuesto de que el enriquecimiento injustificado se halle en el seno de un procedimiento penal (que, dentro de los órganos judiciales, será el que comúnmente lo evidencie), se abre el interrogante de si la autoridad judicial penal es competente para requerir una justificación a efectos de desencadenar en un delito de desobediencia o si se lo debe remitir al órgano correspondiente para que haga el oportuno apercibimiento. En otras palabras, si el órgano penal es o no el *órgano destinado a comprobar la justificación patrimonial*.

Si se acepta como correcta la opción de considerar que el órgano judicial no es competente, este último advertirá que el pa-

---

J., "El nuevo delito de… cit. pág. 7). Comenzando por la última de las cuestiones, la relativa a la supuesta ampliación del círculo de sujetos activos, la atribución de competencia a los órganos judiciales no implica, por sí misma, que se extienda el abanico de sujetos. Los órganos judiciales, de ser los competentes, deben limitarse a requerir únicamente a los obligados a un *especial deber de transparencia*. Entender lo contrario, como se expuso anteriormente, implicaría la caracterización de la figura como un delito meramente formal, lo cual resulta inconciliable en el Estado de Derecho. *Supra*, 4.2.1.

trimonio es injustificado y se lo remitirá al órgano administrativo correspondiente. Si el sujeto, ante el requerimiento, se niega abiertamente a dar el debido cumplimiento, entonces, la autoridad competente remitirá a los órganos judiciales las actuaciones por un presunto delito de desobediencia del art. 438 bis CP. Ahora bien, esta mecánica no parece ser acorde con el Preámbulo de la Ley de reforma que, aunque sus efectos sean limitados, señala que los *órganos judiciales* son competentes para efectuar el requerimiento. Tampoco parece razonable rechazar de plano la competencia de los órganos judiciales, por razones de coherencia jurídica, sobre todo si se observan las reglas que rigen en materia de prejudicialidad (art. 3 LECrim)[672].

Se cuestiona, en efecto, si media *habilitación legal expresa* para que los órganos judiciales puedan requerir de forma *obligatoria* la justificación patrimonial. Y lo cierto es que del texto de la Ley que regula las atribuciones de los órganos judiciales no se deduce de forma clara. En la generalidad de figuras de desobediencia, sí se dispone la habilitación o competencia legal *expresa* de los órganos competentes para realizar determinada actuación. En la normativa extrapenal de referencia, en la prueba de impregnación alcohólica, sometimiento a las normas de policía, incluso en el curso de controles preventivos[673] y en el 383 CP, al referirse a los agentes de autoridad como órgano

---

672 En general, sobre la prejudicialidad, vid. BARJA DE QUIROGA, C., "Artículo 3" en LÓPEZ BARJA DE QUIROGA, J. (dir.), *Comentarios a la Ley de Enjuiciamiento Criminal*, Tomo I, Tirant lo Blanch, Valencia, 2023, págs. 143 y ss.

673 Art. 31 del Reglamento General de la Circulación, aprobado por Real Decreto 1428/2003, de 21 de noviembre, Tol 328.757:
"Los agentes de la autoridad encargados de la vigilancia del tráfico podrán someter a dichas pruebas:
a) A cualquier usuario de la vía o conductor de vehículo implicado directamente como posible responsable en un accidente de circulación.
b) A quienes conduzcan cualquier vehículo con síntomas evidentes, manifestaciones que denoten o hechos que permitan razonablemente presumir que lo hacen bajo la influencia de bebidas alcohólicas.

competente[674]; en el deber del contribuyente de aportar documentos contables, art. 83.3 de la anterior LGT, Ley 230/1963, de 28 de diciembre[675] o en el deber del titular del vehículo de identificar al conductor que ha cometido la infracción, art. 72.3 Real Decreto Legislativo 339/1990, de 2 de marzo, por el que se aprueba el texto articulado de la Ley sobre Tráfico, Circulación de Vehículos a Motor y Seguridad Vial (disposición derogada)[676].

No obstante, tiene sentido que en los casos precitados no se plantee siquiera la competencia de otro órgano que no sea el legalmente predeterminado para realizar esas pericias, como pudie-

---

c) A los conductores que sean denunciados por la comisión de alguna de las infracciones a las normas contenidas en este reglamento.
d) A los que, con ocasión de conducir un vehículo, sean requeridos al efecto por la autoridad o sus agentes dentro de los programas de controles preventivos de alcoholemia ordenados por dicha autoridad".

674 Art. 383 CP: "El conductor que, requerido por un agente de la autoridad, se negare a someterse a las pruebas legalmente establecidas para la comprobación de las tasas de alcoholemia y la presencia de las drogas tóxicas, estupefacientes y sustancias psicotrópicas a que se refieren los artículos anteriores, será castigado con las penas de prisión de seis meses a un año y privación del derecho a conducir vehículos a motor y ciclomotores por tiempo superior a uno y hasta cuatro años". El art. 797.1.7 de la LECrim señala: "Las pruebas para detectar la presencia de drogas tóxicas, estupefacientes y sustancias psicotrópicas en los conductores de vehículos a motor y ciclomotores serán realizadas por agentes de la policía judicial de tráfico con formación específica y sujeción, asimismo, a lo previsto en las normas de seguridad vial".

675 Art. 83.3 letra f) "La falta de aportación de pruebas y documentos contables requeridos por la Administración tributaria o la negativa a su exhibición".

676 Art. 72.3: "El titular del vehículo, debidamente requerido para ello, tiene el deber de identificar al conductor responsable de la infracción y si incumpliere esta obligación en el trámite procedimental oportuno sin causa justificada, será sancionado pecuniariamente como autor de falta grave", pero a continuación, en los arts. 73 y ss., se disponía el procedimiento sancionador.

ra ser el judicial, no solo porque no entra dentro de su *abstracto* círculo de atribuciones, sino porque no poseen las técnicas necesarias para actuar. Pero distinto parece el supuesto en el que, en ejercicio de sus competencias, un juez o un fiscal, hallen un patrimonio injustificado y soliciten el recto cumplimiento de la legislación vigente en materia de transparencia.

Desde la propia óptica constitucional, el art. 103 CE establece que la Administración sirve con objetividad los *intereses generales* y, en este sentido, resulta coherente afirmar que los órganos judiciales, con la potestad que ejercen, velen por garantizar que todos los integrantes de la Administración desempeñen sus funciones de manera imparcial y bajo el prisma de la integridad pública. En otras palabras, a la obligación de integridad patrimonial se deben aquellos que tienen especiales deberes de transparencia y el órgano judicial actuaría al amparo del recto y riguroso cumplimiento de la ley. Por su parte, el art. 124 CE le otorga al Ministerio Fiscal la misión de promover la justicia en defensa de la legalidad, de los derechos de los ciudadanos y del interés público tutelado por la ley. Y si el ordenamiento jurídico dispone de ese deber de transparencia, el Ministerio Público se puede instituir como garante del mismo.

Resulta extraño afirmar que los órganos judiciales, cuyo imperio es innegable en un Estado de Derecho, no tengan atribuida la competencia para requerir a efectos del art. 438 bis CP. No obstante, lo coherente es excluir su competencia (sean del orden que sean), pues no tienen encomendada tal función expresamente. En caso de que finalmente se les atribuya, será necesario, en aras de la taxatividad y la seguridad jurídica, que se disponga en la ley expresamente, en lugar de depender de interpretaciones que, aunque derivan del sentido común, se encuentran en un Preámbulo (que carece de valor normativo[677]) y no favorecen la certeza y legalidad, postulados básicos del principio de seguridad jurídica. La crítica, por tanto, no se dirige a la competencia de los órga-

---

677 STC 36/1981, de 12 de noviembre, Tol 110.838.

nos judiciales *per se*, sino a que dicha competencia no es asignada y reconocida dentro del marco legal.

5.3.2. Límites constitucionales: la imposibilidad de realizar el requerimiento en sede penal. Valoración crítica y propuesta alternativa

Como ya se ha señalado, el Preámbulo de la LO 14/2022, de 22 de diciembre (Tol 9.328.596), conviene que el requerimiento lo pueden realizar los órganos administrativos o *judiciales* competentes. De antemano, la mayor de las dificultades se encontrará en el caso de que el incremento patrimonial (o la cancelación de deudas u obligaciones injustificadas) la evidencie un órgano penal, él mismo o por traslado de cualquier otro, y sea este quien requiera. A esta atribución se le ha objetado que, de admitir su competencia, ello vulneraría el derecho a no declarar contra sí mismo y a no confesarse culpable[678]. Lo cierto es que, como viene declarando el TC, el derecho a no declarar contra sí mismo y a no confesarse culpable despliega sus efectos cuando la "coacción" se proyecta sobre *el propio imputado o quien pueda llegar a serlo.*

Las líneas que siguen tienen como principal propósito analizar si lo conveniente es negarles, de forma tajante, la atribución a los órganos penales (porque ello contraría el derecho del art. 24.2 CE) o si, por el contrario, no debería excluirse tan categóricamente esta atribución. La pregunta a la que se tratará de responder es la siguiente: ¿vulnera esta sola circunstancia —que requiera un juez penal— el derecho a no declarar contra sí mismo y a no confesarse culpable o se puede alegar que, al ser una *colaboración no equiparable a una declaración,* no supondrá merma alguna de la garantía de no autoincriminación?

Antes de dar respuesta a esta cuestión, se ha de señalar que, cuando se analizó cuáles eran los órganos competentes para re-

678 *Supra*, 5.3.1.

querir, se concluyó que los órganos judiciales (en abstracto) no tenían atribuida tal función[679]. Por ende, se descartó la posibilidad de que estos fuesen los que tenían la potestad para realizar el requerimiento de justificación patrimonial. Sin embargo, la problemática que se toma ahora en consideración no incide en esa falta de atribución, *sino en si sería procedente plantearla.* Para responder a esta cuestión, se descenderá a la jurisprudencia del TC y TEDH y se incidirá en determinados aspectos que, pese a que no son los que los Tribunales de Garantías toman como criterio, se creen convenientes tener presentes.

Comenzando por la jurisprudencia del TC, es cierto que los contextos en los que Alto Tribunal asentó su doctrina sobre el derecho a no declarar contra sí mismo y a no confesarse culpable[680], no son exactamente coincidentes con el presente, porque aquí la colaboración que se plantea es del sujeto en el proceso *penal,* algo que, desde un primer acercamiento, podría parecer que legitima o abre un camino incierto. Los supuestos planteados ante el TC que requieren de una colaboración (prueba de impregnación alcohólica, deber del contribuyente de aportar documentos contables o deber del titular del vehículo de identificar al conductor que ha cometido la infracción) coinciden en que dicha colaboración no se espera del acusado en el proceso *penal,* donde las garantías criminales operan, evidentemente, con toda su intensidad.

En otra clase de delitos, señala MAGRO SERVET, la negativa del acusado o investigado a la entrega de documentos al juez de instrucción, tras ser requerido para ello, entra de lleno en su derecho a no declarar contra sí mismo y a no confesarse culpable; distinto sería que el requerimiento operase respecto de terceros no implicados en el proceso, frente a los que incluso cabría entender aplicable el art. 556 CP[681]. Por otro lado, el derecho a guardar

---

679 *Ibidem.*

680 *Supra,* cap. III, 3.3.

681 MAGRO SERVET, V., "¿Es válido que el juez inste el requerimiento de documentos al investigado en el proceso penal a instancia de la acusa-

silencio es un derecho que, si se ejerce, puede servir, a lo sumo, para reforzar las conclusiones o como corroboración de la *argumentación* del Tribunal[682]. El silencio puede ser un contraindicio cuando las pruebas que se presentan reclaman una explicación que solo el acusado puede dar[683]. Con todo, la solución que ofrece MAGRO SERVET para otros supuestos no cabe extrapolarla de forma acrítica al presente, porque, en este caso, se trata de una desobediencia ligada a un previo deber de transparencia patrimonial.

Antes de dar respuesta al interrogante planteado, conviene hallar el conjunto de razones que, hasta ahora, se han argüido para contradecir la atribución de los órganos judiciales y, particularmente, de los penales. Se incidirá en las objeciones que la doctrina ha planteado en otros países, dada la escasa literatura existente en España sobre el particular.

En Argentina se ha discutido sobre la posibilidad de que la autoridad competente para efectuar el requerimiento a efectos de su figura de enriquecimiento ilícito sea la judicial, por ser la justificación patrimonial un "hecho circunstancial del tipo", indispensable para su consumación[684]. Sostiene CREUS —quien defiende que la conducta es omisiva y se basa en "no justificar"— que no es aceptable instituir a los órganos jurisdiccionales como los requi-

---

ción?", *Diario la Ley*, nº 9602, 2020. En parecido sentido KIRSCH señala que "sólo cabe hablar de un verdadero derecho a no autoinculparse si del ejercicio del derecho a no declarar no se sigue consecuencia negativa de ningún tipo (vid. KIRSCH, S., "¿Derecho a no autoinculparse?" en ROMEO CASABONA, C. (dir.), *La insostenible situación del Derecho Penal*, Comares, Granada, 2000, pág. 255).

682 STS 278/2021, de 25 de marzo (Sala II), Tol 8398950.

683 Señala el TS que la tesis imperante en la jurisprudencia española, con apoyo a la doctrina Murray, es que el silencio es un contraindicio poderoso que puede ser valorado solo cuando el acusado puede dar una explicación y, pudiendo hacerlo, se niega a proporcionarla, vid. STS 298/2020, de 11 de junio (Sala II), Tol 7.969.673.

684 DONNA, E. A., *Derecho Penal. Parte Especial*... cit. nota 142 y pág. 401.

rentes porque ello implicaría "consagrar la admisibilidad de un proceso previo al hecho justiciable"[685]. Hay quien ha señalado en España, en parecido sentido, aunque sin una mayor argumentación, que la *potencialidad incriminatoria* que deriva de que el requerimiento se produzca en sede penal podría resultar vulneradora del derecho a no autoincriminarse[686].

Lo cierto es que el TEDH —que es el órgano que fija los estándares mínimos de garantías que los Estados no han de rebasar[687]— ha señalado que el privilegio contra la autoincriminación no prohíbe el uso de poderes obligatorios para obtener información *fuera* del contexto de un procedimiento penal[688]. Ello implica, en principio, que lo que no cabe es que se pueda utilizar esa potestad cuando se esté ejerciendo el *ius puniendi*. En otras palabras, según el Tribunal de Estrasburgo, hay que valorar si existe algún tipo de procedimiento penal pendiente contra el demandante o el que pudiera llegar a serlo.

No se ignora que esta última determinación es inatacable y que la jurisprudencia del TEDH marca, como se ha dicho, unos estándares que los Estados no han de sobrepasar. No obstante, las soluciones que el Tribunal da se centran en casos concretos, y la orden puede tener uno u otro carácter. Por ello, se partirá de la que se considera —aunque el TEDH y TC no lo digan— la cuestión central: el carácter de la obligación.

Como se ha dicho, hay que reflexionar sobre si *materialmente* existe una diferencia apreciable entre que un órgano judicial penal requiera a una autoridad ante un enriquecimiento injustificado o que se abstenga de hacerlo y le remita las actuaciones a un órgano administrativo. Se debe comenzar señalando que, en am-

---

685 CREUS, C., *Delitos contra la Administración…* cit. pág. 422.

686 VILLEGAS GARCÍA, M. A., "El nuevo delito de… cit. s/n.

687 PÉREZ MANZANO, M., "El mercado único de los derechos fundamentales y la protección de los principios y garantías penales", *Revista General de Derecho Penal*, nº 28, 2017, pág. 12.

688 Decisión Savic c. Austria, de 8 de octubre de 2020.

bos casos, tanto si el requerimiento se produce en vía administrativa o penal, si el sujeto se niega abiertamente, acabará el asunto en la misma sede: en la penal. Y ello puede encontrar, igualmente, un obstáculo desde la óptica del art. 6 CEDH. El TEDH puede valorar la afectación al art. 6 CEDH no solo cuando exista un procedimiento contra el demandante, sino también frente al que *pudiera llegar a serlo*. Se planteará, en lo que sigue, la improcedencia de tan tajante distinción entre procedimientos de supervisión o inspección y los sancionadores, aunque, no obstante, téngase en cuenta que a tal conclusión podrían llegar los Tribunales de Garantías.

La garantía de no colaborar con la propia incriminación no resulta aplicable en procedimientos de supervisión administrativa, cuando pese sobre el sujeto un deber de colaboración con la Administración. No obstante, sí puede surtir sus efectos cuando dicha colaboración busca que el sujeto se autoincrimine (cuando el delito del art. 438 bis CP no se utiliza como subsidiario). En ese sentido, en el proceso judicial, el hallazgo del patrimonio inexplicable puede resultar de cualquier actuación, independientemente de la naturaleza del delito que se esté instruyendo. Se podría enmarcar, así, como una obligación ligada al cumplimiento de un deber con la Administración y no como una obligación contextualizada en el ejercicio propio del *ius puniendi*. Negar esta competencia implicaría que el solo hecho de que el requerimiento se produzca en sede penal *transforma o muda la naturaleza de la obligación*. Sin embargo, ello resulta dudoso, v.g., en los casos en que el hallazgo se produzca por casualidad, esto es, cuando no tenga conexión objetiva con el objeto del proceso. Así, pues, surge el siguiente interrogante: ¿la potencialidad incriminatoria se mide siempre *ex post*, una vez analizada la información o el carácter equívoca o inequívocamente incriminatorio debe evaluarse desde una perspectiva *ex ante*, desde la propia naturaleza de la obligación?

Comenzando por la primera de las cuestiones, la potencialidad inculpatoria de la información que se solicita se ha de medir, según el criterio que se cree más acertado, en un juicio *ex ante*. Afirmar su evaluación *ex post* llevaría a inadmitir la validez constitucional de la prueba de alcoholemia, cuando resultase incriminatoria, o el deber del contribuyente de aportar documentación contable, cuando corriese la misma suerte. Si se afirmara, eventualmente, su evaluación *ex post*, la operabilidad de ambas pericias sería nula en los casos en que deviniese incriminatoria. Pero todavía se podría objetar que la validez de estas pericias se fundamenta, no solo en su carácter, sino también *en su contexto*.

Como se ha señalado, quienes niegan la posibilidad de que el requerimiento lo realice un órgano judicial se podrían guiar por el *contexto* en que se realiza el requerimiento: si se produce en sede penal, tiene carácter incriminatorio, pues se estará ejerciendo el *ius puniendi*. En efecto, el derecho a no autoincriminarse presupone que las autoridades logren probar su caso sin recurrir a pruebas obtenidas mediante métodos coercitivos en contra de la voluntad de la persona acusada. Sin embargo, como se dijo, la persona acusada podrá serlo por cualquier delito, incluso aunque nada tenga que ver con la corrupción sino, v.g., con un asesinato.

Ejemplo: se hallan 500.000 euros injustificados en una entrada y registro domiciliario.

Sería razonable admitir su competencia —siempre que además se dispusiese por ley— si la coerción se entiende como autónoma del ejercicio del *ius puniendi*, dirigida al cumplimiento de una obligación que no tiene que guardar relación directa con el objeto del proceso penal. El órgano judicial actuaría *en aras de garantizar el recto y riguroso cumplimiento de las obligaciones de transparencia*. Así, ante el hallazgo de un incremento injustificado en sede penal que no guarde relación con el objeto de la investigación, ¿por qué no incoar una causa por desobediencia por enriquecimiento injustificado si se produce la negativa abierta a justificar un determinado patrimonio inexplicable ante el órgano judicial? Admitir que, en esos casos, el juez ha de remitirle dicho indicio a un órgano administrativo podría resultar en algo cercano a un fraude de etiquetas porque ¿qué diferencia, material y no formal, existe entre que, en este caso, el requerimiento —por lo demás, *debido,* esto es, "fuera" del ejercicio del *ius puniendi*— lo efectúen los Tribunales y no cualquier órgano administrativo?

Se le podría achacar a esta atribución que el hecho de que el acusado *hable* durante el proceso implica una declaración *stricto sensu.* Pero ello no tiene que entenderse así, porque el carácter de la justificación, si se parte de que la orden está correctamente realizada (es concreta y precisa), no tiene que implicar una *declaración* y ello es independiente de su sede[689]. El hecho de que se trate de una novedad no debe llevar al rechazo incondicionado: el contexto no siempre debe mudar el carácter de la obligación. En otras palabras, la aparente antinomia que parece surgir al requerir el cumplimiento de la obligación en vía penal se disipa al considerar que lo que varía es el marco de referencia, no el fundamento de la obligación.

En resumen, la crítica que cabría oponerle a tan tajante división entre procesos de naturaleza sancionadora y aquellos que no la tienen es la siguiente: ¿se puede afirmar que cuando se le solicita al titular del vehículo que identifique a quien lo conduce en el momento en el que se cometió una infracción, bajo amenaza de sanción si no lo hace, y cuando se abrirán diligencias contra el conductor, aquel (el titular) se encuentra fuera del contexto de un proceso sancionador? Los Tribunales de Garantías estiman que en este caso no se contraría la garantía contra la no autoincriminación en tanto que la colaboración no implica una declaración autoinculpatoria o se trata de un "hecho simple"[690]. Por ello, la separación absoluta entre procesos puede resultar improcedente, porque el vínculo entre que el sujeto sea el que conducía el vehículo y, consiguientemente, el que cometió la infracción contra la seguridad del tráfico es palpable. En el delito del 438 bis CP, a diferencia de la infracción que ha servido de ejemplo, el vínculo con el delito previo puede ser remoto e hipotético. Tan lejano que lo que pueda

---

689 *Supra,* cap. III, 3.2.2.5 y 3.3.2.4.

690 *Supra,* cap. III, 3.2.2.3. y 3.3.2.3.

justificar el sujeto difícilmente se acercará a constituir una prueba suficientemente sólida para enarbolar una condena.

Hasta ahora se ha dicho que el hecho de que la obligación se materialice en sede penal, en términos generales, no debería mudar la naturaleza del deber ni convertir la colaboración, por esa razón, en una *declaración incriminatoria*. De no admitirse tal competencia —siempre que estuviese, de nuevo, prescrita por la ley— la relación entre el juez y la ley se vería obstaculizada por un factor que no debería guardar relación con derecho a no declarar contra sí mismo y a no confesarse culpable.

Lo anterior no obsta para que se afirme que pueden darse casos excepcionales. La desobediencia por enriquecimiento injustificado del art. 438 bis CP se podría valorar como *subsidiaria*. Y de considerarlo así, sería un matiz decisivo que, por lo demás, limitaría ostensiblemente su alcance. Se trataría de una subsidiariedad particular porque, en realidad, solo serviría en tanto que el enriquecimiento fuese *injustificado*. Si el órgano judicial competente, en instrucción, halla un incremento inexplicable que puede provenir de cualquier delito, independientemente de su naturaleza, debe, entonces, agotar las diligencias de investigación correspondientes para determinar de dónde procede. Si decide concluir la instrucción, porque existen indicios racionales de criminalidad contra la persona, y en fase plenaria, se tienen razones para sostener que procede de ese concreto delito, en ese caso, no cabrá que en el futuro que se realice, si coincide lo inexplicable con lo obtenido como fruto del delito antecedente, un requerimiento. Y ello porque el tipo exige que la autoridad se haya enriquecido *injustificadamente*. Justificado habrá quedado, aunque sea ilícito. Si se realizase el requerimiento, desde la óptica del TEDH y TC, quizá se podría considerar que el sujeto estaba *materialmente* acusado en un proceso penal y, por ende, la solicitud de justificación patrimonial sería impropia. Ahora bien, si la indagación resulta inconclusiva, no debe mediar obstáculo en que se requiera y abra, en su caso, el oportuno procedimiento por enriquecimiento injustificado.

En definitiva, en primer lugar, la competencia de los órganos judiciales no está predeterminada por la normativa legal, lo que imposibilita determinar que efectivamente ostentan tal atribución. Lo dicho haría innecesario pronunciarse sobre si esta atribución vulnera el derecho a no declarar contra sí mismo y a no confesarse culpable. Sin embargo, esta posibilidad se plantea a modo hipótesis, para el caso de que el legislador tenga a bien reformar las leyes que disciplinan las funciones de los órganos judiciales. Así, y en caso de que se les atribuya expresamente la competencia, el contexto en el que se realice el requerimiento, en términos generales, no debería alterar la esencia de la obligación. El criterio que se estima más adecuado para valorar si se puede realizar el requerimiento en sede penal se encuentra en el *hallazgo de un incremento injustificado de patrimonio* y el órgano judicial, en principio, podría requerir el cumplimiento de una obligación cuando no guarde relación con el objeto del proceso. De tener relación directa con el objeto del proceso, el juez deberá agotar todas las diligencias que estime oportunas para determinar si, en efecto, el patrimonio injustificado guarda relación con el mismo. De ser así, no cabrá que se realice un requerimiento en el futuro.

Lo dicho hasta ahora, sin embargo, parte del entendimiento de que no se debe extrapolar a este concreto supuesto la genérica afirmación de que el requerimiento en sede penal implica, automáticamente, una vulneración de la garantía contra la autoincriminación. Ahora bien, si se valora que de acuerdo con la doctrina del TEDH y TC no es posible solicitar en ningún caso del acusado una explicación en sede penal (siempre que se les acabe atribuyendo la competencia), si órgano judicial penal se encuentra ante un enriquecimiento injustificado, deberá remitir las actuaciones al órgano de transparencia competente para que efectúe, en caso de que proceda, el requerimiento. Si el sujeto se niega abiertamente a cumplir con la orden, el órgano judicial penal que por reparto corresponda incoará una causa por el art. 438 bis CP. De estimar como correcta esta vía, la competencia para requerir la ostentará, exclusivamente, la oficina de transparencia correspondiente.

5.4. Tratamiento jurídico de la ausencia de competencia

La competencia, como se ha señalado, constituye el fundamento que respalda la potestad para requerir, proporciona la base para presumir que las decisiones adoptadas son intrínsecamente justas. Sin embargo, surgen dos escenarios problemáticos: el primero, involucra la situación en la cual un órgano incompetente solicita a la autoridad una justificación patrimonial y esta última rechaza abiertamente dar la explicación. En segundo lugar, se presenta la posibilidad de que la autoridad, de manera equivocada, considere que el órgano requirente carece de competencia y, por ende, se niegue abiertamente a justificar su incremento patrimonial.

En el primer escenario planteado, que involucra a un órgano sin la debida competencia que solicita a la autoridad cumplir con un requerimiento, la negativa abierta por parte del destinatario de la orden será considerada *atípica*, dado que la obligación de acatar la orden está condicionada a que quien la emita cumpla con el requisito de competencia. En otras palabras, solo puede darse el *debido cumplimiento* si el órgano que impone la orden es competente para ello[691]. No basta, por tanto, con que la orden emane del superior o de cualquier otro órgano que de forma tangencial pueda advertir un enriquecimiento injustificado, sino que es necesario que el órgano obre dentro del marco de sus atribuciones.

En el segundo escenario planteado, en el caso de que un órgano competente requiera a una autoridad por mediar un enriquecimiento injustificado y esta (la autoridad) desobedezca creyendo

---

691 Así se se sostiene, en relación con el art. 556 CP en JUANATEY DORADO, C., *El delito de desobediencia a…* cit. pág. 99. De forma muy gráfica expresa que son casos de manifiesta incompetencia aquellos en los que el juez ordena, so pena de incurrir en un delito de desobediencia, por ejemplo, a su vecino a que deje de tocar el saxo o cuando el alcalde dicta una sentencia condenatoria. Ni el juez ni el alcalde actúan en el ejercicio de sus funciones (*idem*, pág. 99 y 100). También puede verse, en el mismo sentido, respecto a la desobediencia del 410 CP, MORILLAS CUEVA, L., "Lección 39. Delitos contra… cit. pág. 878.

erradamente que el órgano requirente es incompetente, se podrá valorar la concurrencia de un *error de tipo*[692]. En este caso, el autor creerá que no concurren en su conducta alguno de los elementos del tipo de acción, cuando en realidad sí concurren. No obstante, resulta discutible, como regla general, que pueda concedérsele relevancia a este error.

---

692 Sobre el error, vid. MUÑOZ CONDE, F., *El error en Derecho Penal,* Tirant lo Blanch, Valencia, 1989, págs. 58 y ss. Más concretamente, en relación con el error sobre los elementos normativos del tipo, vid. DÍAZ Y GARCÍA CONLLEDO, M., *El error sobre los elementos normativos del tipo penal,* Universidad del Rosario, Bogotá, 2012 y SUAY HERNÁNDEZ, B. C., "Los elementos normativos y el error", *Anuario de Derecho Penal y Ciencias Penales,* Tomo 44, Fasc/Mes 1, 1991, págs. 97 y ss. Con jurisprudencia sistematizada, vid. VIVES ANTÓN, T. S., "Art. 14" en EL MISMO (coord.), *Comentarios al Código Penal de 1995,* vol. I, Tirant lo Blanch, Valencia, 1996, pág. 93 y ss.; RODRÍGUEZ MOURULLO, G., "Artículo 14" en EL MISMO (dir.), *Comentarios al Código penal,* Civitas, Madrid, 1997, págs. 64 y ss.; DEMETRIO CRESPO, E., "Artículo 14" en ARROYO ZAPATERO, L., BERDUGO GÓMEZ DE LA TORRE, I., FERRÉ OLIVÉ, J.C., GARCÍA RIVAS, N., SERRANO PIEDECASAS, J. R., TERRADILLOS BASOCO, J. M. (dirs.), *Comentarios al Código Penal,* Iustel, Madrid, 2007, págs. 102 y 103; CÓRDOBA RODA, J., "Artículo 14" en EL MISMO, GARCÍA ARÁN, M. (dirs.), *Comentarios al Código Penal. Parte General,* Marcial Pons, Madrid, 2011, págs. 114 y ss.; LLABRÉS FUSTER, A., "Artículo 14.1" en GÓMEZ TOMILLO, M. (dir.), *Comentarios al Código Penal,* 2ª ed., Lex Nova, Valladolid, 2011, págs. 105 y ss.; MORALES PRATS, F., "Artículo 14" en QUINTERO OLIVARES, G. (dir.), *Comentarios al Código Penal español,* vol. I, 7ª ed., Aranzadi, Pamplona, 2016, págs. 156 y ss.; SERRANO BUTRAGUEÑO, I., REMÓN PEÑALVER, E. J., "Artículo 14" en DEL MORAL GARCÍA, A. (dir.), *Código penal. Comentarios y jurisprudencia,* vol. I, Comares, Granada, 2018, págs. 80 y ss.; SÁNCHEZ MELGAR, J., "Artículo 14" en EL MISMO (coord.), *Código Penal. Comentarios y Jurisprudencia,* Tomo IV, 5ª ed., Sepín e Ilustre Colegio de Abogados de Madrid, Madrid, 2020, págs. 135 y ss.; OLAIZOLA NOGALES, I., "Artículo 14" en CUERDA ARNAU, M. L. (dir.), *Comentarios al Código Penal,* Tomo I, Tirant lo Blanch, Valencia, 2023, págs. 212-214 y CORCOY BIDASOLO, M., "Artículo 14" en LA MISMA, MIR PUIG, S. (dirs.), *Comentarios al Código Penal. Reformas LLOO 1/2023, 3/2023 y 4/2023,* 2ª ed., Tirant lo Blanch, Valencia, 2024, págs. 87-89.

Capítulo V

Consecuencias jurídicas, relaciones concursales y problemática del principio de ne bis in idem

1. PLANTEAMIENTO GENERAL

El art. 438 bis CP conmina con penas de prisión, multa e inhabilitación especial a aquellas autoridades que incurran en el delito de desobediencia por enriquecimiento injustificado. Las líneas que siguen se dedicarán, en primer lugar, a estudiar las consecuencias jurídicas del delito. Principalmente, una de las mayores complejidades asociadas al mismo: la aplicabilidad de la consecuencia accesoria del decomiso. Para ello, se analizarán los requisitos exigidos por el art. 127 CP, determinando si concurren o no sus presupuestos en esta concreta figura de desobediencia. También se estudiará qué solución merece la situación en la que el presupuesto de la desobediencia del art. 438 bis CP coincida con el objeto del decomiso y con el del decomiso ampliado.

En segundo lugar, se examinarán las relaciones concursales que pueden surgir con el delito del art. 438 bis CP. Para abordarlo, se señalarán, en primer lugar, los supuestos en los que no cabe siquiera el requerimiento de justificación patrimonial y, por ende, no será aplicable el delito de desobediencia por enriquecimiento injustificado del art. 438 bis CP. Posteriormente, se analizarán las relaciones del art. 438 bis CP con otras figuras de la parte especial. Cuando proceda, esta cuestión se encauzará a través de la metodología del caso, pues no cabe dar una solución única e invariable para todos los supuestos.

Finalmente, se estudiará la problemática del *ne bis in idem*, con el objetivo de esclarecer los límites en la imposición de sanciones concurrentes en los ámbitos penal y administrativo-sancionador.

Sin perjuicio del análisis de carácter constitucional que se realizó en el capítulo III, al estudiar estas cuestiones, se determinarán, cuando proceda, algunas limitaciones constitucionales que se plantean.

2. CONSECUENCIAS JURÍDICAS

2.1. Penas

El art. 438 bis CP establece como penas la de prisión, de seis meses a tres años, multa del tanto al triplo del beneficio obtenido e inhabilitación especial para empleo o cargo público, así como para el ejercicio del derecho de sufragio pasivo durante un periodo de dos a siete años.

Una de las primeras cuestiones que merece ser analizada es la proporcionalidad de las penas establecidas por este precepto. OLAIZOLA NOGALES, tras una detallada comparación con las penas que el CP les asigna a otros delitos de desobediencia y de corrupción, concluye que las sanciones previstas en el art. 438 bis CP podrían considerarse desproporcionadas[693]. Si bien este punto de vista enriquece el debate, es fundamental contrastarlo con el análisis jurídico-constitucional que respalda la configuración legislativa de estas sanciones. En este sentido, desde un primer acercamiento, podría considerarse razonable que el legislador haya optado por otorgarle una mayor severidad a un tipo específico de desobediencia que tiene lugar en un contexto como es la transparencia. Dicho de otro modo, esta diferencia puede justificarse en el interés en sancionar con mayor dureza una forma específica de desobediencia.

Esta interpretación se alinea con la doctrina del TC en materia de proporcionalidad[694]. Como señala la STC 161/1997, de 2 de

---

693 OLAIZOLA NOGALES, I., "El delito de enriquecimiento… cit. pág. 195. En el mismo sentido, vid. NÚÑEZ CASTAÑO, E., *El delito de enriquecimiento…* cit. pág. 139.

694 Sobre la jurisprudencia constitucional en materia de proporcionalidad, vid. LASCURAÍN SÁNCHEZ, J. A., "La proporcionalidad de la norma penal", *Cuadernos de Derecho Público*, nº 5, 1998, págs. 181 y 182.

octubre (Tol 80.785), el TC reconoce la exclusividad del poder legislativo para determinar los bienes jurídicos protegidos, los comportamientos penalmente sancionables, así como el tipo y cuantía de las penas. Esta potestad se fundamenta en la legitimidad democrática de la que goza el legislador, que le concede un *amplio margen de libertad* dentro de los límites constitucionales para establecer la proporción entre las conductas a prevenir y las penas correspondientes.

La función del TC se circunscribe a evaluar la conformidad de las normas con la CE, pero sin entrar a valorar su conveniencia o posibles alternativas. Su análisis se limita a verificar, cuando le sea requerido, el encuadramiento constitucional de las disposiciones legales. En todo caso, antes de juzgar la proporcionalidad de una sanción, estima necesario identificar los bienes o intereses que la norma busca proteger[695].

La existencia de medidas alternativas menos gravosas puede tomarse en cuenta, pero el TC enfatiza que su capacidad para cuestionar la necesidad de una sanción es muy limitada, porque debe evitar asumir un rol que no le corresponde (de "legislador imaginario")[696]. La adecuación entre el beneficio buscado por la norma y la severidad de la pena es resultado de un análisis complejo que compete exclusivamente al legislador. No existe una fórmula precisa para medir esta proporción; sin embargo, el TC

---

695 Sobre la limitada función del TC en materia de proporcionalidad, vid. MIR PUIG, S., "El principio de proporcionalidad como fundamento constitucional de límites materiales del Derecho penal" en CARBONELL MATEU, J. C., GONZÁLEZ CUSSAC, J. L., ORTS BERENGUER, E. (dirs.), *Constitución, derechos fundamentales y sistema penal. Semblanzas y estudios con motivo del setenta aniversario del profesor Tomás Salvador Vives Antón*, Tomo II, Tirant lo Blanch, Valencia, 2009, págs. 1376-1378.

696 En el mismo sentido, vid. CUERDA ARNAU, M. L., "Aproximación al principio de proporcionalidad en Derecho penal" en VV.AA., *Estudios jurídicos en memoria del profesor Dr. D. José Ramón Casabó Ruiz*, vol. 1, Universitat de València, Valencia, 1998, pág. 468.

sí interviene cuando la sanción impuesta resulta irrazonable. La sanción penal se considera desproporcionada cuando busca proteger bienes o intereses que sean socialmente irrelevantes y cuando la pena impuesta no sea adecuada para dicho propósito[697]. Si se llevan estas afirmaciones hasta sus últimas consecuencias, no se puede afirmar, al menos sin atisbo de duda, que estas penas no pasan el filtro de proporcionalidad. Se trata de una modalidad específica de desobediencia que, según ha estimado el legislador, merece de un reproche más contundente.

Respecto de la pena de multa, en principio, resulta llamativo que se haya optado por la multa proporcional (del tanto al triplo del beneficio obtenido) siendo un delito de desobediencia. Ahora bien, esta forma específica de desobediencia incorpora, como elemento típico, la obtención de un incremento patrimonial superior a una cantidad concreta[698]. Aunque a primera vista podría resultar extraña esta clase de multa, cobra sentido que se calcule sobre aquello *obtenido de forma injustificada*. Con todo, el empleo de la voz "beneficio" no es la más adecuada, ya que, como tal, no se produce beneficio alguno. El beneficio se relaciona con la idea de utilidad, provecho, fruto. Por ello, quizá hubiera sido más preciso que el legislador se refiriese a la "cuantía obtenida" o "no declarada".

2.2. El artículo 438 bis del Código Penal y el alcance del decomiso

2.2.1. La aplicabilidad de la consecuencia accesoria del decomiso

En cuanto a la aplicación de la consecuencia accesoria del decomiso (arts. 127 y ss. CP), parece dudoso que pueda prosperar. En primer lugar, porque se trata de un delito de desobediencia que, por su propia naturaleza, no genera bienes. Podría decirse, empero, que se trata de una desobediencia particular —donde se

---

697 Entre otras, vid. STC 136/1999, de 20 de julio, Tol 81.189.

698 *Supra*, cap. IV, 3.3 y 3.4.

encuentran involucrados activos— y, como tal, implica la aplicación del decomiso. Ahora bien, una revisión del art. 127 CP revela que no es posible sostener que del delito de desobediencia previsto en el art. 438 bis CP se deriven efectos, bienes, medios, instrumentos o ganancias[699]. Los más de 250.000 euros no acreditados que el art. 438 bis CP exige no se originan, producen o generan a partir de un delito, ni son utilizados en su ejecución; tampoco pueden ser considerados como una ventaja económica. Se podría decir, con todo, que el legislador sí entiende que se trata de un delito que produce bienes, en tanto que la multa se calcula sobre el "beneficio" obtenido. Ahora bien, ya se dijo, más que al beneficio, la ley se está refiriendo, en realidad, a la *cuantía obtenida de forma injustificada*[700].

En cuanto a la posibilidad de aplicar el decomiso ampliado, de antemano se excluye porque el delito del art. 438 bis CP no se encuentra en la lista de delitos *numerus clausus* en los que puede aplicarse. Pero, sobre todo, carece de sentido plantear la posibilidad de acordar esta clase de consecuencia si no cabe siquiera la del decomiso directo[701].

2.2.1.1. Casos problemáticos. Cuando el presupuesto de la desobediencia del artículo 438 bis del Código Penal coincida con el objeto del decomiso y con el del decomiso ampliado

2.2.1.1.1. Introducción

A continuación, se examinarán dos supuestos. El primero, aquel en el que el presupuesto de la desobediencia (los 250.000

---

699 Sobre el concepto de efectos, bienes, medios, instrumentos y ganancias, vid. RODRÍGUEZ GARCÍA, N., *El decomiso de activos ilícitos,* Aranzadi, Pamplona, 2017, págs. 150 y ss.

700 *Supra,* 2.1.

701 El art. 127 bis CP está subordinado a la aplicación del art. 127 CP. Este primer precepto dice expresamente: "El juez o tribunal ordenará *también*" (cursiva añadida).

euros) coincida con el beneficio de un delito previo y se ordene, además, el decomiso de los bienes. El segundo, cuando se acuda a la consecuencia accesoria del decomiso ampliado, por entender que los bienes provienen no de un delito, sino de una "actividad delictiva" (tal como exige el art. 127 bis CP) y estos coincidan con el presupuesto (los 250.000 euros) del art. 438 bis CP.

2.2.1.1.2. Caso 1. El decomiso directo y la desobediencia del artículo 438 bis del Código Penal

Se trata de dar solución al caso en el que el presupuesto de la desobediencia (los 250.000 euros) coincida con el beneficio obtenido por un delito previo en el que se ordene el decomiso de los bienes. Para la resolver este supuesto, se toma como referencia el caso Urralburu, que abordó la solución concursal entre el delito fuente y el delito fiscal, particularmente cuando la sentencia por el primero incluye el decomiso de los bienes implicados.

En el caso Urralburu, el TS revocó las condenas por fraude fiscal frente al que fuera presidente de la Comunidad Foral de Navarra y al consejero de obras públicas que habían sido condenados por un delito continuado de cohecho y dos delitos de fraude fiscal el primero y uno el segundo[702]. Rechazó la vulneración del derecho a no declarar contra sí mismo y a no confesarse culpable, pero consideró que los beneficios obtenidos mediante sobornos no se habían reinvertido, sino que procedían de manera directa de estos, y no cabía la condena por un delito lucrativo como el cohecho y por no declarar dicho beneficio. Según el Tribunal, los tres criterios para aplicar el concurso de normas "en el que la sanción penal por el delito fuente directa de los ingresos absorbe el delito fiscal que se considera consumido en aquél", son: a. que los ingresos que genere el delito fiscal procedan de modo directo e inmediato del delito anterior (no ocurri-

---

702 STS 20/2001, de 28 de marzo (Sala II), Tol 4.914.117.

rá cuando los ingresos provengan de una pluralidad de fuentes o de forma indirecta tengan origen delictivo; tampoco cuando los bienes hayan sido reinvertidos y hayan dado lugar a nuevas ganancias); b. que el delito inicial sea objeto de condena (no sucedería así cuando por prescripción, insuficiencia de prueba u otras causas, deba mantenerse la condena por el delito fiscal dado que el desvalor de la conducta no ha sido sancionado en el delito fuente); c. que la condena por el delito fuente incluya el decomiso de las ganancias o la condena a su devolución como responsabilidad civil.

En este caso, empero, no parece convincente aplicar la misma solución que en Urralburu (concurso por absorción) y ello porque el incremento patrimonial es una *situación típica*, pero no integra la totalidad de la conducta del autor (la desobediencia). El decomiso o la condena a su devolución como responsabilidad civil constituyen la fuente directa e inmediata del ingreso a la Hacienda, cuestión que en el art. 438 bis CP no se plantea, porque no existe ingreso (se trata de un delito de desobediencia: de negativa abierta a *justificar*).

Ahora bien, no cabrá la condena por el delito del art. 438 bis CP cuando:

1. El patrimonio injustificado sea ilícito y proceda el decomiso de los bienes (vid. *infra* 3.2.1.1).
2. La no justificación intervenga como indicio para condenar por el delito fuente del que derivaría, en su caso, el decomiso (vid. *infra* 3.2.1.2).

La solución es esta y no otra porque, como se verá más adelante, no cabe realizar el requerimiento (y, por ende, no se podrá apreciar la desobediencia) cuando se haya producido una condena o cuando existan indicios racionales de criminalidad contra el sujeto. En el primer caso, el tenor literal del precepto no lo permite (el patrimonio ha de ser injustificado, pero no ha de tener carácter ilícito); en el segundo, existirá un límite de carácter constitucional que lo impedirá.

2.2.1.1.3. Caso 2. El decomiso ampliado y la desobediencia del artículo 438 bis del Código Penal

La solución se torna más compleja cuando, en un proceso penal por, v.g., blanqueo de capitales, se encuentran unos bienes injustificados, que no guardan relación con este, pero, sin embargo, se acude a la consecuencia accesoria del decomiso ampliado (art. 127 bis CP) por estimar que provienen de una "actividad delictiva"[703]. Recuérdese que uno de los indicios que se utilizan para aplicar el decomiso ampliado, es la desproporción entre el valor de los bienes y efectos y los ingresos de origen lícito de la persona. La no acreditación del carácter lícito también es un elemento necesario para aplicar esta clase de consecuencia accesoria.

En esa línea, el TS viene afirmando que: "**no se requiere acreditar exhaustivamente que los bienes objeto del decomiso proceden directamente de los concretos hechos objeto de enjuiciamiento**, siempre que pertenezcan al acusado cuya responsabilidad ha quedado suficientemente probada (...). Además, y conforme al propio tenor literal del art. 127 bis CP, procederá el comiso de los bienes, efectos y ganancias pertenecientes al condenado cuando se resuelva que los mismos provienen de una actividad delictiva «y no se acredite su origen lícito» (...) no se ha efectuado aquí por la Audiencia, como se denuncia, una inversión de la carga de la prueba, sino que se parte de la efectiva constatación de que, frente a la cumplida acreditación de su relación con el tráfico ilegal de estupefacientes y del hallazgo de una importante cantidad de dinero en su poder, **el recurrente no ha aportado prueba capaz de justificar la procedencia lícita del dinero intervenido, siquiera por medio de otras actividades laborales no declaradas**"[704]. En definitiva, el TS opera con un nivel probatorio inferior pero no

---

[703] Sobre el decomiso ampliado, vid. DE LA MATA BARRANCO, N. J., "Las distintas modalidades de decomiso después de la Ley Orgánica 1/2015, de 30 de marzo", *La Ley Penal*, nº 124, 2017, págs. 6 y ss.

[704] STS 1013/2022, de 12 de enero de 2023 (Sala II), Tol 9.391.060. Negrita añadida.

renuncia completamente a los estándares penales. Lo que invita a considerar que los Tribunales, cuando no tienen suficientes pruebas para condenar por un determinado delito pueden acudir al decomiso ampliado para incautar todos aquellos bienes que se presuma que pueden provenir de una "actividad delictiva", sin tener que probarla con la misma intensidad. Sin embargo, el decomiso suele ampliarse sobre los bienes dimanantes del delito previo que sí se ha cometido, aunque no se pueda probar que esos bienes, directamente, derivan de él[705].

En realidad, para resolver adecuadamente este supuesto hay que distinguir dos escenarios: en primer lugar, aquel en el que, efectivamente, se acuerda el decomiso ampliado porque se estima que los bienes *en principio injustificados* provienen de una "actividad delictiva" y, en segundo lugar, aquel en el que el requerimiento de justificación patrimonial se produce *estando pendiente* el proceso para acordar el decomiso ampliado.

En el primer caso, la solución parece obvia: si los bienes son decomisados, porque se estima que se originaron en una "actividad delictiva", no cabrá realizar el requerimiento, puesto que el patrimonio estará "justificado", se sabrá de dónde proviene, y, por ende, habrá desaparecido el presupuesto de la desobediencia del art. 438 bis CP[706].

Para resolver el segundo supuesto, es decir, aquel en el que el requerimiento se produce *estando pendiente* el proceso en el que debe decidirse si los bienes provienen de una "actividad delictiva", podrá considerarse que el sujeto estaba *materialmente acusado en el proceso* y, por ende, se encontrará un límite desde la perspectiva del derecho a no declarar contra sí mismo y a no confesarse culpable[707]. Todo ello, con mayor motivo, habida cuenta de que hay muchas razones para sostener que el decomiso tiene naturaleza penal.

---

705 Entre otras, vid. SSTS 599/2020, de 12 de noviembre, FJ 2º (Sala II), Tol 8.213.888 y 632/2020, de 23 de noviembre (Sala II), Tol 8.273.517.

706 *Infra*, 3.2.1.1.

707 *Infra*, 3.2.1.2.

Parece razonable hablar del decomiso como consecuencia de naturaleza penal, partiendo de que, en su vertiente del art. 127 bis CP, se ha de probar que los bienes provienen de una *actividad delictiva*. Así, si se plantea el caso en el que el requerimiento se produce mientras está pendiente el proceso, cabrá aplicar la misma solución que se dará respecto del supuesto que se viene excepcionado de la regla general concursal por el límite que encuentra en el texto de la CE[708]. Es decir, podrá considerarse que, al constreñir al sujeto para que justifique de dónde proceden sus bienes, se está ante una *acusación en materia penal*. Esta es la solución que se estima más adecuada porque, como se desarrollará a continuación a modo de excurso, el decomiso es una consecuencia de naturaleza *penal*.

2.2.1.1.3.1. Excurso: el decomiso como consecuencia de naturaleza penal

El decomiso es una institución histórica que ha ido mutando a lo largo de los años. Como afirma VERVAELE, mientras que en épocas pasadas era considerada como una cuestión de segunda categoría, actualmente la estrategia político-criminal para hacer frente a la criminalidad —sobre todo la económica— ha tendido a ampliar su ámbito de aplicación en términos objetivos y subjetivos y está orientada claramente a los patrimonios criminales[709].

La creencia de que el delito no puede salir rentable es la que ha inspirado la extensión del decomiso, tanto a nivel nacional como internacional, como forma eficaz para actuar frente a los rendimientos del delito[710]. Ello ha implicado que parte de los efectos que se persiguen con la tipificación autónoma de la figura

---

708 *Ibidem.*

709 VERVAELE, J. A. E, "Las sanciones de confiscación: ¿un intruso en el Derecho Penal", *Revista Penal*, nº 2, 1998, pág. 67.

710 SSTS 509/2019, de 24 de octubre (Sala II), Tol 7.548.652 y 599/2020, de 12 de noviembre (Sala II), Tol 8.213.888.

del "enriquecimiento ilícito" se puedan alcanzar por esta vía, tras las numerosas reformas operadas sobre el CP[711].

La naturaleza jurídica del decomiso no queda determinada por la ley penal, que se limita a calificar la institución como una "consecuencia accesoria". Ahora bien, la naturaleza de una institución se determina a partir de ella y no de forma apriorística, es una virtud o propiedad de la misma. Lo cierto es que, según establece el CP, surge del delito[712]. Además, pudiera llevar a confusión

---

711 Así se pronuncian, entre otros, TERRADILLOS BASOCO, J. M., "Corrupción política: consideraciones político-criminales... cit. pág. 20 y GORJÓN BARRANCO, M. C., "Las últimas reformas sobre el decomiso. ¿Hacia una pena de confiscación" en BUSTOS RUBIO, M., ABADÍAS SELMA, A. (dirs.), *Una década de reformas penales: Análisis de diez años de cambios en el Código Penal (2010-2020)*, Bosch, Barcelona, 2020, pág. 245.

712 Entienden que se trata de consecuencia de naturaleza penal, entre otros: DE TOLEDO Y UBIETO, E. O., "El comiso", *Revista Jurídica Española La Ley*, nº 3, 2002, pág. 1566 y 1567; MAPELLI CAFFARENA, "Las consecuencias accesorias en el nuevo Código Penal", *Revista Penal*, nº 1, 1998, pág. 50; DE LA MATA BARRANCO, N. J., "El fundamento del decomiso como "consecuencia" del delito: naturaleza jurídica confusa pero objetivo claramente punitivo" en SILVA SÁNCHEZ, J. M., QUERALT JIMÉNEZ, J. J., CORCOY BIDASOLO, M., CASTIÑEIRA PALOU, M. T. (coords.), *Estudios de Derecho Penal: homenaje al profesor Santiago Mir Puig*, B de F, Buenos Aires, 2017, pág. 948; AGUADO- CORREA, T., "Comiso: crónica de una reforma anunciada", *InDret*, nº 1, 2014, pág. 11, nota 38; LANDROVE DÍAZ, G., *Las consecuencias jurídicas del delito*, 5ª ed., Tecnos, Madrid, 2002, pág. 124; LUZÓN PEÑA, D. M., "Alcance y función del Derecho Penal", *Anuario de Derecho Penal y Ciencias Penales*, Tomo 42, Fasc/Mes 1, 1989, pág. 30 y EL MISMO, "El Anteproyecto de CP de 1992: observaciones de urgencia", *Jueces para la democracia*, nº 14, 1991, pág. 58; ZARAGOZA AGUADO, J., "La nueva regulación del comiso de bienes en el Código penal y en el Derecho comparado", *Cuadernos de Derecho Judicial*, nº 10, 2006, págs. 20 y 21; RAMÓN RIBAS, E., "La transformación jurídica del comiso: de pena a consecuencia accesoria", *Estudios penales y criminológicos*, nº 24, 2003, pág. 537; PLANCHADELL GARGALLO, A., VIDALES RODRÍGUEZ, C, "Decomiso: comentario crítico desde una perspectiva constitucional", *Estudios Penales y Criminológicos*, vol. XXXVIII, 2018, pág. 48 y ss. y RODRÍGUEZ ALMIRÓN, F., "El decomiso como instrumento en la lucha contra la corrupción" en

avalar, sin más trámite, el carácter civil de una institución[713] que, en un análisis *a posteriori* de su regulación en el CP, fue catalogada históricamente como pena[714], se determina en favor del Estado, por órganos jurisdiccionales penales (aunque con posibilidad de desarrollarse un procedimiento *sui generis*), frente al responsable de la infracción o quien disponga de sus bienes, y tiene fines preventivos (al menos en su vertiente ampliada)[715].

Quizá la clave para determinar la naturaleza de esta institución se pueda encontrar, más que en el objeto del decomiso, en

---

MORILLAS CUEVA, L. (dir.), *Corrupción privada, transparencia y gestión pública,* Dykinson, Madrid, 2023, pág. 437.

713 Le niegan el carácter de consecuencia de naturaleza penal, entre otros: GRACIA MARTÍN, L., ALASTUEY DOBÓN, C., "Lección 11. Consecuencias jurídicas no penales derivadas de la comisión del delito (I): las consecuencias accesorias generales y las específicas para personas jurídicas y entidades sin personalidad jurídica" en GRACIA MARTÍN, L., BOLDOVA PASAMAR, M. A., ALASTUEY DOBÓN, C., *Lecciones de consecuencias jurídicas del delito,* 7ª ed., Tirant lo Blanch, Valencia, 2023, pág. 235 y ss.; VIZUETA FERNÁNDEZ, J., "El comiso de las ganancias provenientes del delito y el de otros bienes equivalentes a estas", *Revista Penal,* nº 19, 2007, págs. 170 y 171 y GÓMEZ TOMILLO, M., "Beneficio ilícito y comiso del beneficio: particularidades en el Derecho privado y en el Derecho Administrativo Sancionador" en PÉREZ ÁLVAREZ, F. (ed.), *Serta, In memoriam Louk Hulsman,* Ediciones Universidad de Salamanca, Salamanca, 2016, págs. 386 y ss.

714 Entre otros comentaristas del XIX, vid. PACHECO, J. F., *El Código Penal concordado y comentado,* Tomo I, Imprenta de D. Santiago Saunaque, Madrid, 1848, pág. 329; GÓMEZ DE LA SERNA, P., MONTALBÁN, J. M., *Elementos del Derecho Civil y Penal,* Tomo III, Librería de Sánchez, Madrid, 1877, pág. 97; SILVELA, L., *El Derecho Penal estudiando en principios y en la legislación vigente en España,* Tomo I, Imprenta de T. Fortanet, Madrid, 1874, pág. 318; VIADA Y VILASECA, S., *Código penal reformado de 1870,* 2ª ed., Imprenta y Librería de Eduardo Martínez, Madrid, 1877, págs. 73-76 y ss. y 102 y 165 y GROIZARD, A., *El Código Penal de 1870 concordado y comentado,* Tomo II, 2ª ed., Establecimiento tipográfico de los Hijos de J. A. García, Madrid, 1903, págs. 149 y 150 y 208.

715 CORTÉS BECHIARELLI, E., "Valoración crítica de la reforma del comiso (LO 15/2003, de 25 de noviembre)", *Revista General de Derecho Penal,* nº 8, 2007, pág. 113 y ss.

la razón por la que se impone esta consecuencia accesoria. Si se decomisan los efectos o ganancias que directamente provienen del delito, el sujeto no tiene "derecho" a esos bienes, no hay título jurídico válido que los ampare (sin perjuicio de que quepa afirmar, en todo caso, su carácter aflictivo); si, como en el decomiso ampliado, se aprehenden bienes que no provienen de un delito sino de una *actividad delictiva* (porque no hay suficiente prueba que permita la condena y, por ende, la aplicación del 127 CP), quizá quepa atribuirle un carácter cuanto menos sancionador.

El legislador, tomando nota de que no puede establecer el cuándo, el cómo y el porqué, articula una sanción (menor) en el caso de que haya un enriquecimiento injustificado no subsumible en ningún delito de la parte especial, pero sí calificable como una *actividad delictiva**. De hecho, si la consecuencia del decomiso ampliado tiene carácter "patrimonial" (civil) y nada tiene que ver con la condena previa, esta debería ser independiente del delito anterior. Si la institución honrara a su "pretendida naturaleza"[716], parece que no debiera ceñirse a otro procedimiento penal con el que "nada" tiene que ver.

*Concepto de actividad delictiva. La EM LO 1/2015, de 30 de marzo (Tol 4.788.288), admite que el decomiso ampliado no exige la constatación de la "actividad delictiva" de acuerdo con las garantías *penales* y ello porque, en ese caso, se condenaría al sujeto por esos hechos y sería de aplicación el decomiso directo. Dice así: "el decomiso ampliado se caracteriza, precisamente, porque los bienes o efectos decomisados provienen de otras actividades ilícitas del sujeto condenado, distintas a los hechos por los que se le condena **y que no han sido objeto de una prueba plena.** Por esa razón, el decomiso ampliado **no se fundamenta en la acreditación plena de la conexión causal entre la actividad delictiva y el**

---

716 Se habla de "pretendida naturaleza" porque la EM de la LO 1/2015, de 30 de marzo, Tol 4.788.288, señala que el decomiso ampliado trata de poner fin a una situación patrimonial ilícita pero no mediante una sanción penal, sino que tiene "más bien" naturaleza civil y patrimonial.

enriquecimiento, sino en la constatación por el juez, sobre la base de indicios fundados y objetivos, de que han existido otra u otras actividades delictivas, distintas a aquellas por las que se condena al sujeto, de las que deriva el patrimonio que se pretende decomisar. **Véase que la exigencia de una prueba plena determinaría no el decomiso de los bienes o efectos, sino la condena por aquellas otras actividades delictivas de las que razonablemente provienen**" (negrita añadida). Ahora bien, según el TS, la actividad delictiva ha de quedar acreditada, no basta con una acreditación "semiplena" (algo que, según afirma el propio TS, no tiene cabida en el sistema español) aunque se desconozcan los detalles que, de otro modo, llevarían a su investigación y enjuiciamiento[717]. No es preciso, pues, que se identifique la concreta operación delictiva, sino que será suficiente con que se pruebe *de modo genérico*[718].

No se niega que atribuirle carácter civil al decomiso tiene un gran valor creativo; pero, *de facto*, no tiene sostén jurídico: para que así sea, lo debe determinar claramente el legislador, a través del cauce democrático. El decomiso es una institución que, pese a que no se trata de una pena, no se puede determinar con certeza su naturaleza. Ante la falta de solución por parte del legislador, solo cabe interpretar dicho precepto de la forma más garantista.

2.2.1.1.3.2. Límites constitucionales: la instrucción simultánea de un procedimiento de justificación patrimonial y de un procedimiento penal. Los supuestos en los que medien indicios de criminalidad contra el sujeto. Remisión

Advertida la naturaleza penal de la institución del decomiso, los límites constitucionales que se señalarán *infra* 3.2.1.2, se

---

717 STS 599/2020, de 12 de noviembre, FJ 2° (Sala II), Tol8.213.888.

718 Críticamente, vid. PÉREZ CEBADERA, M. A., "Presunción de inocencia y decomiso", en SANZ HERMIDA, A. M. (dir.), *La justicia penal del siglo XXI ante el desafío del blanqueo de dinero*, Tirant lo Blanch, Valencia, 2021, pág. 251.

extienden a este supuesto. Ahora bien, como se señaló líneas atrás[719], este límite no podrá ser aducido cuando se haya procedido, efectivamente, a decomisar ampliadamente los bienes. En ese caso, ya se conocerá el origen de los mismos (procederán de una "actividad delictiva") y, por ende, no cabrá requerir al sujeto.

3. RELACIONES CONCURSALES

3.1. Planteamiento de la cuestión

En las líneas que siguen se examina la interacción del delito del art. 438 bis CP con otras figuras delictivas. Este tema plantea una problemática particular, no solo porque se trata de una figura particularmente compleja, sino porque está repleta de límites constitucionales que pueden impedir una solución que, técnicamente, parecería impecable.

Tomando esto en cuenta, el análisis se inicia considerando las situaciones en las que no procede hablar de concurso, ya sea por la ausencia de elementos constitutivos del tipo penal, por la presencia de restricciones constitucionales que lo impiden, o porque no cabe apreciar en concurso un subsiguiente delito de blanqueo en una figura de desobediencia que no genera bienes, como la del art. 438 bis CP. También se incide, aunque de ello se ha dado cuenta a lo largo del trabajo, en que el tipo del art. 438 bis CP es una figura de recogida y, por ende, si no cabe la condena por un determinado delito (porque no existen indicios racionales de criminalidad contra el sujeto), se puede plantear, en principio, y siempre que lógicamente concurran todos los elementos del tipo, la aplicación de esta clase de desobediencia. A continuación, se aborda la relación entre el delito de desobediencia del art. 438 bis CP con otras figuras de desobediencia previstas en el CP. Concretamente, se establece si la relación entre esta y aquellas figuras debe resolverse a través de las reglas del concurso de normas. Des-

---

719 *Supra*, 2.2.1.1.3.

pués, se analizan aquellos casos en los que resulta aplicable la institución del concurso de delitos o, en su caso, donde procede la acumulación de condenas. Previamente, cuando proceda, se realiza una revisión de las soluciones jurisprudenciales otorgadas a casos similares. Dada la complejidad inherente a algunas de estas relaciones concursales, este tema se abordará, cuando proceda, a través de la resolución de casos concretos.

3.2. Supuestos en los que se excluye la solución concursal

3.2.1. Cuando no procede el requerimiento de justificación patrimonial

Existen casos en los que no es posible realizar el requerimiento de justificación patrimonial. Ello puede deberse, fundamentalmente, a dos razones: a) que no se cumplan los elementos del tipo penal del art. 438 bis CP y b) que existan límites de carácter constitucional que lo impidan.

En el capítulo III se presentaron, con carácter abstracto, los límites que presentaba una figura que exige al sujeto que justifique el origen de su patrimonio. Ahora, se abordan estos límites de forma concreta. Con carácter general, no procede el requerimiento de justificación patrimonial cuando se haya iniciado (o exista la posibilidad de que se inicie) un procedimiento contra la persona.

En lo que sigue, se analizarán detalladamente tres situaciones: primero, se examinará el caso en el que no procede realizar el requerimiento porque no se cumplen los requisitos establecidos por el art. 438 bis CP (caso 1). En segundo lugar, se explorará el escenario en el que existan indicios de la comisión de un delito lucrativo por parte de la autoridad. Se determinará si esta circunstancia presenta un límite al requerimiento de justificación patrimonial (caso 2). En íntima relación con el caso anterior, se estudiará la situación en la que el objeto del fraude fiscal pueda coincidir con el de la desobediencia del art. 438 bis CP (caso 3). Se proporcionará, en estos dos últimos casos, un análisis de cómo las intersecciones entre los diferentes tipos penales pueden afectar a la aplicación del requerimiento de justificación patrimonial.

3.2.1.1. Caso 1. Cuando los bienes tienen origen ilícito: atipicidad

Si se consigue probar el delito de "referencia", y el beneficio de este coincide plenamente con el presupuesto de la desobediencia (con los 250.000 euros), no procederá realizar el requerimiento, puesto que ya no será necesaria explicación alguna. Se habrá disipado el presupuesto del delito del art. 438 bis CP, pues se conocerá el origen del patrimonio y estará justificado (aunque sea ilícito). En este sentido, el delito actuará como subsidiario, aunque no lo sea en sentido estricto. Solo se aplicará en tanto el patrimonio sea *injustificado.* De acuerdo con lo que señalan LUZÓN CUESTA y María y Alejandro LUZÓN CÁNOVAS: "[e]l art. 438 bis es de aplicación subsidiaria frente a otros tipos penales de corrupción o que, ajenos a esta, generen una ganancia patrimonial, con lo que queda reservado para aquellos supuestos en los que no haya sido posible acreditar el origen delictivo de patrimonio, operando así como un tipo de cierre del arsenal punitivo"[720]. Así, se excluirá la doble sanción, v.g., en el supuesto en el que la condena por un delito precedente abarque *la totalidad del patrimonio generado por el acto ilícito*[721].

En esta cuestión ya se incidió anteriormente[722]. Como se dijo en su momento, el término "ilícito" posee una connotación dife-

---

720 LUZÓN CUESTA, J. M., (actualizado por LUZÓN CÁNOVAS, A., LUZÓN CÁNOVAS, M.), *Compendio de Derecho Penal...* cit. pág. 471.

721 Esta es la solución que la jurisprudencia da en materia de blanqueo. No cabe la doble punición (se absuelve por el delito de blanqueo de capitales), si la condena por el delito previo comprende, efectivamente, la totalidad del patrimonio generado por el actuar ilícito. Sobre el particular, con jurisprudencia sistematizada, vid. GONZÁLEZ CUSSAC, J. L., "Delitos contra el patrimonio y el orden socioeconómico (y XXI)" en EL MISMO (coord.), *Derecho Penal. Parte especial,* 8ª ed., Tirant lo Blanch, 2023, pág. 566.

722 *Supra,* cap. III, 2.2.3.2 y cap. IV, 3.7.2.

rente a "injustificado". Calificar un enriquecimiento como "ilícito" presupone que deriva de una actividad delictiva; en cambio, si el enriquecimiento se describe como "injustificado", carece de explicación o fundamento. La interpretación más coherente con el tenor literal del tipo es la de estimar que, si el patrimonio es ilícito, entonces estará justificado y, en consecuencia, no será apropiado siquiera realizar el requerimiento.

3.2.1.2. Caso 2. Cuando median indicios racionales de criminalidad por la comisión de un delito lucrativo por parte de la autoridad: límite constitucional

Si media una condena por un delito previo, como se señaló en el caso 1, no será necesario realizar el requerimiento, dado que los bienes estarán justificados, a pesar de su naturaleza ilícita. Ahora bien, tampoco cabrá realizar el requerimiento cuando medien indicios racionales de la comisión de un delito por parte de la autoridad. Como se señaló líneas atrás, al analizar los límites constitucionales de la figura, el derecho a no autoincriminarse obliga a las autoridades encargadas de la investigación penal a iniciar el procedimiento correspondiente cuando existan indicios de la comisión de un delito (v.g., de blanqueo de capitales, de cohecho, etc.)[723].

Uno de los supuestos que se puede plantear es que, simultáneamente, la autoridad se halle en el seno de un procedimiento de comprobación patrimonial y en una investigación penal. En este caso, en este primero, se deben paralizar las actuaciones con el fin de dilucidar (siempre que existan indicios racionales de que el incremento patrimonial injustificado trae causa en un determinado delito) si ese patrimonio es ilícito.

Si no es necesario que la autoridad esté incursa en un proceso criminal, con más razón, no será posible realizar el requerimien-

---

[723] *Supra*, cap. III, 3.2.2.5.2 y 3.3.2.4.

to si el último indicio para condenar por el delito previo es la negativa explícita a justificar el patrimonio. Existe, en este caso, también, un límite desde la perspectiva del derecho a no declarar contra sí mismo y a no confesarse culpable. Se trata de un supuesto amparado por el derecho fundamental del art. 24.2 CE. En definitiva, cuando una autoridad (sujeto activo del delito) es investigada, v.g., por blanqueo de capitales, el órgano competente no puede utilizar el requerimiento para condenarle[724].

De hecho, en el delito de blanqueo de capitales, los indicios más habituales para formular la acusación, son: 1. la importancia del dinero blanqueado; 2. la vinculación con actividades delictivas; 3. la desproporción del incremento patrimonial; 4. **la inexistencia o debilidad en la justificación** y 5. la existencia de sociedades pantalla[725]. Como criterios aptos para acreditar la actividad delictiva precedente de tráfico de drogas se plantean, entre otros, los siguientes indicios: el acopio impropio de bienes, operaciones financieras anómalas, **falta de explicación razonable** y las relaciones del sujeto con actividades delictivas[726]. En materia de corrupción, el TS viene sosteniendo que la actividad delictiva puede quedar probada por el hecho de que se constaten irregularidades administrativas junto a un **incremento patrimonial injustificado por parte del funcionario**. Dice: "[a]hora bien ese punto de partida no puede deformarse hasta el punto de exigir una prueba no ya del origen delictivo, sino de los datos concretos y específicos de los delitos previos (cómo, cuándo, dónde y quién). Ni es exigible una condena previa por esos delitos, ni es exigible una especificación con la que, además, normalmente no se contará; especialmente en materia de tráfico

---

724 Si un órgano judicial, en el contexto de una investigación, v.g., por blanqueo de capitales, detecta un enriquecimiento no justificado, debe agotar todas las diligencias para determinar el origen de dicho patrimonio. No puede simplemente remitir el caso a la oficina de conflictos de intereses para que esta sea quien requiera.

725 STS 247/2015, de 28 de abril (Sala II), Tol 4.984.905.

726 STS 345/2014, de 24 de abril (Sala II), Tol4.365.131. Mismos requisitos exige la STS 30/2019, de 29 de enero (Sala II), Tol 7028.589.

de drogas (si el delito se descubrió y abortó, la sustancia habitualmente habrá sido intervenida y no se producirá ganancia blanqueable alguna), **pero también en otros campos (blanqueo derivado de actos de corrupción en que constatándose irregularidades administrativas junto con acopio de cantidades astronómicas de dinero** en el patrimonio personal del responsable público, se hace imposible vincular esas ganancias a operaciones o dádivas concretas y especificadas en sus detalles que quedan cobijadas por la opacidad que caracteriza a la actividad criminal)"[727].

Son cuatro las razones que avalan la opción de la subsidiariedad "implícita"[728], es decir, que justifican que no procede el requerimiento. Las tres primeras poseen carácter técnico y, la última, constitucional:

1. La necesidad de que el patrimonio sea injustificado para que se abra la vía del art. 438 bis CP. Si existen indicios de que el patrimonio es ilícito —que no únicamente injustificado— lo razonable es que se prosiga por la vía penal.
2. La preferencia del orden penal.
3. La contaminación y distorsión entre procedimientos.
4. La posibilidad de considerar que las razones que dé el sujeto —adopten la forma que adopten— implican una vulneración del derecho a no autoincriminarse.

Como viene declarando el TEDH, el derecho a no autoincriminarse entra en juego cuando el proceso criminal se anticipa, es decir, cuando se solicita información potencialmente autoincri-

---

727 STS 292/2017, de 26 de abril (Sala II), Tol 6.085.409. Negrita añadida.

728 No se utiliza el concepto subsidiariedad "tácita", sino "implícita", porque podría llevar a equívoco. No se trata de un supuesto concursal que quepa inferir de la voluntad legislativa o de la conexión de sentido de los tipos implicados, sino que deriva del tenor literal del precepto que califica el enriquecimiento como "injustificado". Sobre la subsidiariedad tácita, vid. GARCÍA ALBERO, R., *"Non bis in idem" material y concurso de leyes penales,* Cedecs, Barcelona, 1996, págs. 339 y ss.

minatoria antes de iniciar *formalmente* el procedimiento. Esto se demuestra claramente en casos como Funke[729], donde las autoridades tenían indicios de criminalidad concretos contra el investigado, y en el de Heaney y McGuinness[730], donde los acusados, sospechosos de un acto terrorista, fueron obligados a responder preguntas sobre sus movimientos.

En efecto, puede considerarse por parte de los Tribunales de Garantías, que, en este caso, el sujeto estaba *materialmente* incurso en un procedimiento punitivo. Según el TEDH, el significado *autónomo* de la expresión "acusación" del art. 6.1 CEDH implica que una persona ha sido acusada cuando se ha visto "sustancialmente afectada"[731]. No necesariamente ha de estar involucrada en un proceso penal. Lo esencial es que no medien *indicios concretos* contra el sujeto, que ni tan siquiera se prevea un procedimiento penal contra él.

Por ende, lo procedente será que, si existen indicios racionales de criminalidad contra la persona, se agoten todos los mecanismos de que dispone el Estado para determinar si, en efecto, el sujeto se enriqueció *ilícitamente.*

3.2.1.3. Caso 3. Cuando el objeto del fraude fiscal pueda coincidir con el de la desobediencia del artículo 438 bis del Código Penal: límite constitucional

La relación del fraude fiscal con la desobediencia por enriquecimiento injustificado de autoridades del art. 438 bis CP plantea una problemática particular. Por esa razón se resolverá, en primer lugar, desde un punto de vista técnico, la solución que merecería la hipotética confluencia de delitos. En segundo lugar, no obstante, se determinará si existen límites constitucionales que impiden la apreciación de ambas figuras.

---

729 *Supra,* cap. III, 3.2.2.1.

730 *Ibidem.*

731 *Ibidem.*

En el presente supuesto, al mediar hecho y bien jurídico distinto (en el fraude fiscal, defraudación y patrimonio de la Hacienda), en principio, no parece desaventurado inclinarse por la solución del concurso de delitos[732]. Ahora bien, la *no coincidencia* de hecho y bien jurídico protegido no lleva inexorablemente a excluir el concurso de normas. En este caso, se tiene que tener en cuenta que la desobediencia será generalmente un hecho que acompañe a la defraudación: si se aprecia una ganancia patrimonial injustificada, se pondrán dichos hechos a disposición de las autoridades competentes (OCI u homóloga) para que requieran a la autoridad.

Ahora bien, "defraudar" tiene una significación distinta a "negarse abiertamente". Es cierto que quien tenga un patrimonio injustificado generalmente no tributará por él (entre otras causas, para no verse en la situación de enfrentarse a una desobediencia por enriquecimiento injustificado). No obstante, el sujeto tiene un deber como ciudadano de tributar y como autoridad de justificar; no puede sustraerse de la obligación porque, potencialmente, pudiera derivar en una infracción. Un mismo presupuesto puede dar lugar, en principio, a la apreciación de ambos delitos. El desvalor de ambos hechos no se satisface con la aplicación de un solo precepto, sino que es necesario de la concurrencia de ambos para que resulte plenamente abarcado. A ello se le añade que, aunque no sea un argumento decisivo, el legislador (a diferencia de lo que ocurre el tráfico de drogas/contrabando[733]) no tuvo en cuenta, para determinar la consunción, la magnitud de las penas amenazadas en el reproche por la defraudación (ello es obvio, esta forma de desobediencia se reguló de forma posterior a la defraudación tributaria). Pero tampoco quiso resolver esta problemática concursal expresamente[734].

---

732 En este sentido, vid. GÓMEZ RIVERO, M. C., "Tabú y eufemismo. Acerca... cit. pág. 219.

733 Sobre el particular, vid. *infra*, 3.4.2.3.2.

734 Considera que se trata de un concurso de delitos, MUÑOZ CONDE, F., *Derecho Penal. Parte Especial* (revisada y puesta al día con la colaboración

Después de examinar la solución *técnica* del problema, es necesario considerar los posibles límites constitucionales que enfrenta. Algunos autores sostienen que, en el caso de un posible delito de defraudación a la Hacienda Pública por un incremento patrimonial no justificado, no se puede requerir al sujeto para que explique el origen de su enriquecimiento bajo la amenaza de cometer un delito de desobediencia, ya que esto lo obligaría a autoinculparse. Al exigirle que proporcione información sobre el hecho base que tipifica su conducta criminal, se generaría un conflicto con el derecho reconocido en el art. 24.2 CE[735].

En efecto, de coincidir la cuota defraudada con el presupuesto de la desobediencia del art. 438 bis CP, se podría afirmar que existe un proceso penal contra la persona y, por ende, este límite constitucional excluiría la posibilidad de realizar el requerimiento y, por tanto, la apreciación de ambos delitos. El objeto del fraude fiscal (la cuota defraudada) estaría "contaminado". Se le estaría solicitando al sujeto que revelase *el hecho que tipifica su conducta criminal*, lo cual entra en evidente conflicto con el derecho del art. 24 CE.

Distinta respuesta merece el supuesto en el que en la declaración fiscal se halle un patrimonio injustificado. El TEDH ha afir-

---

de LÓPEZ PEREGRÍN, C.), 25ª ed., ... cit. pág. 1027.

735 En este sentido, MUÑOZ CUESTA, J., "El nuevo delito de... cit. s/n. *Mutatis mutandis*, como en materia de tributación de rentas ilícitas, hay quien señala que la obligatoriedad de declarar las rentas de origen delictivo implica declarar o confesar el delito base. En este sentido, vid. MANJÓN-CABEZA OLMEDA, A., "Ganancias criminales y ganancias no declaradas (El desbordamiento del delito fiscal y del blanqueo)" en ÁLVAREZ GARCÍA, F. J., COBOS GÓMEZ DE LINARES, M. A., GÓMEZ PAVÓN, P., MANJÓN-CABEZA OLMEDA, A., MARTÍNEZ GUERRA, A., (coords.), *Libro Homenaje al profesor Luis Rodríguez Ramos*, Tirant lo Blanch, Valencia, 2013, págs. 626 y ss. Algo que niega la jurisprudencia, vid. SSTS 1493/1999, de 21 de diciembre (Sala II), Tol5.160.255 (caso Roldán) y 20/2001, de 28 de marzo (Sala II), Tol4.914.117 (caso Urralburu).

mado que, si tras el cumplimiento de la obligación tributaria se descubre un delito, ello no resulta en una vulneración del art. 6 CEDH, porque este derecho *no ampara la posibilidad de sustraerse de las obligaciones con la Administración*[736]. La garantía contra la autoinculpación no proporciona una inmunidad general que permita a los individuos eludir la investigación de las autoridades fiscales[737]. En efecto, en la declaración fiscal se puede evidenciar un patrimonio injustificado y, de hecho, la mayor de las veces, será la Administración tributaria la que lo advierta. En este caso, el órgano competente (v.g. OCI) sí podrá solicitarle al sujeto que justifique su patrimonio. El órgano le estará pidiendo a la autoridad que cumpla con el deber de justificar el origen de sus bienes, algo que no posee, en sí mismo, carácter incriminatorio.

3.2.2. El delito de desobediencia del artículo 438 bis del Código Penal como "tipo de recogida": cuando no hay suficientes indicios para condenar por el delito previo generador de bienes

Si la autoridad posee unos bienes injustificados o si es acusada por, v.g., un delito relacionado con la corrupción, y no existe prueba de cargo para sostener la condena por este, si no existen indicios racionales de criminalidad contra el sujeto, se podrá condenar, si la autoridad se niega abiertamente a justificar su incremento patrimonial, por el de desobediencia por enriquecimiento injustificado. Todo ello siempre que la solicitud de justificación patrimonial no sirva para dirigir un proceso penal contra la persona[738].

En definitiva, el art. 438 bis CP es un "tipo de recogida", pero no en el sentido del concurso de normas, sino en el sentido de que constituye una estrategia procesal de la que puede hacer uso la acusación para perseguir ciertos comportamientos cuando no disponga de indicios suficientes para acusar por un determina-

---

736 *Supra,* cap. III, 3.2.2.5.2 y 3.3.2.4.

737 *Supra,* cap. III, 3.2.2.3.

738 *Supra,* 3.2.1.2.

do delito. En otras palabras, el art. 438 bis CP permitirá albergar aquellos casos en los que haya sido imposible la condena por otro título de imputación, y, de hecho, eso es lo que permite afirmar que la figura no contraría el derecho a no declarar contra sí mismo y a no confesarse culpable (art. 24.2 CE).

3.2.3. ¿El delito de desobediencia del artículo 438 bis del Código Penal como delito fuente del delito de blanqueo de capitales?

A continuación, se analizará si el delito de desobediencia por enriquecimiento injustificado de autoridades (art. 438 bis CP) podría constituir, hipotéticamente, el delito base del de blanqueo de capitales. De admitir esta opción, se tendría que plantear la posibilidad de condenar al infractor no solo conforme al art. 438 bis CP, sino también, en caso de que haya efectuado operaciones de blanqueo con la renta injustificada, por el art. 301 CP. Para abordarlo, se partirá del caso Ballena Blanca, donde el TS admitió que el delito fiscal podía ser el delito fuente del de blanqueo.

En la STS 974/2012, de 5 de diciembre (Sala II) (Tol 2.721.470), el TS se pronunció por primera vez sobre la posibilidad de considerar el delito fiscal como antecedente del de blanqueo de capitales[739]. Concluyó que era posible la doble condena, en base a que

---

[739] Sobre la sentencia, vid. LAUNA ORIOL, C., MORUELO GÓMEZ, C., "El delito contra la Hacienda Pública" en CAMACHO VIZCAÍNO, A. (dir.), *Tratado de Derecho Penal Económico,* Tirant lo Blanch, Valencia, 2019, págs. 1549 y 1550. Críticamente sobre la sentencia, vid. DEL MORAL GARCÍA, A., "Non bis in idem y delitos de defraudación tributaria" en ORTEGA BURGOS, E. (dir.), *Derecho Penal 2020,* Tirant lo Blanch, Valencia, 2020, págs. 612 y ss. y LASCURAÍN SÁNCHEZ, J. A., "¿Es delito blanquear la cuota defraudada a Hacienda?", *Almacén de Derecho,* 2016. Disponible en: https://almacendederecho.org/delito-blanquear-la-cuota-defraudada-hacienda (última visita: 04/04/2024). Sobre los argumentos a favor y en contra de la punición del blanqueo posterior, vid. MARTÍNEZ-ARRIETA MÁRQUEZ DE PRADO, I., *El autoblanqueo. El delito fiscal como delito antecedente del blanqueo de capitales,* Tirant lo Blanch, Valencia, 2014, págs. 67 y ss.

la cuota defraudada se consideraba un "bien" a efectos del art. 301 CP y, además, porque el fraude fiscal lleva consigo un beneficio o provecho[740].

No obstante, la sentencia vino acompañada de un voto particular del magistrado DEL MORAL GARCÍA. Este entendía que no podían blanquearse efectos o bienes procedentes de un delito que no los genera. Decía: "[l]a elusión del pago de tributos no genera un incremento patrimonial. Permite un ahorro, pero no aporta nada al patrimonio"[741]. Sí cabria, en cambio, en caso de obtención de devoluciones indebidas.

Tras considerar la doctrina establecida en el caso Ballena Blanca, donde se aceptó que el delito fiscal podía actuar como antecedente del blanqueo de capitales, surge el interrogante de si esta solución puede extenderse al caso del art. 438 bis CP. El desafío radica en determinar si los ingresos no justificados, en el marco del art. 438 bis CP, representan un "bien" en el sentido del blanqueo. Mientras que en el delito fiscal el "ahorro" conseguido por la evasión puede conceptualizarse como un beneficio (cuestión discutible), ello es menos evidente en casos de desobediencia por enriquecimiento injustificado. La autoridad no adquiere activos,

---

740 Según afirma el TS: "la cuota defraudada constituye un bien en el sentido del art. 301 CP, que constituye simultáneamente un perjuicio para la Hacienda Pública y un beneficio para el defraudador (para algún autor el incremento del patrimonio del defraudador por su actividad delictiva implica la disminución del patrimonio del erario público). Y además supone el beneficio o provecho económico derivado del delito susceptible de ser considerado bien idóneo del delito de blanqueo de capitales. Por lo tanto, las conductas típicas descritas en el art. 301 CP pueden recaer sobre la cuota tributaria".

741 En este mismo sentido, vid. GONZÁLEZ URIEL, D., *Relaciones entre el delito de blanqueo de dinero y el delito fiscal*, Tesis Doctoral, Santiago de Compostela, 2021, págs. 611 y ss.; FERRÉ OLIVÉ, J. C., *Tratado de los delitos…* cit. págs. 369 y ss. y MARTÍNEZ-BUJÁN PÉREZ, C., *Derecho Penal Económico y de la Empresa. Parte especial*, 7ª ed., Tirant lo Blanch, Valencia, 2023, págs. 710 y 711.

sino que evita la justificación de la procedencia de su patrimonio. Lo decisivo está, en definitiva, en que el delito de desobediencia por enriquecimiento injustificado no conlleva la consignación de ningún ingreso. Por ende, no cabe apreciar un subsiguiente delito de blanqueo de capitales tras la desobediencia del art. 438 bis CP.

3.3. La relación de la desobediencia del artículo 438 bis del Código Penal con otras figuras de desobediencia: ¿concurso de normas?

El art. 438 bis y el art. 410 CP aparentemente concurren porque tienen en su base una desobediencia. La problemática, según indica la doctrina mayoritaria, merece ser resuelta a través de las reglas del concurso de leyes, aplicando el principio de especialidad (art. 8.1 CP). Así se pronuncian, entre otros, MUÑOZ CONDE y NÚÑEZ CASTAÑO[742]. Esta última autora ha planteado que sería posible recurrir a la desobediencia del art. 410 CP cuando la cantidad involucrada *no exceda* de los 250.000 euros que exige el art. 438 bis CP[743].

Ahora bien, la aplicación del principio de especialidad tiene sentido, como señala GARCÍA ALBERO, cuando el precepto en cuestión, en este caso el art. 438 bis CP, acoge de forma *más completa* el supuesto de hecho, cuando con su aplicación queda saldado el completo desvalor del mismo[744]. En otras palabras, cuando con

742 MUÑOZ CONDE, F., *Derecho Penal. Parte Especial* (revisada y puesta al día con la colaboración de LÓPEZ PEREGRÍN, C.), 25ª ed., ... cit. pág. 1027 y NÚÑEZ CASTAÑO, E., *El delito de enriquecimiento...* cit. pág. 102.

743 NÚÑEZ CASTAÑO, E., *El delito de enriquecimiento...* cit. pág. 102.

744 Con carácter general, sobre el principio de especialidad, vid. GARCÍA ALBERO, R., "*Non bis in idem...* cit. pág. 332; CARBONELL MATEU, J. C., *Derecho Penal: concepto y principios constitucionales*, 3ª ed., Tirant lo Blanch, Valencia, 1999, pág. 158 y ORTS BERENGUER, E., GONZÁLEZ CUSSAC, J. L., *Compendio de Derecho Penal...* cit. pág. 164. También, vid. VIVES ANTÓN, T. S., "Art. 8" en EL MISMO (coord.), *Comentarios al Código Penal de 1995*, vol. I, Tirant lo Blanch, Valencia, 1996, pág. 69; RODRÍGUEZ MOURULLO, G., "Artículo 8" en EL MISMO (dir.), *Comen-*

la aplicación de un solo precepto se acoge la "desvaloración global" de la conducta.

Tomando esto en cuenta, no resulta adecuado acudir al art. 410 CP como alternativa al art. 438 bis CP. La jurisprudencia limita la aplicación del delito de desobediencia de funcionarios a situaciones que no incluyen la del enriquecimiento injustificado. Aunque las dos figuras aparentemente presentan similitudes, en cuanto la desobediencia integra ambos delitos y en los dos se protege el principio de autoridad, esa identidad es solo aparente[745]. El art. 438 bis CP no reproduce todos los elementos de la desobediencia del art. 410 CP añadiendo otros individualizadores. La autoridad requirente no es la misma en ambos casos: no se puede afirmar que, ante un enriquecimiento injustificado, la orden de justificación patrimonial emana de la "autoridad superior", tal como exige el art. 410 CP[746]. Además, optar por el delito del art. 410 CP en ausencia de los requisitos típicos del art. 438 bis CP resultaría asistemático (inconsistente con el sistema jurídico). Se ignoraría

---

tarios al Código penal, Civitas, Madrid, 1997, pág. 46; CÓRDOBA RODA, J., "Artículo 8" en EL MISMO, GARCÍA ARÁN, M. (dirs.), *Comentarios al Código Penal. Parte General,* Marcial Pons, Madrid, 2011, pág. 62; QUINTERO OLIVARES, G., "Artículo 8" en EL MISMO (dir.), *Comentarios al Código Penal español,* vol. I, 7ª ed., Aranzadi, Pamplona, 2016, págs. 181 y 182; GÓMEZ TOMILLO, M., "Artículo 8" en EL MISMO (dir.), *Comentarios al Código Penal,* 2ª ed., Lex Nova, Valladolid, 2011 pág. 79; SERRANO BUTRAGUEÑO, I., REMÓN PEÑALVER, E. J., "Artículo 8" en DEL MORAL GARCÍA, A. (dir.), *Código penal. Comentarios y jurisprudencia,* vol. I, Comares, Granada, 2018, pág. 45; DEL CASO JIMÉNEZ, M. T., "Artículo 8" en SÁNCHEZ MELGAR, J. (coord.), *Código Penal. Comentarios y Jurisprudencia,* Tomo IV, 5ª ed., Sepín e Ilustre Colegio de Abogados de Madrid, Madrid, 2020, págs. 110 y ss.; DÍAZ Y GARCÍA CONLLEDO, M., "Artículo 8" en CUERDA ARNAU, M. L., (dir.), *Comentarios al Código Penal,* Tomo I, Tirant lo Blanch, Valencia, 2023, pág. 1183 y MIR PUIG, S., CORCOY BIDASOLO, M., "Artículo 8" en LOS MISMOS (dirs.), *Comentarios al Código Penal. Reformas LLOO 1/2023, 3/2023 y 4/2023,* 2ª ed., Tirant lo Blanch, Valencia, 2024, pág. 64.

745 *Supra,* cap. IV, 2.2.

746 Sobre los órganos competentes, vid. *supra,* cap. IV, 5.

que el art. 410 CP goza de una tradición aplicativa que no concuerda con la de la disposición del art. 438 bis CP. Por lo demás, si se mantuviese la opción del concurso aparente de normas, se castigaría por la figura del art. 410 CP toda desobediencia por enriquecimiento injustificado de autoridades pero sin los nuevos requisitos típicos del art. 438 bis CP, lo cual no parece adecuado.

Tal y como se ha discutido en algunos foros especializados, se debe resolver, igualmente, si es adecuado recurrir al art. 556.1 CP como opción alternativa a la del art. 438 bis CP, cuando no concurran algunos de sus elementos típicos.

Ejemplo: una autoridad que, un año después de cesar en su función, experimenta un incremento patrimonial inferior a 250.000 euros.

En esta situación, el art. 410 CP no sería aplicable bajo ninguna circunstancia, no solo por las razones ya expuestas, sino porque no contempla la posibilidad de requerir a la autoridad *después* de que haya cesado en su función.

Sin embargo, y por las mismas razones antes expuestas, no resulta apropiado recurrir al art. 556.1 CP. Este artículo no está diseñado para abordar casos de enriquecimiento injustificado y, además, no comparte bien jurídico protegido con el art. 438 bis CP. Además, no se puede afirmar que la orden puede emanar de la "autoridad o sus agentes en el ejercicio de sus funciones, o del personal de seguridad privada, debidamente identificado, que actúa en cooperación y bajo el mando de las Fuerzas y Cuerpos de Seguridad", tal como exige el art. 556.1 CP. Estas autoridades, de nuevo, no guardan relación alguna con el órgano competente a efectos del art. 438 bis CP[747].

En definitiva, si no se satisfacen los elementos del art. 438 bis CP, procederá aplicar la infracción administrativa de correspondiente[748].

---

747 *Ibidem.*

748 *Infra*, 4.4.

3.4. Concurso de delitos y supuestos de acumulación de condenas

3.4.1. Introducción

Generalmente, los ordenamientos que prevén el tipo penal del "enriquecimiento ilícito" lo excluyen expresamente cuando se descubre el delito del que procede. Ahora bien, la diferencia radica en que el art. 438 bis CP no es un delito de enriquecimiento ilícito, donde se sospecha del origen patrimonial, sino una figura de *desobediencia* (que no es subsidiaria por naturaleza). Tampoco el legislador ha resuelto, de forma expresa, con una previsión concursal específica, esta problemática.

El mayor problema se planteará en el caso en el que el sujeto haya cometido un delito, de la naturaleza que sea, y que los bienes no justificados encuentren su explicación en él, porque, desde la perspectiva de la desobediencia, si en el momento del requerimiento se desconocía el origen del patrimonio, surge el siguiente interrogante: ¿puede incurrir en la desobediencia del art. 438 bis CP una autoridad que no justifica los bienes que provienen de su propio delito?

Toda vez que la figura plantea una problemática particular, es necesario diferenciar varias hipótesis. En concreto, cómo resolver el supuesto en el que el presupuesto de la desobediencia (los 250.000 euros) no coincida, coincida o lo haga parcialmente con el beneficio de un delito previo. En algunos casos, por distintos motivos, se excluirá la solución concursal; en otros, cabrá hablar de concurso de delitos. Para abordar esto último, se establecerá el marco teórico destinado a explorar las soluciones adoptadas frente a casos que presentan características similares. Seguidamente, se incluirá un estudio sobre instituciones claves para el análisis propuesto. Tras ello, se tratarán de resolver estos supuestos problemáticos de forma individualizada y ello porque no existe una solución única aplicable a todos los casos; más bien, la respuesta óptima dependerá de las especificidades inherentes a cada situación particular.

3.4.2. El delito de desobediencia y otras figuras delictivas que generan ganancias: las soluciones que se proponen

3.4.2.1. Caso 1. Cuando los bienes no tienen justificación, pero no guardan relación con el objeto del proceso, aunque se haya incoado un procedimiento penal contra la autoridad

No debe mediar obstáculo en condenar por la figura de desobediencia del art. 438 bis CP y por cualquier otro delito en los supuestos en los que el afloramiento patrimonial surja por casualidad, sin conexión alguna con el objeto del proceso.

Ejemplo: en el seno de un proceso, por azar, en una entrada y registro, se encuentran unos bienes no justificados que no tienen relación con el procedimiento.

Si los bienes no guardan relación con el proceso (ni con uno futuro), la OCI u órgano homólogo podrá solicitarle a la autoridad una explicación sobre el origen de los mismos. Ahora bien, como se desarrolló líneas atrás, no debe haber indicios sobre el origen ilícito de los bienes. Si los hubiese, habría un límite constitucional que impediría el requerimiento de justificación patrimonial[749].

Con todo, se tendrá que determinar que, efectivamente, se respeta la doctrina del TC en materia de *hallazgo casual*. En ese sentido, según viene sosteniendo el Alto Tribunal, la CE no demanda que los funcionarios encargados de investigar actos potencialmente delictivos *ignoren las evidencias que descubran incidentalmente*, incluso si estas no se relacionan directamente con la investigación principal. Esta directriz se mantiene siempre que la investigación no se manipule para eludir la protección de los derechos fundamentales[750].

---

[749] *Supra*, 3.2.1.2.

[750] STC 41/1998, de 24 de febrero, Tol 9.736.069.

3.4.2.2. Caso 2. Cuando el presupuesto de la desobediencia coincida en parte con el beneficio del delito previo

En el contexto de un proceso, puede surgir una porción de patrimonio ilícito (v.g. la dádiva en el delito de cohecho), mientras que otra permanezca sin justificación. En este escenario, cabrá la condena por el delito en cuestión, junto con el decomiso de los bienes implicados. Sin embargo, cuando la condena no alcance el conjunto de patrimonio injustificado o el decomiso ampliado no resulte aplicable (porque sea imposible demostrar que el resto del patrimonio proviene de "actividades delictivas" o porque el delito previo no se encuentre en la lista *numerus clausus* del art. 127 bis CP), y el patrimonio, de nuevo, no tenga relación con el delito previamente identificado, el órgano competente debe proceder con el requerimiento.

3.4.2.3. Caso 4. Cuando el presupuesto de la desobediencia coincida con el beneficio del delito previo

3.4.2.3.1. Planteamiento

La duplicidad de bienes jurídicos protegidos impide, en principio, que pueda aplicarse un único delito. Ahora bien, ello no es siempre así, porque afirmar que al mediar dos bienes jurídicos opera la exclusión implica generalizar de forma abusiva. Como se dijo, ello ocurre, por ejemplo, cuando es la propia ley la que, en la configuración del delito primero, ya ha tenido en cuenta el desvalor del subsiguiente.

Reconociendo esta complejidad, a continuación, se examina cómo se debe abordar la situación en la que el presupuesto de la desobediencia del art. 438 bis CP (los 250.000 euros) coincida con el beneficio obtenido por un delito previo. Dada la dificultad inherente a esta cuestión, con carácter previo, para hacerlo, se traerán a colación algunos supuestos que han sido tratados por la jurisprudencia y que pueden dar luz para resolver este asunto.

3.4.2.3.2. Entre el concurso de delitos y el concurso de infracciones: criterios jurisprudenciales

No siempre resulta sencillo trazar los límites entre el concurso de leyes y el concurso de infracciones. Por esa razón, en lo que sigue, se expondrán las soluciones que la jurisprudencia le ha dado a casos que plantean una problemática similar a la que se presenta. Concretamente, la relación concursal existente entre el delito de negativa a someterse a las pruebas de alcoholemia y otras sustancias y el delito de conducción bajo su influencia, el delito de tráfico de drogas y contrabando y, por último, se abordará la histórica discusión sobre la relación concursal entre el delito de infanticidio y las inhumaciones ilegales subsiguientes.

La jurisprudencia entiende que media concurso real entre la negativa a someterse a la prueba de alcoholemia (383 CP) y el delito de conducción bajo la influencia de bebidas alcohólicas (379.2 CP)[751]. En este supuesto, para optar por el concurso de delitos, el TS considera que, pese que hay identidad subjetiva, no media identidad de hecho ni de bien jurídico protegido[752]. Se descarta que la opción del concurso de delitos pueda vulnerar el principio de proporcionalidad, partiendo de lo complejo que resulta axiológicamente determinar cuál es la pena adecuada para un ilícito concreto[753].

---

751 Sobre el particular, vid. CÁMARA ARROYO, S., TEIJÓN ALCALÁ, M., "La negativa a someterse a las pruebas de alcohol y drogas. Un análisis de las cuestiones más controvertidas", *Anuario de Derecho Penal y Ciencias Penales*, Tomo 75, Fasc/Mes 1, 2022, págs. 280 y ss. Con amplias citas jurisprudenciales, vid. ESCOBAR JIMÉNEZ, R., "Art. 383" en DEL MORAL GARCÍA (dir.), *Código penal. Comentarios y jurisprudencia*, Tomo II, Comares, Granada, 2018, pág. 2331 y SÁNCHEZ MELGAR, J., "Art. 383" en EL MISMO (coord.), *Código Penal. Comentarios y Jurisprudencia*, Tomo III, 5ª ed., Sepín e Ilustre Colegio de Abogados de Madrid, Madrid, 2020, págs. 2949-2955.

752 En este sentido, hay quien sostiene que el solo castigo por una de las conductas no abarca la total antijuridicidad del hecho (vid. ESCOBAR JIMÉNEZ, R., "Art. 383... cit. pág. 2331).

753 Entre otras, vid. STS 419/2017, de 8 de junio (Sala II), Tol 6.172.049. Pese a todo, hay quien estima que la condena por ambos delitos puede

El TC, por su parte, ha venido estableciendo, con relación al art. 379 y 380 (hoy 383 CP), que:

> "[L]a identidad de autor, hecho y fundamento jurídico de las dos infracciones (ya sean penales o administrativas) que la vulneración del indicado principio exige, no concurre en el presente supuesto, desde el momento en que el hecho sancionado en el art. 379 CP consiste en conducir un vehículo a motor o un ciclomotor bajo la influencia de, entre otras, bebidas alcohólicas, mientras que el delito tipificado en el art. 380 CP sanciona la negativa a someterse a pruebas legalmente establecidas para la comprobación de que se conduce bajo la influencia de bebidas alcohólicas. La disimilitud de conductas típicas excluye la vulneración del principio non bis in idem"[754].

En definitiva, entre los arts. 379 y 383 CP media un concurso de delitos y ello no implica vulneración del principio de *ne bis in idem.*

Ahora bien, la realidad es mucho más rica y sería una lenidad afirmar que entre el delito previo que ha generado bienes y la posterior desobediencia del art. 438 bis CP media un concurso de delitos, sin encauzar la problemática desde una perspectiva valorativa. Por ello, ahora, se traerán a colación algunos supuestos donde la jurisprudencia ha entendido que, determinados delitos, al estar tan estrechamente emparentados, no pueden estimarse en concurrencia, sino que la problemática ha de resolverse a través del *concurso de leyes.* Este es el caso del delito de tráfico de drogas y del delito de contrabando.

La jurisprudencia viene sosteniendo que entre ambos media un concurso aparente de leyes a resolver por el art. 8.3 CP (principio de absorción o consunción), descartando que se trate de un concurso ideal (sostenido bajo la idea del "plus de antijuridicidad"), en atención al criterio de proporcionalidad[755]. Dice ex-

---

resultar excesiva y debía derogarse el 383 CP (vid. SERRANO GÓMEZ, A., SERRANO MAÍLLO, A., "La reforma de los delitos contra la seguridad vial", *Revista de Derecho UNED,* nº 3, 2008, pág. 67).

754 STC 1/2009, de 18 de enero, Tol1.436.857.

755 STS 1088/1997, de 1 de diciembre (Sala II), Tol 407.723: "[c]ontra esta interpretación se podría sostener que si el legislador ha mantenido el

presamente: "en la medida en la que el concurso de normas por consunción depende en gran medida de la magnitud de las penas amenazadas, es indudable que la introducción de la droga desde el extranjero, si aumenta la gravedad del hecho, puede ser adecuadamente reprimida con las nuevas penas previstas en el Código Penal para el tráfico de drogas"[756]; la introducción de la droga desde el exterior sería, pues, un "hecho acompañante característico" del tráfico de drogas que —según el TS— "el legislador ya ha tomado en cuenta por la frecuencia de su concurrencia en la pena que prevé para el delito consumente"[757].

---

contrabando de drogas en la Ley de Contrabando (art. 2.3 L.O. 12/95) es porque entiende aplicable a estos casos de concurrencia las penas previstas para el contrabando, excluyendo el art. 8.3º CP. Sin embargo, lo cierto es que el art. 2.3, L.O. 12/95 no agota su sentido en la represión de la tenencia de droga para el tráfico superpuesta con la prevista en el art. 368 CP. Por el contrario, el delito de contrabando de drogas está previsto por el legislador con una función autónoma. En tal sentido debe ser entendido como un auténtico delito fiscal de contrabando, cuyas penas son aplicables a los que teniendo una expresa autorización administrativa para la introducción (p. ej.: con fines farmacéuticos) de drogas, en general prohibidas, eluden su despacho en las oficinas de aduanas. En estos supuestos el legislador ha considerado que se debe aplicar siempre la pena correspondiente al delito de contrabando aunque el valor de la droga no supere los 3.000.000 pts., pues es evidente que quienes están en posesión de una autorización especial y eluden la presentación de dichas drogas dificultan los controles a los que debe estar sometida la mercancía peligrosa creando con ello un riesgo adicional que justifica el aumento de rigor previsto para el contrabando en estos casos, en los que se afecta también un interés extrafiscal". Este cambio de rumbo jurisprudencial era demandado por la doctrina (entre otros, por RODRÍGUEZ RAMOS, L., "Contrabando y/o tráfico de drogas" en *Estudios penales en memoria del profesor Agustín Fernández-Albor,* Universidad de Santiago de Compostela, Santiago de Compostela, 1989, págs. 633 y ss.; QUERALT, J. J., *El principio non bis in idem,* Tecnos, Madrid, 1992, págs. 17 y ss. y AGULLÓ AGÜERO, A., "*Non bis in idem,* contrabando y tráfico de drogas", *Problemática jurídica y psicosocial de las drogas,* Consellería de Sanitat i Consum de la Comunitat Valenciana, Valencia, 1987, pág. 90).

756 STS de 16 de septiembre de 1999 (Sala II), Tol 51.478.

757 STS 1088/1997, de 1 de diciembre (Sala II), Tol 407.723. Críticamente, vid. CASTELLÓ NICÁS, N., *El concurso de normas penales,* Comares, Gra-

Parecido razonamiento argüía la doctrina con relación al delito de infanticidio y las inhumaciones ilegales subsiguientes (pese a que la jurisprudencia sostuvo el criterio contrario). Al respecto decía ORTS BERENGUER:

> "[S]on dos los delitos que se nos ofrecen, al menos en apariencia, ya que son dos las acciones realizadas, cada una de las cuales vulnera un precepto ajeno al de la otra, de donde parece que deba concluirse, a la vista de lo anterior, que concurriendo dos hechos punibles, asimismo dos deben ser las sanciones a imponer (...). Tan sencillo acoplamiento, a pesar de su transparencia, no consigue satisfacer plenamente la inquietud despertada desde un principio por el tema"[758].

El citado autor entendía que la punición del infanticidio consumía la inhumación, que no era otra cosa que un *acto posterior impune*, porque la ley al disciplinar el infanticidio ya había considerado que este embebía el injusto representado por la inhumación subsiguiente. Según entendía, era un contrasentido inaceptable afirmar —como había hecho el TS— que ambas conductas eran distantes y que la comunicación entre ellas era imposible[759].

---

nada, 1999, pág. 88.

758 ORTS BERENGUER, E., "Inhumaciones ilegales e infanticidio", *Delitos contra la salud pública*, Instituto de Criminología y Departamento de Derecho Penal, Valencia, 1977, pág. 420.

759 *Ibidem*, pág. 430. En el mismo sentido, vid. BOIX REIG, J., "Violación de sepulturas. Inhumaciones y exhumaciones ilegales" en VIVES ANTÓN, T. S. (coord.), *Derecho Penal. Parte Especial*, vol. I, Tirant lo Blanch, Valencia, 1987, pág. 315; LÓPEZ BARJA DE QUIROGA, J., "Los actos copenados y el delito de blanqueo de capitales", *Revista Aranzadi de Derecho y Proceso Penal*, nº 35, 2014, pág. 3; CEREZO MIR, J., *Curso de Derecho Penal Español. Parte General. Teoría jurídica del delito,* Tomo III, Tecnos, Madrid, 2001, pág. 318 y GRACIA MARTÍN, L., "El infanticidio" en DÍEZ RIPOLLÉS, J. L., GRACIA MARTÍN L., *Delitos contra bienes jurídicos fundamentales. Vida humana independiente y libertad*, Tirant lo Blanch, Valencia, 1993, pág. 197. De la misma forma se pronunciaba GRACIA MARTÍN respecto de la relación entre el delito de homicidio y delito inhumaciones ilegales (vid. GRACIA MARTÍN, L., "El homicidio" en DÍEZ RIPOLLÉS, J. L., GRACIA MARTÍN L., *Delitos contra bienes jurídi-*

En definitiva, ha quedado patente que la jurisprudencia y la doctrina no entienden que la dualidad de bienes jurídicos excluya, automáticamente, el concurso de leyes; es necesario, en ocasiones, revisar esta solución desde una perspectiva valorativa.

3.4.2.3.3. Los actos copenados

Se ha creído conveniente, dada la complejidad que presenta la interacción entre las distintas figuras delictivas, dedicar un epígrafe completo a la teoría de los actos copenados[760]. Como se ha dicho, la cuestión que mayores dudas genera surge en el caso en el que el afloramiento patrimonial no aparezca de forma autónoma, sino estrechamente vinculado con el objeto del proceso. Podría darse que, en una investigación criminal por blanqueo de capitales, delito fiscal o cualquier delito de corrupción se diese esta confluencia. Por ejemplo, si una autoridad se *niega abiertamente* a dar cuenta del origen de sus bienes, bienes que se aprecia en un momento ulterior a la negativa que derivan, en su totalidad, v.g. de la dádiva de un cohecho. En este caso, sería *coincidente* el presupuesto de la desobediencia, aunque no conforme la conducta del

---

cos fundamentales. Vida humana independiente y libertad, Tirant lo Blanch, Valencia, 1993, pág. 99). Otros autores, como BAJO FERNÁNDEZ, entendían que la escasa diferencia entre penas justificaba que la solución fuese la del concurso de delitos. Decía: "la Doctrina entiende que las inhumaciones ilegales deben considerarse acto posterior copenado por la razón de la proximidad de las penas (...). Entendemos nosotros, sin embargo, que la escasa diferencia entre las penas —solamente un grado— hace más defendible la tesis jurisprudencial" (vid. BAJO FERNÁNDEZ, M., *Manual de Derecho Penal (Parte Especial). Delitos contra las personas,* 2ª ed., Ramón Areces, Madrid, 1991, pág. 97). También sostenía que se trataba de un concurso de delitos "por tratarse de bienes jurídicos distintos", MUÑOZ CONDE, F., *Teoría general del delito,* 2ª ed., Tirant lo Blanch, Valencia, 1989, pág. 201.

760 Sobre los actos copenados, vid. PALMA HERRERA, J. M., *Los actos copenados,* Dykinson, Madrid, 2004, págs. 13 y ss. También, MAURACH, R., *Tratado de Derecho Penal,* trad. y notas de Córdoba Roda, J., Tomo II, Ariel, Barcelona, 1962, págs. 464 y ss.

autor, o no en su totalidad, y el beneficio del otro delito. En este contexto, se debe estimar si lo procedente es acudir a la teoría de los actos copenados.

Un acto copenado se puede definir como aquel en el que el sentido de la ley implica un juicio desvalorativo que está consumido por la desvaloración del hecho del que es o antecedente o subsiguiente. Es una suerte de complemento, aunque sean dos hechos distintos y separados: el segundo pierde su sustantividad punitiva para quedar absorbido por el primero. Se suele afirmar que se está ante un acto copenado cuando el autor de un delito, con posterioridad a su consumación, realiza una acción sobre el mismo objeto, con el propósito de asegurarlo[761]. En ocasiones se habla de acto copenado como aquel en el que rige "normalidad con el acto anterior" o cuando existe una "misma línea de progresión"[762].

En los actos copenados la pluralidad de presupuestos distintos es solo naturalística, no jurídica[763]. En realidad, la teoría de los actos copenados se relaciona con la idea de *valoración*[764], en el sentido de que ve limitada su apreciación por la exigencia de que el daño precedente no resulte cualitativa ni cuantitativamente desbordado por el *post factum*[765]. Señala GARCÍA ALBERO que la categoría del acto copenado se fragua en torno a supuestos en los que solo una interpretación "meramente formal" de los tipos

---

761 VARGAS, M., "Acto posterior copenado. Definición, fundamento y relevancia en la determinación de la pena", *Derecho Penal y Criminología,* nº 11, 2015, pág. 73.

762 MUÑOZ CONDE, F., *Teoría general del delito*... cit. y EL MISMO, GARCÍA ARÁN, M., *Derecho Penal. Parte General* (revisada y puesta al día con la colaboración de GARCÍA ÁLVAREZ, P.), 11ª ed., Tirant lo Blanch, Valencia, 2022, pág. 440.

763 COBO DEL ROSAL, M., VIVES ANTÓN, T. S., *Derecho Penal. Parte General,* 5ª ed., ... cit. pág. 179 y ORTS BERENGUER, E., GONZÁLEZ CUSSAC, J. L., *Compendio de Derecho Penal*... cit. pág. 168.

764 En este sentido, vid. PALMA HERRERA, J. M., *Los actos copenados*... cit. pág. 264.

765 GARCÍA ALBERO, R., "*Non bis in idem*... cit. pág. 397.

delictivos puede ver en la conducta subsiguiente al delito principal la realización de un ulterior hecho punible[766].

Siguiendo a LÓPEZ BARJA DE QUIROGA para identificar un acto copenado es preciso que se den los siguientes requisitos:

1. Es necesario considerar la redacción típica y la relación entre los tipos penales.
2. No tiene que haber unidad de bien jurídico.
3. El autor del delito antecedente ha de ser también autor del delito posterior.
4. El hecho posterior ha de constituir, por sí mismo, un hecho delictivo[767].

El TS ha venido sosteniendo que la mayor plasmación de los actos copenados se encuentra en los actos de aprovechamiento, aseguramiento y autoprotección[768]. Para valorar un acto copenado, deben cumplirse dos condiciones. Primero, debe existir una relación entre el hecho previo o posterior y el hecho principal, de tal manera que se pueda afirmar que el legislador, al prever la pena para el delito principal, ya consideró la realización previa o subsiguiente de ese otro hecho. Segundo, el legislador no debe haber decidido sancionar autónomamente ese acto de aprovechamiento, aseguramiento o autoprotección, ya sea por la especial protección del bien jurídico que se conculca, distinto del delito principal, o por entender que, por razones de política criminal, está justificada la doble sanción[769].

En definitiva, conforme a la doctrina del TS, resulta imperativo que, entre el hecho previo o posterior y el principal, exista una

---

766 *Ibidem*, pág. 393. En el mismo sentido, vid. CEREZO MIR, J., *Curso de Derecho Penal...* cit. pág. 318 y BACIGALUPO, E., *Principios de Derecho Penal. Parte General*, Akal, Madrid, 1990, págs. 277 y 278.

767 LÓPEZ BARJA DE QUIROGA, J., "Los actos copenados y... cit. págs. 5 y ss.

768 STS 806/2014, de 26 de noviembre (Sala II), Tol4.578.278.

769 STS 806/2014, de 26 de noviembre (Sala II), Tol 4.578.278.

relación que permita afirmar que el legislador tuvo en cuenta la previa o subsiguiente realización de ese otro hecho y que no haya decidido que ese acto de aprovechamiento, aseguramiento o de autoprotección deba sancionarse autónomamente.

3.4.2.3.4. La solución que se propone

En el delito objeto de comentario no se puede asumir que el precedente consuma siempre al de desobediencia, porque la ley no ha considerado que *cualquier delito que genere bienes* (cualquiera, porque no hay restricción en este sentido) embebe el injusto representado por el art. 438 bis CP. La desobediencia por enriquecimiento injustificado del art. 438 bis CP, de nuevo, no exige que el enriquecimiento provenga de una actividad delictiva, sino que no tenga explicación[770]. La comunicación entre ambos delitos puede ser distante; las conductas no han nacido, por obra del legislador, entrelazadas y ello porque el delito anterior (si lo hay) podrá serlo cualquiera. No existe límite en este sentido.

Empero, se podría decir que el art. 438 bis CP sí se dirige a castigar la *obtención de patrimonio ilícito* porque incorpora, en su seno, una cuantía. Pero la cifra del art. 438 bis CP no supone más que la expresión de que el legislador ha limitado la persecución penal a los incrementos o cancelaciones que sean superiores a 250.000 euros. Ello no representa la certeza de que el patrimonio surja de un delito lucrativo.

Ahora bien, no se obvia que puede existir, en algunos casos, una cierta comunicación entre el delito de desobediencia por enriquecimiento injustificado y el delito previo que ha generado esos bienes. Como se dijo, en algunos casos, ello podría implicar un límite constitucional que impediría cualquier solución concursal[771]. Pero si se admite, siempre y en todo caso, la consunción (absorción) se tiene que afirmar, necesariamente, que media una

---

770 *Supra*, cap. III, 2.2.3.2.

771 *Supra*, 3.2.1.2.

cierta progresión delictiva o, al menos, que los hechos están tan íntimamente ligados que merecen de *una única respuesta punitiva.* Empero, no se puede sostener siempre que el acto de *negarse abiertamente* sea consecuencia necesaria del delito precedente. Se trata de un delito autónomo.

Con todo, podrá darse el supuesto en el que el sujeto se niegue y, posteriormente (o por esa razón) se descubra el origen ilícito de los bienes. En este caso, *ex post,* se podría hablar de comunicación entre ambas figuras, pero habría que razonar si el criterio correcto es evaluar su virtualidad *en un momento posterior.* Frente a esta posibilidad, se propone un enfoque previo: el criterio más razonable para evaluar la comunicación entre delitos se debe establecer *ex ante.* Es decir, no cabe concluir que, si finalmente el patrimonio es ilícito, cuando medie condena previa por el art. 438 bis CP, se proceda a revisar esta o se tome en cuenta para no condenar por el ulterior delito que se descubra. Como se dijo, el derecho a no autoincriminarse entra en juego cuando el proceso penal se *dirige o puede dirigir* contra la persona[772]. Empero, si en el momento de realizar el requerimiento no existía procedimiento penal futuro o previsible contra el sujeto, no mediará obstáculo en considerar que, efectivamente, será razonable, si el sujeto se negó abiertamente antes de que se iniciase (o pudiese iniciar) un procedimiento contra él, la condena por ambos delitos.

Se ha de partir de que, independientemente de que el presupuesto de la desobediencia coincida con el beneficio del anterior delito, si se produjo la acción de *negarse abiertamente a justificar el patrimonio* cuando se desconocía el origen de los bienes criterios de *justicia material,* más allá de estrictas reglas “formales” o que eventualmente se basen en la *ratio legis* del precepto, invitan a considerar que lo procedente es descartar la opción de entender la desobediencia como un acto copenado, pues se materializará una *nueva decisión delictiva* que agravará ostensiblemente los hechos. Desde un punto de vista técnico —sin perjuicio de las excepciones

---

[772] *Supra,* cap. III, 3.2.2.5.2.

de orden constitucional que se plantearon *supra*[773]— la desobediencia, aunque coexista también con un delito de corrupción (o de tráfico de drogas) como presupuesto, excede de lo habitual en cualquier dinámica típica. En otras palabras, el "excedente" en la lesión lo hace coexistir con el delito principal.

A lo anterior se le podría objetar que, desde la perspectiva político-criminal, existe una cierta vinculación del 438 bis CP con el bien jurídico del delito que ha generado esos bienes (como en alcoholemia). No es así. Si se desciende al Derecho positivo, esa equiparación ha de ser necesariamente matizada: el delito adopta la forma de una *desobediencia,* cuyo bien jurídico protegido es el principio de autoridad con relación al art. 103 CE. A diferencia del delito de "enriquecimiento ilícito", donde existe una cierta confusión acerca del bien jurídico protegido, que incluso hay quien ha llegado a entender que se trata de un bien jurídico complejo (también integrado por el bien del delito precedente[774]), en el de desobediencia la cuestión se ha de plantear de forma diversa. Porque, aunque no es lo mismo, en los delitos contra la seguridad vial, someterse a las pruebas de alcoholemia (y dar positivo) que negarse a hacerlo e ir conduciendo bajo signos de embriaguez, existe una *cierta* comunicación entre ambos. El art. 383 CP exige negarse a someterse *a las pruebas de alcoholemia y otras sustancias,* lo que se encuentra íntimamente relacionado con el art. 379 CP, que se refiere a la conducción *bajo la influencia de esas sustancias.* Por el contrario, el delito del art. 438 bis CP es menos explícito: no se refiere, en ningún momento, al patrimonio ilícito (que provenga de actividades delictivas) y, por ende, no tutela nada cercano al bien jurídico del posible delito anterior[775].

En resumidas cuentas, la desobediencia implica un hecho *distinto* del delito que genere bienes (v.g. tráfico de drogas o una estafa); el delito de "referencia" —si lo hay— no absorberá, al me-

---

773 *Supra,* 3.2.1.2.

774 *Supra,* cap. IV, 2.2.

775 *Ibidem.*

nos en ciertos casos, a la desobediencia, pues ningún precepto lo autoriza ni del CP se deduce de forma implícita y, además, porque cada una de estas conductas lesiona bienes jurídicos distintos. Ello no es óbice para admitir, como ya se hizo, que existirán límites constitucionales que imposibilitarán la doble condena[776]. Así, y aunque no resulte del todo satisfactoria esta opción por razones político-criminales, puede estimarse apropiada la solución de la doble sanción cuando, tras el requerimiento y la negativa abierta (consumación), se descubra otro delito[777]. En todo caso, se debe diferenciar entre: a) el supuesto en el que existe un límite constitucional que impide apreciar el art. 438 bis CP (es decir, aquel en el que el enriquecimiento no justificado sirve como indicio para condenar por el delito que genere bienes) y b) supuesto en el que la vinculación del enriquecimiento con un delito previo emerge posteriormente, tras la condena por el art. 438 bis CP. En este último caso, cabrá la condena por ambos delitos[778].

3.4.3. Concurso con el delito de falsedades documentales

Los delitos de falsedades documentales, como señala BORJA JIMÉNEZ, tienen un carácter *casi siempre instrumental*, lo cual implica que, con frecuencia, se utilicen para perpetrar otros[779]. En

---

776 *Supra*, 3.2.1.2.

777 En parecido sentido, DE JUAN GARCÍA, A., "Tratamiento patrimonial y comiso... cit. s/n. Este autor señala: "[e]n suma, abierto un proceso penal por desatenderse el requerimiento a justificar la procedencia del patrimonio controvertido, la licitud del origen del mismo es irrelevante (siendo que ya se habría producido la desobediencia). Si el origen es ilícito, entonces podríamos estar ante un concurso de infracciones con, verbigracia, un cohecho o un blanqueo de capitales".

778 No obstante, habría que plantear si se puede utilizar esa no justificación (en definitiva, la condena por el art. 438 bis CP) como elemento probatorio indiciario que contribuya a sostener la condenar por ese otro delito.

779 BORJA JIMÉNEZ, E., "Artículo 390" en CUERDA ARNAU, M. L., (dir.), *Comentarios al Código Penal*, Tomo II, Tirant lo Blanch, Valencia, 2023, pág. 2488.

el caso del art. 438 bis CP no será extraño que la autoridad utilice toda clase de subterfugios, como la falsificación de un documento para ocultar su actitud desobediente.

El supuesto que más ha ocupado a la jurisprudencia hasta el momento ha sido la relación concursal existente entre el delito de estafa y el de falsedades. El TS viene distinguiendo, para aplicar el concurso de infracciones o de normas, entre las falsedades en documento público, oficial o mercantil y las que se realicen sobre documento privado. Si se utiliza el documento público o equivalente como medio para perpetrar el delito de estafa, como ambas figuras protegen bienes jurídicos distintos, se procede conforme a las reglas del concurso medial de delitos (art. 77 CP). Por el contrario, cuando el medio para realizar la estafa sea la falsedad en documento privado (como en esta también se protege el patrimonio ajeno y en aquella, de cierta forma, la confianza del sistema jurídico-económico) la institución aplicable será la del concurso de normas (8.4 CP)[780].

Pese a lo discutible de la solución del TS[781], en el presente supuesto no se puede afirmar que exista, siquiera, una parcial coincidencia en el bien jurídico protegido por ambas figuras delictivas. En el supuesto en el que la autoridad, por ejemplo, altere un documento público o lo simule para encubrir su falta de compromiso con la orden (v.g. falsifique una escritura pública), cabrá considerar la aplicación de las reglas del concurso de delitos. Ello

---

780 Sobre el particular, vid. GONZÁLEZ CUSSAC, J. L., CUERDA ARNAU, M. L., "Estafas" en CAMACHO VIZCAÍNO, A. (dir.), *Tratado de Derecho Penal Económico*, Tirant lo Blanch, Valencia, 2019, pág. 654 y BORJA JIMÉNEZ, E., "Artículo 390... cit. págs. 2488 y 2489. Entre otras sentencias, vid. SSTS 195/2015, de 16 de marzo (Sala II), Tol 4984993 y 320/2018, de 29 de junio (Sala II), Tol 6.672.173.

781 VIVES ANTÓN, T. S., GONZÁLEZ CUSSAC, J. L., "Art. 248" en VIVES ANTÓN, T. S. (coord.), *Comentarios al Código Penal de 1995*, vol. II, Tirant lo Blanch, Valencia, 1996, págs. 1235 y 1236. También, respecto del ACP, vid. QUINTERO OLIVARES, G., "Sobre la falsedad en documento privado", *Revista jurídica de Cataluña*, vol. 75, nº 1, 1976, págs. 57 y 58.

porque el principio de autoridad se encuentra muy distante del bien jurídico protegido por el delito del art. 390 CP (la seguridad del tráfico jurídico)[782].

Son imaginables casos de concurso ideal (v.g. el supuesto donde la conducta falsaria es el modo en el que se materializa la desobediencia: la negativa abierta puede manifestarse con presentación de documentación falsa)[783]. Por otro lado, si antes de cometer el delito del art. 438 bis CP, se constata que el sujeto presentó documentación falsa en sus declaraciones de bienes anteriores, lo pertinente sería considerar un concurso *real* de delitos, pues se estará ante una pluralidad de hechos que deben dar lugar a una pluralidad de delitos.

Ahora bien, el TS ha venido sosteniendo que, para la comisión del delito de falsedad documental en documento público (art. 390 CP), es necesario que la autoridad o funcionario actúe en el marco de sus funciones específicas y estima que la declaración de bienes o actividades no es un acto propio de las atribuciones del cargo[784]. Esta interpretación sugiere que el art. 390 CP se aplica

---

782 Sobre el bien jurídico protegido en el delito del art. 390 CP, vid. BORJA JIMÉNEZ, E., "Artículo 390... cit. pág. 2487 y EL MISMO, "Falsedades, con especial referencia a la falsedad documental" en GONZÁLEZ CUSSAC, J. L. (coord.), *Derecho Penal. Parte especial,* 8ª ed., Tirant lo Blanch, 2023, págs. 703 y ss.

783 *Supra,* cap. IV, 3.5.

784 Dice el TS: "no cabe apreciar la existencia de un delito de falsedad, dado que no se considera que la emisión de una declaración de bienes o actividades sea un acto propio del ejercicio de las funciones del cargo, en el que el funcionario tenga obligación penalmente relevante de decir verdad. Tales declaraciones sirven (...) para el conocimiento público del patrimonio de determinados cargos públicos y para que se adopten decisiones sobre la compatibilidad de actividades con cargos electos [...] pero la falta de verdad en tales declaraciones daría lugar, en su caso, a la correspondiente responsabilidad disciplinaria o en el ámbito de las incompatibilidades, o a la responsabilidad política del cargo electo, dado el componente ético y de transparencia en la gestión que inspiran. Pero, desde el punto de vista de la tipicidad penal, la emi-

exclusivamente a: 1) documentos que se generen como parte del ejercicio de las funciones específicas del cargo y 2) documentos que tengan efectos directos en el tráfico jurídico.

Frente a esta decisión, surge una pregunta fundamental: ¿deben las declaraciones de bienes considerarse como un requisito administrativo sin virtualidad penal alguna o, más bien, como una parte integrante y esencial del ejercicio del cargo? Las declaraciones de patrimonio deben ser vistas, según el criterio que se cree más acertado, como un acto específico de las funciones del cargo, porque representan una obligación que va ligada a la perfección y ejercicio del mismo. Esto implica reconocer que no tienen un carácter meramente procedimental como parece afirmar la precitada resolución del TS, sino que se trata de un deber inherente al ejercicio de la función pública. Además, desde un punto de vista práctico, la exclusión de la declaración de bienes como un acto propio del cargo puede tener importantes implicaciones. Si no son consideradas como una parte del ejercicio de la función, se estarán obviando los mecanismos que las leyes imponen para ejercer determinado cargo público.

Por otro lado, cuando se falsifique un documento privado, v.g., se simule un contrato de compraventa o de arrendamiento para justificar el patrimonio, la conducta generalmente no cumplirá con los elementos del delito de falsedades del art. 395 CP. Esta última figura requiere que la autoridad actúe *para perjudicar a otro*[785].

---

sión de una declaración de voluntad en relación con ellas no puede ser considerada: 1) ni un acto específico de ejercicio de funciones de un cargo público, como expresión de las competencias del mismo; 2) ni un acto del que emane un documento (oficial) con virtualidad para tener efectos en el tráfico jurídico; y 3) ni un acto en el que el citado tenga un deber (penalmente relevante) de reflejar la verdad de los hechos" (vid. ATS 20140/2016, de 8 de abril (Sala II), [Tol 5.765.687]).

785 Según el TS, el perjuicio perseguido tiene que ser efectivo y real y no alcanza únicamente supuestos de naturaleza económica, sino cualquier otro interés digno de protección jurídica (vid. STS 396/2021, de 6 de mayo (Sala II), [Tol 8431969]).

Dada la dificultad para demostrar, en este caso, el perjuicio para un tercero, la conducta, por lo general, será atípica.

En situaciones donde se emplee documentación falsa en un procedimiento judicial con el objetivo de engañar al órgano decisor, se puede plantear la posibilidad de apreciar el delito de estafa procesal (art. 250.1.7º CP)[786]. Este acto, el presentar documentación falsa, puede interpretarse como un esfuerzo por conseguir una ventaja indebida, específicamente, el reconocimiento de un derecho ilegítimo. Ahora bien, resultará difícil —como en el caso ya referido del art. 395 CP— demostrar que tal comportamiento

---

786 Sobre la estafa procesal, vid. SOLAZ SOLAZ, E., *La estafa procesal*, Tirant lo Blanch, Valencia, 2013, *passim*; RAMÓN RIBAS, E., "La estafa procesal: ¿subtipo agravado o delito autónomo?" en DE VICENTE REMESAL, J., DÍAZ Y GARCÍA CONLLEDO, M., PAREDES CASTAÑÓN, J. M., OLAIZOLA NOGALES, I., TRAPERO BARREALES, M. A., ROSO CAÑADILLAS, R., LOMBANA VILLALBA, J. A. (dirs.), *Libro Homenaje al Profesor Diego-Manuel Luzón Peña con motivo de su 70º aniversario*, vol. I, Reus, Madrid, 2020, págs. 1867 y ss.; GONZÁLEZ CUSSAC, J. L., CUERDA ARNAU, M. L., "Estafas... cit. págs. 674, EL MISMO, "Artículo 250" en CUERDA ARNAU, M. L., (dir.), *Comentarios al Código Penal*, Tomo I, Tirant lo Blanch, Valencia, 2023, pág. 1587 y EL MISMO, "Delitos contra el patrimonio y el orden socioeconómico (y VI): estafas" en EL MISMO (coord.), *Derecho Penal. Parte especial*, 8ª ed., Tirant lo Blanch, 2023, págs. 455-457; MATA Y MARTÍN, R. M., "Artículo 250" en GÓMEZ TOMILLO, M. (dir.), *Comentarios al Código Penal*, 2ª ed., Lex Nova, Valladolid, 2011, pág. 976; GALLEGO SOLER, J. I., "Artículo 250" en CORCOY BIDASOLO, M., MIR PUIG, S. (dirs.), *Comentarios al Código Penal. Reformas LLOO 1/2023, 3/2023 y 4/2023*, 2ª ed., Tirant lo Blanch, Valencia, 2024, págs. 1120 y ss. Antes de la reforma del año 2010, vid. SUÁREZ GONZÁLEZ, C., "Artículo 250" en RODRÍGUEZ MOURULLO, G. (dir.), *Comentarios al Código penal*, Civitas, Madrid, 1997, pág. 714; SOTO NIETO, F., "Estafa procesal y sus características", *Diario La Ley*, nº 5902, 2003, pág. 1896 y 1897; VIVES ANTÓN, T. S., GONZÁLEZ CUSSAC, J. L., "Art. 250" en VIVES ANTÓN, T. S. (coord.), *Comentarios al Código Penal de 1995*, vol. II, Tirant lo Blanch, Valencia, 1996, págs. 1242 y 1243 y MAGALDI PATERNOSTRO, M. J., "Artículo 250" en CÓRDOBA RODA, J., GARCÍA ARÁN, M. (dirs.), *Comentarios al Código Penal. Parte Especial*, Tomo II, Marcial Pons, Madrid, 2004, págs. 779 y ss.

daña los intereses de un tercero o de la parte contraria, tal como exige el art. 250.1.7º CP. Con todo, si el sujeto se negó abiertamente a cumplir con los requerimientos de los órganos competentes y, posteriormente, ante el juez, se presenta documentación con el fin de encubrir, de nuevo, su actitud desobediente, y en el hipotético caso de que su conducta perjudique a un tercero o a la parte contraria, se podría estimar que, en este caso, se está ante un acto copenado impune. El sujeto estará realizando una acción que refuerza y da continuidad a la infracción previa, encaminada a la autoprotección de sus actos anteriores.

4. RELACIÓN DEL DELITO DEL ARTÍCULO 438 BIS DEL CÓDIGO PENAL CON OTRAS RAMAS DEL DERECHO. EL PRINCIPIO DE *NE BIS IN IDEM*

4.1. Planteamiento de la cuestión

De forma paralela al tipo penal del art. 438 bis CP existe un nutrido cuerpo de infracciones ubicadas en la normativa extrapenal. Esta doble vía puede estimarse como correcta si entre ambos ilícitos se establece una frontera clara, donde se trace el ámbito de operabilidad de cada uno de ellos.

No resulta aventurado avanzar que, en este ámbito, se puede proyectar la problemática del *ne bis in idem* entre la correspondiente infracción administrativa y la penal. No obstante, es difícil alcanzar algo cercano a una solución general si se parte de la premisa de que no todas las autoridades a efectos penales están sometidas a un mismo régimen ni de la misma forma.

En las líneas que siguen se realizará un análisis de la doctrina constitucional sobre el principio de *ne bis in idem*. No obstante, con carácter previo, se estudiarán los límites entre el Derecho Administrativo Sancionador y el Derecho Penal. Este examen se justifica en la necesidad de establecer si ambas ramas del Derecho protegen o no intereses o bienes diferentes. Ello revelará la posible afectación al principio *ne bis in idem*, ya que para apreciarlo es imperativo que exista identidad de hecho, sujeto y fundamento del castigo. Finalmente, con el propósito de ilustrar de manera práctica la aplicación de este principio, se abordará la regulación administrativo-sancionadora. Este enfoque servirá para evaluar si se puede producir una afectación al citado principio. El análisis culminará con una aplicación directa y contextual de la teoría a una situación tangible. Concretamente, se abordará la concurrencia del delito del art. 438 bis CP con la normativa extrapenal de transparencia.

4.2. Los límites entre el Derecho Penal y el Derecho Administrativo Sancionador. Especial mención a los límites con el artículo 438 bis del Código Penal

El Derecho Penal y Administrativo Sancionador tienen en común que otorgan protección al *interés general*. El segundo, también ejerce la potestad sancionadora como medio para tutelar intereses propios o de la comunidad en su conjunto. La relación entre ambas instituciones es un tema clásico y recurrente y su importancia radica en la repercusión práctica que puede tener una u otra catalogación. Por ello, es loable la búsqueda y reflexión sobre los criterios de diferenciación entre ambos poderes sancionatorios y ello servirá para delimitar claramente su ámbito de aplicación en áreas de posible convergencia.

No existe consenso doctrinal respecto de los límites entre el Derecho Administrativo Sancionador y el Derecho Penal y esta ausencia de consenso es común entre administrativistas y penalistas. La doctrina ha propuesto teorías de diverso signo basadas en criterios cuantitativos, cualitativos, mixtos o formales para distinguir ambos órdenes[787].

---

[787] Una exposición sobre las teorías cuantitativas, cualitativas y eclécticas puede verse en GARCÍA ALBERO, R., "La relación entre ilícito penal e ilícito administrativo: texto y contexto de las teorías sobre la distinción de ilícitos" en MORALES PRATS, F., QUINTERO OLIVARES, G.

Por un lado, se encuentran quienes defienden que las diferencias entre ambas ramas del Derecho son *cualitativas* o sustanciales y, pese a que han acudido a argumentos de variada índole, sostienen que el Derecho Penal y el Administrativo tienen fines distintos: el primero tutela bienes jurídicos y, el segundo, ordena sectores de actividad. Otros, niegan diferencias ontológicas o sustanciales entre el ilícito penal y el administrativo, basándose en la gravedad de la infracción (teorías *cuantitativas* o graduales), en línea con el art. 25.3 CE, que limita las sanciones que pueden imponerse desde el ámbito administrativo[788]. Quienes sostienen una

---

(coords.), *El nuevo derecho penal español: estudios penales en memoria del profesor José Manuel Valle Muñiz*, Aranzadi, Pamplona, 2001, págs. 326 y ss.; COBO DEL ROSAL, M., VIVES ANTÓN, T. S., *Derecho Penal. Parte General*, 4ª ed., ... cit. pág. 46 y ss.; TORÍO LÓPEZ, A., "Injusto penal e injusto administrativo (presupuestos para la reforma del sistema de aranceles)" en MARTÍN-RETORILLO BAQUER, S. (coord.), *Estudios sobre la Constitución española: homenaje al profesor Eduardo García de Enterría*, vol. III, Civitas, Madrid, 1991, págs. 2537 y ss.; ZÚÑIGA RODRÍGUEZ, L., "Relaciones entre Derecho Penal y Derecho Administrativo Sancionador ¿hacia una "administrativización" del Derecho Penal o una "penalización" del Derecho Administrativo Sancionador?" en ARROYO ZAPATERO, L. A., BERDUGO GÓMEZ DE LA TORRE, I. (coords.), *Homenaje al Dr. Marino Barbero Santos. In memoriam*, vol. I, Universidad de Castilla La Mancha y Universidad de Salamanca, Cuenca, 2001, págs. 1425 y ss. y SUAY RINCÓN, J., *Sanciones Administrativas*, Publicaciones del Real Colegio de España, Bolonia, 1989, págs. 34 y ss.

788 COBO DEL ROSAL y VIVES ANTÓN defienden que la Administración y el Derecho no pueden entenderse como instituciones ajenas por la simple razón de que aquella se halla sometida a este. No se puede hablar de intereses propios de la Administración porque esta no tiene más interés que el de la colectividad. La diferencia entre ilícito administrativo y penal se traza con base a criterios puramente *cuantitativos*. Los empleados públicos se hallan sometidos al Estado en virtud de su soberanía y a causa de la existencia de una especial relación de supremacía: "[b]asta pensar que las violaciones más graves de ese especial deber de sumisión son constitutivas de delito (...) y que algunas de las leves se encuentran incriminadas como falta (...)". Este criterio, además, encuentra su base en el art. 25.3 CE "la Administración civil no

diferencia cuantitativa, infieren que no existen criterios materiales que permitan diferenciar *a priori* y de forma general el ilícito administrativo del penal.

Por su parte, ROXIN y GRECO consideran que la delimitación entre ilícito penal e ilícito administrativo no se establece por la presencia o ausencia de la afectación a un bien jurídico[789]. Según estos autores, el principio de subsidiariedad actúa como criterio de distinción. El legislador debe decantarse por la sanción administrativa en vez de la pena cuando la "perturbación social" pueda resolverse de manera igualmente eficaz[790].

En definitiva, no ha dejado de haber posiciones eclécticas —*cualitativas-cuantitativas*[791]— y quienes entienden, como GARCÍA

---

podrá imponer sanciones que, directa o subsidiariamente, impliquen privación de libertad". Desde el momento en que la CE le veda a la Administración el imponer este tipo de sanciones, que son las más graves, "parece que se establece, en principio, una diferenciación *cuantitativa* penal e infracción administrativa" (vid. COBO DEL ROSAL, M., VIVES ANTÓN, T. S., *Derecho Penal. Parte General,* Tirant lo Blanch, 5ª ed., ... cit. pág. 57, nota 53). En parecidos sentido, vid. CARBONELL MATEU, J. C., *Derecho Penal: concepto y principios...* cit. págs. 96 y ss.; CEREZO MIR, J., "Límites entre el Derecho... cit. págs. 169 y ss.; MARTÍNEZ PÉREZ, C., "La inflación del Derecho Penal y del Derecho Administrativo", *Estudios penales y Criminológicos,* vol. VI, 1983, pág. 205 y NAVARRO CARDOSO, F. *Infracción administrativa y delito: límites a la intervención del Derecho Penal,* Colex, Madrid, 2001, págs. 14 y 81.

789 ROXIN, C., GRECO, L., *Strafrecht Allgemeiner Teil. Band I: Grundlage — Der Aufbau der Verbrechenslehre,* 5ª ed., C.H. BECK, Munich, 2020, pág. 65.

790 *Ibidem,* págs. 87 y ss.

791 SILVA SÁNCHEZ considera que la diferenciación *cuantitativa* resulta incompleta y, por ello, apela a criterios teleológicos (vid. SILVA SÁNCHEZ, J. M., *La expansión del Derecho...* cit. págs. 125 y ss.). Entiende que el Derecho Penal tiene como objetivo proteger bienes jurídicos y el Derecho Administrativo Sancionador "persigue ordenar, de modo general, sectores de actividad (reforzar, mediante sanciones, un determinado modelo de gestión sectorial)", sigue criterios de afectación general o estadística y se mueve por otros de oportunidad y no de legalidad: "es el refuerzo de la ordinaria gestión de la administración". El Derecho

DE ENTERRÍA y FERNÁNDEZ, que el ordenamiento español no siempre traza las diferencias cuantitativa o cualitativamente, sino que en ocasiones se diferencian por razones cuantitativas, pero otras por razones de expeditividad[792].

BAJO FERNÁNDEZ y MENDOZA BUERGO proponen una distinción formal basada en la naturaleza de la norma, la sanción aplicable y el órgano sancionador. Destacan así la relevancia de los criterios formales sobre los sustantivos o de mayor o menor gravedad[793]. *Lege lata* rechazan la tesis cuantitativa, aunque ello no quiere decir que no crean que sea conveniente acoger este criterio, como propuesta de *lege ferenda*[794].

Hay quien rechaza la afirmación de que el Derecho Penal se destine a la protección de bienes jurídicos como si se tratase de una *realidad prejurídica*. En esa línea, la ley penal protege lo que la sociedad, a través del cauce del debate y del proceso democrático,

---

Administrativo, por tanto, no precisa que la conducta perturbe un bien jurídico. El citado autor ilustra su posición con lo que ocurre en materia de tráfico rodado y la ingesta de bebidas alcohólicas. El límite para la infracción administrativa se realiza desde la estadística; el criterio delimitador del ámbito jurídico-penal es el *peligro para un bien jurídico*. Sin embargo, el autor advierte que se está produciendo una suerte de "administrativización" del Derecho Penal y, según entiende: "[e]llo podría llevarse incluso más lejos: así, no sólo en cuanto a afirmar que el Derecho Penal asume el modo de razonar propio del Derecho Administrativo Sancionador, sino que incluso, a partir de ahí, se convierte en un Derecho de gestión ordinaria de grandes problemas sociales" (pág. 130).

792 GARCÍA DE ENTERRÍA, E., FERNÁNDEZ, T. R., *Curso de Derecho Administrativo II*, 14ª ed., Civitas, Madrid, 2015, pág. 167.

793 BAJO FERNÁNDEZ, M., "Nuevas tendencias en la concepción sustancial del injusto penal. Recesión a Bernardo Feijoo, «Normativización del Derecho Penal y realidad social», Bogotá, Universidad Externado de Colombia, 2007", *InDret*, nº 3, 2008, pág. 2.

794 BAJO FERNÁNDEZ, M., MENDOZA BUERGO, B., "Hacia una Ley de contravenciones el modelo portugués", *Anuario de Derecho Penal y Ciencias Penales*, Tomo 36, Fasc/Mes 3, 1983, pág. 571.

entiende como tal. Señala GARCÍA AMADO: "la decisión legislativa, en principio formal, puramente normativo y mero ejercicio de una competencia jurídica se justifica por ser algo más que decisión de un poder del Estado, se convierte en decisión legítima por ser decisión de la sociedad a través de los cauces de la soberanía popular dentro de los límites constitucionalmente impuestos"[795]. En parecido sentido GARCÍA-PABLOS entiende que la gravedad no es inherente o consustancial a la infracción, sino que es asignada por el legislador, en virtud de una valoración histórica que equilibra las necesidades sociales en el momento en que tienen lugar. Este criterio se ve reforzado por una interpretación sistemática del ordenamiento jurídico[796].

La relación entre los distintos órdenes sancionadores, como ha quedado evidenciado, es sumamente compleja. No obstante, hay una tarea previa para limitar el campo de cada una de estas disciplinas y es aceptar el principio básico de que ambas son manifestación de un *único sistema sancionador*[797].

A continuación, se plantearán algunas tesis que parten de que la delimitación entre estos órdenes puede fijarse *desde la propia doctrina constitucional*. Estas últimas serán, a su vez, contrastadas con otras teorías que cuestionan este entendimiento, argumen-

---

795 GARCÍA AMADO, J. A., "Sobre el ius puniendi... cit. pág. 38.

796 GARCÍA-PABLOS DE MOLINA, A., *Introducción al Derecho Penal*, 4ª ed., Centro de Estudios Ramón Areces, Madrid, 2006, págs. 95 y ss. En parecido sentido, ASUA BATARRITA, A., "La tutela penal del correcto funcionamiento de la Administración. Cuestiones político criminales, criterios de interpretación y delimitación respecto a la potestad disciplinaria" en LA MISMA (ed.) *Delitos contra la Administración pública*, IVAP, Vitoria, 1997, pág. 43.

797 NAVARRO CARDOSO, F., "El clásico problema de la relación entre el Derecho Administrativo Sancionador y el Derecho Penal" en ABEL SOUTO, M. A., BRAGE CENDÁN, S. B., GUINARTE CABADA, G., MARTÍNEZ-BUJÁN, C., VÁZQUEZ-PORTOMEÑE SEIJAS, F. A. (coords.), *Estudios penales en homenaje al profesor José Manuel Lorenzo Salgado*, Tirant lo Blanch, Valencia, 2021, pág. 1044.

tando que la delimitación no puede depender únicamente de la interpretación constitucional, debido a la complejidad y especificidad propias de cada ámbito jurídico. Previamente, y para encauzar adecuadamente la discusión, se analizará, de forma sucinta, la doctrina del TC sobre este particular.

Según el Alto Tribunal, tanto el Derecho Administrativo Sancionador como el Derecho Penal son reflejo del ordenamiento punitivo el Estado, tal y como refleja la CE en su art. 25: "son manifestaciones del ordenamiento punitivo del Estado, hasta el punto de que **un mismo bien jurídico puede ser protegido por técnicas administrativas o penales, si bien en el primer caso con el límite que establece el art. 25.3 de la C.E**"[798]. El TC ha estimado, además, que al Derecho Administrativo Sancionador le son aplicables los principios que ordenan al Derecho Penal, pero con matices, excepciones o modulaciones[799].

SUAY RINCÓN, partiendo de la identidad *sustancial* entre la sanción administrativa y la penal, afirma que ambas son expresión del *ius puniendi* y por esa razón comparten principios[800]. Justifica que los principios del orden penal son aplicables al Derecho Administrativo toda vez que la CE los equipara a ciertos efectos. En ese sentido, el legislador puede recurrir a uno u otro orden. Pone como ejemplo el art. 45.3 CE[801].

NIETO, por su parte, ha defendido la sustantividad propia del Derecho Administrativo Sancionador. Lejos de recurrir a la —a su juicio— "obsoleta" controversia de la identidad o la diferencia on-

798 STC 197/1995, de 21 de diciembre, FJ 7°, Tol82.934. Negrita añadida.

799 STC 18/1981, de 8 de junio, Tol110.823. No obstante, considera HUERGO LORA que resulta llamativo que en el Derecho Administrativo Sancionador no haya normas legales que regulen estos principios con carácter general (vid. HUERGO LORA, A., *Las sanciones administrativas*, Iustel, Madrid, 2007, págs. 15 y 129).

800 SUAY RINCÓN, J., "La potestad sancionadora de la administración y sus exigencias actuales: un estudio preliminar", *Documentación Administrativa*, n° 280-281, 2008, pág. 58.

801 *Ibidem*, pág. 58 y EL MISMO, *Sanciones Administrativas*... cit. págs. 194 y ss.

tológica entre delitos e infracciones administrativas considera que el Derecho Administrativo Sancionador no es una ramificación del Derecho Penal ni un Derecho Penal de segunda categoría, sino que encuentra su afiliación en el Derecho público estatal con el que está vinculado a través de la CE y el Derecho Administrativo. Según el autor, el Derecho Administrativo es el brazo armado de la Administración, entendida como *gestión de intereses y servicios públicos*, y es inseparable de las normas que establecen mandatos y prohibiciones[802]. Independientemente de su identidad o proximidad, son dos conceptos *normativos* cuya delimitación viene dada por el legislador[803].

El autor adopta una postura crítica respecto de la doctrina del TC sobre la base de dos criterios básicos: 1) inoperatividad de extrapolar los principios del Derecho Penal y 2) pérdida de oportunidad para construir el Derecho Administrativo Sancionador sobre los presupuestos de la propia disciplina. En este sentido, sostiene que el Derecho Administrativo Sancionador merece ser construido *desde el propio Derecho Administrativo y desde la matriz constitucional y el Derecho Público estatal.* La metodología tradicional —la extensión de los principios penales— ha demostrado no ser precisa y su adaptación es tan difícil como insegura[804].

Tras esta exposición, parece que la solución constitucionalmente admisible pasa por aceptar que la delimitación entre ambos órdenes, al menos en la generalidad de casos, *no parte de una realidad prejurídica.* Ello es acorde con la jurisprudencia del TEDH y del TC. A partir de la STEDH Öztürk contra Alemania, de 21 de febrero de 1984 (Tol 123.778), el TC reconoce que el legislador tiene la facultad para definir y sancionar las conductas que considere (aunque siempre con el límite del respeto al principio de proporcionalidad)[805]. En este sentido, el TC ha venido sostenien-

---

802 NIETO, A., *Derecho Administrativo Sancionador*, 5ª ed., Tecnos, Madrid, 2012, págs. 567 y ss.

803 *Ibidem*, págs. 25, 126 y 567.

804 *Ibidem*, pág. 30.

805 Sobre el particular, vid. GIMENO SENDRA, J. V., "Los principios de legalidad y non bis in idem en la doctrina del Tribunal Constitucional",

do, como límite, que la respuesta penal solo puede considerarse desproporcionada cuando se dirija a proteger bienes o intereses que estén constitucionalmente proscritos o socialmente irrelevantes, y cuando la pena no resulte adecuada para tal fin. En esa línea, el TC reconoce que solo al legislador le compete criminalizar las conductas que considere[806].

A continuación, se transcriben las infracciones previstas en la legislación de altos cargos y el art. 438 bis CP. Aunque no coinciden exactamente, es evidente que, al menos en este caso, guardan una *relación de progresión*.

Clase de infracción	Legislación	Descripción de la infracción
Administrativa	Art. 25.2 letra a)	"a) La no declaración de actividades y de bienes y derechos patrimoniales en los correspondientes Registros, tras el apercibimiento para ello"
Administrativa	Art. 25.2 letra b)	"b) La omisión deliberada de datos y documentos que deban ser presentados conforme a lo establecido en esta ley"
Penal	Art. 438 bis CP	"La autoridad que, durante el desempeño de su función o cargo y hasta cinco años después de haber cesado en ellos, hubiera obtenido un incremento patrimonial o una cancelación de obligaciones o deudas por un valor superior a 250.000 euros respecto a sus ingresos acreditados, y se negara abiertamente a dar el debido cumplimiento a los requerimientos de los órganos competentes destinados a comprobar su justificación (...)"

Fuente: Ley 3/2015, de 30 de marzo, reguladora del ejercicio del alto cargo de la Administración General del Estado (Tol 4.788.42) y LO 10/1995, de 23 de noviembre, del Código Penal (Tol 223.185).

La Ley, nº 6735, 2007, pág. 1859.

806 STC 136/1999, de 20 de julio, Tol 81.189.

No parece viable sostener que existan diferencias *cualitativas* u *ontológicas* entre el ilícito penal y el administrativo. Ello porque la legislación no proporciona ninguna base que justifique este criterio de distinción. El tipo penal incluye una cláusula específica que exige, además de una negativa contumaz, que el incremento patrimonial injustificado sea superior a 250.000 euros, algo que no ocurre en la infracción administrativa de referencia[807].

4.3. La doctrina constitucional. Las relaciones de sujeción especial

La prohibición de incurrir en *bis in idem* implica un mandato dirigido al Estado de no reiterar el *ius puniendi*, proscribe la reiteración en la persecución o enjuiciamiento y la duplicidad sancionadora[808]. La dimensión material del principio de *ne bis in idem,* supone que un mismo sujeto no puede ser sancionado en más de una ocasión por el mismo fundamento y por los mismos hechos[809]. Encuentra su reflejo en el art. 25.1 CE[810], está íntimamen-

---

807 *Infra,* 4.4.

808 PÉREZ MANZANO, M., "*The spanish connection*: los caminos del diálogo europeo en la configuración del alcance de la prohibición de incurrir en *bis in idem*", *AFDUAM,* nº 22, 2018, pág. 384.

809 STC 2/1981, de 31 de enero, Tol 109.334. Sobre la jurisprudencia constitucional, ampliamente, vid. PÉREZ MANZANO, M., *La prohibición constitucional de incurrir en bis in idem,* Tirant lo Blanch, Valencia, 2002, pág. 23; GARCÍA PLANAS, G., "Consecuencias del principio «non bis in idem» en Derecho Penal", *Anuario de Derecho Penal y Ciencias Penales,* Tomo 42, Fasc/Mes 1, 1989, pág. 113; GIMENO SENDRA, J. V., "Los principios de legalidad... cit. pág. 1858; BENLLOCH PETIT, G., "El principio de non bis in idem en las relaciones entre el Derecho Penal y el Derecho disciplinario", *Poder Judicial,* nº 51, 1998, págs. 305 y ss.; DÍAZ Y GARCÍA CONLLEDO, M., "Ne bis in idem material y procesal. Especial referencia al cambio de jurisprudencia constitucional en España", *Revista de Derecho,* nº 9, 2004, págs. 11 y ss.; TERRADILLOS BASOCO, J. M., "Legalidad penal: tipicidad, no retroactividad, non bis in idem" en LLOBET RODRÍGUEZ, J., RUÍZ RODRÍGUEZ, L. R. (coords.), *Principios y garantías penales y procesales en la doctrina de la CIDH y el TEDH,* J. M. Bosch, Barcelona, 2022, págs. 109 y ss. y FOFFANI, L.,

te ligada a los principios de legalidad y tipicidad[811] y tiene como fin evitar una reacción punitiva desproporcionada[812]. La vertiente *procesal* del citado principio atiende al hecho de que nadie puede ser juzgado de nuevo por una infracción por la cual ya ha sido absuelto o condenado definitivamente[813]. Como afirma PÉREZ MANZANO la prohibición de ser sometido a un doble procedimiento se conecta con el principio de seguridad jurídica, la tutela judicial efectiva y el derecho de defensa integrante del derecho a un proceso con todas las garantías[814].

PIFARRÉ DE MONER, M. J., "La legislazione penale speciale in Spana" en DONINI, M. (ed.), *La reforma della legislazione penale complementare. Studi di diritto comparato,* CEDAM, Padova, 2000, págs. 212 y ss.

810 Como señala GARCÍA DE ENTERRÍA, la omisión no tiene el significado de exclusión del principio. Sobre el particular, vid. GARCÍA DE ENTERRÍA, E., "La incidencia de la Constitución sobre la potestad sancionadora de la Administración: dos importantes Sentencias del Tribunal Constitucional", *Revista Española de Derecho Administrativo,* nº 29, 1981, pág. 361. Así lo entendieron los parlamentarios en la Comisión de Asuntos Constitucionales y Libertades Públicas del Congreso (vid. STC 2/1981, de 30 de enero, Tol 109.334).

811 STC 2/1981, de 31 de enero, Tol 109.334.

812 STC 180/2004, de 2 de noviembre, Tol 508.702. En este sentido, vid. VIVES ANTÓN, T. S., "Artículo 25" en PÉREZ TREMPS, P., SAIZ ARNAIZ, A. (dirs.), *Comentario a la Constitución Española. Libro-Homenaje a Luis López Guerra. 40 Aniversario 1978-2018,* Tomo I, Tirant lo Blanch, Valencia, 2018, pág. 587.

813 JAÉN VALLEJO, M., "Principio constitucional "ne bis in idem" a propósito de la Sentencia del Pleno del Tribunal Constitucional 2/2003", *Actualidad Jurídica Aranzadi,* nº 584, 2003, pág. 2.

814 PÉREZ MANZANO, M., "*The spanish connection: los...* cit. pág. 385. La autora descarta el tratamiento unitario de las vertientes material y procesal del principio, por sus diferencias estructurales y de fundamento infracción (vid. PÉREZ MANZANO, M., "El derecho fundamental a... cit. págs. 69 y ss.). Sobre el fundamento del *ne bis in idem* procesal como garantía del derecho a un juicio justo (vid. VIVES ANTÓN, T. S., "Ne bis in idem procesal", *Los principios del proceso penal y la presunción constitucional de inocencia,* Consejo General del Poder Judicial, Madrid, 1992, pág. 19).

En la doctrina del TC se observa una progresión jurisprudencial sobre este principio. Con la STC 177/1999, de 11 de octubre (Tol 81.219) el TC reconoce que rige la preferencia de la jurisdicción penal sobre la Administración, pero no de manera incondicionada, sino con el límite del *ne bis in idem*[815]. En palabras de NARVÁEZ RODRÍGUEZ, el TC, en esta resolución, otorga prevalencia al plano material sobre el formal, antepone la imposibilidad de sancionar dos veces por unos mismos hechos, con independencia de la autoridad que haya acordado la primera de ellas[816].

Posteriormente, el TC decidió replantear la solución adoptada en 1999 y estimó que, cuando se siguen dos procedimientos (penal y administrativo) por los mismos hechos, el orden de actuación es importante: la competencia sancionadora de la Administración tiene carácter subsidiario. El proceso administrativo, en ese caso, debe paralizarse hasta que haya finalizado el penal[817]. En esta sentencia

815 Sobre la sentencia, vid. TORRES FERNÁNDEZ, M. E., "El principio non bis in idem en la jurisprudencia constitucional. Comentario a la sentencia del Tribunal Constitucional 177/1999, de 11 de octubre", *La Ley*, nº 4, 2000, *passim* y CORCOY BIDASOLO, M., GALLEGO SOLER, J. I., "Infracción administrativa e infracción penal en el ámbito medioambiental: non bis in idem material y procesal (Comentario a la STC 177/1999, de 11 de octubre)", *Actualidad Penal*, nº 8, 2000, págs. 161 y ss.

816 NARVÁEZ RODRÍGUEZ, A., "Principio «non bis in idem»: ¿una nueva doctrina constitucional?", *Repertorio Aranzadi del Tribunal Constitucional*, nº 1, 2000, pág. 1793. También, PÉREZ MANZANO, M., "*The spanish connection: los...* cit. pág. 391; GÓRRIZ ROYO, E. M., "El principio "ne bis in idem" y la regla de preferencia del orden jurisdiccional penal a la luz de la STC 177/1999, de 11 de octubre", *Revista de ciencias penales*, vol. 3, nº 1 y 2, 2000, pág. 268 y REQUEJO RODRÍGUEZ, P., "«Ne bis in idem»: ¿garantía del ciudadano o norma de competencia? (a propósito de la STC núm. 2/2003, de 16 de febrero)", *Revista jurídica de la Comunidad Valenciana*, nº 6, 2003, págs. 54 y ss.

817 STC 2/2003, de 16 de enero, Tol 228.958. Sobre la sentencia, vid. PÉREZ MANZANO, M., "El derecho fundamental a no padecer bis in idem y las sanciones en protección del medio ambiente" en BARREIRO, A. J. (dir.), *Estudios sobre la protección penal del medio ambiente en el ordenamiento jurídico español*, Comares, Granada, 2005, págs. 81 y ss.; HUERTA TOCILDO, S.,

el TC también apunta que no basta con afirmar la existencia de identidad de sujeto, hecho y fundamento, sino que es necesario verificar que se ha producido un "doble reproche aflictivo" o una *efectiva reiteración punitiva desde un punto de vista material*.

Por otro lado, se admite la posibilidad de que, cuando existe una relación de *sujeción especial*, el vínculo singular genere una nueva obligación jurídica que, entre otras prerrogativas, le otorgue a la Administración la potestad sancionadora[818]. Las relaciones de sujeción especial *pueden* neutralizar los efectos de la prohibición del *ne bis in idem*, cuando el ordenamiento jurídico contempla la infracción desde la perspectiva de un interés jurí-

---

"Artículo 25.1. El derecho a la legalidad penal" en RODRÍGUEZ-PIÑEIRO Y BRAVO FERRER, M., CASAS BAAMONDE, M. E. (dirs.), *Comentarios a la Constitución Española*, Tomo I, Wolters Kluwer, Boletín Oficial del Estado, Tribunal Constitucional y Ministerio de Justicia, Madrid, 2018, pág. 912; GÓMEZ TOMILLO, M., "Non bis in idem en los casos de dualidad de procedimientos penal y administrativo. Especial consideración de la jurisprudencia del TEDH", *InDret*, nº 2, 2020, págs. 437 y ss.; MAGRO SERVET, V., "El principio «non bis in idem» en los casos de concurrencia de sanción administrativa y posterior derivación al orden penal", *Revista Aranzadi Doctrinal*, nº 4, 2014, pág. 9; BOIX REIG, J., "La jurisprudencia constitucional sobre el principio non bis in idem" en JORGE BARREIRO, A. (dir.), *Homenaje al profesor Dr. Gonzalo Rodríguez Mourullo*, Civitas, Madrid, 2005, pág. 140; MARCHENA GÓMEZ, M., "Evolución jurisprudencial en materia de "non bis in idem"", *Estudios jurídicos*, 2006, pág. 3; TORRES FERNÁNDEZ, M. E., "De nuevo sobre el principio non bis in idem en la jurisprudencia constitucional", *La Ley*, nº 4, 2003, págs. 1515 y ss. y JAÉN VALLEJO, M., "Principio constitucional "ne bis... cit. pág. 3.

818 STC 2/1981, de 30 de enero, Tol 109.334. Sobre el particular, vid. LÓPEZ BARJA DE QUIROGA, J., *El principio: non bis in idem*, Dykinson, Madrid, 2004, pág. 39; LOZANO SUÁREZ, L. M., "El principio non bis in idem: colisión entre el Derecho Penal y el Derecho Administrativo Sancionador", *Revista de Derecho Penal*, nº 15, 2005, pág. 57; GARBERÍ LLOBREGAT, J., "Principio "non bis in ídem" y cuestiones de perjudicialidad", *Cuadernos de Derecho Judicial*, nº 11, 1997, págs. 96 y ss. y HUERTA TOCILDO, S., "Ilícito penal e ilícito disciplinario de funcionarios" en DÍEZ RIPOLLÉS, J. L. (coord.), *La ciencia del Derecho Penal ante el nuevo siglo: libro homenaje al profesor doctor don José Cerezo Mir*, Tecnos, Madrid, 2002, pág. 52 y LA MISMA, "Artículo 25.1. El derecho a la... cit. pág. 910.

dicamente protegido distinto (diferente fundamento) y, además, cuando la sanción sea proporcionada a esa protección[819].

Ahora bien, se ha de tener en cuenta que la dualidad de normas no implica, por sí misma, dos fundamentos distintos y que las relaciones de sujeción especial no bastan para justificar dos sanciones[820]. Así las cosas, en palabras de NIETO, "[es] una estupenda declaración dogmática cuya operatividad se reduce notablemente cuando desde ella se quiere pasar a lo concreto, puesto que todavía sigue siendo ambigua y verbalista y en el fallo termina aceptándose la dualidad de castigo"[821]. Por esa razón, como apunta GÓRRIZ ROYO con carácter general, es esencial cuestionarse si realmente existe una clara diferencia entre los fundamentos de las infracciones[822]. GONZÁLEZ CUSSAC añade que la doble sanción resultará admisible únicamente cuando se cumplan dos condiciones: cuando se tutelen bienes jurídicos completamente distintos o cuando la sanción penal no incorpore la repercusión sobre la relación de servicio[823].

En conclusión, no resulta satisfactorio sostener que las relaciones de sujeción especial justifican siempre la doble punición. Ello invita a una reflexión sobre la existencia de una diversidad de fundamentos entre infracciones, lo que se torna dudoso cuando la comparación entre ilícitos penales y administrativos guarda una *relación de gradación*.

---

819 SSTC 234/1991, de 10 de diciembre, Tol 338.828 y 180/2004, de 2 de noviembre, Tol 508.702.

820 En este sentido, vid. HUERTA TOCILDO, S., "Ilícito penal e ilícito disciplinario... cit. pág. 51 y QUERALT, J. J., *El principio non bis...* cit. págs. 33-36.

821 NIETO, A., *Derecho Administrativo Sancionador...* cit. pág. 466. En parecido sentido, vid. CARBONELL MATEU, J. C., *Derecho Penal: concepto y principios...* cit. pág. 97; ASUA BATARRITA, A., "La tutela penal del... cit. pág. 44 y HUERTA TOCILDO, S., "Principio de legalidad y normas sancionadoras" en *El principio de legalidad: actas de las V Jornadas de la Asociación Letrados del Tribunal Constitucional*, Tribunal Constitucional, Madrid, 2000, págs. 55 y 56.

822 GÓRRIZ ROYO, E. M., *Protección penal de la ordenación del territorio*, Tirant lo Blanch, Valencia, 2003, pág. 327.

823 GONZÁLEZ CUSSAC, J. L., *El delito de prevaricación de autoridades y funcionarios públicos*, 2ª ed., Tirant lo Blanch, Valencia, 1997, pág. 45.

4.4. Un ejemplo práctico: las leyes de transparencia patrimonial

Las leyes de transparencia patrimonial disciplinan sanciones para aquellos que incumplen las obligaciones que estas prescriben, en particular, el deber de justificar su patrimonio. En este contexto, es pertinente analizar si la aplicación de ambas sanciones (administrativa y penal) podría vulnerar el principio de *ne bis in idem.* Para alcanzar este fin, se presenta a continuación, a modo de ejemplo, una tabla que alberga las infracciones y sanciones previstas en la Ley 3/2015, de 30 de marzo, reguladora del ejercicio del alto cargo de la Administración General del Estado (Tol 4.788.42).

Clase de infracción	**Infracciones (art. 25)**	**Sanciones (art. 26)**
Muy graves	a) Incumplimiento de normas de incompatibilidades. b) Presentación de declaraciones con datos/documentos falsos. c) Incumplimiento en la gestión de acciones/participaciones societarias. d) Falseamiento o incumplimiento de requisitos de idoneidad	a) Declaración de incumplimiento y publicación en el BOE. b) Destitución de cargos públicos c) Pérdida del derecho a compensación tras el cese. d) Restitución de cantidades percibidas indebidamente
Graves	a) No declaración de actividades/bienes patrimoniales tras apercibimiento b) Omisión deliberada de datos/documentos requeridos. c) Incumplimiento reiterado del deber de abstención d) Comisión de infracción leve si ya fue sancionado por la misma en los últimos 3 años	a) Declaración de incumplimiento y publicación b) Prohibición de ser nombrado alto cargo por 5-10 años
Leves	Declaración extemporánea de actividades o bienes/derechos patrimoniales tras requerimiento	Amonestación

Régimen de infracciones y sanciones del alto cargo de la AGE.

Resulta evidente que si la autoridad se niega abiertamente a justificar su patrimonio ante la oficina de transparencia correspondiente y se dan todos los elementos del delito (obtención de un patrimonio injustificado en un determinado periodo temporal, etc.), procede la condena por el art. 438 bis CP. El problema se planteará cuando al sujeto se le imponga una sanción administrativa, de forma previa, por esos mismos hechos. La Ley de altos cargos prevé, como infracción administrativa, *la no declaración de actividades/bienes patrimoniales tras apercibimiento* o *la omisión deliberada de datos/documentos requeridos.* Como sanción, la declaración de incumplimiento y publicación y, también, la *prohibición de ser nombrado alto cargo por un tiempo de cinco a diez años.* Por su parte, el delito impone como pena, de forma cumulativa a la prisión y a la multa, la *inhabilitación especial para empleo o cargo público de dos a siete años.*

De entrada, no cabe la doble sanción si se puede afirmar la triple identidad (de hecho, fundamento y sujetos). En este caso, no se puede sostener que, por la estructura de ambas infracciones, atendiendo a los elementos de cada una de ellas, los ilícitos tiendan a la protección de distinta perspectiva de defensa social, de interés jurídico o de bien jurídico[824]. Tampoco se puede admitir que, desde un punto de vista de "valoración jurídica", no haya identidad en los hechos[825]. El TC, para afirmar la identidad de hecho, lo que compara "no son meros acontecimientos de la realidad, sino la descripción que de tales acontecimientos ha efec-

---

824 Sobre todo si se atiende a lo que afirma PÉREZ MANZANO. Señala que por fundamento de la sanción ha de entenderse "el concreto interés jurídico protegido en la norma sancionadora aplicada, en el *tipo* sancionador". Según la citada autora se trata de examinar cuál es el *específico interés jurídicamente protegido plasmado en la norma,* en la configuración de los elementos constitutivos de la infracción (vid. PÉREZ MANZANO, M., "El derecho fundamental a...cit. pág. 85).

825 En el mismo sentido, vid. LEÓN VILLALBA, F. J., *Acumulación de sanciones penales y administrativas: sentido y alcance del principio "ne bis in idem"*, J. M. Bosch, Barcelona, 1998, pág. 485.

tuado el legislador en el supuesto de hecho de la norma correspondiente"[826]. Llevado al caso, es cierto que entre la infracción administrativa y el delito existe una diferencia clara, pero también se puede hablar, *materialmente*, de una relación de progresión.

La Administración, en este caso, debe respetar la regla de preferencia del orden jurisdiccional penal, suspendiendo el procedimiento y trasladando los hechos a los órganos judiciales si estima que "pueden" ser constitutivos de delito[827]. Si la Administración incumple la regla establecida y procede a imponer una sanción, seguida de la apertura de un proceso penal, habrá que valorar si se ha producido una violación de tal principio. Puede estimarse que no, cuando la sentencia dictada en el ámbito penal reconozca y abone la sanción previamente impuesta en la vía administrativa[828]. En este caso, como exige el TC, se tendrá que constatar que no se ha producido una *reiteración punitiva constitucionalmente proscrita*, habrá que valorar si *materialmente* al sujeto solo se le ha impuesto una sanción.

---

826 STC 77/2010, de 19 de octubre, Tol 1.983.566.

827 No obstante, la regla de la preferencia penal estaba recogida en la legislación administrativa anterior a la Ley 39/2015, de 1 de octubre, del Procedimiento Administrativo Común de las Administraciones Públicas (LPAC). Sin embargo, con la LPAC, dicha regla ya no se contempla. La DA 1ª establece que, en determinadas materias, su propia jurisdicción actúa con carácter subsidiario. No obstante, no se encuentra una referencia explícita en la Ley 3/2015, de 30 de marzo, reguladora del ejercicio del alto cargo de la Administración General del Estado, que remite a la ley administrativa anterior a 2015. Tal y como sugirió PÉREZ MANZANO en la defensa de la tesis doctoral, surge el interrogante de qué máxima debe seguirse en este caso. El TC, en efecto, ha declarado la preferencia penal, pero, a pesar de estar constitucionalizada esta regla, su aplicación práctica, por la falta de disposición legal que lo establezca, genera inquietud. Este análisis se relega a un estudio posterior.

828 Con todo, resulta llamativo que la Ley de Altos Cargos prevea una sanción con una extensión temporal superior a la prevista en el CP (de cinco a diez años), porque parece obviar la relación de progresividad existente entre ambos órdenes.

Por lo que respecta a la dimensión procesal del principio de *ne bis in idem*, el TC ha venido sosteniendo que la interdicción constitucional de apertura o reanudación de un procedimiento sancionador, cuando se ha dictado una resolución sancionadora firme, no se extiende a cualesquiera procedimientos sancionadores, sino solo respecto de aquellos que puedan equipararse a un procedimiento penal[829]. En este sentido, la sencillez del procedimiento que podría sustanciarse ante la OCI impedirá equiparar el expediente administrativo sancionador al proceso penal. Con todo, y tomando en cuenta la doctrina el TEDH[830], el canon para determinar si la medida nacional implica una vulneración del *ne bis in idem* en su vertiente procesal o si, por el contrario, es el producto de un sistema integrado que forma, en conjunto, un todo coherente, reside en que los procedimientos paralelos estén coordinados, eviten la desproporcionalidad y sean previsibles. Por tanto, no se prohíbe adoptar un enfoque "integrado" si se estima como un único procedimiento globalmente considerado.

Ahora bien, puede plantearse un caso ciertamente complejo desde la perspectiva procesal del *ne bis in idem*. El caso es el siguiente: un sujeto es investigado por un delito de cohecho, y tiene un patrimonio injustificado, pero aún así, no se le condena por este delito, sino que se le absuelve. La pregunta que surge es: ¿la prohibición de *ne bis in idem* impedirá un nuevo procedimiento por el art. 438 bis CP? La respuesta a esta pregunta, partiendo de que el delito del art. 438 es una desobediencia, debe ser negativa. En realidad, el primer procedimiento dejó sin resolver una

---

829 STC 2/2003, de 16 de enero, Tol 228.958. Críticamente, vid. MARINA JALVO, B., "La problemática solución de la concurrencia de sanciones administrativas y penales. Nueva doctrina constitucional sobre el principio non bis in idem (comentario de la Sentencia del Tribunal Constitucional 2/2003, de 16 de enero)", *Revista de Administración Pública*, nº 162, 2003, pág. 184.

830 STEDH A y B c. Noruega, de 15 de noviembre de 2016, Tol 6.412.505. Ampliamente, vid. PÉREZ MANZANO, M., "*The spanish connection: los...* cit. págs. 410 y ss.

cuestión que no se sustanció en él[831]. En el primer procedimiento penal, la obtención del incremento patrimonial no justificado no era decisiva, aunque se hubiese valorado, para afirmar el delito de cohecho: ni colmaba ni integraba los elementos constitutivos del delito. Le competerá a la OCI reclamarle al sujeto una explicación y, si este se niega abiertamente a darla, merecerá de un nuevo pronunciamiento judicial sobre el fondo. Todo ello, aunque parezca una obviedad, siempre que no se vulneren otros derechos fundamentales, particularmente el derecho a no declarar contra sí mismo y a no confesarse culpable[832].

---

831 Sobre la prohibición de doble proceso en sentido estricto, vid. PÉREZ MANZANO, M., *La prohibición constitucional de...* cit. pág. 32.

832 Se profundizará, no obstante, sobre la problemática del *ne bis in idem* en una publicación posterior.

Conclusiones

PRIMERA

La figura del "enriquecimiento ilícito" en los términos que propuso la CNUCC, y tal como fue acogida por la mayor parte de los países que incorporaron el delito, planteaba una indudable tensión con el derecho a la presunción de inocencia. Esta tensión se manifestaba desde el momento en el que el propio precepto introducía una presunción *iuris tantum.* Un delito de "enriquecimiento ilícito" que supusiera, por el simple hecho de que hubiera un incremento patrimonial no justificado por parte de un funcionario, su origen en actividades delictivas, debía considerarse incompatible con la CE. Además, el art. 20 CNUCC introducía un desafío respecto al derecho a no autoincriminarse. La exigencia de justificar el incremento patrimonial podía transformarse en una forma de autoinculpación, dado que el enriquecimiento se presumía, desde la propia configuración del art. 20 CNUCC, ilícito. Con esta presunción, cualquier aclaración que el funcionario ofreciera se convertiría, inevitablemente, en un acto de autoincriminación.

Con todo, el objetivo de este estudio no ha sido especular sobre la posible tipificación de un delito de "enriquecimiento ilícito", sino subrayar, para enriquecer el debate en torno al art. 438 bis CP, que las críticas que se opusieron frente a la figura que propuso la ONU no agotaban la discusión, bien porque carecían de fundamentación jurídico-constitucional que las amparase, bien porque no tomaban en cuenta que, de haber acogido el legislador la figura, la declaración de inconstitucionalidad es siempre el último recurso. Con esto presente, de haberse introducido, se tendría que haber afirmado que, en efecto, no era una interpretación constitucionalmente admisible que, dentro del marco constitucional español, se autorizara que los elementos constitutivos del delito se presumieran en contra del acusado, con una presunción *iuris tantum*. Teniendo en cuenta ese límite, había determinadas interpretaciones de la figura que podrían haberse valorado.

SEGUNDA

España, con la regulación del art. 438 bis CP, ha evitado la caracterización del delito como una figura de sospecha, para configurarlo como un delito de desobediencia por enriquecimiento injustificado de autoridades. Se sanciona que la autoridad se *niegue abiertamente* a atender el requerimiento que le es impelido. Se ha de diferenciar, pues, el fin perseguido en última instancia por el legislador (enfrentar la corrupción) del camino aquí elegido, esto es, del instrumento normativo del art. 438 bis CP.

El término "injustificado" tiene un significado distinto a la voz "ilícito". Cuando el enriquecimiento se califica como ilícito, se está presuponiendo su origen delictivo; pero cuando el incremento patrimonial o la cancelación de deudas u obligaciones se adjetiva como "injustificado" se incide en su carácter infundado, inmotivado, que no tiene explicación. No se obvia, empero, que los ámbitos que estos términos abarcan presentan círculos secantes: si bien existe una zona de intersección donde lo "ilícito" puede ser también "injustificado", hay áreas donde lo uno no necesariamente implica lo otro.

En esta línea, se han rechazado los planteamientos doctrinales que consideran que el texto del art. 438 bis CP se basa en presunciones contra reo. Afirmar que la interpretación del precepto está predeterminada por la *ratio criminis* o por los antecedentes internacionales de la figura implica pasar por alto el texto de la ley y obstaculizar una exégesis constitucionalmente admisible del delito. Aunque, como afirma sin ambages el Preámbulo de la Ley que introduce la figura, la intención del legislador es combatir la corrupción, ello no debe llevar al hermeneuta a preterir el tenor literal del precepto.

TERCERA

El trabajo ha abordado, de forma previa al análisis detallado de cada elemento típico y con carácter abstracto, las restricciones que impone la doctrina TEDH y del TC en lo que respecta a una figura de desobediencia que exige una *justificación patrimonial* por parte de la autoridad. En lo que sigue, se expondrán las conclusiones que se han extraído de la jurisprudencia del Tribunal de Estrasburgo (I) y del TC (II). En este último caso, únicamente se determinarán las especificidades que ha apuntado este Tribunal.

I. Por lo que respecta a la jurisprudencia del TEDH, el requerimiento de justificación patrimonial que exige el art. 438 bis CP implica —empleando la terminología del propio Tribunal— una "coacción directa". Ahora bien, ello no es óbice para admitir que la garantía del art. 6 CEDH *no cede* ante la voluntad del sujeto de sustraerse de las acciones de las autoridades inspectoras del patrimonio. Como es el caso, determinadas personas *asumen* obligaciones inherentes a su condición, como la de declarar sus bienes, y ese deber es uno de los argumentos que emplea el TEDH para excluir la vulneración del art. 6 CEDH.

En ese sentido, se ha de partir de que cuando el Derecho Administrativo formula una obligación pública se ha de presuponer la tutela de un derecho o interés constitucionalmente legítimo. El punto de partida inexcusable para abordar esta problemática es que, efectivamente, y con la fuerza que ese solo hecho posee, media un previo deber legal. Ahora bien, ello no es suficiente para afirmar su compatibilidad con el derecho a no autoinculparse. Si ello fuera así, podrían establecerse deberes *ad infinitum,* desde la propia ley, para descubrir delitos y ello implicaría dejar sin contenido el derecho a no autoincriminarse. Por esa razón se ha estimado que lo esencial es analizar cuál es el *tipo de dato* que se le solicita al sujeto, cuáles son sus exigencias.

En el trabajo se ha concluido que la obligación de rendición de cuentas que sirve de base al art. 438 bis CP se origina en el art. 103 CE y se traduce en un conjunto de normas de transparencia.

La finalidad de estas disposiciones es la de procurar la rectitud patrimonial de quienes ejercen funciones públicas. Lo determinante es que la información que el sujeto debe brindar, al menos desde un primer acercamiento, tiene carácter informativo, no tiene carácter incriminatorio: se trata de un hecho que, *en su origen*, es objetivo o "simple". No está ligado, por sí mismo, a ningún fin punitivo.

Pese a que se ha concluido que se puede solicitar información en el seno de un proceso de inspección o supervisión administrativa, conforme a la jurisprudencia del TEDH, existen límites en la facultad de exigir información sobre el patrimonio. Por ejemplo, cuando medien indicios racionales de criminalidad contra el sujeto se anula la posibilidad de requerir la justificación patrimonial. Tampoco cabe que el órgano requirente utilice este medio para fiscalizar de forma inquisitiva el patrimonio de la autoridad. Los requerimientos han de tener carácter restrictivo; no caben órdenes abiertas o heterogéneas. El requerimiento tiene un fin, la justificación patrimonial. No juzga, no encierra una sospecha, solo insta a la autoridad a que sea transparente.

II. La jurisprudencia del TC no difiere, en lo sustancial y en lo que aquí interesa, de la del TEDH. Sin embargo, sí introduce algunas especificidades que merecen ser resaltadas.

El TC diferencia entre "aportar" y "soportar" prueba. Ahora bien, especifica que la "aportación" queda amparada por el derecho a no declarar contra sí mismo y a no confesarse culpable solo cuando tenga carácter *inequívocamente incriminatorio.* Recalca, de forma clara, como lo hacen el prefijo y el sustantivo que definen la protección contra la autoincriminación, que esta se aplica únicamente a las declaraciones que tienen carácter *inequívocamente incriminatorio.* En ese sentido, y tomando en cuenta lo dicho en cuanto al tipo de dato que se le solicita al sujeto (I), el justificar el origen del patrimonio no equivale a una declaración.

El art. 438 bis CP no tiene por qué ser visto como un precepto que implica una renuncia a un derecho o una suerte de "ponderación" entre el derecho reconocido en el art. 24 CE y la obligación de transparencia patrimonial. Se ha constatado que la obligación de proporcionar datos sobre el patrimonio no debe implicar ni una confrontación ni un sacrificio del derecho reconocido en el art. 24.2 CE. No se está, por tanto, ante la renuncia a un derecho al asumir un cargo público, sino que se le pide a la autoridad que brinde una explicación porque tiene un previo deber de hacerlo y, lo más importante, que el deber, por sí mismo, no tiene carácter *inequívocamente incriminatorio.*

CUARTA

La pasividad manifiesta —que, como se verá, es una de las formas en las que puede materializarse la negativa abierta— nada tiene que ver, aunque así lo afirme parte de la doctrina, con que con la figura del art. 438 bis CP se esté criminalizando el derecho al silencio. El silencio puede servir, como advierte la STEDH Murray c. Reino Unido, como argumento *corroborador* de la tesis de la acusación, pero no como *prueba* para sostenerla. Si el sujeto autoridad debe declarar sus bienes, no puede sustraerse de esta obligación porque considere que su derecho al silencio le ampara. Si se llevara esta afirmación hasta sus últimas consecuencias, el derecho al silencio abarcaría cualquier hecho de abstención, sin importar la naturaleza de la obligación, lo cual es inadmisible.

QUINTA

Siguiendo la concepción procedimental del bien jurídico defendida por VIVES ANTÓN, se ha estimado que la intervención penal en el marco del art. 438 bis CP encuentra su justificación en el principio de autoridad, íntimamente ligado a la función que ejerce el art. 103 CE ("La Administración Pública sirve con objetividad los intereses generales"). Esta perspectiva ha permitido descartar aquellas posturas que, por un lado, rechazaban la existencia de bien jurídico protegido —porque lo concebían en términos de objeto— o que lo caracterizaban como un delito de sospecha, lo cual encontraba un límite en la literalidad del precepto y en la CE.

Se ha estimado que la corrupción, en sentido amplio, se encuentra vinculada a la figura del art. 438 bis CP, pero no anudada al bien jurídico inmediatamente protegido, sino al concepto más genérico de *ratio legis*. La razón que motivó la incriminación de la conducta fue esa, pero ello se satisfizo con la previsión legislativa que protege el principio de autoridad.

El bien jurídico protegido, el principio de autoridad, entendido como la protección de una determinada función, se dirige, en este caso, a procurar el buen funcionamiento del engranaje administrativo destinado a garantizar la transparencia, rectitud e integridad patrimonial de quienes ejercen funciones públicas. Esta afirmación se basa en distintas razones que serán expuestas a continuación, pero parte, fundamentalmente, de la legitimidad que esta concreta función ejerce en un Estado social y democrático de Derecho como el español, donde las autoridades deben tomar sus decisiones al servicio de los intereses generales.

Existen diversos motivos que avalan la función a la que está ligada, en este caso, el principio de autoridad. En primer lugar, la figura del art. 438 bis CP instituye como sujeto activo del delito únicamente a las autoridades. Los funcionarios se excluyen porque estos, en la mayoría de casos, no están sujetos a las leyes de transparencia. En segundo lugar, el órgano competente para realizar el requerimiento no puede ser cualquiera, sino —como exige el precepto— el *destinado* a comprobar la justificación de patrimonio. En ese sentido, el delito trata de proteger la atribución de autoridad, pero no cualquiera, sino la específica conferida a aquellos que tengan como fin asegurar la recta observancia de las leyes de transparencia. En tercer lugar, si no se entendiera que el art. 103 CE, y más concretamente la transparencia, juega algún papel junto al principio de autoridad no habría sido preciso establecer una relación entre: a) la obtención de un patrimonio de forma injustificada en un determinado periodo y b) la negativa abierta a dar una explicación. La dependencia entre la obtención y la negativa debe encontrar ahí su razón. Por último, carecería de sentido que se tratara de un delito que atenta "formalmente" contra el principio de autoridad cuando la multa es proporcional (se calcula con base a aquello obtenido de forma injustificada, que es lo que trata de evitar la normativa de transparencia), y es aquello que, en definitiva, permite otorgarle relevancia típica a la conducta.

En síntesis, el deber de transparencia, con el contenido constitucional que posee, constituye el objeto de la lesión, aunque no sea el objeto de tutela inmediato. Sin embargo, desde la perspectiva procedimental del bien jurídico, ambos extremos contribuyen a la justificación del castigo.

SEXTA

La formulación del delito del art. 438 bis CP descansa en la existencia de un enriquecimiento injustificado, un deber de comunicación (transparencia) y correlativa justificación patrimonial. No obstante, en la literatura penal española se avista una cierta confusión respecto de cuál es la concreta conducta incriminada. En el trabajo se han rechazado todas aquellas exégesis que, si bien se basan en la *ratio legis* del precepto, no responden al tenor de sus palabras. Concretamente, no cabe entender que los dos elementos que incorpora el precepto (la obtención de un incremento patrimonial o una cancelación de deudas u obligaciones en cantidad superior a 250.000 euros, no acreditados conforme a sus ingresos legítimos, y negativa abierta a justificar) sean, respectivamente, el elemento central del delito y una condición objetiva de procedibilidad o de punibilidad (o viceversa, como también se ha dicho).

El delito del art. 438 bis CP se descompone, por el contrario, en una dualidad de actos temporalmente escindidos: el *haber obtenido o haber cancelado 250.000 euros respecto de sus ingresos acreditados*, tiempo perfectivo que sitúa la acción en un momento anterior a la *negativa abierta* a justificar.

El primer elemento debe ser entendido como una *situación típica* (elemento del tipo de acción) que trasciende el mero objeto de tutela para focalizarse en el objeto de la lesión, determinando su lesividad y otorgándole relevancia típica a la conducta. Ello merece que sea abarcado por el dolo del autor. Negar esta premisa, y consecuentemente aceptar que se trata de una condición objetiva de punibilidad, implica ignorar que lo que se sanciona es la *obtención de un incremento patrimonial que no se justifique.* Además, entre los intereses que subyacen tras esta disposición, se encuentra el de que no se produzca un "enriquecimiento injustificado", de ahí que la desobediencia se vincule a ello. Este elemento conforma, así, el "marco típico" en el cual se manifiesta la desobediencia. La pena de multa, además, se calcula conforme al "beneficio obtenido", en contraste con otras figuras de desobediencia, y ello autoriza a pensar que la cuantía forma parte del tipo de acción. En definitiva, la "obtención" o "cancelación" no son circunstancias excepcionalmente agregadas a los elementos objetivos y subjetivos del tipo, sino que le otorgan lesividad a la conducta, es decir, le dan sentido.

En cuanto al segundo elemento, la "negativa abierta", no condiciona —como algunos afirman— la persecución penal ni la necesidad de la pena. Al contrario, este es el eje central de la conducta típica. En este sentido, la previsión del art. 438 bis CP se encuentra en un todo pretendidamente armónico y, si se atiende al resto de figuras de desobediencia, no se puede ignorar su centralidad. Lo contrario implica una interpretación excesivamente flexible, si no manipulada, de la ley penal. Además, si no se entiende así, se está aceptando tácitamente la incorporación de un tipo penal de "enriquecimiento ilícito", lo cual no solo es rechazable porque el texto no admite ambigüedades, sino porque encuentra un límite en la propia CE.

La negativa abierta albergará supuestos donde la autoridad se niegue de forma contumaz y explícita, pero también aquellos otros en los que, con disimulo, con comportamientos omisivos o tácitos, lo haga. Lo determinante está en determinar si la autoridad desatiende el mandato de manera *incontrovertiblemente rebelde,* adopte la forma que adopte.

SÉPTIMA

A lo largo de esta investigación, se han planteado y resuelto una serie de casos problemáticos al hilo del análisis de los elementos del tipo.

A. La justificación del origen ilícito del patrimonio

Si la autoridad justifica su patrimonio y este resulta ser ilícito, no podrá ser condenada por el delito de desobediencia del art. 438 bis CP. Ello porque el tipo requiere que el enriquecimiento sea *injustificado.* Justificado habrá quedado, aunque sea ilícito. Ahora bien, el material obtenido bajo compulsión, si tiene carácter *equívocamente incriminatorio,* puede ser utilizado en un proceso punitivo posterior. Ello es así porque determinar de dónde proviene un determinado patrimonio no equivale a confesar un hecho delictivo (a una autoinculpación forzada). Sostener la tesis contraria llevaría a inadmitir la validez del posterior uso del resultado incriminatorio de, por ejemplo, la prueba de alcoholemia o de la información inculpatoria que haya brindado el propio contribuyente, lo cual carece de sentido. En todo caso, la explicación que documente o exhiba el origen o la causa de la incongruencia patrimonial, poseerá un valor *meramente indiciario.* Estará condicionada, por un lado, a la correcta aplicación de los límites establecidos para preservar el derecho de defensa y, para colmar el estándar del derecho a la presunción de inocencia, a la existencia de otros indicios que respalden la aplicación del delito en cuestión.

B. La no justificación del patrimonio por causas ajenas a la voluntad del sujeto

Si la autoridad no justifica sus bienes por causas ajenas a su voluntad no se podrá afirmar que se ha *negado abiertamente* y, por ende, no resultará aplicable el art. 438 bis CP.

C. La justificación patrimonial por parte de un tercero

Distinta solución se le ha dado al supuesto en el que se justifique, por parte de un tercero, el origen (lícito o ilícito) del patrimonio. En este caso, la respuesta dependerá del momento en el que lo haga. Si lo hace con anterioridad a que se consume el delito, habrá desaparecido el presupuesto de la desobediencia (el carácter *injustificado* de los más de 250.000 euros) y, por ende, no cabrá valorar la aplicación del art. 438 bis CP.

D. La justificación del patrimonio por causas ajenas a la voluntad del sujeto

Si el incremento patrimonial tiene carácter *lícito*, pero la autoridad no quiere revelarlo, ello es independiente de este delito. Si el sujeto tiene unos bienes cuyo origen no quiere declarar, este sabe, cuando asume tal condición, que tiene un deber inherente a su cargo, que se manifiesta en esa exigencia de transparencia a la que están sometidas las altas funciones públicas, cuya vulneración se materializa en la negativa a justificar ante la autoridad competente.

E. La justificación parcial del origen del patrimonio

Las justificaciones o declaraciones incompletas plantean una problemática distinta. El incremento patrimonial injustificado puede ser acreditado, una vez requerido el sujeto, de forma *parcial*. De antemano, sería inadmisible aceptar que, si el sujeto obtiene 250.000 euros no acreditados y justifica 1, queda ajeno a la sanción penal. Por ello, puede entenderse que el precepto exige que se justifique el *global* del patrimonio no justificado. Ahora bien, de no considerarse apropiada lo solución anterior, se deberá recurrir a la infracción administrativa correspondiente.

F. La autoridad que justifica sus bienes en el proceso penal ulterior

Si el sujeto activo autoridad, tras el oportuno requerimiento y la consiguiente negativa abierta, justifica sus bienes en el procedimiento penal no se pueden vaciar los efectos del art. 438 bis CP. Ahora bien, como cuestión para valorar, aunque esta solución sea ajena a los puros delitos de desobediencia, quizá, de forma similar al delito fiscal, se pueda explorar una solución en el propio art.

438 bis CP para el caso de que exista una justificación integral posterior, antes del proceso penal o durante el mismo, en un determinado plazo. Podría tener, ciertamente, un fundamento político-criminal, pues no ha de olvidarse que el interés que subyace tras este delito es atajar el problema de la corrupción y, si la causa es absolutamente lícita, aunque se justifique después, al Estado quizá no le interese castigar (o al menos no de la misma forma) este concreto supuesto. En su defecto, podría explorarse la posibilidad de plantear la aplicación de una circunstancia análoga a la de confesión.

OCTAVA

En el trabajo se ha sostenido que solo las autoridades pueden ser sujetos activos del delito, pero no todas, porque la exégesis que aquí se propone comporta una restricción típica a aquellas que tengan un previo y específico deber legal de justificar su patrimonio. Sería inadmisible, en un Estado social y democrático de Derecho que valora, como postulados básicos, la seguridad jurídica y la interdicción de la arbitrariedad, aceptar que se pueda requerir obediencia sin una previa obligación por parte de quien debe acatar la orden. Se ha concluido, también, que el previo deber de obedecer no puede emanar, directamente, de la ley penal, aceptarlo comportaría la admisibilidad de un delito de corte "formal", con una fórmula vacía. Las anteriores afirmaciones han permitido excluir como posibles sujetos activos del delito a aquellas autoridades que, como el resto de los ciudadanos, tienen genéricos deberes de rendición de cuentas.

Por si lo anteriormente expuesto no fuera suficiente, existen indicios que avalan esta decisión. El más evidente, es el que emana de razones de coherencia jurídica. No existe desobediencia en el CP que carezca de previo fundamento. Por otro lado, y como argumentos corroboradores de lo dicho, el Preámbulo de la LO 12/2022, de 22 de diciembre, establece que España sigue el modelo adoptado en Portugal y el país vecino limita, expresamente, la aplicación del delito a una serie de sujetos. Esta decisión también concuerda con la propuesta alternativa que, en su día, hizo la ONUCDD, que señaló que, dados los problemas de constitucionalidad que presentaba el art. 20 CNUCC, una vía alternativa era la de establecer sistemas de declaración patrimonial y adoptar sanciones en caso de incumplimiento. Además, el art. 438 bis CP se refiere al órgano que ha de realizar el requerimiento como el *destinado* para hacerlo. La adjetivación del órgano como destinado lleva a considerar que no se trata de cualquier órgano, sino del encargado de hacer cumplir un *singular compromiso.*

NOVENA

En el trabajo se ha tratado de determinar qué autoridades están sujetas al previo y específico deber de transparencia patrimonial. Lo están, entre otros, los altos cargos, diputados, senadores, etc. No obstante, algunas autoridades, pese a que tienen obligaciones de transparencia, no pueden ser consideradas como sujetos activos del delito. Ello se debe a que sus "previos deberes" están dispuestos en Convenios o Códigos éticos que no tienen fuerza vinculante como para respaldar un delito de desobediencia de estas características.

DÉCIMA

La decisión del legislador de incluir a las autoridades y excluir a los funcionarios no parece del todo acertada. La jurisprudencia ha calificado como funcionario a determinados sujetos que se encuentran sometidos a la normativa de transparencia y que, por ende, tienen especiales deberes con la Administración. En todo caso, se deberá ahora determinar con claridad qué sujetos ostentan tal cualidad. Hasta el momento, se han observado variaciones jurisprudenciales que actúan en detrimento de la seguridad jurídica, pues esta vacila en la calificación de ciertos cargos como autoridad o como funcionario público.

UNDÉCIMA

El art. 438 bis CP amplía la facultad de requerir la justificación patrimonial hasta cinco años después del cese en la función o cargo. A primera vista, la extensión de este período temporal podría interpretarse como un rasgo característico de una figura de sospecha, pero el precepto parece sortear el inconveniente al delimitar un marco específico para la ocurrencia del enriquecimiento.

No obstante, el principal desafío surge al considerar que el requerimiento debe estar fundamentado en un deber preexistente. Dado que no todas las autoridades están sometidas a este específico deber tras su cese, y toda vez que la base normativa que exige la desobediencia es esencial para afirmar el delito, la obligación de justificar se desvanece. Esto no debe impedir que el legislador extienda, mediante la normativa extrapenal, el deber de justificación patrimonial a los cinco años subsiguientes, alineando así las leyes de transparencia con el art. 438 bis CP.

DUODÉCIMA

El órgano encargado para emitir el requerimiento debe estar claramente determinado por la ley, para evitar una suerte de *vía de hecho* como mecanismo habilitante para reclamar obediencia. Los órganos legalmente facultados para tal fin, como por ejemplo la OCI, son los únicos que pueden asumir esta responsabilidad. Aunque la Administración tributaria, oficinas antifraude u órganos judiciales pueden desempeñar un papel esencial en la identificación de patrimonios no justificados, no poseen autoridad (pues no lo dispone la ley de forma expresa) para requerir a efectos del art. 438 bis CP.

Si un órgano sin la debida competencia solicita a una autoridad cumplir con un requerimiento, la negativa abierta a acatar la orden será *atípica*. Distinta solución merecerá el supuesto en el que la autoridad desobedezca creyendo que la autoridad requirente era incompetente. En este caso, se podrá valorar, si procede, un *error de tipo*. No obstante, resulta discutible que, como regla general, pueda concedérsele relevancia a este error.

DECIMOTERCERA

A pesar de que el Preámbulo de la LO que introdujo el art. 438 bis CP sugiere que los órganos judiciales son competentes para requerir, se ha concluido que no pueden ejercer tal función porque entre sus competencias legales no se dispone esta atribución. Sin embargo, en el trabajo se ha sostenido, de *lege ferenda*, que la asignación de competencia a dichos órganos sería razonable, al menos en ciertos casos.

La atribución competencial se justificaría en que, desde la perspectiva constitucional, el art. 103 CE subraya que *la Administración Pública sirve con objetividad los intereses generales*, lo cual respalda la idea de que los órganos judiciales aseguren la imparcialidad e integridad en el desempeño de la función pública. Asimismo, el art. 124 CE le concede al Ministerio Fiscal un papel relevante en la promoción de la justicia, la legalidad, los derechos ciudadanos y el interés público, lo cual podría extenderse a la garantía de cumplimiento del deber de transparencia.

Se ha reflexionado, también, sobre si el hecho de que un órgano penal realice el requerimiento infringe, en todo caso, el derecho a no declarar contra sí mismo y a no confesarse culpable. Se ha considerado que no, que sería razonable conferirles dicha competencia si la "coacción" se estima como independiente del *ius puniendi* estatal, no enfocada a descubrir un determinado ilícito, sino a asegurar el cumplimiento de una obligación que no guarda relación directa con el proceso penal.

Ahora bien, lo anterior no obsta para que, si se establece legalmente la competencia de los órganos judiciales, el delito se estime como "subsidiario". Se trataría de una subsidiariedad particular en la que, ante un enriquecimiento injustificado, el órgano judicial debería agotar todas las diligencias correspondientes para determinar de dónde procede el patrimonio y, si este no guarda relación con el proceso, debería proceder con el requerimiento.

DECIMOCUARTA

En cuanto a la proporcionalidad de las consecuencias jurídicas asociadas al delito, tras analizar la jurisprudencia constitucional sobre el particular, se considera razonable que el legislador haya optado por otorgarle una mayor severidad a un tipo específico de desobediencia que tiene lugar en un contexto como este. Dicho de otro modo, la diferencia punitiva se justifica en el interés en sancionar con mayor dureza una forma concreta de desobediencia.

Respecto de la pena de multa, cobra sentido que la multa sea proporcional y se calcule sobre aquello obtenido de forma injustificada, pues la desobediencia se vincula al enriquecimiento no justificado. Con todo, la palabra "beneficio" para referirse a aquello sobre lo que se calcula la multa, no es la más adecuada, ya que, como tal, no se produce beneficio alguno. El beneficio se relaciona con la idea de provecho. Por ello, quizá hubiera sido más preciso que el legislador se hubiera referido a la "cuantía obtenida" o "no declarada".

DECIMOQUINTA

El delito de desobediencia del art. 438 bis CP no genera bienes y ello hace difícilmente imaginable la aplicación de la consecuencia accesoria del decomiso. Los 250.000 euros que exige el precepto no emergen de la comisión del delito ni se utilizan para su ejecución. La opción del decomiso ampliado se descarta por la misma razón y porque la figura del art. 438 bis CP no se incluye en la lista *numerus clausus* de delitos susceptibles de esta medida.

Se ha tratado de responder, además, a la pregunta de cuál es la solución adecuada para el supuesto en el que el presupuesto de la desobediencia del art. 438 bis CP coincida con el objeto del decomiso y con el del decomiso ampliado. Se ha estimado que no cabrá la condena por el delito del art. 438 bis CP cuando: a) el patrimonio sea ilícito y proceda el decomiso de los bienes (ya no habrá bienes *injustificados*, y por ende, no cabrá realizar el requerimiento de justificación patrimonial) y b) la no justificación del patrimonio haya intervenido como indicio para condenar por el delito fuente del que deriva el decomiso. Por lo que respecta al decomiso ampliado, si en el proceso se estima que los bienes provienen de una "actividad delictiva", no cabrá realizar el requerimiento de justificación patrimonial en tanto que habrá desaparecido el presupuesto de la desobediencia. Tampoco cabrá realizar el requerimiento y, por tanto, no cabrá la condena por el art. 438 bis CP, cuando esté pendiente el proceso en el que debe decidirse si los bienes provienen de una "actividad delictiva" en el sentido del art. 127 bis CP. En ese caso, podrá considerarse que el sujeto estaba *materialmente acusado en el proceso* y ello encontrará un límite desde la perspectiva del derecho a no declarar contra sí mismo y a no confesarse culpable.

DECIMOSEXTA

Se ha incidido en los supuestos en los que, por distintas razones, no cabe hablar de concurso.

A. Cuando los bienes tengan origen ilícito

Si los bienes tienen origen delictivo, no procede realizar el requerimiento de justificación patrimonial, puesto que ya no será necesaria explicación alguna. Se habrá disipado el presupuesto del art. 438 bis CP, pues se conocerá el origen del patrimonio y estará justificado (aunque sea ilícito).

B. Cuando medien indicios de la comisión de un delito lucrativo por parte de la autoridad

Si existen indicios de la comisión de un delito, y el beneficio de este coincide o puede coincidir con el presupuesto de la desobediencia, se ha considerado que no cabe realizar el requerimiento de justificación patrimonial. En este caso, el derecho a no autoincriminarse limita la posibilidad de solicitar una explicación. El TEDH y el TC extienden la garantía de no autoincriminación a aquellos supuestos en los que el sujeto esté incurso en un procedimiento penal o quien pueda llegar a estarlo.

C. Cuando la cuota defraudada pueda coincidir con el presupuesto de la desobediencia

Desde una perspectiva técnica, cuando la cuota defraudada y el presupuesto de la desobediencia del art. 438 bis CP coincidan, al mediar hecho y el bien jurídico distintos, parece adecuado inclinarse por la solución del concurso de delitos. Sin embargo, esta afirmación, como en el anterior supuesto, encuentra un límite en la CE. Al requerir al sujeto para que dé explicaciones sobre la cuota defraudada, algo que forma parte del núcleo de su conducta delictiva, se le está forzando a desvelar información que podría incriminarlo. Por ende, en este caso, no cabrá realizar el requerimiento de justificación patrimonial. Distinta solución merece el supuesto en el que de la declaración fiscal correctamente realizada se deduzca un enriquecimiento injustificado. Ese hallazgo, como no tendrá vinculación con ningún delito fiscal, sí podrá servir como presupuesto para apreciar la desobediencia del art. 438 bis CP.

D. Cuando la autoridad sea acusada por cualquier delito, pero no exista prueba para condenarle

Si la autoridad es acusada por cualquier delito y no existe prueba de cargo para sostener la condena por este, se podrá condenar, si procede, por el delito de desobediencia por enriquecimiento injustificado. Todo ello siempre que la solicitud de justificación patrimonial no sirva para dirigir un proceso penal futuro contra la persona, como se detalló en el supuesto B.

E. Imposibilidad de apreciar un posterior delito de blanqueo de capitales tras la desobediencia del art. 438 bis CP

No cabe apreciar un subsiguiente delito de blanqueo de capitales tras la desobediencia por enriquecimiento injustificado porque la autoridad, con este delito, no adquiere activos, sino que evita la justificación de un patrimonio que posee y, por ende, no existen “bienes” a efectos del blanqueo.

DECIMOSÉPTIMA

No se comparte, como afirma la doctrina dominante, que el art. 438 bis CP reproduce todos los elementos del art. 410 CP y, por ende, guarda con él una relación de especialidad. Aunque a primera vista parece que ambos preceptos se superponen, un análisis detallado de la literalidad de ambas figuras y de la tradición interpretativa del delito de desobediencia de funcionarios, revela que esto no es así. Lo propio cabe decir con respecto al art. 556.1 CP. Por consiguiente, en ausencia de alguno de los elementos típicos del art. 438 bis CP lo adecuado será recurrir, si procede, a la infracción administrativa correspondiente.

DECIMOCTAVA

Como la figura del art. 438 bis CP plantea una problemática particular, se diferencian distintas hipótesis de concurso de infracciones o supuestos de acumulación de condenas.

A. Cuando los bienes no tienen justificación, pero no guardan relación con el objeto del proceso

No debe mediar obstáculo en condenar por el delito del art. 438 bis CP cuando, en el seno de un procedimiento, el afloramiento patrimonial surge de forma autónoma, es decir, no vinculado con el objeto del proceso. El único límite que encuentra esta solución fue desarrollado en la conclusión decimoquinta: no debe haber indicios sobre el origen ilícito de los bienes.

B. Cuando el presupuesto de la desobediencia coincida en parte con el beneficio del delito previo

Si en el seno de un procedimiento, surge una porción de patrimonio ilícito, mientras que otra permanece sin justificación, si la condena por el primero no alcanza el conjunto del patrimonio injustificado (y el decomiso ampliado no resulta aplicable), el órgano competente debe proceder con el requerimiento y será posible la doble condena.

C. Cuando el presupuesto de la desobediencia coincida con el beneficio del delito previo

El mayor de los problemas se ha encontrado en el supuesto en el que el presupuesto de la desobediencia coincida con el beneficio obtenido por un delito previo. Tras analizar los criterios jurisprudenciales utilizados en casos parangonables a este, y después de estudiar, más concretamente, la teoría de los actos copenados, se ha llegado a la conclusión de que puede caber, en determinados supuestos, la condena por ambos delitos.

Si en el momento de realizar el requerimiento (y con la consiguiente negativa) no existía procedimiento penal previsto ni previsible contra la persona, no deberá mediar obstáculo en considerar esta solución. Ello se ha justificado en que la desobediencia implica un hecho *distinto* del delito que genere bienes; el delito de "referencia" no absorbe, al menos en ciertos casos, a la desobediencia, pues ningún precepto lo autoriza ni del CP se deduce de forma implícita y, además, porque cada una de estas conductas lesiona bienes jurídicos diferentes.

En definitiva, puede estimarse apropiada la solución de la doble sanción cuando, tras el requerimiento y la negativa abierta (consumación), se descubra otro delito. Se debe diferenciar, pues, entre el supuesto en el que existe un límite constitucional que impide apreciar el art. 438 bis CP (es decir, si el enriquecimiento no justificado sirve como indicio, durante el proceso, para condenar por el delito que genere bienes) y aquel en el que la vinculación del enriquecimiento con un delito previo emerja posteriormente, tras la desobediencia por el art. 438 bis CP. Solo en este último caso, cabe la condena por ambos delitos.

DECIMONOVENA

En el supuesto en el que la autoridad altere un documento público o lo simule para encubrir su falta de compromiso con la orden, cabrá considerar la aplicación de las reglas del concurso de delitos. Esto se debe a que el principio de autoridad tutelado por el art. 438 bis CP difiere del bien jurídico protegido por el art. 390 CP, que es la seguridad del tráfico jurídico.

Ahora bien, el TS ha venido señalando que, para la comisión del delito de falsedad documental en documento público, es necesario que la autoridad o funcionario actúe en el marco de sus funciones *específicas* y estima que la declaración de bienes o actividades no es un acto propio de las atribuciones del cargo. Frente a esta decisión, en el trabajo se ha estimado que declaraciones de patrimonio deben ser vistas como un acto específico de las funciones del cargo, porque representan una obligación que va ligada a la perfección y ejercicio del mismo. Esto implica reconocer que no tienen un carácter meramente procedimental como parece afirmar el TS, sino que se trata de un deber inherente al ejercicio de la función pública. Además, desde un punto de vista práctico, la exclusión de la declaración de bienes como un acto propio del cargo puede tener implicaciones negativas. Si no son consideradas como una parte del ejercicio de la función, se estarán obviando los mecanismos que las leyes imponen para ejercer determinado cargo público.

La misma solución concursal merecería, en principio, el supuesto de concurrencia con el delito de falsedades en documento privado. Ahora bien, habrá que determinar, como exige el art. 395 CP, que la autoridad actúa *para perjudicar a otro,* lo cual parece difícilmente imaginable.

VIGÉSIMA

De forma paralela al art. 438 bis CP existe un cuerpo de infracciones ubicadas en la normativa extrapenal. Esta doble vía ha evidenciado que entre ambos ilícitos se establece una frontera de *progresión.* La Administración, en todo caso, debe respetar la regla de preferencia, trasladando los hechos a la jurisdicción penal si estima que "pueden" ser constitutivos de delito. Si se incumple la regla, será necesario valorar si, como exige el TC, se producido una *reiteración punitiva constitucionalmente proscrita.*

Por lo que se refiere a la dimensión procesal del principio de *ne bis in idem,* siguiendo la doctrina del TC sobre el particular, la sencillez del procedimiento sancionador que podría sustanciarse ante la oficina de transparencia correspondiente no permite equipararlo al procedimiento penal y, por ende, no se puede afirmar una vulneración de tal principio. Ahora bien, la prohibición de *ne bis in idem* no impedirá un segundo procedimiento penal, esta vez por el art. 438 bis CP, cuando el primero deje sin resolver una cuestión que no se sustanció en el primero. Le competerá a la

OCI reclamarle al sujeto una explicación y, si este se niega abiertamente a darla, merecerá de un nuevo pronunciamiento judicial sobre el fondo. Todo ello, aunque parezca una obviedad, siempre que no se vulnere el derecho a no declarar contra sí mismo y a no confesarse culpable.

CONCLUSIÓN FINAL

En el trabajo se ha profundizado en el análisis del art. 438 bis CP, con especial énfasis en la importancia de adherirse a la letra de la ley y a los principios constitucionales, evitando interpretaciones "libres" del precepto que se desvían hacia la presunta *ratio legis* no explicitada en el texto legal.

El art. 438 bis CP se ha identificado como un tipo específico de desobediencia enmarcado en el ámbito de la transparencia patrimonial de las autoridades, sustentado en el art. 103 CE, que explicita que *la Administración Pública sirve con objetividad los intereses generales.* Enmarcado así el precepto, en esta investigación se ha propuesto limitar el delito a aquellas autoridades que tengan especiales deberes de transparencia patrimonial, evitando la configuración de un tipo de corte "formal".

A pesar de que el art. 438 bis CP puede generar dudas desde la perspectiva constitucional, su literalidad no impide que pueda adecuarse a las exigencias constitucionales. En este contexto, la figura debe considerarse *autónoma,* no vinculada a la previa comisión de ningún otro delito, y *subsidiaria,* en el sentido de que debe aplicarse únicamente tras haber verificado que el enriquecimiento es injustificado, pero no ilícito. Se trata, en definitiva, de un "tipo de recogida".

Tal como está redactado el precepto, no obstante, se puede dudar de su aplicación práctica. Por esa razón, se estima aconsejable: a) la inclusión de los funcionarios públicos como sujetos activos del delito, para que la aplicación del precepto se pueda extender a aquellos que tienen especiales deberes de rendición de cuentas; b) la ampliación de la obligación administrativa de justificar más allá de la finalización del ejercicio del cargo a todas las autoridades con previos deberes de transparencia patrimonial, de modo que se asegure la coordinación de la normativa extrapenal con el plazo establecido en el art. 438 bis CP; c) considerar la posibilidad de establecer la competencia de los órganos judiciales para requerir la justificación patrimonial, siempre que el ejercicio de tal atribución sea autónomo y no se entienda como una indebida extensión del *ius puniendi.*

Bibliografía

ABANTO VÁSQUEZ, M., *Los delitos contra la Administración Pública en el Código Penal peruano,* Palestra, Lima, 2001.

ACOSTA ZÁRATE, L. A., MEDINA RICO, R. H., SALAZAR MEDINA, W., *Manual de responsabilidad del servidor público,* Tirant lo Blanch, Bogotá, 2020.

AGUADO-CORREA, T., "Comiso: crónica de una reforma anunciada", *InDret,* nº 1, 2014.

AGUADO-CORREA, T., "Criminalidad organizada en tiempos de pandemia en la UE: tolerancia cero con el dinero ilícito" en MONTEIRO GUEDES VALENTE, M. (coord.), *Criminalidade organizada transnacional. Corpus delicti- IV,* Almedina, Coimbra, 2022.

AGUALLO AVILÉS, A., "Aproximación al contenido constitucional de los derechos a la intimidad y a no autoincriminarse: una interpretación constitucional de las SSTC 110/1984 y 76/1990", *Quincena Fiscal,* nº 21-22, 2003.

AGUALLO AVILÉS, A., BUENO GALLARADO, E., "El contenido del derecho a no autoincriminarse: en especial, divergencias entre la jurisprudencia del Tribunal Constitucional y la del Tribunal Europeo de Derechos Humanos" en VILLAR EZCURRA, M. (dir.), *Estudios jurídicos en memoria de don César Albiñana García Quintana,* vol. II, Instituto de Estudios Fiscales, Madrid, 2008.

AGUALLO AVILÉS, A., GARCÍA BERRO, F., "Deber de colaborar con la Administración Tributaria y derecho a no autoincriminarse: un conflicto aparente", *El Asesor Fiscal ante el nuevo siglo, Asociación Española de Asesores Fiscales,* 2000.

AGUALLO AVILÉS, A., GARCÍA BERRO, F., "El deber de colaborar con la administración tributaria y el derecho a no autoincriminarse. Un análisis crítico de la cuestión a la vista de la jurisprudencia europea y norteamericana", *Rivista di Diritto Tributario Internazionale,* nº 1, 2001.

AGULLÓ AGÜERO, A., "*Non bis in idem,* contrabando y tráfico de drogas", *Problemática jurídica y psicosocial de las drogas,* Consellería de Sanitat i Consum de la Comunitat Valenciana, Valencia, 1987.

ALARCÓN SOTOMAYOR, L., "El adelanto excepcional a la inspección administrativa del derecho fundamental a no declarar contra sí mismo: casos y causas" en DÍEZ SÁNCHEZ, J. J. (coord.), *La función inspectora. Actas del VIII Congreso de la AEPDA*, INAP, Madrid, 2013.

ALONSO ÁLAMO, M., "Bien jurídico material y bien jurídico procedimental... y discursivo" en CARBONELL MATEU, J. C., GONZÁLEZ CUSSAC, J. L., ORTS BERENGUER, E. (dirs.), *Constitución, derechos fundamentales y sistema penal. Semblanzas y estudios con motivo del setenta aniversario del profesor Tomás Salvador Vives Antón*, Tomo I, Tirant lo Blanch, Valencia, 2009.

ALONSO GONZÁLEZ, L. M., "Las ganancias patrimoniales no justificadas" en GARCÍA NOVOA, C., LÓPEZ DÍAZ, A., (coords.), *Temas de Derecho Penal Tributario*, Marcial Pons, Madrid, 2000.

ALONSO RIMO, A., "El delito de negativa a someterse a las pruebas de detección de alcohol o drogas tóxicas desde la perspectiva de la reforma penal de 2007" en VIDALES RODRÍGUEZ, C. y MERA REDONDO, A. (coords.), *Seguridad Vial (Especial referencia a la reforma operada en el Código Penal mediante la Ley Orgánica 15/2007, de 30 de noviembre)*, Tirant lo Blanch, Valencia, 2008.

ALTAMIRANO, G. D., "The impact of the Inter-American Convention Against Corruption", *University of Miami Law Review*, nº 38, 2007.

ÁLVAREZ GARCÍA, F. J., "Algunas consideraciones sobre la tipificación de los delitos de desobediencia de funcionarios en el Código penal de 1995" en QUINTERO OLIVARES, G., MORALES PRATS, F. (coords.), *El nuevo Derecho Penal español. Estudios penales en memoria del Profesor José Manuel Valle Muñiz*, Aranzadi, Pamplona, 2001.

ÁLVAREZ GARCÍA, F. J., "Las desobediencias en Derecho Penal", *Eunomía. Revista en Cultura de la Legalidad*, nº 4, 2013.

ÁLVAREZ GARCÍA, F. J., "Los delitos de desobediencia al superior" en EL MISMO (dir.), *Tratado de Derecho Penal Español. Parte Especial. III. Delitos contra las Administraciones Pública y de Justicia*, Tirant lo Blanch, Valencia, 2013.

ÁLVAREZ GARCÍA, F. J., "Sobre quebrantamiento de condena, impago de pensiones, falta de comparecencia a comisiones de investigación y citaciones judiciales", *Revista de Derecho Penal y Criminología*, nº 19, 2007.

ÁLVAREZ GARCÍA, F. J., *El delito de desobediencia de los funcionarios públicos*, Bosch, Barcelona, 1987.

ANEIROS PEREIRA, J., "El derecho a no declarar contra sí mismo y a no confesarse culpable a la luz de la jurisprudencia del Tribunal Europeo de Derechos Humanos", *Quincena Fiscal*, nº 17, 2002.

ANGELINI, L. M., "Comentario sobre el delito de enriquecimiento ilícito". Disponible en: http://www.terragnijurista.com.ar/doctrina/comentarioilicito.htm

ANTUNES, M. J., "Novos desafios da juridição constitucional em matéria penal" en ROBERTO D'AVILA, F.R., LEONHARDT DOS SANTOS, D. (coords.), *Direito Penal e Política Criminal*, EDIPUCRS Editoria Universitárdia da PUCRS, Porto Alegre, 2015.

AÑEZ NÚÑEZ, C., "El enriquecimiento ilícito de servidores públicos y de particulares en la legislación boliviana", *Revista Científica Facultativa Criterio Académico*, nº 3, 2017.

ARGANDOÑA, A., "La Convención de las Naciones Unidas contra la corrupción y su impacto sobre las empresas internacionales", *IESE Business School*, nº 656, 2006.

ARROYO ZAPATERO, L. A., *Delitos contra la hacienda pública en materia de fraude de subvenciones*, Centro de Publicaciones del Ministerio de Justicia, Madrid, 1987.

ASENCIO MELLADO, J. M., "El delito de enriquecimiento ilícito", *El Notario del Siglo XXI*, nº 32, 2010.

ASENCIO MELLADO, J. M., "La lucha contra la corrupción. El delito de enriquecimiento ilícito" en ALCATRAZ RAMOS, M. (dir.), *El Estado de Derecho frente a la corrupción urbanística*, La Ley, Madrid, 2007.

ASUA BATARRITA, A., "La tutela penal del correcto funcionamiento de la Administración. Cuestiones político criminales, criterios de interpretación y delimitación respecto a la potestad disciplinaria" en LA MISMA (ed.), *Delitos contra la Administración pública*, IVAP, Vitoria, 1997.

BABU, R., "The United Nations Convention against corruption: a critical overview", 2006. Disponible en: http://dx.doi.org/10.2139/ssrn.891898

BACIGALUPO, E., *Principios de Derecho Penal. Parte General*, Akal, Madrid, 1990.

BAJO FERNÁNDEZ, M., "Nuevas tendencias en la concepción sustancial del injusto penal. Recesión a Bernardo Feijoo, «Normativización del Derecho Penal y realidad social», Bogotá, Universidad Externado de Colombia, 2007", *InDret*, nº 3, 2008.

BAJO FERNÁNDEZ, M., *Manual de Derecho Penal (Parte Especial). Delitos contra las personas*, 2ª ed., Ramón Areces, Madrid, 1991.

BAJO FERNÁNDEZ, M., MENDOZA BUERGO, B., "Hacia una Ley de contravenciones el modelo portugués", *Anuario de Derecho Penal y Ciencias Penales*, Tomo 36, Fasc/Mes 3, 1983.

BAJO FERNÁNDEZ, M., PÉREZ MANZANO, M., SUÁREZ GONZÁLEZ, C., *Manual de Derecho Penal (Parte Especial)*, 2ª ed., Editorial Universitaria Ramón Areces, Madrid, 1993.

BALLOT, T., "Réflexions sur les sanctions patrimoniales à la lumière du recouvrement des avoirs issus de la corruption transnationale", *Revue de science criminelle et de droit pénal comparé*, nº 2, 2013.

BANACLOCHE PALAO, J., "El derecho a ser informado de la acusación, a no declarar contra uno mismo y a no confesarse culpable", *Cuadernos de Derecho Público*, nº 10, 2000.

BÁRCENAS ESPITA, E., *El enriquecimiento ilícito*, Web System E.U, Bogotá, 2003.

BARJA DE QUIROGA, C., "Artículo 3" en LÓPEZ BARJA DE QUIROGA, J. (dir.), *Comentarios a la Ley de Enjuiciamiento Criminal*, Tomo I, Tirant lo Blanch, Valencia, 2023.

BARJA DE QUIROGA, J., GRANADOS PÉREZ, C., MARTÍNEZ ARRIETA, A., MARTÍNEZ-ARRIETA MÁRQUEZ DE PRADO, C., VILLEGAS GARCÍA, M. A., "Art. 24" en *Código Penal. Comentarios, concordancias, jurisprudencia, e índice analítico*, 20ª ed., Colex, A Coruña, 2023.

BARJA DE QUIROGA, J., GRANADOS PÉREZ, C., MARTÍNEZ ARRIETA, A., MARTÍNEZ-ARRIETA MÁRQUEZ DE PRADO, C., VILLEGAS GARCÍA, M. A., "Art. 383" en *Código Penal. Comentarios, concordancias, jurisprudencia, e índice analítico*, 20ª ed., Colex, A Coruña, 2023.

BARJA DE QUIROGA, J., GRANADOS PÉREZ, C., MARTÍNEZ ARRIETA, A., MARTÍNEZ-ARRIETA MÁRQUEZ DE PRADO, C., VILLEGAS GARCÍA, M. A., "Art. 410" en *Código Penal. Comentarios, concordancias, jurisprudencia, e índice analítico*, 20ª ed., Colex, A Coruña, 2023.

BENLLOCH PETIT, G., "El principio de non bis in idem en las relaciones entre el Derecho Penal y el Derecho disciplinario", *Poder Judicial*, nº 51, 1998.

BERDUGO GÓMEZ DE LA TORRE, I., "Corrupción y Derecho Penal. Condicionantes internacionales y reformas del Código penal" en DEMETRIO CRESPO, E., GONZÁLEZ-CUÉLLAR SERRANO, N. (dirs.), *Halcones y palomas: corrupción y delincuencia económica*, Castillo de Luna, Madrid, 2015.

BERDUGO GÓMEZ DE LA TORRE, I., "La respuesta penal internacional frente a la corrupción. Consecuencias sobre la legislación española" en PÉREZ CEPEDA, A. I. (dir.), *Política criminal ante el reto de la delincuencia transnacional*, Tirant lo Blanch, Valencia, 2016.

BERDUGO GÓMEZ DE LA TORRE, I., "Política criminal contra la corrupción: la reforma del decomiso", *Revista Penal*, nº 40, 2017.

BERDUGO GÓMEZ DE LA TORRE, I., FERRÉ OLIVÉ, J. C., *Todo sobre el fraude tributario,* Praxis, Barcelona, 1994.

BIELSA, R., *La función pública. Caracteres jurídicos y políticos. La moralidad administrativa,* Roque Depalma editor, Buenos Aires, 1960.

BIKELIS, S., "Prosecution for illicit enrichment: the Lithuanian perspective", *Journal of Money Laundering Control,* nº 2, 2017.

BLANCO CORDERO, I., "Armonización-aproximación de las legislaciones en la Unión Europea en materia de licha contra los productos del delito: comiso, organismos de recuperación de activos y enriquecimiento ilícito" en ARANGÜENA FANEGO, C. (dir.), *Espacio Europeo de libertad, seguridad y justicia: últimos avances en cooperación judicial penal,* Lex Nova, Valladolid, 2010.

BLANCO CORDERO, I., "Comiso ampliado y presunción de inocencia" en PUENTE ABA, L. M. (dir.), *Criminalidad organizada, terrorismo e inmigración. Retos contemporáneos de la política criminal,* Comares, Granada, 2008.

BLANCO CORDERO, I., "De nuevo sobre el delito de enriquecimiento ilícito" en GÓMEZ MARTÍN, V., BOLEA BARDON, C., GALLEGO S., J. I., HORTAL IBARRA, J. C., JOSHI JUBERT, U. (dirs.), *Un modelo integral de Derecho Penal. Libro homenaje a la profesora Mirentxu Corcoy Bidasolo,* Boletín Oficial del Estado, Madrid, 2022.

BLANCO CORDERO, I., "Delitos contra la Hacienda Pública y la Seguridad Social", *Eguzkilore: Cuaderno del Instituto Vasco de Criminología,* nº 14, 2000.

BLANCO CORDERO, I., "El debate en España sobre la necesidad de castigar penalmente el enriquecimiento ilícito de empleados públicos", *Revista electrónica de Ciencia penal y Criminología,* nº 19, 2017.

BLANCO CORDERO, I., "El delito de enriquecimiento ilícito desde la perspectiva europea", *Revue électronique de l'AIDP,* 2013.

BLANCO CORDERO, I., "Estrategia penal contra las ganancias de la corrupción: blanqueo de capitales, delito fiscal y enriquecimiento ilícito" en JIMÉNEZ GARCÍA, F., ROPERO CARRASCO, J. (coords.), *Blanqueo de capitales y corrupción Interacciones para su erradicación desde el Derecho internacional y los sistemas nacionales,* Aranzadi, Pamplona, 2017.

BLANCO CORDERO, I., "Estrategias modernas de lucha contra las ganancias de origen delictivo especial referencia a las unexplained wealth orders del Reino Unido" en BERDUGO GÓMEZ DE LA TORRE, I., RODRÍGUEZ GARCÍA, N. (eds.), *Decomiso y recuperación de activos. Crime doesn't pay,* Tirant lo Blanch, Valencia, 2020.

BLANCO CORDERO, I., "Recuperación de activos de la corrupción mediante el decomiso sin condena (comiso civil o extinción de dominio)" en

FABIÁN CAPARRÓS, E. A., ONTIVEROS ALONSO, M., RODRÍGUEZ GARCÍA, N., (eds.), *El Derecho Penal y la Política Criminal Frente a la Corrupción,* Cuadernos Contra la Corrupción, México, 2012.

BOIX REIG, J., "Cuestiones relativas al proceso penal por delito fiscal" en VV.AA., *Principios, derechos y garantías constitucionales del régimen sancionador tributario,* Instituto de Estudios Fiscales, 2001.

BOIX REIG, J., "La jurisprudencia constitucional sobre el principio non bis in idem" en JORGE BARREIRO, A. (dir.), *Homenaje al profesor Dr. Gonzalo Rodríguez Mourullo,* Civitas, Madrid, 2005.

BOIX REIG, J., "Violación de sepulturas. Inhumaciones y exhumaciones ilegales" en VIVES ANTÓN, T. S. (coord.), *Derecho Penal. Parte Especial,* vol. I, Tirant lo Blanch, Valencia, 1987.

BORJA JIMÉNEZ, E., "Artículo 390" en CUERDA ARNAU, M. L., (dir.), *Comentarios al Código Penal,* Tomo II, Tirant lo Blanch, Valencia, 2023.

BORJA JIMÉNEZ, E., "Falsedades, con especial referencia a la falsedad documental" en GONZÁLEZ CUSSAC, J. L. (coord.), *Derecho Penal. Parte especial,* 8ª ed., Tirant lo Blanch, 2023.

BRUN, J-P., HAUCH, J., JULIEN, R., OWENS, J., HUR Y., "Unexplained Wealth Orders. Toward a New Frontier in Asset Recovery", *The World Bank,* Washington DC, 2023.

BUSTOS RUBIO, M., "Más allá del injusto culpable: los presupuestos de la punibilidad", *Estudios Penales y Criminológicos,* vol. XXXV, 2015.

CABALLERO, J. S., "El enriquecimiento ilícito de los funcionarios (Después de la reforma constitucional de 1994)", *La Ley,* 1997.

CAEIRO, P., "O enriquecimento ilícito ou injustificado, a ocultação de riqueza e a orelha de Van Gogh", *Católica Law Review,* vol. V, nº 3, 2021.

CAEIRO, P., "Sentido e função do instituto da perda de vantagens relacionadas com o crime no confronto com outros meios de prevenção da criminalidade reditícia (em especial, os procedimentos de confisco in rem e a criminalização do enriquecimento "ilícito")", *Revista brasileira de ciências criminais,* nº 100, 2013.

CALISTI, R., *Il sospetto di reati. Profili costituzionali e prospettive attuali,* Giuffré, 2003.

CÁMARA ARROYO, S., TEIJÓN ALCALÁ, M., "La negativa a someterse a las pruebas de alcohol y drogas. Un análisis de las cuestiones más controvertidas", *Anuario de Derecho Penal y Ciencias Penales,* Tomo 75, Fasc/ Mes 1, 2022.

CANCINO MORENO, A. J., TOSCANO DE SÁNCHEZ, M., *El delito de enriquecimiento ilícito,* Librería del Profesional, Bogotá, 1986.

CANCINO, A. J., "Del enriquecimiento ilícito" en BARRETO ARDILA, H. y otros, *Lecciones de Derecho Penal. Parte especial,* 2ª ed., Universidad Externado de Colombia, 2011.

CARBONELL MATEU, J. C., "Crisis del garantismo penal y papel de los penalistas" en SUÁREZ LÓPEZ, J. M., BARQUÍN SANZ, J., BENÍTEZ ORTÚZAR, I. F., JIMÉNEZ DÍAZ, M. J., SÁINZ CANTERO CAPARRÓS, J. E. (dirs.), *Estudios jurídico penales y criminológicos. En homenaje al Prof. Dr.Dr. H.C. Mult. Lorenzo Morillas Cueva,* Dykinson, Madrid, 2018.

CARBONELL MATEU, J. C., "La corrupción como lacra social, política y económica", *Pasajes: Revista de pensamiento contemporáneo,* nº 42, 2013.

CARBONELL MATEU, J. C., "Los derechos fundamentales como base de la ley penal", *Pasajes: revista de pensamiento contemporáneo,* nº 38, 2012.

CARBONELL MATEU, J. C., "Principio general de libertad y bienes jurídico-penales. Sobre la prohibición de prohibir" en SILVA SÁNCHEZ, J. M., QUERALT JIMÉNEZ, J. J., CORCOY BIDASOLO, M., CASTIÑEIRA PALOU, M. T. (coords.), *Estudios de Derecho Penal. Homenaje al profesor Santiago Mir Puig,* B de F, Buenos Aires, 2017.

CARBONELL MATEU, J. C., *Derecho Penal: concepto y principios constitucionales,* 3ª ed., Tirant lo Blanch, Valencia, 1999.

CARBONELL MATEU, J. C., VIVES ANTÓN, T. S., "Art. 556" en VIVES ANTÓN, T. S. (coord.), *Comentarios al Código Penal de 1995,* vol. II, Tirant lo Blanch, Valencia, 1996.

CARDENAL MONTRAVETA, S., ROGE SUCH, G., "Delitos contra las administraciones públicas" en CORCOY BIDASOLO, M. (dir.), *Manual de Derecho Penal, Parte Especial,* Tomo I, 3ª ed., Tirant lo Blanch, Valencia, 2023.

CARILLO DEL TESO, A. E., "La expansión del delito de enriquecimiento ilícito: entre el éxito en América Latina y el fracaso en Europa" en ALCÁNTARA, M., GARCÍA MONTERO, M., SÁNCHEZ LÓPEZ, F. (coords.), *Estudios sociales. Memoria del 56º Congreso Internacional de Americanistas,* Universidad de Salamanca, Salamanca, 2018.

CARMONA SALGADO, C., "Delitos contra la seguridad del tráfico" en COBO DEL ROSAL, M. (coord.), *Derecho Penal español. Parte Especial,* Dykinson, Madrid, 2004.

CARO CORIA, D., "El delito de enriquecimiento ilícito" en SAN MARTÍN CASTRO, C.E., CARO CORIA, D., REAÑO PESCHIERA, J. L., *Los delitos de tráfico de influencias, enriquecimiento ilícito y asociación para delinquir. Aspectos sustantivos y procesales,* Jurista Editores, Lima, 2002.

CASADO OLLERO, G., "Ganancias patrimoniales no justificadas y delito fiscal", en BANACLOCHE PALAO, C., BANACLOCHE PALAO, J., BANA-

CLOCHE PALAO, B., *Justicia y Derecho Tributario. Libro homenaje al profesor Julio Banacloche Pérez,* Wolters Kluwer, Madrid, 2008.

CASTELLÓ NICÁS, N., *El concurso de normas penales,* Comares, Granada, 1999.

CASTRO, J. C., "El enriquecimiento de los funcionarios públicos". Disponible en: https://www.terragnijurista.com.ar/doctrina/ilicito.htm

CEREZO MIR, J., "Límites entre el Derecho Penal y el Derecho administrativo", *Anuario de Derecho Penal y Ciencias Penales,* Tomo 28, Fasc/Mes 2, 1975.

CEREZO MIR, J., *Curso de Derecho Penal Español. Parte General. Teoría jurídica del delito,* Tomo III, Tecnos, Madrid, 2001.

CEREZO MIR, J., *Problemas fundamentales del Derecho Penal,* Tecnos, Madrid, 1982.

CERILLO Y MARTÍNEZ, A., "El registro de intereses de Cataluña. Medidas para la optimización de los registros de actividad y los registros de bienes patrimoniales", *Oficina Antifrau de Catalunya.* Disponible en: https://seuelectronica.antifrau.cat/es/prevencion-investigacion-y-otros/send/293-prevencion-investigacion-y-otros/1854-el-registro-de-intereses-de-cataluna-medidas-para-la-optimizacion-de-los-registros-de-actividades-y-los-registros-de-bienes-patrimoniales.html

CHIAPPINI, J., "El delito de no justificación de enriquecimiento (artículo 268 (2) del Código Penal)", *La Ley,* nº 851, 1986.

CHIARA DÍAZ, C., "Enriquecimiento ilícito de funcionarios y empleados" en *Código Penal Comentado,* Pensamiento Penal, Buenos Aires, 2013. Disponible en: http://www.pensamientopenal.com.ar/cpcomentado/37774-art-268-enriquecimiento-ilicito-funcionarios-y-empleados

COBO DEL ROSAL, M., "Examen crítico del párrafo 3º del artículo 119 del C.P. (sobre el concepto de funcionario público a efectos penales)", *Revista General de Legislación y Jurisprudencia,* Tomo XLIV, nº 2, 1962.

COBO DEL ROSAL, M., VIVES ANTÓN, T. S., *Derecho Penal. Parte General,* 4ª ed., Tirant lo Blanch, Valencia, 1996.

COBO DEL ROSAL, M., VIVES ANTÓN, T. S., *Derecho Penal. Parte General,* 5ª ed., Tirant lo Blanch, Valencia, 1999.

COLOMBO, M. L., IPOHORSKI LENKIEWICZ, J. M., "Evolución legislativa reciente y análisis de la figura penal en el Derecho comparado" en BRUZZONE, G. A., GULLCO, H. (coords.), *Teoría y práctica del delito de enriquecimiento ilícito de funcionario público (art. 268 [2], C.P.),* Ad-Hoc, Buenos Aires, 2005.

CONDE-PUMPIDO FERREIRO, C., "Artículo 119" en LÓPEZ BARJA DE QUIROGA, J., RODRÍGUEZ RAMOS, L. (coords.), *Código penal comentado,* Akal, Madrid, 1990.

CORCOY BIDASOLO, M., “Artículo 14” en LA MISMA, MIR PUIG, S. (dirs.), *Comentarios al Código Penal. Reformas LLOO 1/2023, 3/2023 y 4/2023*, 2ª ed., Tirant lo Blanch, Valencia, 2024.

CORCOY BIDASOLO, M., GALLEGO SOLER, J. I., “Infracción administrativa e infracción penal en el ámbito medioambiental: non bis in idem material y procesal (Comentario a la STC 177/1999, de 11 de octubre)”, *Actualidad Penal*, nº 8, 2000.

CÓRDOBA RODA, J., “Art. 410” en EL MISMO, GARCÍA ARÁN, M. (dirs.), *Comentarios al Código Penal. Parte Especial*, Tomo II, Marcial Pons, Madrid, 2004.

CÓRDOBA RODA, J., “Artículo 14” en EL MISMO, GARCÍA ARÁN, M. (dirs.), *Comentarios al Código Penal. Parte General*, Marcial Pons, Madrid, 2011.

CÓRDOBA RODA, J., “Artículo 8” en EL MISMO, GARCÍA ARÁN, M. (dirs.), *Comentarios al Código Penal. Parte General*, Marcial Pons, Madrid, 2011.

CÓRDOBA RODA, J., “El cumplimiento de resoluciones judiciales y el delito de desobediencia”, *Actualidad Jurídica*, nº 1, 1981.

CORTÉS BECHIARELLI, E., “Valoración crítica de la reforma del comiso (LO 15/2003, de 25 de noviembre)”, *Revista General de Derecho Penal*, nº 8, 2007.

COUTO DE BRITO, A., MORAES, J., “Sistemas penales comparados. Brasil”, *Revista Penal*, nº 53, 2024.

CREUS, C., *Delitos contra la Administración pública: comentario de los artículos 237 a 282 del Código Penal*, Astrea, Buenos Aires, 1981.

CUELLO CONTRERAS, J., *El Derecho Penal Español. Parte General. Nociones introductorias. Teoría del delito*, 3ª ed., Dykinson, Madrid, 2002.

CUERDA ARNAU, M. L., “Aproximación al principio de proporcionalidad en Derecho penal” en VV.AA., *Estudios jurídicos en memoria del profesor Dr. D. José Ramón Casabó Ruiz*, vol. 1, Universitat de València, Valencia, 1998.

CUERDA ARNAU, M. L., “Artículo 556” en LA MISMA (dir.), *Comentarios al Código Penal*, Tomo II, Tirant lo Blanch, Valencia, 2023.

CUERDA ARNAU, M. L., “Delitos contra el orden público” en GONZÁLEZ CUSSAC, J. L. (coord.), *Derecho Penal. Parte Especial*, 8ª ed., Tirant lo Blanch, Valencia, 2023.

CUERDA ARNAU, M. L., FERNÁNDEZ HERNÁNDEZ, A., *Adoctrinamiento, adiestramiento y actos preparatorios en materia terrorista*, Aranzadi, Pamplona, 2019.

CUERO SOLÍS, J. F., "El decomiso de bienes de tercero en España y Colombia", *Cuadernos de Derecho Penal*, nº 17, 2017.

DA COSTA ANDRADE, M., "Enriquecimento ilícito: entre Cila e Caríbdis", *Público*, 2011. Disponible en: https://www.publico.pt/2011/10/28/jornal/enriquecimento-ilicito-entre-cila-e-caribdis-23302436

DA SILVA MOURA, B. J., "Enriquecimento ilícito: o problema da previsão legal de um novo tipo de crime", *Universidade Lusíada*, Lisboa, 2023.

DÂMASO SIMÕES, E., "Principais legislativos para a prevenção e repressão da corrupção — o sistema português face à Convenção de Mérida", *Revista Do Ministério Público*, nº 101, 2005.

DE FARIA COSTA, J., "Crítica à tipificacão do crime de enriquecimento ilícito: plaidoyer por um dereito penal não iliberal e ético-socialmente fundado", *Revista de Legislação e de Jurisprudência*, ano 141, 2012.

DE FARIA COSTA, J., "El blanqueo de capitales en Portugal, en ABEL SOUTO, M., LORENZO SALGADO, J. M., SÁNCHEZ STEWART, N. (coords.), *VIII Congreso Internacional sobre Prevención y represión del blanqueo de dinero*, Tirant lo Blanch, Valencia, 2022.

DE JUAN GARCÍA, A., "Tratamiento patrimonial y comiso del enriquecimiento injustificado de autoridades públicas en el artículo 438 bis CP «ex novo»", *Revista Aranzadi Doctrinal*, nº 10, 2023.

DE LA FUENTE, J. E., "El delito de enriquecimiento ilícito. La discusión sobre su inconstitucionalidad", *Revista de Derecho Penal, Rubinzal-Culzoni*, nº 1, 2004.

DE LA MATA BARRANCO, N. J. y HERNÁNDEZ DÍAZ, L., "Delitos contra la corrupción en el sector público" en DE LA CUESTA ARZAMENDI, J. L. (dir.), *Adaptación del Derecho Penal español a la política criminal de la Unión Europea*, Aranzadi, Pamplona, 2017.

DE LA MATA BARRANCO, N. J., "Delito de abandono del lugar del accidente (autoencubrimiento) y otros delitos, cuando menos, curiosos: una mala legislación penal", *Almacén de Derecho*, 2019. Disponible en: https://almacendederecho.org/delito-de-abandono-del-lugar-del-accidente-autoencubrimiento-y-otros-delitos-cuando-menos-curiosos-una-mala-legislacion-penal

DE LA MATA BARRANCO, N. J., "El funcionario ante el Derecho Penal", *Revista Jurídica de Castilla y León*, nº 20, 2010.

DE LA MATA BARRANCO, N. J., "El fundamento del decomiso como "consecuencia" del delito: naturaleza jurídica confusa pero objetivo claramente punitivo" en SILVA SÁNCHEZ, J. M., QUERALT JIMÉNEZ, J. J., CORCOY BIDASOLO, M., CASTIÑEIRA PALOU, M. T. (coords.), *Estu-*

dios de Derecho Penal: homenaje al profesor Santiago Mir Puig, B de F, Buenos Aires, 2017.

DE LA MATA BARRANCO, N. J., "La corrupción política y su respuesta judicial. La casuística judicial reciente: el caso Nóos y muchos otros" en ORDEÑANA GEZURAGA, I., URIARTE RICOTE, M. (coords.), *Justicia en tiempos de crisis,* Universidad del País Vasco y Consejo General del Poder Judicial, Bilbao, 2016.

DE LA MATA BARRANCO, N. J., "La lucha contra la corrupción política", *Revista Electrónica de Ciencia Penal y Criminología,* nº 18, 2016.

DE LACERDA DA COSTA PINTO, F., "Sistemas penales comparados. Portugal", *Revista Penal,* nº 53, 2024.

DE LUCA, J. A., LÓPEZ CASARIEGO, J. E., "Enriquecimiento patrimonial de funcionarios, su no justificación y problemas constitucionales", *Revista de Derecho Penal, Delitos contra la Administración Pública,* Rubinzal-Culzoni, Santa Fe, Buenos Aires, 2005.

DE OTTO Y PARDO, I., "La regulación del ejercicio de los derechos y libertades. La garantía de su contenido esencial en el artículo 53.1 de la Constitución" en MARTÍN RETORTILLO, L. y DE OTTO Y PARDO, I. (eds.), *Derechos fundamentales y Constitución,* Civitas, Madrid, 1988.

DE TOLEDO Y UBIETO, E. O., "El comiso", *Revista Jurídica Española La Ley,* nº 3, 2002.

DEL CARPIO DELGADO, J., *El delito de enriquecimiento injustificado en el Código Penal Español,* Aranzadi, Pamplona, 2024.

DEL CASO JIMÉNEZ, M. T., "Artículo 8" en SÁNCHEZ MELGAR, J. (coord.), *Código Penal. Comentarios y Jurisprudencia,* Tomo IV, 5ª ed., Sepín e Ilustre Colegio de Abogados de Madrid, Madrid, 2020.

DEL MORAL GARCÍA, A., "Justicia penal y corrupción: déficits, resultados y posibilidades", *Revista Vasca de la Administración Pública,* nº 104-II, 2016.

DEL MORAL GARCÍA, A., "Non bis in idem y delitos de defraudación tributaria" en ORTEGA BURGOS, E. (dir.), *Derecho Penal 2020,* Tirant lo Blanch, Valencia, 2020.

DEL ROSAL, J., COBO, M., RODRÍGUEZ MOURULLO, G., *Derecho Penal Español. Delitos contra las personas,* Imprenta Aguirre Darro, Madrid, 1972.

DEL TORO MARZAL, A., "Artículo 119" en CÓRDOBA RODA, J., RODRÍGUEZ MOURULLO, G., DEL TORO MARZAL, A., CASABÓ RUIZ, J. R., *Comentarios al Código Penal,* Tomo II, Ariel, Barcelona, 1972.

DELGADO, J., "El delito de enriquecimiento ilícito: análisis de la normativa internacional", *Revista General de Derecho Penal,* nº 23, 2015.

DEMETRIO CRESPO, E., "Artículo 14" en ARROYO ZAPATERO, L., BERDUGO GÓMEZ DE LA TORRE, I., FERRÉ OLIVÉ, J.C., GARCÍA RIVAS, N., SERRANO PIEDECASAS, J. R., TERRADILLOS BASOCO, J. M. (dirs.), *Comentarios al Código Penal*, Iustel, Madrid, 2007.

DI ROSA, G., "Prime applicazioni dell'art. 12 quinquies legge n. 356/92: questione di legittimità costituzionale (Trib. Venezia, II sez. Pen. 17.6.1993 c.c., D.G", *Rivista trimestrale di Diritto Penale dell'economia*, CEDAM, anno VI, nº 3, 1993.

DI ROSA, G., "Trasferimento fraudulento e possesso ingiustificato di valori. La fretta del legislatore e l'art. 12 quinquies della legge n. 356/92 al vaglio di costituzionalità", *Rivista trimestrale di Diritto penale dell'economia*, nº 3, 1993.

DÍAZ Y GARCÍA CONLLEDO, M., "Artículo 24" en CUERDA ARNAU, M. L. (dir.), *Comentarios al Código penal*, Tomo I, Tirant lo Blanch, Valencia, 2023.

DÍAZ Y GARCÍA CONLLEDO, M., "Artículo 8" en CUERDA ARNAU, M. L., (dir.), *Comentarios al Código Penal*, Tomo I, Tirant lo Blanch, Valencia, 2023.

DÍAZ Y GARCÍA CONLLEDO, M., "Autoridad y funcionario a efectos penales" en LUZÓN PEÑA, D. M. (dir.), *Enciclopedia Penal básica*, Comares, Granada, 2002.

DIAZ Y GARCÍA CONLLEDO, M., "Corrupción y delitos contra la Administración Pública. Insuficiencias y límites del Derecho Penal en la lucha contra la corrupción: el ejemplo español", *Revista de Derecho*, nº 7, 2004.

DÍAZ Y GARCÍA CONLLEDO, M., "El tratamiento de la corrupción en el Proyecto de reforma del Código Penal de 2007" en ARANGÜENA FANEGO, C., SANZ MORÁN, A. J. (coords.), *La reforma de la justicia penal. Aspectos materiales y procesales*, Lex Nova, Valladolid, 2008.

DÍAZ Y GARCÍA CONLLEDO, M., "Ne bis in idem material y procesal. Especial referencia al cambio de jurisprudencia constitucional en España", *Revista de Derecho*, nº 9, 2004.

DÍAZ Y GARCÍA CONLLEDO, M., "Reformas (y no reformas) penales, principios y libertades. Especial referencia a los ultrajes a España y a los delitos de odio" en NÚÑEZ CASTAÑO, E., GARCÍA ARROYO, C. (dirs.), *Reformas penales y Estado de Derecho*, Tirant lo Blanch, Valencia, 2024.

DÍAZ Y GARCÍA CONLLEDO, M., *El error sobre los elementos normativos del tipo penal*, Universidad del Rosario, Bogotá, 2012.

DÍAZ-RESTREPO, J. C., "El enriquecimiento ilícito de servidores públicos, *Temas Socio-Jurídicos*, nº 56, 2009.

DÍAZ-RESTREPO, J. C., "La carga dinámica de la prueba como modalidad de carga probatoria aplicada en el ordenamiento colombiano. Vulneración a la igualdad constitucional", *Entramado,* vol. 12, nº 1, 2016.

DOMINGO JARAMILLO, C., "El uso de plataformas digitales en la lucha contra la corrupción" en MORILLAS CUEVA, L. (dir.), *Corrupción privada, transparencia y gestión pública,* Dykinson, Madrid, 2023.

DONNA, E. A., *Derecho Penal. Parte Especial,* Tomo III, Rubinzal-Culzoni editores, Buenos Aires, 2000.

DORNBIERER, A., *Enriquecimiento ilícito. Guía sobre las leyes que abordan los activos de procedencia inexplicable,* Basel Institute on Governance, Basilea, 2022.

DREYER, E., *Droit pénal spécial,* 3ª ed., Ellipses, París, 2016.

ENNIS, J. L., "Alternativas interpretativas, dogmática y decisión política en torno al delito de enriquecimiento ilícito de funcionarios públicos", *Revista Anales de la Facultad de Ciencias Jurídicas y Sociales,* nº 47, 2017.

ESCOBAR JIMÉNEZ, R., "Art. 383" en DEL MORAL GARCÍA (dir.), *Código penal. Comentarios y jurisprudencia,* Tomo II, Comares, Granada, 2018.

ESCOBAR LÓPEZ, E., *Delitos contra la Administración Pública,* 2ª ed., Librería Jurídica Sánchez R. Ltda, Medellín, 2017.

FABIÁN CAPARRÓS, E. A., "Apuntes críticos sobre la posible tipificación del delito de enriquecimiento ilícito en España" en RODRÍGUEZ-GARCÍA, N., CARRIZO GONZÁLEZ-CASTELL, A., RODRÍGUEZ LÓPEZ, F., (eds.), *Corrupción: compliance, represión y recuperación de activos,* Tirant lo Blanch, Valencia, 2019.

FABIÁN CAPARRÓS, E. A., "Blanqueo de capitales y presunción de inocencia" en FERRÉ OLIVÉ, J. C., SERRANO-PIEDECASAS FERNÁNDEZ, J. R., DEMETRIO CRESPO, E., PÉREZ CEPEDA, A. I., NÚÑEZ PAZ, M. A., ZÚÑIGA RODRÍGUEZ, L., SANZ MULAS, N. (eds.), *Homenaje al profesor Ignacio Berdugo Gómez de la Torre. Liber discipulorum. Schola Iuris Criminalis Salamanticensis,* Tomo I, Ediciones Universidad de Salamanca, Salamanca, 2022.

FABIÁN CAPARRÓS, E. A., "Blanqueo de capitales, enriquecimiento ilícito y decomiso de bienes" en RODRÍGUEZ GARCÍA, N., RODRÍGUEZ LÓPEZ, F. (coords.), *Corrupción y desarrollo,* Tirant lo Blanch, Valencia, 2017.

FALCÓN Y TELLA, R., "Un giro trascendental en la jurisprudencia del Tribunal de Estrasburgo con incidencia inmediata en el procedimiento inspector: el derecho a no declarar", *Revista Quincena Fiscal,* nº 22, 1995.

FARALDO CABANA, P., "Algunas propuestas dirigidas a mejorar la recuperación de activos procedentes del crimen organizado", *Revista Penal México*, nº 5, 2013.

FARALDO CABANA, P., "Falsas condiciones objetivas de punibilidad en los delitos contra la Administración de Justicia" en QUINTERO OLIVARES, G., MORALES PRATS, F. (coords.), *El nuevo Derecho Penal español. Estudios penales en memoria del Profesor José Manuel Valle Muñiz*, Aranzadi, Pamplona, 2001.

FARTO PIAY, T., "El procedimiento liquidador y el procedimiento sancionador a la luz del derecho a no autoinculparse", *Revista Técnica Tributaria*, nº 78, 2007.

FEIJOO SÁNCHEZ, B., "Artículo 410" en CUERDA ARNAU, M. L. (dir.), *Comentarios al Código Penal*, Tomo II, Tirant lo Blanch, Valencia, 2023.

FERNÁNDEZ CABRERA, M., "Cuestiones pendientes del Derecho Penal en la lucha contra la corrupción" en CASTILLO BLANCO, F. (dir.), *Defensa del patrimonio público y represión de conductas irregulares*, Iustel, Madrid, 2020.

FERNÁNDEZ GARCÍA, J., "Algunas reflexiones sobre la corrupción política" en FABIÁN CAPARRÓS, E. A., PÉREZ CEPEDA, A. I. (coords.), *Estudios sobre corrupción*, Ratio Legis, Salamanca, 2010.

FERNÁNDEZ LÓPEZ, M., "Consideraciones procesales sobre el delito de enriquecimiento ilícito" en DEMETRIO CRESPO, E., GONZÁLEZ-CUÉLLAR SERRANO, N. (dirs.), *Halcones y palomas: corrupción y delincuencia económica*, Castillo de Luna, Madrid, 2015.

FERNÁNDEZ LÓPEZ, M., "Las presunciones en el proceso penal. Análisis a propósito del delito de enriquecimiento ilícito" en ASENCIO MELLADO, J. M., (dir.), *Justicia penal y nuevas formas de delincuencia*, Tirant lo Blanch, Valencia, 2017.

FERNÁNDEZ RAMOS, S., *La actividad administrativa de inspección. El régimen jurídico general de la función inspectora*, Comares, Granada, 2002.

FERNÁNDEZ TERUELO, J. G., "El fenómeno de la corrupción en España: respuesta penal y propuestas de reforma" en PUENTE ABA, L. M., (ed.), *Economía y Derecho Penal en Europa: una comparación entre las experiencias italiana y española. Actas del Congreso hispano-italiano de Derecho Penal Económico*, Universitá degli Studi di Milano, Milano, 2015.

FERRÉ OLIVÉ, J. C., "Punibilidad y proceso penal", *Revista General de Derecho Penal*, nº 10, 2008.

FERRÉ OLIVÉ, J. C., *Tratado de los delitos contra la Hacienda Pública y contra la Seguridad Social*, Tirant lo Blanch, Valencia, 2018.

FIANDACA, G., MUSCO, E., *Diritto penale. Parte Generale,* 8ª ed., Zanichelli Editore, Bologna, 2023.

FISHER, J. S., CLIFFORD, A., *The Criminal Finances Act 2017,* Routledge, London, 2020.

FOFFANI, L., "La nuova dimensione internazionale ed economica della lotta alla corruzione: dal settore pubblico al settore privato" en RUSSO, T., ORIOLO, A. (eds.), *La lotta alla corruzione nella legalità reticolare,* FrancoAngeli, Milán, 2020.

FOFFANI, L., PIFARRÉ DE MONER, M. J., "La legislazione penale speciale in Spana" en DONINI, M. (ed.), *La reforma della legislazione penale complementare. Studi di diritto comparato,* CEDAM, Padova, 2000.

FONTÁN BALESTRA, C., *Derecho Penal. Parte especial,* 13ª ed., Abeledo-Perrot, Buenos Aires, 1991.

FORNASARI, G., "L'ultima reforma di manifestazione della cultura del sospetto: il nuevo art. 12-sexies della legge n. 356 del 1992", *Critica del Diritto,* nº 3, 1994.

FORNASARI, G., "Strategie sanzionatorie e lotta allá riminalita organizzata in Germania e in Italia", *Rivista Trimestrale di Diritto penale dell'economia,* anno VII, nº 4, 1994.

FROMM, E., *Sobre la desobediencia,* Paidós, Madrid, 2011.

FROMMEL, S. N., "El Tribunal Europeo de Derechos Humanos y el derecho del acusado a no declarar: ¿puede ser invocado por los contribuyentes?", *Revista de Derecho Financiero y Hacienda Pública,* nº 236, 1995.

GABENARA, V., "El delito de enriquecimiento ilícito de funcionario público en Argentina: su regulación a partir del nuevo régimen de responsabilidad penal de la persona jurídica por hechos de corrupción y cohecho transnacional", *Revista General de Derecho Penal,* nº 29, 2018.

GALÁN MUÑOZ, A., NÚÑEZ CASTAÑO, E., *Manual de Derecho Penal Económico y de la Empresa,* 5ª ed., Tirant lo Blanch, Valencia, 2023.

GALBE TRAVER, G., "Cuatro tesis sobre el derecho a no autoincriminarse y los requerimientos documentales", *La Ley,* nº 4156, 2020.

GALLARDO ROSADO, M., *Los derechos a permanecer en silencio y a no declarar contra sí mismo,* Tirant lo Blanch, Valencia, 2022.

GALLEGO SOLER, J. I., "Art. 294" en CORCOY BIDASOLO, M., MIR PUIG, S. (dirs.), *Comentarios al Código Penal. Reformas LLOO 1/2023, 3/2023 y 4/2023,* 2ª ed., Tirant lo Blanch, Valencia, 2024.

GALLEGO SOLER, J. I., "Artículo 250" en CORCOY BIDASOLO, M., MIR PUIG, S. (dirs.), *Comentarios al Código Penal. Reformas LLOO 1/2023, 3/2023 y 4/2023,* 2ª ed., Tirant lo Blanch, Valencia, 2024.

GALLEGO SOLER, J. I., *Responsabilidad penal y perjuicio patrimonial*, Tirant lo Blanch, Valencia, 2002.

GARBERÍ LLOBREGAT, J., "Derechos fundamentales de incidencia penal y procesal en la sentencia del Pleno del Tribunal Constitucional de 26 de abril de 1990, sobre constitucionalidad de determinados preceptos de la Ley General Tributaria", *Poder Judicial*, nº 19, 1990.

GARBERÍ LLOBREGAT, J., "Principio "non bis in ídem" y cuestiones de perjudicialidad", *Cuadernos de Derecho Judicial*, nº 11, 1997.

GARCÍA ALBERO, R., "Artículo 24.2" en BUSTOS GISBERT, R., SAIZ ARNAIZ, A. (dirs.), *Comentarios a la Constitución Española. En memoria de Pablo Pérez Tremps*, Tomo I, Tirant lo Blanch, Valencia, 2024.

GARCÍA ALBERO, R., "Artículo 24.2" en PÉREZ TREMPS, P., SAIZ ARNAIZ, A. (dirs.), *Comentario a la Constitución Española. Libro-Homenaje a Luis López Guerra. 40 Aniversario 1978-2018*, Tirant lo Blanch, Valencia, 2018.

GARCÍA ALBERO, R., "La relación entre ilícito penal e ilícito administrativo: texto y contexto de las teorías sobre la distinción de ilícitos" en MORALES PRATS, F., QUINTERO OLIVARES, G. (coords.), *El nuevo derecho penal español: estudios penales en memoria del profesor José Manuel Valle Muñiz*, Aranzadi, Pamplona, 2001.

GARCÍA ALBERO, R., *"Non bis in idem" material y concurso de leyes penales*, Cedecs, Barcelona, 1996.

GARCÍA AMADO, J. A., "Sobre el ius puniendi: su fundamento, sus manifestaciones y sus límites", *Documentación Administrativa*, nº 280-281, 2008.

GARCÍA AÑOVEROS, J., "Una nueva Ley General Tributaria. Problemas constitucionales", *Revista española de Derecho Financiero*, nº 90, 1996.

GARCÍA ARROYO, C., *Los delitos de cohecho antecedente*, Aranzadi, Pamplona, 2021.

GARCÍA BERRO, F., "La reciente jurisprudencia de ámbito europeo acerca del derecho a no autoincriminarse y sus implicaciones en el procedimiento tributario interno", *Derecho de la Unión Europea y reformas en el Ordenamiento Jurídico Español*, Universidad de Huelva, Huelva, 2011.

GARCÍA DE ENTERRÍA, E., "La incidencia de la Constitución sobre la potestad sancionadora de la Administración: dos importantes Sentencias del Tribunal Constitucional", *Revista Española de Derecho Administrativo*, nº 29, 1981.

GARCÍA DE ENTERRÍA, E., *Democracia, jueces y control de la Administración*, 5ª ed., Civitas, Madrid, 2000.

GARCÍA DE ENTERRÍA, E., FERNÁNDEZ, T. R., *Curso de Derecho Administrativo II*, 14ª ed., Civitas, Madrid, 2015.

GARCÍA DE ENTERRÍA, E., *La lucha contra las inmunidades de poder*, 3ª ed., 1983 y reimpresión 2016, Civitas, Navarra, 2016.

GARCÍA LLOVET, E., "El principio de no autoinculpación en el procedimiento administrativo sancionador", *Revista Xurídica Galega*, nº 18, 1998.

GARCÍA MORENO, V. A., "El concepto de ganancias patrimoniales no justificadas se aplica únicamente a renta o fondos de origen o fuentes desconocidos", *Carta Tributaria, Revista de Opinión*, nº 61, 2020.

GARCÍA NOVOA, C., "Una aproximación del Tribunal Constitucional al derecho a no autoinculaparse ante la Inspección Tributaria en relación con los delitos contra la Hacienda Pública", *Jurisprudencia Tributaria Aranzadi*, nº 53, 2005.

GARCÍA PÉREZ, J. J., "Artículo 410" en SÁNCHEZ MELGAR, J. (coord.), *Código Penal. Comentarios y Jurisprudencia*, Tomo IV, 5ª ed., Sepín e Ilustre Colegio de Abogados de Madrid, Madrid, 2020.

GARCÍA PÉREZ, O., "Delitos de sospecha: principio de culpabilidad y derecho a la presunción de inocencia. Los artículos 483 y 485 CP", *Anuario de Derecho Penal y Ciencias Penales*, Tomo 46, Fasc/Mes 2, 1993.

GARCÍA PÉREZ, O., *La punibilidad en Derecho Penal*, Aranzadi, Pamplona, 1997.

GARCÍA PLANAS, G., "Consecuencias del principio «non bis in idem» en Derecho Penal", *Anuario de Derecho Penal y Ciencias Penales*, Tomo 42, Fasc/Mes 1, 1989.

GARCÍA-PABLOS DE MOLINA, A., *Introducción al Derecho Penal*, 4ª ed., Centro de Estudios Ramón Areces, Madrid, 2006.

GIMENO BEVIÁ, J., "Recuperación de activos y proceso penal: algunas cuestiones relevantes", *Cuaderno Electrónico de Estudios Jurídicos*, nº 2, 2014.

GIMENO SENDRA, J. V., "Corrupción y propuestas de reforma" en ASENCIO MELLADO, J. M. (dir.), *Justicia penal y nuevas formas de delincuencia*, Tirant lo Blanch, Valencia, 2017.

GIMENO SENDRA, J. V., "Los derechos de acción penal al juez legal y de defensa y sus derechos instrumentales" en COBO DEL ROSAL, M. (dir.), *Comentarios a la Legislación Penal*, Tomo I, EDERSA, Madrid, 1982.

GIMENO SENDRA, J. V., "Los principios de legalidad y non bis in idem en la doctrina del Tribunal Constitucional", *La Ley*, nº 6735, 2007.

GIMENO SENDRA, J. V., *Manual de Derecho Procesal Penal*, Castillo de Luna Ediciones Jurídicas, Madrid, 2015.

GÓMEZ DE LA SERNA, P., MONTALBÁN, J. M., *Elementos del Derecho Civil y Penal*, Tomo III, Librería de Sánchez, Madrid, 1877.

GÓMEZ INIESTA, D. J., "Subtipo agravado de detención ilegal por no dar razón del paradero de la persona detenida: art. 166 CP" en ÁLVAREZ GARCÍA, F. J. (dir.), *Estudio crítico sobre el anteproyecto de reforma penal de 2012*, Tirant lo Blanch, Valencia, 2013.

GÓMEZ MÉNDEZ, A., *Delitos contra la Administración Pública*, Universidad Externado de Colombia, Bogotá, 2001.

GÓMEZ RIVERO, M. C., "La recuperación de activos procedentes del delito: ¿Hacia el delito de enriquecimiento ilícito?, *Cuadernos de Política Criminal*, nº 121, 2017.

GÓMEZ RIVERO, M. C., "Presunciones y Derecho Penal", *Revista Penal México*, nº 3, 2012.

GÓMEZ RIVERO, M. C., "Tabú y eufemismo. Acerca del nuevo delito de desobediencia del art. 438 bis CP", *InDret*, nº 3, 2024.

GÓMEZ TOMILLO, M., "Artículo 8" en EL MISMO (dir.), *Comentarios al Código Penal*, 2ª ed., Lex Nova, Valladolid, 2011.

GÓMEZ TOMILLO, M., "Beneficio ilícito y comiso del beneficio: particularidades en el Derecho privado y en el Derecho Administrativo Sancionador" en PÉREZ ÁLVAREZ, F. (ed.), *Serta, In memoriam Louk Hulsman*, Ediciones Universidad de Salamanca, Salamanca, 2016.

GÓMEZ TOMILLO, M., "Los derechos a no declarar contra sí mismo, a no declararse culpable y a guardar silencio en procedimientos de inspección o supervisión administrativa previos a un procedimiento sancionador o penal", *Estudios Penales y Criminológicos*, nº 42, 2022.

GÓMEZ TOMILLO, M., "Non bis in idem en los casos de dualidad de procedimientos penal y administrativo. Especial consideración de la jurisprudencia del TEDH", *InDret*, nº 2, 2020.

GONÇALVES FERREIRA, J. A., *Comentário ao Regime do Exercício de Funções por Titulares de Cargos Políticos e Altos Cargos Públicos*, Almedina, Coimbra, 2023.

GONZÁLEZ CUSSAC, J. L., "Artículo 250" en CUERDA ARNAU, M. L., (dir.), *Comentarios al Código Penal*, Tomo I, Tirant lo Blanch, Valencia, 2023.

GONZÁLEZ CUSSAC, J. L., "Capítulo I. De la seguridad jurídica al principio de incertidumbre" en NÚÑEZ CASTAÑO, E., GARCÍA ARROYO, C. (dirs.), *Reformas penales y Estado de Derecho*, Tirant lo Blanch, Valencia, 2024.

GONZÁLEZ CUSSAC, J. L., "De la corrupción considerada como una de las bellas artes" en VIVES ANTÓN, T. S., CARBONELL MATEU, J. C., GONZÁLEZ CUSSAC, J. L., ALONSO RIMO, A., ROIG TORRES, M. (dirs.), *Crímenes y castigos. Miradas al Derecho Penal a través del arte y la cultura*, Tirant lo Blanch, Valencia, 2014.

GONZÁLEZ CUSSAC, J. L., "Delitos contra el patrimonio y el orden socioeconómico (y VI): estafas" en EL MISMO (coord.), *Derecho Penal. Parte especial,* 8ª ed., Tirant lo Blanch, 2023.

GONZÁLEZ CUSSAC, J. L., "Delitos contra el patrimonio y el orden socioeconómico (y XXI)" en EL MISMO (coord.), *Derecho Penal. Parte especial,* 8ª ed., Tirant lo Blanch, 2023.

GONZÁLEZ CUSSAC, J. L., "Delitos contra la Administración Pública (II)" en EL MISMO (coord.), *Derecho Penal. Parte especial,* 8ª ed., Tirant lo Blanch, 2023.

GONZÁLEZ CUSSAC, J. L., "Derecho Penal y teoría de la democracia" en MARTÍNEZ VÁZQUEZ DE CASTRO, L. (coord.), *Historia y Derecho: estudios jurídicos en homenaje al profesor Arcadio García Sanz,* Tirant lo Blanch, Valencia, 1995.

GONZÁLEZ CUSSAC, J. L., "Introducción" en EL MISMO (coord.), *Comentarios a la LO 14/2022 de reforma del Código penal,* Tirant lo Blanch, Valencia, 2023.

GONZÁLEZ CUSSAC, J. L., "Principio de ofensividad, aplicación del Derecho y reforma penal", *Poder Judicial,* nº 28, 1992.

GONZÁLEZ CUSSAC, J. L., CUERDA ARNAU, M. L., "Estafas" en CAMACHO VIZCAÍNO, A. (dir.), *Tratado de Derecho Penal Económico,* Tirant lo Blanch, Valencia, 2019.

GONZÁLEZ CUSSAC, J. L., *El delito de prevaricación de autoridades y funcionarios públicos,* 2ª ed., Tirant lo Blanch, Valencia, 1997.

GONZÁLEZ CUSSAC, J. L., VIDALES RODRÍGUEZ, C., "La reforma del Código Penal en materia de seguridad vial", *Revista Xurídica Galega,* nº 55, 2007.

GONZÁLEZ URIEL, D., "La controvertida incorporación del mal llamado delito de enriquecimiento ilícito en el artículo 438 bis del código penal", *Revista Aranzadi Doctrinal,* nº 7, 2023.

GONZÁLEZ URIEL, D., *Relaciones entre el delito de blanqueo de dinero y el delito fiscal,* Tesis Doctoral, Santiago de Compostela, 2021.

GONZÁLEZ, R. L., "El delito de enriquecimiento ilícito de funcionario y empleado público como delito de sospecha. Problemas constitucionales", *Revista de la Facultad de Derecho y Ciencias Sociales y Políticas,* Universidad Nacional del Nordeste, vol. 10, nº 19, 2016.

GORJÓN BARRANCO, M. C., "Las últimas reformas sobre el decomiso. ¿Hacia una pena de confiscación" en BUSTOS RUBIO, M., ABADÍAS SELMA, A. (dirs.), *Una década de reformas penales: Análisis de diez años de cambios en el Código Penal (2010-2020),* Bosch, Barcelona, 2020.

GÓRRIZ ROYO, E. M., "El principio "ne bis in idem" y la regla de preferencia del orden jurisdiccional penal a la luz de la STC 177/1999, de 11 de octubre", *Revista de ciencias penales,* vol. 3, nº 1 y 2, 2000.

GÓRRIZ ROYO, E. M., "Presunción de inocencia y delitos de sospecha: ¿otra vuelta de tuerca al delito el art. 166 CP en la reforma de 2013?, *Teoría y Derecho,* nº 13, 2013.

GÓRRIZ ROYO, E. M., "Subtipo agravado de detención ilegal por no dar razón del paradero de la persona detenida: art. 166 CP" en ÁLVAREZ GARCÍA, F. J. (dir.), *Estudio crítico sobre el anteproyecto de reforma penal de 2012,* Tirant lo Blanch, Valencia, 2013.

GÓRRIZ ROYO, E. M., *Protección penal de la ordenación del territorio,* Tirant lo Blanch, Valencia, 2003.

GOYENA HUERTA, J., "Los derechos a no declarar contra sí mismo y a no confesarse culpable", *Actualidad Jurídica Aranzadi,* nº 476, 2001.

GRACIA MARTÍN, L., "El homicidio" en DÍEZ RIPOLLÉS, J. L., GRACIA MARTÍN L., *Delitos contra bienes jurídicos fundamentales. Vida humana independiente y libertad,* Tirant lo Blanch, Valencia, 1993.

GRACIA MARTÍN, L., "El infanticidio" en DÍEZ RIPOLLÉS, J. L., GRACIA MARTÍN L., *Delitos contra bienes jurídicos fundamentales. Vida humana independiente y libertad,* Tirant lo Blanch, Valencia, 1993.

GRACIA MARTÍN, L., ALASTUEY DOBÓN, C., "Lección 11. Consecuencias jurídicas no penales derivadas de la comisión del delito (I): las consecuencias accesorias generales y las específicas para personas jurídicas y entidades sin personalidad jurídica" en GRACIA MARTÍN, L., BOLDOVA PASAMAR, M. A., ALASTUEY DOBÓN, C., *Lecciones de consecuencias jurídicas del delito,* 7ª ed., Tirant lo Blanch, Valencia, 2023.

GRECO, L., "Reflexões provisórias sobre o crime de enriquecimento ilícito", *IBCCRIM — Instituto Brasileiro de Ciências Criminais,* nº 277, 2015. Disponible en: https://arquivo.ibccrim.org.br/boletim_artigo/5670-Reflexoes-provisorias-sobre-o-crime-de-enriquecimento-ilicito

GRECO, L., TEIXEIRA GUIMARÃES, A., "Aproximação a uma teoria da corrupção", *Revista Brasileira de Ciências Criminais,* vol. 134, 2017.

GROIZARD, A., *El Código Penal de 1870 concordado y comentado,* Tomo II, 2ª ed., Establecimiento tipográfico de los Hijos de J. A. García, Madrid, 1903.

GUDÍN RODRÍGUEZ-MAGARIÑOS, A. E., "El bien jurídico protegido en el delito relativo a la negativa a someterse a las pruebas de alcoholemia tras la Sentencia del Tribunal Supremo de 28 de marzo de 2017", *Diario La Ley,* nº 8977, 2017.

GUDÍN RODRÍGUEZ-MAGARIÑOS, F., "Problemas generados por el difuso concepto de funcionario en Derecho penal", *Revista de Derecho Penal,* nº 28, 2009.

HEDO IDOIPE, J. L., "Los delitos de abandono de destino, omisión del deber de perseguir delitos, desobediencia y denegación de auxilio", *Revista Aragonesa de Administración Pública,* nº 11, 1997.

HERNÁNDEZ BASUALTO, H., "De nuevo sobre el enriquecimiento ilícito" en HILGENDORF, E., LERMAN M. D., CÓRDOBA, F. J. (eds.), *Brüken bauen. Festschrift für Marcelo Sancinetti zum 70. Geburstag,* Duncker & Humblot, Berlin, 2020.

HERNÁNDEZ BASUALTO, H., "El delito de enriquecimiento ilícito de funcionarios en el Derecho Penal chileno", *Revista de Derecho de la Pontificia Universidad Católica de Valparaíso,* nº XXVII, 2006.

HERRERA MOLINA, P. M., "Los derechos a guardar silencio y a no declarar contra sí mismo en el procedimiento inspector (Comentario y traducción de la Sentencia del Tribunal Europeo de Derechos Humanos, de 17 de diciembre de 1996, Saunders v. United Kingdom)", *Impuestos,* nº 13, 1997.

HUERGO LORA, A., *Las sanciones administrativas,* Iustel, Madrid, 2007.

HUERTA TOCILDO, S., "Artículo 25.1. El derecho a la legalidad penal" en RODRÍGUEZ-PIÑEIRO Y BRAVO FERRER, M., CASAS BAAMONDE, M. E. (dirs.), *Comentarios a la Constitución Española,* Tomo I, Wolters Kluwer, Boletín Oficial del Estado, Tribunal Constitucional y Ministerio de Justicia, Madrid, 2018.

HUERTA TOCILDO, S., "Ilícito penal e ilícito disciplinario de funcionarios" en DÍEZ RIPOLLÉS, J. L. (coord.), *La ciencia del Derecho Penal ante el nuevo siglo: libro homenaje al profesor doctor don José Cerezo Mir,* Tecnos, Madrid, 2002.

HUERTA TOCILDO, S., "Principio de legalidad y normas sancionadoras" en *El principio de legalidad: actas de las V Jornadas de la Asociación Letrados del Tribunal Constitucional,* Tribunal Constitucional, Madrid, 2000.

INSOLERA, G., "Prevenzione e repressione del riciclaggio e dell'acumulo di patrimonio illeciti", *Legislazione penale,* nº 1, 1998.

JAÉN VALLEJO, M., "Administración desleal, malversación y enriquecimiento ilícito", *Cuadernos de Política Criminal,* nº 139, 2023.

JAÉN VALLEJO, M., "El enriquecimiento ilícito, el nuevo delito para frenar el 'fenómeno' de la corrupción", *El cierre digital,* 2023. Disponible en: https://elcierredigital.com/investigacion/93436017/juez-manuel-jaen-vallejo-analiza-delito-enriquecimiento-ilicito-contra-corrupcion.html

JAÉN VALLEJO, M., "Principio constitucional "ne bis in idem" a propósito de la Sentencia del Pleno del Tribunal Constitucional 2/2003", *Actualidad Jurídica Aranzadi*, nº 584, 2003.

JAÉN VALLEJO, M., PERRINO PÉREZ, A. L., *La recuperación de activos frente a la corrupción (la Oficina de Recuperación y Gestión de Activos)*, Dykinson, Madrid, 2016.

JAVATO MARTÍN, A. M., "Artículo 410" en GÓMEZ TOMILLO, M. (dir.), *Comentarios al Código Penal*, 2ª ed., Lex Nova, Valladolid, 2011.

JAVATO MARTÍN, A. M., "El concepto de funcionario y autoridad a efectos penales", *Revista Jurídica de Castilla y León*, nº 23, 2021.

JAVATO MARTÍN, A. M., "El delito de desobediencia del funcionario", *Revista General de Derecho Penal*, nº 21, 2014.

JIMÉNEZ ASECIO, R., "Artículo 103" en PÉREZ TREMPS, P., SAIZ ARNAIZ, A. (dirs.), *Comentario a la Constitución Española. Libro-Homenaje a Luis López Guerra. 40 Aniversario 1978-2018*, Tomo II, Tirant lo Blanch, Valencia, 2018.

JIMÉNEZ TAPIA, R. S., URBINA MENDOZA, E. J., *El comiso autónomo y la extinción de dominio en la lucha contra la corrupción*, 2ª ed., Olejnik, Santiago, 2021.

JIMÉNEZ VILLAREJO, C., "Combate a la corrupción", *Revista Papers d'innovació social*, nº 85, 2004.

JIMENEZ VILLAREJO, C., *Corrupción y fraudes*, Utopía, Córdoba, 2022.

JORGE, G., "El decomiso del producto del delito", *Recuperación de activos de la corrupción*, Editores del Puerto, Buenos Aires, 2008.

JUANATEY DORADO, C., *El delito de desobediencia a la autoridad*, Tirant lo Blanch, Valencia, 1997.

KANT, I., "Apéndice de la paz perpetua" en *Lo bello y lo sublime; La paz perpetua*, 8ª ed., Espasa-Calpe, Madrid, 1984.

KIERSCENBAUM, F., "El delito de enriquecimiento ilícito en el Anteproyecto de Código Penal de la Nación", *En letra*, nº 3, 2015.

KIRSCH, S., "¿Derecho a no autoinculparse?" en ROMEO CASABONA, C. (dir.), *La insostenible situación del Derecho penal*, Comares, Granada, 2000.

LAGO MONTERO, J. M., "Procedimiento sancionador separado del procedimiento de liquidación tributario: reflexiones sobre el derecho a no autoinculparse", *Impuestos: Revista de doctrina, legislación y jurisprudencia*, nº 2, 1999.

LANDROVE DÍAZ, G., *Las consecuencias jurídicas del delito*, 5ª ed., Tecnos, Madrid, 2002.

LASCURAÍN SÁNCHEZ, J. A., "¿Es delito blanquear la cuota defraudada a Hacienda?", *Almacén de Derecho,* 2016. Disponible en: https://almacendederecho.org/delito-blanquear-la-cuota-defraudada-hacienda

LASCURAÍN SÁNCHEZ, J. A., "Art. 380" en RODRÍGUEZ MOURULLO (dir.), *Comentarios al Código penal,* Civitas, Madrid, 1997.

LASCURAÍN SÁNCHEZ, J. A., "Indigestión penal", *El País,* 29 diciembre 2022. Disponible en: https://elpais.com/opinion/2022-12-29/indigestion-penal.html

LASCURAÍN SÁNCHEZ, J. A., "La proporcionalidad de la norma penal", *Cuadernos de Derecho Público,* nº 5, 1998.

LAUNA ORIOL, C., MORUELO GÓMEZ, C., "El delito contra la Hacienda Pública" en CAMACHO VIZCAÍNO, A. (dir.), *Tratado de Derecho Penal Económico,* Tirant lo Blanch, Valencia, 2019.

LEÓN VILLALBA, F. J., *Acumulación de sanciones penales y administrativas: sentido y alcance del principio "ne bis in idem",* J. M. Bosch, Barcelona, 1998.

LEVENE, R., "El delito de enriquecimiento ilícito de los funcionarios públicos", *La Ley,* nº 112, 1963.

LLABRÉS FUSTER, A., "Artículo 14.1" en GÓMEZ TOMILLO, M. (dir.), *Comentarios al Código Penal,* 2ª ed., Lex Nova, Valladolid, 2011.

LÓPEZ BARJA DE QUIROGA, J., "El derecho a guardar silencio y a no incriminarse", *Derechos procesales fundamentales,* CGPJ, Madrid, 2004.

LÓPEZ BARJA DE QUIROGA, J., "Los actos copenados y el delito de blanqueo de capitales", *Revista Aranzadi de Derecho y Proceso Penal,* nº 35, 2014.

LÓPEZ BARJA DE QUIROGA, J., *El principio: non bis in idem,* Dykinson, Madrid, 2004.

LÓPEZ LAGUNA, F., "La prevención de los conflictos de intereses y su tratamiento en la Ley 3/2015, de 30 de marzo, Reguladora del Ejercicio del Alto Cargo de la Administración General del Estado", *Revista Internacional Transparencia e Integridad,* enero-abril 2017. Disponible en: http://www.encuentros-multidisciplinares.org/revista-65/flor-m-lopez-laguna.pdf

LÓPEZ ORTEGA, J. J., "Artículo 24. El derecho a no declarar contra sí mismo y a no confesarse culpable" en RODRÍGUEZ-PIÑEIRO Y BRAVO FERRER, M., CASAS BAAMONDE, M. E. (dirs.), *Comentarios a la Constitución Española,* Tomo I, Wolters Kluwer, Boletín Oficial del Estado, Tribunal Constitucional y Ministerio de Justicia, Madrid, 2018.

LÓPEZ ORTEGA, J. J., "Derecho Penal y corrupción: las garantías en los instrumentos penales de investigación y enjuiciamiento" en JAREÑO LEAL, A., DOVAL PARÍS, A. (dirs.), *Corrupción pública, prueba y delito: cuestiones de libertad e intimidad,* Aranzadi, Pamplona, 2015.

LOZANO SERRANO, C., "El deber de colaboración tributaria sin autoincriminación", *Quincena Fiscal*, nº 8, 2015.

LOZANO SUÁREZ, L. M., "El principio non bis in idem: colisión entre el Derecho Penal y el Derecho Administrativo Sancionador", *Revista de Derecho Penal*, nº 15, 2005.

LUNA RODRÍGUEZ, R., "Consolidación de la jurisprudencia del Tribunal de Estrasburgo sobre el derecho a no autoincriminarse en los procedimentos tributarios. La novedosa Sentencia J.B contra Suiza", *Quincena Fiscal*, nº 1, 2002.

LUZÓN CUESTA, J. M., (actualizado por LUZÓN CÁNOVAS, A., LUZÓN CÁNOVAS, M.), *Compendio de Derecho Penal. Parte Especial*, 25ª ed., Dykinson, Madrid, 2023.

LUZÓN PEÑA, D. M., "Alcance y función del Derecho Penal", *Anuario de Derecho Penal y Ciencias Penales*, Tomo 42, Fasc/Mes 1, 1989.

LUZÓN PEÑA, D. M., "El Anteproyecto de CP de 1992: observaciones de urgencia", *Jueces para la democracia*, nº 14, 1991.

MACÍAS ESPEJO, B., "Oportunidad y corrupción" en MORILLAS CUEVA, L. (dir.), *Corrupción privada, transparencia y gestión pública*, Dykinson, Madrid, 2023.

MAGALDI PATERNOSTRO, M. J., "Artículo 250" en CÓRDOBA RODA, J., GARCÍA ARÁN, M. (dirs.), *Comentarios al Código Penal. Parte Especial*, Tomo II, Marcial Pons, Madrid, 2004.

MAGRO SERVET, V., "¿Es válido que el juez inste el requerimiento de documentos al investigado en el proceso penal a instancia de la acusación?", *Diario la Ley*, nº 9602, 2020.

MAGRO SERVET, V., "El principio «non bis in idem» en los casos de concurrencia de sanción administrativa y posterior derivación al orden penal", *Revista Aranzadi Doctrinal*, nº 4, 2014.

MANFRONI, C. A., *La Convención Interamericana contra la Corrupción*, Abeledo-Perrot, 2ª ed., Buenos Aires, 1998.

MANJÓN-CABEZA OLMEDA, A., "Ganancias criminales y ganancias no declaradas (El desbordamiento del delito fiscal y del blanqueo)" en ÁLVAREZ GARCÍA, F. J., COBOS GÓMEZ DE LINARES, M.A., GÓMEZ PAVÓN, P., MANJÓN-CABEZA OLMEDA, A., MARTÍNEZ GUERRA, A., (coords.), *Libro Homenaje al profesor Luis Rodríguez Ramos*, Tirant lo Blanch, Valencia, 2013.

MANZANARES SAMANIEGO, J. L., ALBÁCAR LÓPEZ, J. L., "Art. 369" en *Código penal (comentarios y jurisprudencia)*, Comares, Granada, 1990.

MAPELLI CAFARENA, B., *Estudio jurídico-dogmático sobre las llamadas condiciones objetivas de punibilidad,* Centro de publicaciones de la Secretaría General Técnica del Ministerio de Justicia, Madrid, 1990.

MAPELLI CAFFARENA, "Las consecuencias accesorias en el nuevo Código Penal", *Revista Penal,* nº 1, 1998.

MAQUEDA ABREU, M. L., "Exigibilidad y derecho a no declararse culpable", *Anuario de Derecho Penal y Ciencias Penales,* Tomo 44, Fasc/Mes 1, 1991.

MARCHENA GÓMEZ, M., "Evolución jurisprudencial en materia de "non bis in idem"", *Estudios jurídicos,* 2006.

MARINA JALVO, B., "La problemática solución de la concurrencia de sanciones administrativas y penales. Nueva doctrina constitucional sobre el principio non bis in idem (comentario de la Sentencia del Tribunal Constitucional 2/2003, de 16 de enero)", *Revista de Administración Pública,* nº 162, 2003.

MARQUES DA SILVA, G., "Sobre a incriminacão do enriquecimento ilícito (não justificado ou não declarado)" en PINTO DE ALBURQUERQUE, P. (coord.), *Homenagem de Viseu a Jorge Figueredo Dias,* Coimba Editora, Coimbra, 2011.

MARTÍN LORENZO, M., "Concepto penal de funcionario y externalización de funciones públicas" en MAQUEDA ABREU, M. L., MARÍN LORENZO, M., VENTURA PÜSCHEL, A. (coords.), *Derecho penal para un estado social y democrático de Derecho. Estudios penales en homenaje al profesor Emilio Octavio de Toledo y Ubieto,* Universidad Complutense de Madrid, Madrid, 2016.

MARTÍN LORENZO, M., "El delito de negativa a someterse a las pruebas de alcoholemia como delito contra la seguridad vial. Consecuencias para su aplicación", *Diario la Ley,* nº 7451, 2010.

MARTÍN LORENZO, M., "Negativa a someterse a las pruebas de medición de alcohol o de detección de pruebas" en GUTIÉRREZ RODRÍGUEZ, M. (dir.), *Protección penal de la seguridad vial,* 2ª ed., Tirant lo Blanch, Valencia, 2013.

MARTÍN VALDIVIA, S., "El derecho a no declarar contra sí mismo y a no confesarse culpable en el procedimiento sancionador administrativo. Doctrina Constitucional (a propósito de las Sentencias del Tribunal Constitucional 154/1994, 197/1995 y 8/1996)", *Poder Judicial,* nº 54, 1999.

MARTÍNEZ PÉREZ, C., "El delito de defraudación tributaria" en COBO DEL ROSAL, M., (dir.), *Comentarios a la Legislación Penal,* Tomo VII, EDERSA, Madrid, 1986.

MARTÍNEZ PÉREZ, C., "Falsas condiciones objetivas de punibilidad en el Derecho Penal español" en *Estudios penales en memoria del profesor Agustín Fernández-Albor*, Universidad de Santiago de Compostela, Santiago de Compostela, 1989.

MARTÍNEZ PÉREZ, C., "La inflación del Derecho Penal y del Derecho Administrativo", *Estudios penales y Criminológicos*, vol. VI, 1983.

MARTÍNEZ PÉREZ, C., *Las condiciones objetivas de punibilidad*, EDERSA, Madrid, 1989.

MARTÍNEZ RUIZ, J., "La negativa a la prueba de alcoholemia: el artículo 380 del Código penal (vicisitudes jurisprudenciales de un delito poco afortunado: el artículo 380 del CP de 1995)", *Revista de Derecho Penal*, nº 7, 2002.

MARTÍNEZ SÁNCHEZ, W. A. (coord.), *Extinción del derecho de dominio en Colombia. Especial referencia al nuevo Código*, Oficina de las Naciones Unidas contra la Droga y el Delito, Bogotá, 2015.

MARTÍNEZ-ARRIETA MÁRQUEZ DE PRADO, I., *El autoblanqueo. El delito fiscal como delito antecedente del blanqueo de capitales*, Tirant lo Blanch, Valencia, 2014.

MARTÍNEZ-BUJÁN PÉREZ, C., "Delitos contra el patrimonio y el orden socioeconómico (XI)" en GONZÁLEZ CUSSAC, J. L. (coord.), *Derecho Penal. Parte especial*, 8ª ed., Tirant lo Blanch, 2023.

MARTÍNEZ-BUJÁN PÉREZ, C., *Derecho Penal Económico y de la Empresa. Parte General*, 6ª ed., Tirant lo Blanch, Valencia, 2022.

MARTÍNEZ-BUJÁN PÉREZ, C., *Derecho Penal Económico y de la Empresa. Parte especial*, 7ª ed., Tirant lo Blanch, Valencia, 2023.

MARTÍNEZ-BUJÁN PÉREZ, C., *Los delitos contra la Hacienda Pública y la Seguridad Social en la Ley Orgánica 6/1995, de 29 de julio*, Tecnos, Madrid, 2008.

MATA Y MARTÍN, R. M., "Artículo 250" en GÓMEZ TOMILLO, M. (dir.), *Comentarios al Código Penal*, 2ª ed., Lex Nova, Valladolid, 2011.

MAUGERI, A. M., "I reati di sospetto dopo la pronuncia della Corte Costituzionale n. 370 del 1996: alcuni spunti di riflessione sul principio di ragionevolezza, di proporzione e di tassatività", *Rivista Italiana di Diritto e Procedura Penale*, 1999.

MAUGERI, A. M., "*La confisca di prevenzione come sanzione del possesso ingiustificato di valori, tra fattispecie* ad hoc e unexplained wealth orders" en PALIERO, C. E., VIGANÒ, F., BASILE, F., GATTA, G. L. (eds.), *La pena, ancora: fra attualità e tradizione, Studi in onore di Emilio Dolcini*, Giuffrè Editore, Milano, 2018.

MAUGERI, A. M., “Le tipologie sanzionatorie: la prevenzione patrimoniale”, *Rivista Italiana di Diritto e Procedura Penale,* nº 2, 2017.

MAUGERI, A. M., “The criminal sanctions against the illicit proceeds of criminal organizations”, *New Journal of European Criminal Law,* nº 3, 2012.

MAUGERI, A. M., “Un ulteriore sforzo della suprema corte per promuovere uno statuto di garanzie nell'aplicazione di forme di confisca allargata: art. 240 bis C.P., irretroattivita e divieto di addurre l'evasione fiscalle nell'accertamento della sproporzione”, S*istema penale,* Fasc. 4, 2020.

MAURACH, R., *Tratado de Derecho Penal,* trad. y notas de Córdoba Roda, J., Tomo II, Ariel, Barcelona, 1962.

MAYNE T., HEATERSHAW, J., “Criminality Notwithstanding. The use of unexplained wealth orders in anti-corruption cases”, *Anti-Corruption Evidence Research Programme,* UK, 2022. Disponible en: https://ace.globalintegrity.org/wp-content/uploads/2022/03/CriminalityNotwithstanding.pdf

MELCHIONDA, A., “Evolución y características actuales del Derecho Penal Económico”, *Revista Penal,* nº 50, 2022.

MENDES DE CARVALHO, E., “Las condiciones objetivas de punibilidad impropias: vestigios de responsabilidad objetiva en el Código Penal español”, *Revista Derecho Penal y Criminología (UNED),* nº 17, 2006.

MÉNDEZ ÁLVAREZ, C., “Artículo 24” en ARROYO ZAPATERO, L., BERDUGO GÓMEZ DE LA TORRE, I., FERRÉ OLIVÉ, J.C., GARCÍA RIVAS, N., SERRANO PIEDECASAS, J. R., TERRADILLOS BASOCO, J. M. (dirs.), *Comentarios al Código Penal,* Iustel, Madrid, 2007.

MESTRE LÓPEZ, J., *El delito de desobediencia a la autoridad o a sus agentes. Estudio del artículo 237 del Código penal,* Bosch, Barcelona, 1986.

MIKKELSEN-LÖTH, J. F., *Enriquecimiento ilícito. El desafío para la ciencia jurídico-penal en la sociedad actual de enfrentar a la corrupción en la Administración Pública,* La Ley, Buenos Aires, 2001.

MIR PUIG, C., “Artículo 410” en CORCOY BIDASOLO, M., MIR PUIG, S. (dirs.), *Comentarios al Código Penal. Reformas LLOO 1/2023, 3/2023 y 4/2023,* 2ª ed., Tirant lo Blanch, Valencia, 2024.

MIR PUIG, C., “Artículo 438 bis” en CORCOY BIDASOLO, M., MIR PUIG, S. (dirs.), *Comentarios al Código Penal. Reformas LLOO 1/2023, 3/2023 y 4/2023,* 2ª ed., Tirant lo Blanch, Valencia, 2024.

MIR PUIG, C., “El delito de enriquecimiento ilícito o injusto” en GÓMEZ MARTÍN, V., BOLEA BARDON, C., GALLEGO S., J. I., HORTAL IBARRA, J. C., JOSHI JUBERT, U. (dirs.), *Un modelo integral de Derecho Penal. Libro homenaje a la profesora Mirentxu Corcoy Bidasolo,* Boletín Oficial del Estado, Madrid, 2022.

MIR PUIG, S., "El principio de proporcionalidad como fundamento constitucional de límites materiales del Derecho penal" en CARBONELL MATEU, J. C., GONZÁLEZ CUSSAC, J. L., ORTS BERENGUER, E. (dirs.), *Constitución, derechos fundamentales y sistema penal. Semblanzas y estudios con motivo del setenta aniversario del profesor Tomás Salvador Vives Antón*, Tomo II, Tirant lo Blanch, Valencia, 2009.

MIR PUIG, S., CORCOY BIDASOLO, M., "Artículo 8" en LOS MISMOS (dirs.), *Comentarios al Código Penal. Reformas LLOO 1/2023, 3/2023 y 4/2023*, 2ª ed., Tirant lo Blanch, Valencia, 2024.

MIR PUIG, S., *Derecho Penal. Parte General*, 9ª ed., Reppertor, Barcelona, 2011.

MIR PUIG, S., GÓMEZ MARTÍN, V., "Artículo 24" en MIR PUIG, S., CORCOY BIDASOLO, M. (dirs.), *Comentarios al Código Penal. Reformas LLOO 1/2023, 3/2023 y 4/2023*, 2ª ed., Tirant lo Blanch, Valencia, 2024.

MIRÓ ESTRADÉ, J., "El nuevo delito de enriquecimiento ilícito como forma de desobediencia (art. 438 bis CP)", *La Ley penal*, nº 161, 2023.

MONGILLO, V., "El decomiso de las ganancias de la corrupción en Italia. En busca de las garantías perdidas", *Criminal Justice Network, Forum Internazionale sulla Giustizia Penale*, 2018. Disponible en: https://www.criminaljusticenetwork.eu/es/post/el-decomiso-de-las-ganancias-de-la-corrupcion-en-italia-en-busca-de-las-garantias-perdidas

MONTOYA VIVANCO, Y., "El delito de enriquecimiento ilícito como delito especial de posesión" en EL MISMO (ed.), *Estudio Estudios críticos sobre delitos de corrupción de funcionarios en Perú*, Instituto de Democracia y Derechos Humanos de la Pontificia Universidad Católica del Perú, Lima, 2012.

MORALES PRATS, F., "Artículo 14" en QUINTERO OLIVARES, G. (dir.), *Comentarios al Código Penal español*, vol. I, 7ª ed., Aranzadi, Pamplona, 2016.

MORALES PRATS, F., "El nuevo delito de enriquecimiento ilícito", *Revista de Derecho y Proceso Penal*, nº 69, 2023.

MORENO CATENA, V., "Sobre la presunción de inocencia" en GÓMEZ COLOMER, J. L. (coord.), *El proceso penal en la encrucijada: homenaje al Dr. César Crisóstomo Barrientos Pellecer*, Universitat Jaume I, Servei de Comunicació i Publicacions, Castellón, 2015.

MORILLAS CUEVA, L., "Lección 39. Delitos contra la Administración Pública (III). Desobediencia y denegación de auxilio" en COBO DEL ROSAL, M. (coord.), *Derecho Penal Español. Parte Especial*, 2ª ed., Dykinson, Madrid, 2005.

MORILLAS CUEVA, L., "Capítulo 56. Delitos contra la Administración Pública (VIII)" en EL MISMO (dir.), *Sistema de Derecho Penal. Parte Especial*, 5ª ed., Dykinson, Madrid, 2024.

MUCCIARELI, F., "Art. 12 quinquies", *La legislazione penale,* anno XIII, 1993.

MUÑOZ CONDE, F., "Consideraciones en torno al bien jurídico protegido en el delito de blanqueo de capitales" en ABEL SOUTO, M., SÁNCHEZ STEWART, N. (coords.), *I Congreso de prevención y represión del blanqueo de dinero,* Tirant lo Blanch, Valencia, 2009.

MUÑOZ CONDE, F., "Prólogo" en DEL CARPIO DELGADO, J., *El delito de enriquecimiento injustificado en el Código Penal Español,* Aranzadi, Pamplona, 2024.

MUÑOZ CONDE, F., *Derecho Penal. Parte Especial* (revisada y puesta al día con la colaboración de LÓPEZ PEREGRÍN, C.), 25ª ed., Tirant lo Blanch, Valencia, 2023.

MUÑOZ CONDE, F., *Derecho Penal. Parte Especial* (revisada y puesta al día con la colaboración de LÓPEZ PEREGRÍN, C.), 24ª ed., Tirant lo Blanch, Valencia, 2022.

MUÑOZ CONDE, F., *El error en Derecho Penal,* Tirant lo Blanch, Valencia, 1989.

MUÑOZ CONDE, F., GARCÍA ARÁN, M., *Derecho Penal. Parte General* (revisada y puesta al día con la colaboración de GARCÍA ÁLVAREZ, P.), 11ª ed., Tirant lo Blanch, Valencia, 2022.

MUÑOZ CONDE, F., *Teoría general del delito,* 2ª ed., Tirant lo Blanch, Valencia, 1989.

MUÑOZ CUESTA, J., "El nuevo delito de desobediencia del art. 438 bis CP introducido por la LO 14/2022", *Revista Aranzadi Doctrinal,* nº 5, 2023.

MURCIA RAMOS, B., *El enriquecimiento ilícito y la extinción de dominio,* Ibáñez, Bogotá, 2012.

MUZILA, L., MORALES, M., MATHIAS, M., BERGER, T., "On the Take. Criminalizing Illicit Enrichment to Fighting Corruption", *International Bank for Reconstruction and Development/The World Bank,* 2012.

NARVÁEZ RODRÍGUEZ, A., "Principio «non bis in idem»: ¿una nueva doctrina constitucional?", *Repertorio Aranzadi del Tribunal Constitucional,* nº 1, 2000.

NAVARRO CARDOSO, F., "Corrupción, transparencia y Derecho Penal. Especial referencia al derecho de acceso a la información púbica", *Cuadernos de Política Criminal,* nº 114, 2014.

NAVARRO CARDOSO, F., "El clásico problema de la relación entre el Derecho Administrativo Sancionador y el Derecho Penal" en ABEL SOUTO, M. A., BRAGE CENDÁN, S. B., GUINARTE CABADA, G., MARTÍNEZ-BUJÁN, C., VÁZQUEZ-PORTOMEÑE SEIJAS, F. A., (coords.), *Estudios penales en homenaje al profesor José Manuel Lorenzo Salgado,* Tirant lo Blanch, Valencia, 2021.

NAVARRO CARDOSO, F., *Infracción administrativa y delito: límites a la intervención del Derecho Penal,* Colex, Madrid, 2001.

NAVAS GARCÉS, A., *Ley de extinción de dominio. Referencia a sus aspectos básicos,* Tirant lo Blanch, Ciudad de México, 2019.

NIETO MARTÍN, A., "Artículo 410" en ARROYO ZAPATERO, L., BERDUGO GÓMEZ DE LA TORRE, I., FERRÉ OLIVÉ, J.C., GARCÍA RIVAS, N., SERRANO PIEDECASAS, J. R., TERRADILLOS BASOCO, J. M. (dirs.), *Comentarios al Código Penal,* Iustel, Madrid, 2007.

NIETO MARTÍN, A., BLUMENBRG, A., "«Nemo tenetur se ipsum accusare» en el Derecho Penal Económico Europeo" en DÍEZ PICAZO, L. M., NIETO MARTÍN, A. (dirs.), *Los derechos fundamentales en el Derecho Penal Europeo,* Civitas, Madrid, 2010.

NIETO, A., *Corrupción en la España democrática,* Ariel, Barcelona, 1997.

NIETO, A., *Derecho Administrativo Sancionador,* 5ª ed., Tecnos, Madrid, 2012.

NIÑO, L. F., "Sistemas penales comparados. Argentina", *Revista Penal,* nº 53, 2024.

NÚÑEZ CASTAÑO, E., "Capítulo 2. Política criminal y Estado de Derecho: la afección de los derechos fundamentales en las reformas penales" en NÚÑEZ CASTAÑO, E., GARCÍA ARROYO, C. (dirs.), *Reformas penales y Estado de Derecho,* Tirant lo Blanch, Valencia, 2024.

NÚÑEZ CASTAÑO, E., "Sistemas penales comparados. España", *Revista Penal,* nº 53, 2024.

NÚÑEZ CASTAÑO, E., *El delito de enriquecimiento injustificado. Consideraciones sobre la criminalización del silencio,* Tirant lo Blanch, Valencia, 2024.

NÚÑEZ, R., "Dictamen como director del instituto de Derecho Penal de la Universidad de Córdoba a la consulta formulada por el Ministerio del Interior sobre el Proyecto de Ley del Poder Ejecutivo", *Diario de Sesiones de la Cámara de Diputados de la Nación Argentina,* 2 de septiembre de 1964.

NÚÑEZ, R., *Manual de Derecho Penal. Parte Especial,* 3ª ed., actualizada por Victor Félix Reinaldi, Lerner, Córdoba, 2008.

OLAIZOLA NOGALES, I., "Artículo 14" en CUERDA ARNAU, M. L. (dir.), *Comentarios al Código Penal,* Tomo I, Tirant lo Blanch, Valencia, 2023.

OLAIZOLA NOGALES, I., "Concepto de funcionario público a efectos penales" en ASUA BATARRITA, A. (ed.), *Delitos contra la Administración pública,* IVAP, Vitoria, 1997.

OLAIZOLA NOGALES, I., "El delito de enriquecimiento ¿no justificado? ¿ilícito?", *Revista Penal,* nº 52, 2023.

OLANIYAN, K., "The African Union Convention on Preventing and Combating Corruption: A critical appraisal", *African Human Rights Law Journal*, vol. 4, nº 1, 2004.

ORTEGO PÉREZ, F., "Consideraciones sobre el derecho del imputado a guardar silencio y su valor (interpretación jurisprudencial del *ius tacendi*)", *Diario la Ley*, nº 6418, 2006.

ORTIZ DE URBINA GIMENO, I., "Delitos contra la Administración Pública" en SILVA SÁNCHEZ, J. M. (dir.), *Lecciones de Derecho Penal. Parte Especial*, 9ª ed., Atelier, Barcelona, 2023.

ORTS BERENGUER, E., "Art. 24" en VIVES ANTÓN, T. S. (coord.), *Comentarios al Código Penal de 1995*, vol. I, Tirant lo Blanch, Valencia, 1996.

ORTS BERENGUER, E., "Art. 410" en VIVES ANTÓN, T. S. (coord.), *Comentarios al Código penal de 1995*, vol. II, Tirant lo Blanch, Valencia, 1996.

ORTS BERENGUER, E., "Inhumaciones ilegales e infanticidio", *Delitos contra la salud pública*, Instituto de Criminología y Departamento de Derecho Penal, Valencia, 1977.

ORTS BERENGUER, E., GONZÁLEZ CUSSAC, J. L., *Compendio de Derecho Penal. Parte General*, 10ª ed., Tirant lo Blanch, Valencia, 2023.

OTERO GONZÁLEZ, P., "Cultura de la legalidad y política criminal" en VILLORIA MENDIETA, M., y WENCES SIMON, M. I. (eds.), *Cultura de la legalidad. Instituciones, procesos y estructuras*, Catarata, Madrid, 2010.

PACHECO, J. F., *El Código Penal concordado y comentado*, Tomo I, Imprenta de D. Santiago Saunaque, Madrid, 1848.

PALAO TABOADA, C., "El derecho a la no autoinculpación en el ámbito tributario: una revisión", *Revista española de Derecho Financiero*, nº 159, 2013.

PALAO TABOADA, C., "El derecho a no autoincriminarse en el ámbito tributario" en ORTEGA MALDONADO, J. M. (coord.), *Justicia Tributaria y Derechos Humanos*, Universidad Nacional Autónoma de México. Instituto de Investigaciones Jurídicas, Ciudad de México, 2016.

PALLADINO, P., "Brevi osservazioni sul delitto di possesso ingiustificato di valori", *Rivista Trimestrale di Diritto Penale dell'economia*, anno VI, 1993.

PALMA HERRERA, J. M., *Los actos copenados*, Dykinson, Madrid, 2004.

PARADA VÁZQUEZ, J. R., "Estudio preliminar" en LOZANO CUTANDA, B., *La extinción de las sanciones administrativas y tributarias*, Marcial Pons, Madrid, 1990.

PÉREZ CEBADERA, M. A., "Presunción de inocencia y decomiso", en SANZ HERMIDA, A. M. (dir.), *La justicia penal del siglo XXI ante el desafío del blanqueo de dinero*, Tirant lo Blanch, Valencia, 2021.

PÉREZ CEPEDA, A. I., "Corrupción y Administración Pública" en SINTURA VARELA, F., RODRÍGUEZ, N. (eds.), *El Estado de Derecho colombiano frente a la corrupción: retos y oportunidades a partir del estatuto anticorrupción de 2011*, Universidad del Rosario, Bogotá, 2013.

PÉREZ CEPEDA, A. I., "Instrumentos internacionales del Derecho Penal Económico" en SERRANO-PIEDECASAS, J. R., DEMETRIO CRESPO, E. (dirs.), *Cuestiones actuales de Derecho Penal Económico*, Colex, Madrid, 2008.

PÉREZ CEPEDA, A. I., BENITO SÁNCHEZ, D., "La política criminal internacional contra la corrupción" en FABIÁN CAPARRÓS, E. A., ONTIVEROS ALONSO, M., RODRÍGUEZ GARCÍA, N. (eds.), *El Derecho Penal y la Política Criminal Frente a la Corrupción*, Cuadernos Contra la Corrupción, Ubijus Editorial, Ciudad de México, 2012.

PÉREZ CEPEDA, A. I., *La seguridad como fundamento de la deriva del Derecho Penal postmoderno*, Iustel, Madrid, 2007.

PÉREZ MANZANO, M., "El derecho fundamental a no padecer bis in idem y las sanciones en protección del medio ambiente" en BARREIRO, A. J. (dir.), *Estudios sobre la protección penal del medio ambiente en el ordenamiento jurídico español*, Comares, Granada, 2005.

PÉREZ MANZANO, M., "El mercado único de los derechos fundamentales y la protección de los principios y garantías penales", *Revista General de Derecho Penal*, nº 28, 2017.

PÉREZ MANZANO, M., "*The spanish connection*: los caminos del diálogo europeo en la configuración del alcance de la prohibición de incurrir en *bis in idem*", *AFDUAM*, nº 22, 2018.

PÉREZ MANZANO, M., *La prohibición constitucional de incurrir en bis in idem*, Tirant lo Blanch, Valencia, 2002.

PÉREZ PIÑÓN, A. O., "Los principios del Derecho Penal y el Derecho Penal Económico" en NIETO MARTÍN, A., MEJÍA PATIÑO, O. A. (eds.), *Estudios de Derecho Penal Económico*, Ibagué, Universidad de Ibagué, Colombia, 2009.

PÉREZ ROYO, F., "El delito fiscal tras veinte años de su implantación: cuestiones abiertas en torno a su aplicación", *Revista española de Derecho Financiero*, nº 100, 1998.

PICÓN ARRANZ, A., "El derecho a la no autoincriminación en el procedimiento administrativo sancionador: un estudio a la luz de la jurisprudencia del TJUE", *Revista de Estudios Europeos*, vol. 79, 2022.

PLANCHADELL GARGALLO, A., VIDALES RODRÍGUEZ, C, "Decomiso: comentario crítico desde una perspectiva constitucional", *Estudios Penales y Criminológicos*, vol. XXXVIII, 2018.

PONT CLEMENTE, J. F., "Separación, en vía de comprobación e investigación por la inspección tributaria, del procedimiento de liquidación respecto del procedimiento sancionador", *Revista Técnica Tributaria*, nº 27, 1993.

PRADO SALDARRIAGA, V., *Derecho Penal. Parte especial: los delitos*, Fondo Editorial, Lima, 2017.

PULITANÒ, D., "La teoría del bene giuridico fra codice e costituzione", *La Questione Criminale*, anno VII, nº 1, 1981.

QUERALT I JIMÉNEZ, J. J., *La obediencia debida en el Código penal*, Bosch, Barcelona, 1986.

QUERALT JIMÉNEZ, J. J., "El concepto de funcionario público", *Cuadernos de Política Criminal*, nº 27, 1985.

QUERALT, J. J., *El principio non bis in idem*, Tecnos, Madrid, 1992.

QUINTANAR DÍEZ, M., BARBA ÁLVAREZ, R., "En torno a la inconstitucionalidad del delito de enriquecimiento ilícito en el Código Penal de los Estados Unidos Mexicanos y en el Código Penal para el Estado libre y soberano de Jalisco", *Cuadernos de Política Criminal*, nº 78, 2002.

QUINTAS PÉREZ, M., "El delito de enriquecimiento ilícito en Portugal. Desobediencia cualificada y ocultación intencional", *Revista Penal México*, nº 54, 2024.

QUINTAS PÉREZ, M., "La justificación y el bien jurídico protegido en el delito de enriquecimiento ilícito" en NEVADO-BATALLA MORENO, P. (dir.), *Estudios multidisciplinares sobre ciencias jurídicas y gobernanza global*, Colex, A Coruña, 2022.

QUINTERO OLIVARES, G., "Artículo 24" en EL MISMO (dir.), Comentarios al Código Penal español, vol. I, 7ª ed., Aranzadi, Pamplona, 2016.

QUINTERO OLIVARES, G., "Artículo 410" en EL MISMO (dir.), *Comentarios a la Parte Especial del Derecho Penal*, 10ª ed., Aranzadi, Pamplona, 2016.

QUINTERO OLIVARES, G., "Artículo 410" en EL MISMO (dir.), *Comentarios al Código Penal español*, vol. II, 7ª ed., Aranzadi, Pamplona, 2016.

QUINTERO OLIVARES, G., "Artículo 556" en EL MISMO (dir.), *Comentarios al Código Penal español*, vol. II, 7ª ed., Aranzadi, Pamplona, 2016.

QUINTERO OLIVARES, G., "Artículo 8" en EL MISMO (dir.), *Comentarios al Código Penal español*, vol. I, 7ª ed., Aranzadi, Pamplona, 2016.

QUINTERO OLIVARES, G., "El delito de desobediencia y la desobediencia justificada", *Cuadernos de Política Criminal*, nº 12, 1980.

QUINTERO OLIVARES, G., "Prólogo" en NÚÑEZ CASTAÑO, E., *El delito de enriquecimiento injustificado. Consideraciones sobre la criminalización del silencio*, Tirant lo Blanch, Valencia, 2024.

QUINTERO OLIVARES, G., "Sobre la falsedad en documento privado", *Revista jurídica de Cataluña*, vol. 75, nº 1, 1976.

QUINTERO OLIVARES, G., "Una guarnición: el enriquecimiento ilícito", *Almacén de Derecho*, 2022. Disponible en: https://almacendederecho.org/una-guarnicion-el-enriquecimiento-ilicito

RAFFONE, F., "Sistemas penales comparados. Italia", *Revista Penal*, nº 53, 2024.

RAGA I VIVES, A., "Artículo 438 bis" en CUERDA ARNAU, M. L. (dir.), *Comentarios al Código Penal*, Tomo II, Tirant lo Blanch, Valencia, 2023.

RAGA I VIVES, A., "Del enriquecimiento ilícito a la desobediencia por enriquecimiento injustificado de autoridades", *Revista General de Derecho Penal*, nº 39, 2023.

RAGA I VIVES, A., "El nuevo delito de desobediencia por enriquecimiento injustificado de autoridades" en GONZÁLEZ CUSSAC, J. L. (coord.), *Comentarios a la LO 14/2022 de reforma del Código penal*, Tirant lo Blanch, Valencia, 2023.

RAGA I VIVES, A., "Las Unexplained Wealth Orders como mecanismo de investigación para hacer frente a la corrupción" en MARTENS DE WILMARS, F., DE PAREDES GALLARDO, C. (coords.), *Los objetivos de desarrollo sostenible (ODS): cuestiones geopolíticas y consideraciones jurídicas*, Tirant lo Blanch, Valencia, 2024.

RAMÍREZ BARBOSA, P. A., "Sistemas penales comparados. Colombia", *Revista Penal*, nº 53, 2024.

RAMÓN RIBAS, E., "La derogación jurisprudencial del artículo 24.2 CP (concepto de funcionario público)", *Estudios penales y criminológicos*, nº 34, 2014.

RAMÓN RIBAS, E., "La estafa procesal: ¿subtipo agravado o delito autónomo?" en DE VICENTE REMESAL, J., DÍAZ Y GARCÍA CONLLEDO, M., PAREDES CASTAÑÓN, J. M., OLAIZOLA NOGALES, I., TRAPERO BARREALES, M. A., ROSO CAÑADILLAS, R., LOMBANA VILLALBA, J. A. (dirs.), *Libro Homenaje al Profesor Diego-Manuel Luzón Peña con motivo de su 70º aniversario*, vol. I, Reus, Madrid, 2020.

RAMÓN RIBAS, E., "La transformación jurídica del comiso: de pena a consecuencia accesoria", *Estudios penales y criminológicos*, nº 24, 2003.

RAMOS VÁZQUEZ, J. A., *Concepción significativa de la acción y teoría jurídica del delito*, Tirant lo Blanch, Valencia, 2008.

REBOLLO PUIG, M., "Potestades inspectoras y sancionadoras" en CARLÓN RUIZ, M. (dir.), *La Comisión Nacional de los Mercados y la Competencia*, Aranzadi, Pamplona, 2014.

REBOLLO PUIG, M., IZQUIERDO CARRASCO, M., *Manual de la inspección de consumo (Con especial referencia a la inspección local)*, Ministerio de Sanidad y Consumo. Instituto Nacional del Consumo, Madrid, 1998.

REBOLLO VARGAS, R., "Artículo 24" en CÓRDOBA RODA, J., GARCÍA ARÁN, M. (dirs.), *Comentarios al Código Penal. Parte General*, Marcial Pons, Madrid, 2011.

REBOLLO VARGAS, R., "El derecho a guardar silencio, a no declarar contra sí mismo y a estar presente en el juicio: análisis y pautas interpretativas sobre algunas cuestiones de la Directiva (UE) 2016/343 del Parlamento Europeo y del Consejo, de 9 de marzo de 2016", *Cuadernos de Política Criminal*, nº 128, 2019.

REQUEJO RODRÍGUEZ, P., "«Ne bis in idem»: ¿garantía del ciudadano o norma de competencia? (a propósito de la STC núm. 2/2003, de 16 de febrero)", *Revista jurídica de la Comunidad Valenciana*, nº 6, 2003.

REURTS, N., "Unexplained Wealth Laws: The Overseas Experience", *The White Crime Centre*, 2017.

RIVERO ORTEGA, R., *El Estado vigilante*, Tecnos, Madrid, 2000.

ROCA AGAPITO, L., "Concepto de autoridad y de funcionario público a efectos penales", *Revista Derecho y Proceso Penal*, nº 31, 2013.

RODRÍGUEZ ALMIRÓN, F., "El decomiso como instrumento en la lucha contra la corrupción" en MORILLAS CUEVA, L. (dir.), *Corrupción privada, transparencia y gestión pública*, Dykinson, Madrid, 2023.

RODRÍGUEZ DEVESA, J. M., "El anteproyecto de Código penal argentino de 1960 de Sebastián Soler", *Anuario de Derecho Penal y Ciencias Penales*, Tomo 13, Fasc/Mes 3, 1960.

RODRÍGUEZ GARCÍA, N., "Recuperación de activos de la corrupción mediante el decomiso. Valoraciones desde el sistema penal español" en LAMOGLIA, M., RODRÍGUEZ GARCÍA, N. (dirs.), *Administración pública y corrupción*, Scotti Editora, Buenos Aires, 2017.

RODRÍGUEZ GARCIA, N., GABRIEL ORSI, O., "El delito de enriquecimiento ilícito en América Latina: tendencias y perspectivas", *Cuadernos de Política Criminal*, nº 116, 2015.

RODRÍGUEZ MARQUETA, E., "El derecho a guardar silencio" en ORTIZ PRADILLO, J. C., ABELLÁN ALBERTOS, A. (dirs.), *El derecho de defensa en la justicia penal digital*, Tirant lo Blanch, Valencia, 2024.

RODRÍGUEZ MOURULLO, G., "Artículo 14" en EL MISMO (dir.), *Comentarios al Código penal*, Civitas, Madrid, 1997.

RODRÍGUEZ MOURULLO, G., "Artículo 24" en EL MISMO (dir.), *Comentarios al Código penal*, Civitas, Madrid, 1997.

RODRÍGUEZ MOURULLO, G., "Artículo 8" en EL MISMO (dir.), *Comentarios al Código penal*, Civitas, Madrid, 1997.

RODRÍGUEZ MOURULLO, G., "El nuevo delito fiscal" en COBO DEL ROSAL, M., (dir.), *Comentarios a la Legislación Penal*, Tomo II, EDERSA, Madrid, 1986.

RODRÍGUEZ RAMOS, L., "Contrabando y/o tráfico de drogas" en *Estudios penales en memoria del profesor Agustín Fernández-Albor*, Universidad de Santiago de Compostela, Santiago de Compostela, 1989.

RODRÍGUEZ RAMOS, L., "La derogación de la sedición y la contrarreforma de la malversación", *El Notario del Siglo XXI*, nº 108, 2023.

RODRÍGUEZ ZEPEDA, J., "El principio de publicidad", *Cuadernos de transparencia*, nº 4, INAI, 2004.

ROJAS PICHLER, P. A, "El delito de enriquecimiento ilícito y su proyección en los convenios internacionales sobre corrupción", *Revista Penal México*, nº 7, 2015.

ROLDÁN BARBERO, H., "El delito de desobediencia funcionarial", *La Ley*, nº 1, 1996.

ROSE, C., KUBICIEL, M., LANDWEHR, O. (eds.), *The United Nations Convention against corruption: a commentary*, Oxford University Press, 2020.

ROXIN, C., GRECO, L., *Strafrecht Allgemeiner Teil. Band I: Grundlagen — Der Aufbau der Verbrechenslehre*, 5ª ed., C.H. BECK, Munich, 2020.

SÁNCHEZ BENÍTEZ, C., "El delito de enriquecimiento ilícito: ¿una propuesta inconstitucional?", *Revista Electrónica de Estudios Penales y de la Seguridad*, nº 4, 2019.

SÁNCHEZ LÁZARO, F. G., "¿Pronunciamiento inconstitucional del Tribunal Constitucional? Recensión a Gloria Patricia Lopera Mesa, Principio de proporcionalidad y ley penal, Centro de Estudios Políticos y Constitucionales, Madrid, 2006, 661 págs.", *InDret*, nº 3, 2007.

SÁNCHEZ MELGAR, J., "Art. 383" en EL MISMO (coord.), *Código Penal. Comentarios y Jurisprudencia*, Tomo III, 5ª ed., Sepín e Ilustre Colegio de Abogados de Madrid, Madrid, 2020.

SÁNCHEZ MELGAR, J., "Artículo 14" en EL MISMO (coord.), *Código Penal. Comentarios y Jurisprudencia*, Tomo IV, 5ª ed., Sepín e Ilustre Colegio de Abogados de Madrid, Madrid, 2020.

SÁNCHEZ MORÓN, M., "Artículo 103" en RODRÍGUEZ-PIÑEIRO Y BRAVO FERRER, M., CASAS BAAMONDE, M. E. (dirs.), *Comentarios a la Constitución Española*, Tomo II, Wolters Kluwer, Boletín Oficial del Estado, Tribunal Constitucional y Ministerio de Justicia, Madrid, 2018.

SÁNCHEZ TOMÁS, J. M., en PÉREZ MANZANO, M., SÁNCHEZ TOMÁS, J. M., "Garantías constitucionales contenidas en el art. 24.2 CE" en *Actas de las IX Jornadas de Letrados del Tribunal Constitucional*, Centro de Estudios Políticos y Constitucionales, Madrid, 2004.

SÁNCHEZ-VERA GÓMEZ-TRELLES, J., *Variaciones sobre la presunción de inocencia. Análisis funcional desde el Derecho Penal*, Marcial Pons, Madrid, 2012.

SANCINETTI, M. A., "El delito de enriquecimiento ilícito de funcionario público. Sobre la inconstitucionalidad del art. 268 (2) del Código Penal argentino" en MAIDER, J. B. J., BINDER, A. M. (comps.), *El Derecho Penal hoy. Homenaje al prof. David Baigún*, Editores del Puerto, Buenos Aires, 1995.

SANCINETTI, M. A., *El delito de enriquecimiento ilícito de funcionario público —art. 268,2, CP.—. Un tipo penal violatorio del Estado de Derecho*, Ad-Hoc, Buenos Aires, 1994.

SANZ DÍAZ PALACIOS, J. A., *Derecho a no autoinculparse y delitos contra la Hacienda Pública*, Colex, Madrid, 2004.

SCALCON, R., GIULIANI, E., "Reflexión sobre la criminalización del enriquecimiento ilícito en Brasil: un análisis de la legitimidad constitucional y dogmático penal del proyecto de ley 4850/2016", *Nuevo Foro Penal*, vol. 14, nº 90, 2018.

SEABRA DE BRITO, B., "Enriquecimento ilícito/injustificado: breves notas sobre a construcão de um tipo incriminador", *Criminalia*, CEDIS, 2016.

SERRANO BUTRAGUEÑO, I., "Artículo 24. Concepto penal de autoridad y funcionario" en DEL MORAL GARCÍA, A., SERRANO BUTRAGUEÑO, I. (coords.), *Código Penal (comentarios y jurisprudencia)*, Tomo I, Comares, Granada, 2002.

SERRANO BUTRAGUEÑO, I., LANZAROTE MARTÍNEZ, P., "Art. 24" en DEL MORAL GARCÍA, A. (dir.), *Código penal. Comentarios y jurisprudencia*, vol. I, Comares, Granada, 2018.

SERRANO BUTRAGUEÑO, I., REMÓN PEÑALVER, E. J., "Artículo 8" en DEL MORAL GARCÍA, A. (dir.), *Código penal. Comentarios y jurisprudencia*, vol. I, Comares, Granada, 2018.

SERRANO GÓMEZ, A., SERRANO MAÍLLO, A., "La reforma de los delitos contra la seguridad vial", *Revista de Derecho UNED*, nº 3, 2008.

SERRANO, K., "La respuesta del Estado colombiano a la corrupción desde el Derecho Penal", *Revista Misión Jurídica*, nº 17, 2019.

SHALCHI, A., "Economic Crime (Transparency and Enforcement) Act 2022", *House of Commons Library*, 2022.

SHALCHI, A., "Unexplained Wealth Orders", *House of Commons Library*, 2022.

SILVA DIAS, M. C., "Enriquecimento ilícito/injustificado", *Julgar*, nº 28, 2016. Disponible en: https://julgar.pt/enriquecimento-ilicitoinjustificado/

SILVA SÁNCHEZ, J. M., CORCOY BIDASOLO, M., *Prácticas de teoría del delito. Derecho Penal. Parte General*, Promociones Publicaciones Universitarias, Barcelona, 1985.

SILVA SÁNCHEZ, J. M., *La expansión del Derecho Penal*, 2ª ed., Civitas, Madrid, 2001.

SILVELA, L., *El Derecho Penal estudiando en principios y en la legislación vigente en España*, Tomo I, Imprenta de T. Fortanet, Madrid, 1874.

SOARES, M., "Outra maneira de olhar para o enriquecimento ilícito", *Público*, Portugal, 2022. Disponible en: https://www.publico.pt/2020/10/21/opiniao/noticia/maneira-olhar-enriquecimento-ilicito-1936054

SOLAZ SOLAZ, E., *La estafa procesal*, Tirant lo Blanch, Valencia, 2013.

SOLER ROCH. M. T., "Deberes tributarios y derechos humanos", *Revista Técnica Tributaria*, nº 30, 1995.

SOLER, S., *Derecho Penal Argentino*, Tomo V, 6ª reimpresión total, Tipográfica editora, Buenos Aires, 1973.

SOLER, S., *Derecho Penal Argentino. Parte General*, Tomo I, 5ª ed., Tipográfica Editora Argentina, 1987, 10ª Reimpresión total 1992.

SORRENTINO, V., "Discusión pública y transparencia del poder en Hobbes y Kant", *Revista Laguna*, nº 36, 2015.

SOSA, O., PORTOCARRERO, E., "El delito de enriquecimiento ilícito de funcionario público (art. 268 [2], C.P.), en la jurisprudencia" en BRUZZONE, G. A., GULLCO, H. (coords.), *Teoría y práctica del delito de enriquecimiento ilícito de funcionario público (art. 268 [2], C.P.)*, Ad-Hoc, Buenos Aires, 2005.

SOTO NIETO, F., "Estafa procesal y sus características", *Diario La Ley*, nº 5902, 2003.

SPROAT, P., "Unexplained Wealth Orders: an explanation, Assesment and set of predictions", *Journal of Criminal Law*, vol. 82, 2018.

STASIAK, F., *Droit penal des affaires*, 2ª ed., LGDJ, París, 2009.

SUÁREZ GONZÁLEZ, C., "Artículo 250" en RODRÍGUEZ MOURULLO, G. (dir.), *Comentarios al Código penal*, Civitas, Madrid, 1997.

SUAY HERNÁNDEZ, B. C., "Los elementos normativos y el error", *Anuario de Derecho Penal y Ciencias Penales*, Tomo 44, Fasc/Mes 1, 1991.

SUAY RINCÓN, J., "La potestad sancionadora de la administración y sus exigencias actuales: un estudio preliminar", *Documentación Administrativa*, nº 280-281, 2008.

SUAY RINCÓN, J., *Sanciones Administrativas*, Publicaciones del Real Colegio de España, Bolonia, 1989.

SUSANO, H., "Da criminalização do enriquecimento ilícito dentro dos limites da CRP", *Julgar on line*, 2013. Disponible en: https://julgar.pt/wp-content/uploads/2014/07/DA-CRIMINALIZAÇÃO-DO-ENRIQUECIMENTO-ILÍCITO.pdf

SUTTON, R. H., "Controlling Corruption Trough Collective Means: Advocating the Inter-American Convention Against Corruption", *Fordham Internation Law Journal*, vol. 20, 1996.

TERRADILLOS BASOCO, J. M., "Corrupción política: consideraciones político-criminales", *Revista Electrónica de Estudios Penales y de la Seguridad*, nº 1, 2017.

TERRADILLOS BASOCO, J. M., "Corrupción, globalización y Derecho Penal Económico" en DEMETRIO CRESPO, E., GONZÁLEZ-CUÉLLAR SERRANO, N. (dirs.), *Halcones y palomas: corrupción y delincuencia económica*, Castillo de Luna, Madrid, 2015.

TERRADILLOS BASOCO, J. M., "Legalidad penal: tipicidad, no retroactividad, non bis in idem" en LLOBET RODRÍGUEZ, J., RUÍZ RODRÍGUEZ, L. R. (coords.), *Principios y garantías penales y procesales en la doctrina de la CIDH y el TEDH*, J. M. Bosch, Barcelona, 2022.

THOMAS-JAMES, D., "Does UK need to create a criminal offence of illicit enrichment — or is the Unexplained Wealth Order provision of the Criminal Finances Bill 2016 a welcome compromise?", *The White Crime Centre*, 2017.

THOMAS-JAMES, D., "Unexplained Wealth Orders in the Criminal Finances Bill: a suitable measure to tackle unaccountable wealth in the UK?", *Journal of Financial Crime*, vol. 24, nº 2, 2017.

TORÍO LÓPEZ, A., "Injusto penal e injusto administrativo (presupuestos para la reforma del sistema de aranceles)" en MARTÍN-RETORILLO BAQUER, S. (coord.), *Estudios sobre la Constitución española: homenaje al profesor Eduardo García de Enterría*, vol. III, Civitas, Madrid, 1991.

TORRÃO, F., "Confisco e gestão do lucro injustificado por corrupção pública em Portugal", *Estudios Penales y Criminológicos*, vol. XXXVIII (extr.), 2018.

TORRES FERNÁNDEZ, M. E., "De nuevo sobre el principio non bis in idem en la jurisprudencia constitucional", *La Ley*, nº 4, 2003.

TORRES FERNÁNDEZ, M. E., "El principio non bis in idem en la jurisprudencia constitucional. Comentario a la sentencia del Tribunal Constitucional 177/1999, de 11 de octubre", *La Ley*, nº 4, 2000.

TRAPERO BARREALES, M. A., "Los delitos contra la seguridad vial. Una valoración crítica desde la vigencia de los principios limitadores del Ius puniendi" en LUZÓN PEÑA, D. M. (dir.), *Derecho Penal del Estado social y democrático de Derecho: Libro homenaje a Santiago Mir Puig*, La Ley, Madrid, 2010.

URE, E. J., ORGEIRA, J. M., *Una nueva reforma penal*, Lerner, Buenos Aires, 1965.

VALEIJE ÁLVAREZ, I., "Reflexiones sobre los conceptos penales de funcionario público, función pública y "personas que desempeñan una función pública"", *Cuadernos de Política Criminal*, nº 62, 1997.

VALLDECABRES ORTIZ, I., *Imparcialidad del Juez y medios de comunicación*, Tirant lo Blanch, Valencia, 2004.

VALLE MUÑIZ, J. M., "La criminalización del fraude de subvenciones a la Seguridad Social. Estudio de las conductas punibles previstas en el art. 307 del nuevo Código Penal", *Anuario de Derecho Penal y Ciencias Penales*, Tomo 48, Fasc/Mes 3, 1995.

VALVERDE-CANO, A. B., "Corrupción (penalmente relevante) y Administración Local", *Anuario de Derecho Municipal*, nº 16, 2023.

VARGAS, M., "Acto posterior copenado. Definición, fundamento y relevancia en la determinación de la pena", *Derecho Penal y Criminología*, nº 11, 2015.

VÁZQUEZ SOTELO, J. L., *Presunción de inocencia del imputado e íntima convicción del tribunal*, Bosch, Barcelona, 1984.

VELÁSQUEZ VELÁSQUEZ, F., *Fundamentos de Derecho Penal. Parte General*, 5ª ed. y 3ª ed. en Tirant lo Blanch, Bogotá, 2022.

VÉLEZ ZHINDÓN, M. T., *La nueva política criminal de recuperación de activos: el enriquecimiento ilícito y el decomiso, la tensión entre la eficacia del Derecho Penal y la vulneración de garantías constitucionales*, Tesis Doctoral, inédita (por cortesía de la autora), 2024.

VERÓN, M., "Non-justification de ressources — Délit de conséquence, mais délit autonome", *Droit Pénal*, nº 5, 2013.

VERVAELE, J. A. E., "Las sanciones de confiscación: ¿un intruso en el Derecho Penal", *Revista Penal*, nº 2, 1998.

VIADA Y VILASECA, S., *Código penal reformado de 1870*, 2ª ed., Imprenta y Librería de Eduardo Martínez, Madrid, 1877.

VIDAL ALBARRACÍN, G., VIDAL ALBARRACÍN, H. G., "Crisis del enriquecimiento ilícito de los funcionarios públicos. Un fallo revitalizador", *La Ley*, Buenos Aires, nº 781, 2000.

VIDALES RODRÍGUEZ, C., *El delito de enriquecimiento ilícito: su tratamiento en el marco normativo internacional y en la legislación comparada. Especial referencia a la legislación penal colombiana*, Centro para la Administración de Justicia, Miami, 2008.

VILLEGAS GARCÍA, M. A., "El nuevo delito de «enriquecimiento ¿ilícito?» del artículo 438 bis CP", *Diario la Ley*, nº 10278, 2023.

VILLORIA MENDIETA, M., "Cultura de la legalidad y buen gobierno" en EL MISMO y WENCES SIMON, M. I. (eds.), *Cultura de la legalidad. Instituciones, procesos y estructuras*, Catarata, Madrid, 2010.

VIVES ANTÓN, T. S., "Art. 14" en EL MISMO (coord.), *Comentarios al Código Penal de 1995*, vol. I, Tirant lo Blanch, Valencia, 1996.

VIVES ANTÓN, T. S., "Art. 248" en EL MISMO (coord.), *Comentarios al Código Penal de 1995*, vol. I, Tirant lo Blanch, Valencia, 1996.

VIVES ANTÓN, T. S., "Artículo 25" en PÉREZ TREMPS, P., SAIZ ARNAIZ, A. (dirs.), *Comentario a la Constitución Española. Libro-Homenaje a Luis López Guerra. 40 Aniversario 1978-2018*, Tomo I, Tirant lo Blanch, Valencia, 2018.

VIVES ANTÓN, T. S., "Detenciones ilegales" en EL MISMO, GIMENO SENDRA, J. V., *La detención*, Bosch, Barcelona, 1977.

VIVES ANTÓN, T. S., "Ne bis in idem procesal", *Los principios del proceso penal y la presunción constitucional de inocencia*, Consejo General del Poder Judicial, Madrid, 1992.

VIVES ANTÓN, T. S., "Sistema democrático y concepciones del bien jurídico", *Lusíada*, nº 4/5, 2007.

VIVES ANTÓN, T. S., *Fundamentos del sistema penal*, 2ª ed., Tirant lo Blanch, Valencia, 2011.

VIVES ANTÓN, T. S., GONZÁLEZ CUSSAC, J. L., "Art. 248" en VIVES ANTÓN, T. S. (coord.), *Comentarios al Código Penal de 1995*, vol. II, Tirant lo Blanch, Valencia, 1996.

VIVES ANTÓN, T. S., GONZÁLEZ CUSSAC, J. L., "Art. 250" en VIVES ANTÓN, T. S. (coord.), *Comentarios al Código Penal de 1995*, vol. II, Tirant lo Blanch, Valencia, 1996.

VIZUETA FERNÁNDEZ, J., "El comiso de las ganancias provenientes del delito y el de otros bienes equivalentes a estas", *Revista Penal*, nº 19, 2007.

WEBB, P., "The United Nations Convention Against Corruption ", *Journal of International Economic Law*, nº 8(1), 2005.

ZAFFARONI, E. R., *Tratado de Derecho Penal, Parte General,* Tomo I, Ediar, Buenos Aires, 1998.

ZARAGOZA AGUADO, J., "La nueva regulación del comiso de bienes en el Código penal y en el Derecho comparado", *Cuadernos de Derecho Judicial,* nº 10, 2006.

ZARAZO OVIEDO, L. A., *El enriquecimiento ilícito: aspectos jurídico-procesales,* Ediciones Jurídicas Gustavo Ibáñez, Bogotá, 1998.

ZÚÑIGA RODRÍGUEZ, L., "Relaciones entre Derecho Penal y Derecho Administrativo Sancionador ¿hacia una "administrativización" del Derecho Penal o una "penalización" del Derecho Administrativo Sancionador?" en ARROYO ZAPATERO, L. A., BERDUGO GÓMEZ DE LA TORRE, I. (coords.), *Homenaje al Dr. Marino Barbero Santos. In memoriam,* vol. I, Universidad de Castilla La Mancha y Universidad de Salamanca, Cuenca, 2001.